“十三五”国家重点出版物出版规划项目
中国特色社会主义法学理论体系丛书
国家社科基金重大项目（项目编号：14ZDC009）

健全宪法实施和监督制度若干重大问题研究

刘松山　著

中国人民大学出版社
·北京·

编 委 会

总　序

《中共中央关于全面推进依法治国若干重大问题的决定》高度重视中国特色社会主义法治理论建设，明确提出："中国特色社会主义道路、理论体系、制度是全面推进依法治国的根本遵循。必须从我国基本国情出发，同改革开放不断深化相适应，总结和运用党领导人民实行法治的成功经验，围绕社会主义法治建设重大理论和实践问题，推进法治理论创新，发展符合中国实际、具有中国特色、体现社会发展规律的社会主义法治理论，为依法治国提供理论指导和学理支撑。"在这样的历史和现实背景下，中国法学会决定组织撰写"中国特色社会主义法学理论体系丛书"，全面总结、梳理中国特色社会主义法治建设的实践经验和理论研究成果，提炼出一套具有中国特色的社会主义法学理论并逐步形成相应体系。这对于促进中国特色社会主义法治理论创新，无疑具有重要的理论意义和实践意义。

首先，有助于发展和完善中国特色社会主义理论体系的研究。新中国成立以来，我们党领导人民在治国理政方面开始了艰辛的探索和实践，特别是在改革开放新时期，不断推进马克思主义中国化进程，逐步形成了内涵丰富、思想深刻的中国特色社会主义理论体系，成功地开辟了中国特色社会主义道路，取得了举世瞩目的成就。这些历史无一不证明，中国特色社会主义事业要不断进步和繁荣，就必须始终坚持和发展中国特色社会主义道路和中国特色社会主义理论体系。"中国特色社会主义理论体系"是指包括邓小平理论、"三个代表"重要思想、科学发展观以及党中央治国理政新理念新思想新战略在内的科学理论体系。这个理论体系是包容的、开放的、与时俱进的，不仅继承和发展了马克思主义、毛泽东思想，更凝结了几代中国共产党人带领人民不懈探索实践的智慧和心血，是马克思主义中国化的最新成果，是党最宝贵的政治财富、精神财富，是全国各族人民团结奋斗的共同思想基石。究其具体内容，中国特色社会主义理论体系应是涵盖了历史、经济、政治、文化、法律、社会、生态、军事、党建等各个领域的一系列重大思想理论。其中，中国特色社会主义法学理论体系毫无疑问是中国特色社会主义理论体系的重要组成部分，总结、归纳、提炼、升华新中国成立以来特别是改革开放后中国特色社会主义法治建设的实践成果以及在这个过程中形成的法律思想与法学理论成就，并将其体系化，诚然有助于发展和完善中国特色社会主义理论体系的研究。

其次，有助于推动中国特色社会主义法学理论体系的构建。回顾我国社会主义法治建设的历史进程，我们可以看到，党和国家提出了一系列具有鲜明中国特色和时代特征的法治思想与方针政策，人民群众进行了诸多实践创新，法学法律界开展了丰富深入的研究。正是这些党和国家本土化的依法治国方针政策、人民群众鲜活的法治实践、学者们深厚的理论积淀，构成了中国特色社会主义法学理论体系最为重要、最为基础和全面的内涵。然而现阶段这些资源和智慧还是零散的、片断化的，因而迫切需要我们将其系统地总结、梳理、整合、升华，从而构建出一套外在框架完整、内在逻辑结构严谨的法学理论体系。

再次，有助于推动中国特色社会主义法治建设实践进程。所有的理论都来源于实践，并反过来为实践服务。长期以来，法学界以繁荣法学研究、推动法治建设为己任，把握正确方向，立足中国实际，破解现实问题，开展了卓有成效的研究工作，取得了一大批优秀研究成果，为法治实践提供了可靠的指导。当前，全面建成小康社会已进入决定性阶段，改革已进入攻坚期和深水区。党和国家面对的改革发展稳定任务之重前所未有、矛盾风险挑战之多前所未有，必然需要更加切实有效的理论来引领实践。系统地总结、梳理我国在法治建设过程中积累的实践经验和形成的法学理论，同时合理借鉴国外法学理论成果，提炼出一套符合中国实际、具有中国特色、体现社会发展规律的社会主义法治理论，进而指引实践，必将有力推动其发展进程。

最后，有助于向世界展示中国法学研究的理论成就，提升中国法学在国际学术舞台上的话语权。习近平总书记在哲学社会科学座谈会上指出："我国是哲学社会科学大国，研究队伍、论文数量、政府投入等在世界上都是排在前面的，但是目前在学术命题、学术思想、学术观点、学术标准和学术话语上的能力和水平同我国综合国力和国际地位还不太相称。"作为哲学社会科学中具有支撑作用的法学学科，在发展过程中也面临着上述问题：民族特色彰显不够，在国际上的声音还比较小，还处在有理说不出、说了传不开的境地，对世界法学的贡献还极为有限。针对这个问题，中国法学法律界应该加强对传统法律文化资源的理论发掘，加强对社会主义法治建设实践经验的理论研究，致力于总结出一批真正富有中国特色、中国气派、中国风格的法学理论成果，为世界法治贡献中国法学智慧，提升其在国际学术舞台上的话语权。

新中国成立以来，中国特色社会主义法治建设取得了丰硕的成果。中国法学学者在阐释研究中国特色社会主义法律制度、法律体系、法治实践等方面也已经积累了相当丰富的经验。撰写“中国特色社会主义法学理论体系丛书”最为重要和最为根本的任务就是总结、归纳、概括和提炼出符合中国实际、具有中国特色、体现社会发展规律的社会主义法学理论。从其内涵来看，这套理论应该包括中国特色社会主义法治基本理论、各部门法理论以及阐释社会主义法治实践中重大问题的专门理论。正是基于这样的考虑，本套丛书收录了三个方面的选题：一是从宏观上阐释中国特色社会主义法治基本理论的著述，二是从不同部门法及其制度角度分别阐释相应部门法理论发展与创新的著述，三是从专题视角阐释社会主义法治建设中重大理论与实践问题的著述。这三个角度的著述，既有理论研究的深厚积淀，又有对实践问题的有力回应，从理论到实践，再从实践到理论，有机结合，互相补充，共同构成一套较为完整的“中国特色社会主义法学理论体系丛书”。

在中国特色社会主义法治建设的历史进程中，我国广大法学法律工作者天地广阔。中国法学会组织撰写“中国特色社会主义法学理论体系丛书”，是希望更多的法学法律工作者积极投身于中国特色社会主义法治理论研究，并能够立足中国、借鉴国外，挖掘历史、把握当代，关怀人类、面向未来，研究形成一套真正具有中国特色、中国风格、中国气派的法学理论体系，引领和指导全面推进依法治国的伟大事业，为统筹推进“五位一体”总体布局、协调推进“四个全面”战略布局、实现“两个一百年”奋斗目标、实现中华民族伟大复兴的中国梦作出应有贡献。

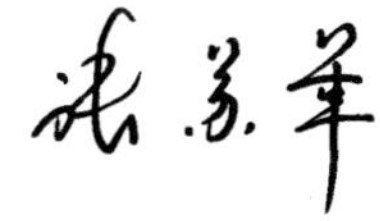

前 言

习近平总书记在纪念现行宪法颁布施行30周年大会讲话中突出强调了宪法实施和宪法监督的重要性。党的十八届四中全会《关于全面推进依法治国的决定》进一步强调，加强宪法实施和宪法监督，健全全国人大及其常委会的宪法监督制度和宪法解释程序机制。习近平总书记在关于四中全会决定的说明中特别强调："必须把宣传和树立宪法权威作为全面推进依法治国的重大事项抓紧抓好，切实在宪法实施和宪法监督上下功夫。"十八届四中全会的主题就是依法治国，而依法治国的核心是宪法实施和宪法监督。宪法实施和宪法监督是纲，把这项工作做到位，依法治国的宏伟事业就会纲举目张。所以，在依法治国事业的大背景下研究宪法实施和监督，对于从总体上把握和落实四中全会精神，推进依法治国，具有特别重要的意义。

目 录

一

宪法实施状况之评估

现行宪法是1982年制定的，其后，经过了1988年、1993年、1999年、2004年和2018年的五次修改。怎样评估这部宪法施行至今的实施状况，是关系到今后如何进一步健全宪法实施和监督制度的前提性问题之一。而长期以来，理论和实践中对这部宪法的实施状况，认识上是很不一致的，特别值得注意的是，对这部宪法的实施，持不满、消极和悲观倾向的观点，占了很大的一部分。我们认为，评估宪法实施的状况，有一些重要问题需要引起重视。

1.1 科学认识和处理宪法实施与宪法监督的关系

要对宪法实施和宪法监督的状况进行评估，并在这一基础上，对健全宪法实施和监督制度提出各种设想论证，有一个重要前提，即：科学认识和处理宪法实施与宪法监督的关系。

几十年来，理论对宪法实施和宪法监督的概念特别是相互关系，所做的论述已经很多，可谓见仁见智。其中，一种倾向性的观点，是将宪法监督作为宪法实施的一种方式来看的。笔者认为，从广泛的意义上讲，宪法监督当然是宪法实施的一种，但它毕竟不是从正面积极地实施宪法，而是在宪法权威受到损害时所进行的消极的护宪行为，是一种消极实施宪法的方式。鉴于宪法监督的特殊重要性，有必要将它从通常所说的宪法实施中独立出来，并进一步考察两者之间的辩证关系。我们认为，有以下几个要点值得重视。

第一，宪法实施与宪法监督相辅相成、密不可分。这有以下几个要点：(1) 宪法如果得到很好的实施，违宪现象少，宪法监督就容易开展；(2) 如果宪法得不到有效实施，违宪现象比较严重，宪法监督的开展和进行就会出现诸多困难；(3) 宪法监督有力，就有利于宪法实施，没有有效的宪法监督，宪法实施必然得不到充分保障。

客观地说，近四十年来，我们对宪法实施和宪法监督的辩证关系，从实践到认识上尚未达到相对成熟的境界。要处理好两者的关系，就必须同时抓住推动两者的要害措施。目前，我们在宪法实施和宪法监督方面，都存在诸多薄弱环节，但制度不健全是关键原因。

第二，要避免过于倚重宪法监督对宪法实施的作用。强调宪法监督对宪法实施的重要性，无疑是必要的，但在宪法监督事实上不能完全到位的情况下，过于倚重它，甚至将这一看法绝对化，就容易导致三种消极影响：(1) 将宪法实施中出现的所有问题，都归咎于宪法监督不到位，用句流行语，叫做宪法没有牙齿；(2) 认为宪法监督不到位，就对宪法实施的前景持过于悲观态度；(3) 以宪法监督不到位为由，怠于实施宪法。这三种情况在理论和实践中都不同程度地存在，应当引起重视。

总之，宪法监督对宪法实施很重要，但是，并非唯一。宪法实施取决于诸多因素，宪法监督仅为重要因素之一，仅为一个兜底性保证，而非打开宪法实施之门的万能钥匙。

第三，在宪法监督不能完全到位前，应当采取多种方式积极实施宪法。全面实行宪法监督，需要一个过程，但实施宪法应当积极提速。笔者认为，除了十八届四中全会《关于全面推进依法治国若干重大问题的决定》(以下简称“十八届四中全会决定”) 提出的宪法宣誓、宪法日、加强宪法宣传和规范性文件备案审查等措施，以及本书第三部分所论证的制度建设之外，还可以采取一些重点方法积极实施宪法。比如，提高各级党政机关领导人、负责人政治道德，用良好的政治道德践行宪法规定。比如，加强政治协商、民主监督，发挥统一战线力量，督促宪法实施。比如，创造典范宪法惯例，提升宪法实施质量。这些问题没有受到足够重视。

1.2　评估宪法实施状况的应持之度

回顾三十多年法制建设的历史可以发现，大概没有哪一部重要法律像宪法那样，引起各方面对其作用的激烈争议了。这就涉及一个重大问题：如何看待宪法的实施状况？我们觉得，客观公允地评价宪法的实施状况，有几个重要视角值得注意。

1.2.1　用历史的眼光看待宪法的实施状况

中国的情况非常特殊，我们无法回避和否认。从新中国成立以来的曲折政治历程看，在1980年代初，我们能够制定出一部比较符合国情的宪法，并且运行到今天，已属不易。对于宪法实施状况的考察与认识，首先应当在特定的历史阶段、特定的历史背景下进行，而不能简单地拿几个法治发达国家宪法的制定与实施同中国相比，不能只从应然性出发来考察问题。

1.2.2　从国家权力运行的宏观局面出发考察宪法的实施状况

宪法究竟是规范什么的，应当在哪些领域适用以及如何适用，这些问题在理论和实践中尚缺乏深入的讨论和清晰的认识。在西方不少国家，宪法是可以运用于日常诉讼和发挥具体作用，让公民看得见、摸得着的，但是，我国现行宪法规范的内容，主要还是国家宏观权力运行的方方面面，宪法适用的主体也主要是国家机关，宪法中有关公民基本权利的内容，需要由相关的法律、法规进一步规定才能落实。宪法与公民的日常生活息息相关，但公民的基本权利主要还是依赖有关国家机关和政党认真遵守执行宪法才能得到保障。在目前的政治体制下，如缺乏必要的授权，宪法尚不能走入法庭，不能走入公民具体的生活特别是诉讼中。所以，考察宪法实施的状况，也还不能从国外宪法的规定出发，而应当从我国国家权力运行的宏观局面出发，来抓住宪法实施的根本和主要。

1.2.3　从改革和社会转型时期的特殊背景出发考察宪法的实施状况

改革和社会转型时期的法制建设，一个明显的缺陷，就是法的稳定性和权威性不足，其作用的发挥具有阶段性、相对性和有限性。宪法更是如此。1982 年宪法本身就是改革的产物，又在改革中不断变化发展，所以，很难像社会关系定型状态下的宪法那样，具有极大的稳定性和权威性，并充分地、长久地发挥各方面的作用。是不是可以确立起这样一种观点：改革和社会转型时期的宪法，其稳定性和权威性本身就是相对的，其实施也很难达到社会关系稳定背景下的理想状态。

1.2.4 承认宪法发挥作用的政治偶然性

一国宪法作用的发挥，除了取决于该国的历史文化传统以及现实的社会基础之外，时常要取决于该国的政党、其他政治集团乃至政治领袖自身的诸多具体因素。就以政党或者政治领袖而言，他们的政治道德、政治智慧、政治艺术乃至政治领袖个人的个性与修养，都直接影响到宪法的实施及宪法作用的发挥，而这些因素的存在与发生，又具有极大的偶然性。美国宪法史上著名的马伯里诉麦迪逊案确立的违宪审查制度就是典型。这种情形在中国宪法实施中也是十分明显的，设想一下，如果在 1954 年宪法制定后，我们国家始终不渝地重视宪法作用的发挥，中国的民主法治建设应该会比今天有更大的进步。而总结几十年来的宪法实施可以发现，政党特别是作为领导党和执政党的中国共产党及其领导人的个人因素，对宪法实施所发挥的作用是十分关键的。

1.2.5 从政治体制改革的长远出发考察宪法的实施

宪法的真正有效实施，取决于党和国家领导制度的改革，取决于中国共产党能否在宪法的范围内活动，取决于国家选举制度的改革和有效实施等政治体制改革的推进程度。客观地说，在中国，要充分发挥宪法的作用，还需要一个相当长的时间，需要诸多的条件。对此，我们应当持有一种务实和理性的态度。

1.2.6 对宪法监督之于宪法实施的作用应当一分为二

这个问题前文已经述及。一方面，应当肯定，宪法监督是充分实施宪法的重要手段；另一方面，又不能把宪法实施的希望都寄托于宪法监督，认为没有宪法监督或者宪法监督不能有效运转，宪法就不能真正实施。在中国的政治传统和政治环境下，充分实施宪法，除了宪法监督之外，还有前述政治集团和政治人物的因素，这个因素对于宪法实施的重要性，实际很多时候是超过宪法监督本身的。

1.2.7 评估宪法实施状况容易产生的误区

我们认为，关于宪法实施的评估与所持观点，应当避免以下误区和局限：(1) 对宪法实施的巨大积极作用认识不到位，而对宪法实施中存在的问题言之过重，过于负面悲观；(2) 偏于笼统、抽象地对宪法实施状况表达不满，不注重指出宪法实施中出现的具体问题；(3) 偏于从理念、感觉和情绪出发表达不满，不注意从多角度、多方面特别是从历史和现实的具体情况出发，考察宪法实施的成就与困难；(4) 偏于从单纯的法学理论和法律文本层面讨论宪法实施，忽视立体地考察问题，特别是忽视从政治层面和历史角度讨论问题的重要性；(5) 偏于从学理上分析总结宪法实施的方式，将宪法实施的方式模式化、固定化，特别是将主要的实施方式归为立法性实施，忽视了宪法实施方式和重点的多样性，特别是忽视不同历史时期宪法实施方式的特殊性；(6) 绝对化地将宪法监督视为宪法实施的条件，忽视了影响宪法实施的其他复杂因素等。

1.2.8 应当持有的几条原则

我们认为，评估 1982 年以来的宪法实施，总体上看，应当坚持几条原则和标准：既要从现实出发，更要从宪法制定和宪法实施的特定历史阶段出发；对宪法实施及其作用持一分为二的标准，有多大成就肯定多大成就，有什么问题绝不回避；从宪法实施的具体事实中得出结论，不简单抽象地下结论；避免对宪法实施方式的僵化认识，深入考察不同历史时期宪法实施的不同方式与特点；避免将宪法监督作为宪法实施的唯一依靠，从现实情况出发，探索积极实施宪法的多种途径。

1.3 宪法实施的主体与方式

首先需要讨论的问题是，实施宪法都有哪些主体？在这些主体中谁最关键?

在中国，对于宪法实施主体的认识可以多种多样，可以从直接实施和间接实施的角度对主体进行分类，也可以从实施中发挥作用的大小进行分类等。我们认为，从范围上看，中国宪法实施的主体是十分广泛的，包括政党、国家机关、企业事业单位以及其他组织，甚至公民个人也可以成为宪法实施的主体。但是，在这些主体中最关键的是中国共产党的各级组织及其领导人、负责人。也就是说，党是实施宪法的根本性主体，宪法能否得到实施、怎样实施、实施到什么程度，根本地取决于党，其次才是有关的国家机关、其他政党和组织以及公民个人。所以，在考察宪法实施主体时，必须紧紧围绕党这个根本性主体来展开。

宪法实施有哪些方式？对这一问题的认识也可以是多种多样的，从不同的角度得到不同的结论。我们认为，考察宪法实施的方式，可以从中国的实际出发，抓住一些要点和问题。

1.3.1 党的领导方式很大程度上就是宪法实施的方式

长期以来，我们对党的领导方式的研究，主要是限于党建和政治学的范围的，而对党的领导方式与宪法实施的关系（这种关系甚至是因果性关系、决定性关系），没有引起足够重视。在宪法学研究中，对宪法实施方式的考察，也主要是限于国家机构层面的，对党的领导方式之于宪法实施的作用及其与国家机关实施宪法的关系，也缺乏足够重视与研究。

党的十八大以来，党中央对改革和完善党的领导方式给予足够重视，十八届三中全会、四中全会和六中全会对规范党的领导方式更是作出一系列重要部署决定。这些重要部署决定与宪法实施密切相关。所以，研究宪法实施方式，首先要研究党的领导方式。考察党的领导方式，深入研究党的领导方式与宪法实施的关系，对于加强宪法实施，具有特别重要的意义。

1.3.2 应当重视研究国家机关实施宪法的特点、规律与问题

国家机关实施宪法的方式是与哪些国家机关能够实施宪法密切相关的。对这个问题长期以来缺乏必要研究。

对国家机关实施宪法可以有各种各样的理解，我们这里主要在直接执行

和适用宪法的层面上讨论问题。在这方面，有一种倾向性观点，认为宪法实施的主体主要是全国人大及其常委会。与此相联系，总结全国人大及其常委会行使职权的经验特点，就容易认为，宪法实施的方式主要就是立法。

但除了全国人大及其常委会实施宪法外，其他国家机关也是重要的宪法实施主体。比如，国家主席、国务院、中央军事委员会等中央国家机关都可以直接实施宪法。地方人大及其常委会甚至地方政府在特定情况下也可以成为直接实施宪法的主体。在这个背景下，恐怕就不能将宪法实施的主要方式局限于立法，特别是局限于全国人大及其常委会的立法了。

对于国家机关实施宪法的方式，应当讨论几个问题：一是，国家机关实施宪法的方式与政党及其他组织实施宪法的方式有何区别与联系？二是，不同国家机关实施宪法的着重点与规律有何不同？三是，如何看待同一国家机关以行使不同职权的方式实施宪法？

1.3.3　应当重视研究不同历史时期宪法实施的重点与问题

讨论不同主体实施宪法的方式，是相当复杂的问题。但可以着重研究两个重要问题。

一是，不同的历史时期，宪法的实施应当有不同的重点与问题。那么，几十年来，宪法实施的主要特点规律是什么？现在和今后相当长一段时间宪法实施的重点与问题是什么？

二是，不同的历史时期，同一主体实施宪法的方式也应当有不同的重点与问题。对宪法实施的方式不宜做一成不变的理解，而应当用历史的眼光来看待认识之。就拿全国人大及其常委会对宪法的实施来说，1982 年宪法刚刚制定后，全国人大及其常委会就主要用立法的方式来实施宪法，但是，在以宪法为核心的社会主义法律体系形成之后，全国人大及其常委会实施宪法的重点与方式是不是应当有所转变呢？当然是应当实行这一转变的。

1.4　宪法实施取得的巨大成就

如何评价三十多年来宪法实施取得的成就？从不同的角度、不同的方面考察，可能会得出不同的结论。我们认为，纵观宪法实施的经验，有以下几个巨大成就值得大书特书。

1.4.1 法治国家政权制度的基本框架得到确立并稳健运行

考察新中国成立后到“文化大革命”结束前的历史可以发现，我国的政权制度在这个阶段并未真正建立、健全并成功地运转起来。虽然1954年宪法初步建立了人民代表大会制度，但实施不久就遭到了严重破坏。“文化大革命”期间，在地方，不仅各级人民代表大会被实际废止了，正常的行政机关、审判机关、检察机关也被彻底破坏，一个被称为“革命委员会”的畸形地方政权组织形式在中国运转了相当长时间；而在中央，一个由几人组成的“中央文化革命小组”竟然取代了各类中央政权机关，向全国发号施令达十年之久。

1982年宪法在总结历史教训的基础上，比较完整地确立了以人民代表大会为核心的国家政权机关的框架。在1979年设立地方人大常委会的基础上，进一步建立了各级人民代表大会及其常委会的组织，并在人民代表大会之下设置了“一府两院”，在中央一级，则设立了国家主席和国家的中央军事委员会。这个制度设计在今天看来似乎理所当然，但是，只有对比“文化大革命”期间国家政权机关被彻底破坏的历史，才能体会到1982年宪法来之不易。实际上，为恢复建立各类国家机关，当时方方面面的阻力和争议都曾发生过，特别是国家主席和国家中央军事委员会这两个重要国家机关，更是在激烈的争议甚至怀疑声中设立的。①

应当说，新中国成立三十多年后，作为一个法治国家政权制度的基本框架，是到1982年宪法才真正确立起来的。这就是人民代表大会制度的框架。有人可能推崇西方的“三权分立”，对人民代表大会制度持怀疑态度，但是，绝大多数人还是承认，人民代表大会制度本身是一个好的政治制度，适合中国国情。历史的经验也表明，一国的政权制度能否实行法治，不在于它是什么样的形式，而在于这个制度能否保证国家的权力掌握于人民手中，并服务于人民。而宪法确立的人民代表大会制度的框架，恰恰昭示了国家的一切权

① 关于国家主席设置的过程，可参见王汉斌访谈录．北京：中国民主法制出版社，2012：96。关于国家中央军事委员会主席设置中遇到的争议，可参见陈斯喜，刘松山．宪法确立国家中央军事委员会的经过．法学，2001（2）.

力属于人民而非其他任何党派、组织和个人这一政治理念。三十多年来，虽然人民代表大会制度在健全、完善和落实方面，还存在这样那样的不足，但更应当看到，宪法确立的这一制度的基本框架得到了遵守执行和稳健运行，没有出现大的波折。特别应当看到，这一制度所体现和奉行的人民主权观念，已经深入人心。人民代表大会制度越是得不到很好的实施，人们越是强烈地呼吁认真实施这一制度，这也许才是宪法的作用和动力所在。

1.4.2 推动改革开放事业取得巨大成就

评估宪法的实施状况，首先要抓住宪法的改革精神，以及它在推动改革开放过程中所发挥的巨大作用。

1982 年宪法的重要精神就是改革。这个改革首先是政治体制改革。早在 1980 年 8 月 18 日，邓小平在《党和国家领导制度的改革》的著名讲话中说："要使我们的宪法更加完备、周密、准确，能够切实保障人民真正享有管理国家各级组织和各项企业事业的权力"，要"真正实行民族区域自治"，"要改善人民代表大会制度"，"关于不允许权力过分集中的原则，也将在宪法上表现出来"①。这一年的 9 月 16 日，叶剑英在宪法修改委员会第一次全体会议上说，"国家民主化的重大进展和进一步民主化的要求"，"国家领导体制""正在进行和将要进行的重大改革"，"都没有也不可能在现行宪法中得到反映"，因此，"立即着手对它进行全面的修改，是完全必要的"②。不到一个月的时间，两位领导人对修改宪法推动政治体制改革的果断、精辟、明确和绝不含糊的表述，至今看来都令人耳目一新。在他们和中共中央的推动下，1982 年宪法对政治体制改革的规定是果断、前瞻的，对诸多重大改革的规定都是十分具体的。它将党的领导由"国家机构"一章写入序言，改变了 1975 年宪法中党和政权机关不分的规定；如前所述，以明确的任期限制基本结束了国家领导职务的终身制；为解决权力过分集中的问题，设立了国家主席、国家中央军事委员会，并就改革人民代表大会制度的其他方面做出一系列崭新的规定；确立了民族区域自治制度的基本事项；赋予了公民广泛的基本权利和自由；建立了基层群众自治制度。宪法的这些规定都是十分重

① 邓小平文选．2 版：第 2 卷．北京：人民出版社，1994：339.

② 叶剑英选集．北京：人民出版社，1996：561.

大的政治体制改革。这在1954年宪法后近三十年的历史中都是前所未有的。

1982年宪法不仅为政治体制改革打开了空间，也为经济体制改革和对外开放的整体事业确立了方向和原则，提供了广阔空间。不仅如此，1982年宪法之后，1988年、1993年、1999年和2004年宪法的修改，实际都是适应改革开放的需要应运而为的，几次修改宪法为改革开放进一步提供了根本法依据。

现行宪法关于政治体制改革和经济体制改革的基本精神，在几十年的实践中，总体上得到了贯彻落实。改革开放事业取得的巨大成就，从根本上说，都是落实宪法的结果，是宪法得到有效实施的充分表现。可以说，没有宪法，就没有改革开放的今天和未来。

1.4.3 形成了中国特色的社会主义法律体系

法律体系的形成是宪法实施了不起的成就。

判断一个国家是否实行法治，一条根本性的标准就是看谁能在这个国家制定规则。建国后相当长的时间，国家和社会办事的准则基本是领导人的意志和党的政策。1954年宪法虽然规定国家的立法权属于全国人民代表大会，但这个规定连同全国人大制定的法律很快就被废弃了。到“文化大革命”期间，毛泽东的“最高指示”则成为具有最高法律效力的准则，其他掌握党和国家权力者的“重要讲话”，也具有了法律效力。“文化大革命”结束后的不短时间内，我们国家基本还是依靠党制定政策和领导人讲话来为社会确定行为标准的。到了1984年的时候，彭真才提出，“不仅要靠党的政策，而且要依法办事”，“要从依靠政策办事，逐步过渡到不仅靠政策，还要建立、健全法制，依法办事”[①]。而现在，中国特色的社会主义法律体系已经形成，用这个法律体系与此前的情况对照，就可以体会到几十年来在为国家和社会制定规则方面，中国所发生的沧桑巨变。

这个巨变的根本原因，就是中国成功地实现了制定规则主体的转变，而这个转变又来自1982年宪法的设计。宪法对为国家、社会和公民个人制定规则的主体进行了通盘考虑，确立了以全国人大及其常委会为核心的分层次

① 彭真．论新时期的社会主义民主与法制建设．北京：中央文献出版社，1987：218－219.

的立法体制，建立起宪法、法律、行政法规、地方性法规、自治条例和单行条例以及规章等不同渊源的规则体系。按照宪法的规定，只有特定的国家机关或者类似性质的组织才能为国家、社会和公民制定行为规则，其他任何党派、组织和个人制定的政策和规则、发表的讲话、做出的批示等，虽然对社会有指引作用，但都不具有法律效力。在一个具有依靠党的政策和领导人的讲话、批示为社会确定行为准则传统的国家，实行这一规则制定权的转变，是极为不易的，1982 年宪法对此居功甚伟。

三十多年来，宪法有关国家机关制定规则的规定，得到了充分实施。在很大程度上，的确可以说，宪法实施的方式主要是立法，是有立法权的国家机关依据宪法的规定积极行使立法权，形成了以宪法为核心的中国特色社会主义法律体系。

1.4.4　公民的基本权利被宪法确立并得到较充分保障

针对“文化大革命”时期人权得不到任何保障的历史情况，1982 年宪法确立了比较完善的公民基本权利体系，这是一个了不起的进步。应当承认，三十多年来，宪法确立的公民基本权利得到了较充分的保障和实现，与新中国成立之后到 1982 年宪法之前相比，是前所未有的进步。现在，有些公民的基本权利可能没有得到很好的保障，或者还没有相应的立法，但这未必是宪法本身的原因。重要的是，保障人权，已经成为全社会和全体公民的共识。

1.5　宪法实施中存在的问题

对于现行宪法实施中存在的问题，从不同的角度看，会得出不同的结论。我们认为，总体上看，宪法在实施中存在以下几个主要问题。

1.5.1　宪法的权威没有完全树立起来

实践中，人们一个共同的感受是，不尊重宪法、不维护宪法甚至违反宪法、挑战宪法权威的现象还不同程度地存在。各级党政机关及其工作人员特别是领导干部的宪法意识和宪法观念与依宪治国的要求还有不小距离。

1.5.2　党的领导与国家机关依法行使职权之间的关系没有得到妥善处理

宪法是规范国家权力运行的根本法，在我国，国家机关行使职权要接受党的领导，但是，党如何领导国家政权机关又保证国家机关依法行使职权，一直没有得到很好处理。一些党的组织及其负责人干预甚至代替国家机关依法行使职权的现象还不同程度地存在，影响了宪法的权威以及国家机关的权威。

1.5.3　人民代表大会制度的权威没有得到充分体现

人民代表大会制度是我国的根本政治制度，宪法对这个制度的基本框架和内容做了明确规定，但几十年的实施中，不少规定没有得到认真执行，制度的优越性没有充分发挥出来。在选民与人大及其常委会的关系中，人民选举产生人大代表，代表对选民负责、受选民监督的不少规定没有得到认真执行。在人大及其常委会与“一府两院”的关系中，人大及其常委会的选举权、任免权、重大事项决定权和监督权没有得到充分行使。

1.5.4　宪法规定的一些重要公民基本权利尚没有立法

这方面的情况不少。比如，宪法规定的公民言论、出版、结社自由以及宗教信仰自由等事项，属于公民十分重要的基本权利自由，至今尚未制定完备的法律予以保障，这在很大程度上影响了宪法实施的效果。

1.5.5　法律的实施效果尚存在不少欠缺

宪法能不能得到很好实施，很大程度上依赖于法律的实施。法律是依据宪法制定的，法律得不到实施，宪法当然不能得到实施。现在，无论行政机关还是审判、检察机关，在执行法律中都存在这样那样的问题，影响了宪法实施的效果。

1.5.6　宪法监督没有得到有效开展

这是众所周知的问题。宪法虽然确立了以全国人大及其常委会为中心的宪法监督制度，但几十年来，宪法监督这项工作实际没有充分开展起来，这也大大影响了宪法实施效果。

1.6　宪法未得到有效实施的原因

宪法为什么没有得到有效实施？有以下原因值得注意。

1.6.1　宪法是在对社会主义尚没有完全认识清楚的情况下制定的

历史的经验表明，一个国家要制定一部什么样的宪法，前提条件就是，对该国走什么样的道路，实行什么样的制度，统治阶级必须有清楚的认识并达成共同意志。美国等西方国家大体都是这种情况。立宪之前，对于国家制度和发展道路它们已有了充分的理论准备，宪法只是根据资产阶级的理论进行制度设计，宪法的讨论实际就是制度设计的技术性争论而已。

但是，1982年宪法制定的时候，中国面临的情况非常特殊。特别严重的是，在经过了建国后几十年的风雨波折后，对要不要走社会主义道路这个重大问题，思想领域产生了激烈的分歧。针对这种情况，邓小平在1979年春提出："现在有一些人散布所谓社会主义不如资本主义的言论。一定要彻底驳倒这种言论。"[①] 邓小平是如何批驳这种言论的呢？他说，首先，"只有社会主义才能救中国"；其次，社会主义在经济技术等方面不如发达资本主义国家，"但是这不是社会主义制度造成的，从根本上说，是解放以前的历史造成的，是帝国主义和封建主义造成的"；再次，社会主义国家"所以在某些情况下也犯严重错误"，"根本上还是旧社会长时期历史遗留的影响造成的"[②]。邓小平还说，社会主义经济以公有制为基础，"生产是为了最大限度地满足人民的物质、文化需要，而不是为了剥削"，人民有"共同的政治经济社会理想，共同的道德标准"，这些优点，"资本主义社会永远不可能有"[③]。这样，在与资本主义和封建主义的比较中，邓小平给出了中国必须走社会主义道路的理由。

但是，社会主义究竟是什么样的社会形态，它应当具备哪些特征和要

① 邓小平文选．2版：第2卷．北京：人民出版社，1994：166.

② 同①166－167.

③ 同①167.

素，实行什么样的制度，它的任务和发展方向又是什么？对这些重大问题，当时的认识并不十分清楚。仅以经济体制改革为例，即可发现当时这种认识上的迷茫。1980 年 12 月 16 日，陈云在中央工作会议上谈到经济方面的改革时说，“改革固然要靠一定的理论研究”，但更重要的还是试点，随时总结经验，“也就是要‘摸着石头过河’”[①]。9 天后的 12 月 25 日，邓小平在《贯彻调整方针，保证安定团结》的讲话中，开门见山地说：“我完全同意陈云同志的讲话。”[②]“摸着石头过河”这句话，十分形象地说明，在我们所处的社会主义阶段，对于经济发展的道路、方向和方法，尚缺乏足够预见性的理论指导，只能在试验试点中总结经验，寻找方法。

1982 年 10 月 14 日，也就是宪法通过前两个月，邓小平同国家计委负责人谈经济问题时又说：“计划与市场的关系问题如何解决？解决得好，对经济的发展就很有利，解决不好，就会糟。”[③] 这说明，在宪法快要交付全国人大会议审议表决的时候，对于如何处理计划与市场这一经济制度中的根本性问题，各方面的认识还不成熟。邓小平显然是忧心忡忡。

如果说陈云和邓小平以上所涉及的，仅仅是对经济体制改革和经济制度认识不清晰的话，那么，到了宪法通过后的 1984 年 6 月 30 日，邓小平在会见外宾时则对整个社会主义的认识提出了疑问。他说：“什么叫社会主义，什么叫马克思主义？我们过去对这个问题的认识不是完全清醒的。”[④] 第二年的 8 月 28 日，邓小平在会见外宾时又说：“我们总结了几十年搞社会主义的经验。社会主义是什么，马克思主义是什么，过去我们并没有完全搞清楚。”[⑤] 他不仅说到了中国，还说到了苏联：“社会主义究竟是个什么样子，苏联搞了很多年，也并没有完全搞清楚。”[⑥]

值得注意的是，邓小平在这两次谈话中，虽然提出对整个社会主义认识不清的问题，但他同时又提出了自己的见解，即“社会主义阶段的最根本任

---

① 中央文献研究室．三中全会以来重要文献选编：上．北京：人民出版社，1982：604.

② 同①627.

③ 邓小平文选：第 3 卷．北京：人民出版社，1993：17.

④ 同③63.

⑤ 同③137.

⑥ 同③139.

务就是发展生产力”[①]，“社会主义的任务很多，但根本一条就是发展生产力”[②]。

从邓小平的这些谈话可以发现，至少在1980年代初期，党内党外对社会主义是什么，认识并不清晰，而邓小平本人或者他所代表的第二代中央领导集体，在社会主义的很多任务中，只认准了一点，即社会主义的根本任务是发展生产力。这在宪法序言中的表述就是，“今后国家的根本任务是集中力量进行社会主义现代化建设”，“逐步实现工业、农业、国防和科学技术的现代化”。说到底，国家的根本任务或者第一位的任务，就是发展经济和科学技术，即实现物质的“富强”，而不是其他，也没有其他什么任务可以与之相提并论。

虽然邓小平在1979年会见外宾时也提出“民主和法制两手都不能削弱”的论断[③]，但显然，在他的思想中，与发展生产力相比，民主和法制是排在第二位的。[④] 而邓小平发展生产力的根本思想以及宪法的规定，又是与特定的历史背景相联系的，在很大程度上是对过去以阶级斗争为纲的错误路线的纠正，并不说明我们对社会主义的本质已经有了全面、科学和成熟的认识。

实际上，对社会主义是什么认识并不十分清楚，不仅是中国和苏联的问题，而且是一个在全世界范围内没有得到很好解决的问题。这就从根本上制约了社会主义国家宪法的制定和实施。因为不能回答社会主义是什么，就很难回答社会主义国家是不是需要一部宪法，如果需要，这个宪法应当是什么性质的，应当规定什么样的经济、社会和文化制度，规定什么样的政党制度，规定什么样的政权组织形式以及如何保障宪法的实施等问题。比如，朝鲜也有一部宪法，叫“社会主义宪法”，其序言共12个段落，每一个段落都

---

① 邓小平文选：第3卷．北京：人民出版社，1993：63.

② 同①137.

③ 邓小平文选．2版：第2卷．北京：人民出版社，1994：189.

④ 这从宪法序言历次修改的表述中也能看出来。1982年宪法序言的表述是“把我国建设成为高度文明、高度民主的社会主义国家”。这里的“文明”即物质文明，是放在“民主”之前的。1993年修改后的宪法序言是这样表述的：“把我国建设成为富强、民主、文明的社会主义国家”。这就更加明确了物质的“富强”是优先于“民主”的。而2004年宪法修改在保留这一内容的基础上，提出“推动物质文明、政治文明和精神文明协调发展”，虽然强调了“协调发展”，但“物质文明”仍然被放在比“政治文明”更为重要的位置。

是对金日成极尽所能的歌颂，并明确规定，这部宪法“是把伟大领袖金日成同志的主体国家建设思想和国家建设业绩加以法律化的金日成宪法”，“拥戴伟大领袖金日成同志为共和国的永恒主席”[①]。这样一部宪法能否反映社会主义宪法的共性，恐怕很值得研究。

但是，由于对社会主义的诸多问题认识不清，迄今为止，中国在理论中对社会主义国家宪法应具备哪些特点，社会主义国家要不要“宪政”等问题仍然存在不同观点。而在实践中，也因为对社会主义的认识不清，导致了二十多年中对宪法多达四次和几十处的修改。其中，关于实行市场经济的经济体制到1993年才被写入宪法，实行依法治国的治国方略到1999年才被写入宪法，国家尊重和保障人权的内容到2004年才被宪法肯定下来，而关于所有制形式和经济结构的内容则处于不断的修改变化中。

所以，总结几十年来宪法实施的经验教训，可以得出一个基本的结论：宪法实施中存在的一些根本性问题，之所以难以寻求理论共识，难以找出妥善的解决办法，并缺乏稳定性，从源头上说，恐怕还是因为我们未能清楚地回答社会主义是什么这一前提性的问题。

1.6.2 宪法未能对如何处理党政关系做出具体的操作性规定

制定1982年宪法时遇到的头等重要的问题是，要不要在宪法中规定党的领导。后来，在邓小平的坚定要求下，党的领导被写入了宪法。但是，在起草过程中，对于如何表述党的领导，又产生了很大分歧。经过反复考虑后，最终采取的策略是，以写历史而非写主张的方法，在序言中通过叙述20世纪以来中国发生的几件大事都是由中国共产党领导的这一历史事实，来揭示党的领导的必然性和规律性（这个问题后文将详述）。这个写法的优点是，使人认识到，党的领导与国家政权机关行使职权有重要区别，党不同于政。

但是，由于党的领导被写在序言中，而序言的法律效力如何具体体现出来，又具有一定的模糊性，这在客观上就影响了党的领导的法律效力。更为重要的问题是，序言说，过去的成就是在党的领导下取得的，今后中国各族人民将继续在党的领导下进行各项建设。但是，对于党如何领导人民以及由

① 朝鲜民主主义人民共和国社会主义宪法．平壤：朝鲜外文出版社，2010：2.

人民选举产生的国家各类政权机关，或者说对于党的具体领导方式，宪法又没有做进一步的规定。这一情况使党与广大人民之间的关系、与国家政权机关之间的关系时常处于难以把握的状态，处理得好，就有利于党的领导和人民当家作主的统一；处理不好，要么就不利于党的领导，要么就不利于有关国家机关依法行使职权。

党的领导是什么性质的领导？党领导的范围是什么？党应当以什么样的具体方式实行领导？这些都是1982年宪法未予回答的问题，是历史的局限。1982年宪法制定后，宪法又经过了四次重要的修改，但这四次修改，仍然没有回答这些重要问题。应当说，就政治体制改革而言，1982年宪法结束国家领导人职务终身制，是一个改变历史的制度设计。现在和今后，如果能在宪法体制内确立科学的党政关系，其重要性和意义将与废除领导职务终身制不分伯仲，不仅会是宪法自身的一次历史飞跃，也会是关系我们党和国家发展前途的一次历史性飞跃。

1.6.3 1982年宪法未能建立起保障自身运行的有效监督机制

这是一个众所周知的问题。虽然前文提出，不能将宪法作用的发挥仅仅寄托于宪法监督，但是，宪法监督毕竟是维护其自身权威的底线，没有有效的监督机制，就不能从根本上保证宪法的实施。1982年宪法虽然规定全国人大及其常委会监督宪法的实施，但是，这个机制未能有效运转起来。宪法监督机制不能有效运转可能有多方面的原因，但是，根本原因恐怕还是宪法自身的设计存在缺陷，立宪时没有规定具体的宪法监督职权与程序，实际上就导致了宪法难以完全实施。

1.6.4 人大及其常委会的职权未能得到充分行使

各级人大及其常委会是保证宪法实施的重要机关，只有它们的职权得到充分行使，宪法才能得到充分实施。其中，全国人大及其常委会是国家机关体系中实施宪法的核心机关，但从几十年的实践看，全国人大及其常委会实际主要采取了立法的方式实施宪法，这方面也取得了重要成就，而其他的职权特别是监督权没有得到充分行使，大大削弱了宪法实施的效果。地方人大及其常委会在本行政区域内负有保证宪法实施的职责，但其各类职权也存在没有得到充分行使或者行使不平衡的问题，进而影响了宪法实施的效果。

1.6.5　改革与转型的社会背景影响了宪法实施

这个问题前面已有述及。当代中国正处于并将长期处于改革与社会转型的历史时期，这个背景对宪法实施的效果产生了很大影响。宪法本身是改革的结果，又要在实践中接受改革的检验与挑战，要使之得到充分实施是很难的。现在面临的难题是，改革常常走在宪法规定的前面，改革很重要，实施宪法也很重要，要实施宪法就不能改革，要改革就难以实施宪法的相关规定，而频繁修改宪法又会损害宪法权威。所以，改革与转型的社会背景实际决定了宪法很难得到充分实施。

1.6.6　宪法解释处于空白状态

宪法解释是实施宪法的重要方式。宪法赋予了全国人大常委会解释宪法的职权，但宪法实施以来，全国人大常委会从未对宪法的某一内容专门作具体的宪法解释。宪法实施中，需要对宪法内容进行针对性解释的情况时有发生，但全国人大常委会不进行解释，必然会影响到宪法实施的效果。

1.6.7　政治因素特别是政治人物个人因素对宪法实施有很大影响

这是一个十分重要却没有引起足够重视的问题。宪法具有很强的政治性，与政治密切关联，它能不能得到有效实施时常取决于政治因素，特别是取决于一些政治人物的个人因素。

宪法与政治道德具有密切关联，各级公职人员特别是领导干部在保证宪法实施中起关键作用，如果他们缺乏应有的政治道德、政治责任，宪法的规定再好，也会被束之高阁的。应当说，宪法没有得到充分实施，也有这方面的原因。这也是党中央始终强调各级领导干部必须自觉遵守宪法、认真执行宪法、必须在宪法和法律范围内活动的重要原因。

1.6.8　宪法惯例尚未得到开发创造

宪法实施的方式方法是多样开放的，其中一个重要内容就是创造宪法惯例。现行宪法是一部好宪法，但远算不上完美的宪法。实施宪法，光靠立法不能解决问题，有时候，创造和形成宪法惯例是很好的形式。应当说，1982年宪法在制定和几次修改的过程中，有不少事项明确写进宪法的条件不成熟，但又是宪法没有言明的重要精神，由相关主体开发创造宪法惯例来实施宪法，充实和完善宪法精神，是十分必要的。但几十年来，我们创造的宪法惯例太少了，影响了宪法实施效果。

1.6.9 建议出台一个宪法实施白皮书

宪法是国家的根本法，实施几十年了，效果不尽如人意，各个方面也不断呼吁要加强宪法实施。但是，迄今为止，国家没有一个权威机构对宪法实施的状况进行一次监督检查，并作出一个客观公允的评估。习近平总书记在纪念现行宪法颁布施行30周年大会上讲话时，明确提出，"加强对宪法和法律实施情况的监督检查"①。我们认为，在健全宪法实施制度前，全国人大常委会应当根据习近平总书记的讲话精神，对三十多年来宪法以及选举法、国家机关的组织法等宪法性法律的实施状况，开展一次全面的执法检查，并将检查结果向全体公民做一个报告和交代。中国的法治白皮书都已经有了，更应当有一个宪法白皮书，向全社会表明我国宪法运行的历史与现实，为进一步健全相关制度提供指引。

1.6.10 小结

总体上看，迄今为止，对三十多年来我国宪法实施的具体状况，我们的认识尚存在不够全面、不够公允，也不够理性的现象。研究认识这一问题应当抓住几个要点：一是评估宪法实施的标准是什么；二是应当采用什么样的方法以及站在什么样的角度评估宪法实施；三是注重考察宪法实施的历史条件；四是把宪法实施放到特定的政治格局中评判；五是抓住不同时期宪法实施的不同特点和方式看问题；六是既要看到宪法实施中存在的严峻问题，也要肯定宪法实施的不少经验和方法。此外，还应研究由全国人大常委会开展一次宪法实施状况调查评估的可行性与具体方案。

---

① 习近平．在纪念现行宪法颁布施行30周年大会上的讲话．人民日报，2012-12-05.

宪法实施绝非一蹴而就之事，我们对此应持理性态度。根本性的办法，是从党自身开始。党决心实施宪法，就有办法了。采取其他的相应措施也是必要的。但可以肯定的是，宪法一旦真正地、切实地付诸实施，将会面临一系列的问题。对此，我们应有足够准备。

二

宪法监督状况之评估

宪法监督是当代中国宪法学研究甚至整个法学研究中最为热门和经久不衰的话题之一。1982 年宪法虽然规定了宪法监督制度，但显然各方面对这一制度的规定和实施不满意。从宪法实施至今，完善宪法监督制度的探讨和建议始终是学术中最热门的话题之一，有关宪法监督的论文和专著真可谓汗牛充栋。为健全和完善宪法监督制度，加强宪法监督，对三十多年来宪法监督的状况进行评估，是十分必要的。我们认为，与对宪法实施的评估一样，对宪法监督的评估也应当有理性务实、持论公允的态度。

2.1 理性看待违宪问题在依法治国中的负面影响

对宪法监督的现状不满，希望健全监督制度和加强宪法监督，有一个基本的估计，即认为违宪问题是法治建设中的严峻问题，违宪问题不解决，依法治国就难以推动。因此，科学估计违宪问题对依法治国带来的负面影响，就十分重要。

2.1.1 特定主体和个人一旦违宪，负面影响很大

应当充分认识到，一些特定组织和个人的违宪行为会对依法治国事业造成很大损害。这里主要是指作为领导党和执政党的中国共产党的各级组织及其领导人、负责人，以及各级国家机关及其领导人、负责人，特别是一些重要的党政机关及其领导人、负责人，这些组织和个人一旦违反宪法、挑战宪

法权威，而又得不到有效监督，将会产生很大的负面影响。而实践中，一些党政机关及其负责人的违宪行为，已经产生破坏性影响。这些行为，虽属个别，但影响恶劣。因此，对特定主体的违宪问题，有关方面应当给予极大重视。

在违宪现象中，有一个被学术界称为良性违宪的复杂情况。由于宪法规定已经滞后于改革需要而又不适宜或者来不及修改宪法，一些党的组织或者国家机关出台的改革性文件、采取的具体改革措施，符合改革的需要和方向，但却违反了宪法的规定，这类行为被称为良性违宪。良性违宪对于推动改革具有一定的积极意义，但对于宪法权威又构成损害，如何辩证地、一分为二地评估这类违宪行为对法治建设带来的消极影响，尚没有引起有关方面的应有重视，建议对这个问题予以重视并着力研究解决。

2.1.2 从数量上看，违宪问题尚不属于法治建设中的主要问题

看违宪的负面影响，既要看它的质，也要看它的量。一些特殊主体一旦违宪，负面影响很大，这是判断负面影响的一种质。不管何种主体，一旦违宪的数量很多，违宪现象普遍，负面影响也会很大，这是判断负面影响的量。如果从违宪的数量上看，特别是与普通的违法问题相比，应当承认，违宪问题尚不能说是法治建设中的主要问题。这有以下几个依据。

1. 权力机关基本不存在违宪的问题

我国的权力机关分两个层级，第一个层级是全国人大及其常委会，第二个层级是地方各级人大及其常委会。全国人大是最高国家权力机关，在人民代表大会制度的体制下，全国人大是不存在违宪问题的。其原因如下。

（1）全国人大既是宪法的制定机关，也是宪法的修改机关。如果认为宪法的规定不适应实际需要了，它可以直接修改宪法，而无须违宪行使职权，即使它作出的行为不符合宪法的规定，很大程度上也应视为对宪法的修改。

（2）这是人民代表大会制度的一个重要假设，因为如果认为全国人大也会违宪的话，就说明我们的制度出了问题，也会使制度设计陷入不可知论的境地。

（3）全国人大不存在违宪问题，也是人民代表大会制度的一个重要要求。宪法第 62 条在明确列举全国人大的 14 项具体职权之后，还专门规定，

全国人大在其他方面所能行使的只能是“应当由最高权力机关行使的其他职权”，这就清楚地表明，全国人大的权力不是无限的，它的任何一项职权的行使都必须遵循宪法的规定。

这么多年的实践也表明，我国最高权力机关各项职权的行使都是在宪法规定的范围内谨慎和认真地进行的。

全国人大常委会是全国人大的常设机关，它本身就是宪法实施的监督机关，严格说来也不应当出现违宪的问题。当然，我们不能排除全国人大常委会出现违宪行为的可能性。为了防止和应对这种情况的发生，宪法规定全国人大常委会在修改全国人大制定的法律不得同该法律的基本原则相抵触的同时，还规定，全国人大有权改变或者撤销全国人大常委会不适当的决定。这么多年的实践证明，全国人大常委会也是十分谨慎和认真地行使自己的各项职权的，没有出现什么违宪情况。当然也不能排除有违宪行为（因为全国人大常委会的行为是否违宪，常常只有在实践中才能检验和发现），即使已经出现或者将来可能出现，也属极个别情况，而且依靠现行的体制也能够妥善解决。

那么，地方各级人大及其常委会会不会出现所谓违宪问题呢？应当说也基本不会。因为地方各级人大及其常委会最主要的职责是贯彻落实法律和行政法规的规定，将法律和行政法规与本地方的实际情况结合起来，制定地方性法规和自治条例、单行条例，作出自己的决议、决定或者命令。而直接依据宪法行使职权、直接执行宪法规定的情况并不多。地方组织法、立法法、代表法以及其他法律或者行政法规对地方人大及其常委会行使职权的范围和程序已经作出比较完备的规定，地方人大及其常委会制定的法规或者作出的决议、决定和命令，如果出现问题也基本是违背法律或者行政法规即违法的问题，一般不会直接与宪法发生抵触。实践中，地方权力机关违法的情况时有发生，对于这些问题主要应当限于法律的层面，依据法律的规定妥善处理，而不宜随意上升到违宪的高度。

2. 行政机关存在的主要也是违法而非违宪问题

与权力机关一样，行政机关也包括作为中央行政机关的国务院以及地方各级人民政府两个层级。各级行政机关的性质就是执法机关，执法中的“法”当然也包括宪法，但主要还是指法律、法规等法的形式，衡量其制定的各种文件、采取的各种措施是否合法，主要还是法律、法规等法的形式而不是宪法。所以，行政机关及其工作人员在执法过程中如果出现问题，也主要是违法而非违宪问题。

当然，在行政机关体制中，对于违法问题有一个重要的例外，那就是国务院有可能出现违宪的情况。因为宪法第 89 条第 1 项就规定，国务院有权根据宪法，规定行政措施，制定行政法规，发布决定和命令。这意味着国务院有权直接依据宪法赋予的职权作出自己的行政行为，既然有依据宪法作出行政行为的职权，就有在作出行政行为时不依据宪法或者违反宪法的可能。因此，国务院有可能成为违反宪法的主体。此外，地方政府在个别情况下，也可能直接执行宪法，成为违宪主体。这些问题，后文将有述及。

3. 审判、检察机关存在的也基本是违法而非违宪问题

根据宪法的规定，审判机关和检察机关依照法律规定独立行使职权，也即它们行使职权的根本依据只能是法律，而不是宪法。因此，审判机关和检察机关在行使职权过程中的任何违法行为，都可以找到适用法律予以处理的依据。实践中，两机关的一些司法解释或者某些自主进行的司法改革行为超越了宪法规定的权限。但是，这些超越宪法、违背宪法的行为实际首先也是对相关法律的违反，即既是对宪法的违反也是对法律的违反。但是，这些违宪的行为在法律的层面上也是完全可以解决的。因此，与其说它们是违宪行为倒不如说是违法行为。当然，对于一些既违反法律又违反宪法但产生恶劣影响、挑战宪法权威的行为，应另当别论。这个问题后文将进一步述及。

4. 国家机关领导人、负责人的违宪行为属于极个别

在国家机关中，个别依据宪法直接行使职权而又没有具体法律对其职权予以规定的领导人、负责人，有可能在行使职权过程中出现违宪情况。其他各级各类国家机关负责人行使职权的具体依据都是法律、法规和其他规范性文件。他们在公职活动中出现的违法包括犯罪行为，都是直接违背了法律、法规和其他规范性文件，从法律、法规以及其他规范性文件中都能找到处理的办法，不存在违宪的问题。所以，国家机关领导人、负责人的违宪行为属于极个别现象。

5. 党组织领导人、负责人的违宪行为首先是违反党内法规的行为

中国共产党组织领导人、负责人的违宪行为，是值得高度重视的问题，

也是最难解决的问题。对这类违宪行为应当有两个基本判断：一是，与一般违法犯罪行为相比，这类违宪行为的数量相对较少；二是，对于这类违宪行为，首先应当依照党章等党内法规来处理。党章是党内的“宪法”和根本法，其他的党内法规是党内的法律法规。党组织的领导人、负责人要遵守宪法，首先就必须遵守党章等党内法规，一个连党内法规都不能遵守的人也很难遵守宪法。宪法是党领导人民制定的，党组织领导人、负责人违反宪法的行为，首先是违反党章等党内法党规的行为。所以，对于党组织领导人、负责人的违宪行为，首先应当在党内处理，或者至少应当在党内法规与宪法法律的层面同时处理。这个问题，后文将进一步述及。

6. 已被媒体报道的违宪案例绝大多数是违法问题

宪法监督成为热门话题，有一个重要由头，就是媒体经常报道一些违宪案例。特别是这十几年来，有影响的违宪案例不断被报道出来。比如山东的齐玉苓案、成都人民银行招录中的身高歧视案、广州的“孙志刚案”、洛阳的种子条例案，以及湖南、辽宁出现的大面积贿选案等等。还有一些学者“上书”全国人大常委会要求对国务院的行政法规进行宪法监督的案例，更是产生了很大影响。

但是，通过对媒体报道的各种违宪案例进行分析就可以发现，这些违宪案例实际几乎全部都可以归为违法案例，可以在法律的范围内解决。其中，最具有轰动效应的山东齐玉苓案，实际是一个简单的刑事附带民事诉讼案件。齐玉苓的真正“冤家”算不上那个冒名顶替的同学和他的父亲，甚至都不是作为法人的学校，而是背后徇私舞弊、玩忽职守的相关履行公共职务的个人，他们的舞弊行为对齐玉苓造成损失已经构成犯罪，直接提起刑事附带民事诉讼要求赔偿损失即可以昭雪齐玉苓之冤了。学者们要求对国务院的流浪人员收容遣送条例和拆迁条例进行宪法监督，这两个行政法规，当然也存在违宪情况，但同时又是更具体地违反立法法这部法律的，所以依照立法法就可以监督解决了，完全可以不上升到宪法监督的高度。其他的一些类似身高歧视、就业歧视、法官罢免（洛阳种子条例案）的案例，都应当先在法规规章乃至规范性文件是否抵触法律的范围内解决，无须运用宪法监督的手段。即使是湖南和辽宁出现的大面积贿选案件，严重挑战了宪法的权威，也是可以并且首先应当在相关法律范围内解决的。

以上的量化分析绝不是要否认违宪问题的严重性，更非要否认宪法监督的重要性和紧迫性，而是想强调，在十分复杂、数量庞大的违法现象中，违宪的数量实际只占很少的比例。发生违宪问题，常常都是以新闻的形式报道出来，违宪是新闻，本身就说明这类行为不是普遍现象。

2.1.3 不能指望通过宪法监督达到毕其功于一役的效果

违宪问题被各方面深度关注和热烈讨论，很可能是基于两个基本的认识和估计：一是认为违宪问题是当前和今后法治建设中一个相当严重、相当关键甚至是最严重、最关键、最需要解决的问题；二是讨论和建立起完善的宪法监督制度，把违宪问题解决了，对于依法治国事业，有毕其功于一役、一了百了的效果。其中，第二个认识恐怕很关键，最具有代表性。

十八届四中全会提出，依法治国，首先是依宪治国，依法执政首先是依宪执政。这里，对于依宪治国、依宪执政的理解可以从两方面进行：一是从正面强调积极实施宪法，它要求各级党组织和国家机关及其领导人、负责人包括其他党员干部，自觉依据宪法的规定开展活动，行使职权；二是一旦发生了违宪行为，就要进行监督纠正，加强宪法监督。依宪治国、依宪执政对于依法治国具有关键意义和前提意义，但是，宪法监督只是实施宪法的一种特殊方式，如果把宪法监督制度健全并严格落实了，依法治国当然会顺利实现。但是，是不是把宪法监督问题彻底解决了，依宪治国、依宪执政以及进一步的依法治国就彻底实现了呢？是不是宪法监督对于依法治国有一了百了、毕其功于一役的功效？恐怕未必。宪法监督固然十分重要，但是，实现依法治国有许多途径和方式，宪法监督只是其中的一种，而且是最难的一种，如何看待宪法监督之于依法治国整体事业的功效，实际是很值得思考的重要问题。

2.2 评估宪法监督状况需要考虑的因素

中国的宪法与国外宪法特别是西方国家的宪法有根本性不同，因此，宪法监督当然也会有根本性不同。评估宪法监督应当考虑一些特殊的因素。

2.2.1　用历史的眼光考察宪法监督

我国法治建设的时间很短，新中国成立以来七十年的历程中，真正重视宪法、运行宪法、监督宪法实施的历史更短。从 1949 年的共同纲领，到 1954 年宪法，再到 1975 年宪法、1978 年宪法，宪法监督的重要性实际上没有得到充分认识，即使到 1982 年宪法制定的时候，宪法监督的重要性实际也没有得到充分认识和在全社会达成共识（这个问题后文将详细述及）。1982 年宪法制定后，对宪法监督的重视实际也是时断时续的，甚至是因政治形势和政治人物的重视程度而不断变化的。造成这种情况有很复杂的原因，但中国历史上没有现代意义上的宪法，皇权至上，是根本原因。而在历史进入当代之后，封建遗留的因素还根深蒂固，恐怕也是根本性的历史原因。即使是现在这样的历史时期，对于应否加强宪法监督、如何实行宪法监督等重大问题，各方面也很难说就达成了共识。因此，对宪法监督制度与实践的考察，不能简单地与西方国家对照对比，不能出于良好初衷，从应然性出发提出苛求，而应当紧紧围绕中国历史发展的进程，在历史背景下评估。

2.2.2　注意中国的政治文化传统

宪法监督严格说来是一种法治文化，这种法治文化与一国的政治文化传统有密切关系，受其影响很大。宪法监督很大程度上表现为国家政权机关彼此之间的冲突对抗。一个国家的政权机关能否公开冲突对抗，是关系到用什么政治文化、政治伦理来维系国家机关体系权威的重大问题。西方国家的宪法监督，之所以可以表现为国家机关和政治人物之间的公开冲突对抗，是因为受其历史上的冲突文化的影响。可以说，宪法监督制度能否产生，产生什么样的宪法监督制度，不取决于别国的成功经验，也不取决于某一经典理论说了些什么，很大程度上还是取决于一国传统文化的诸多因素。

现在看来，我们对中国政治文化传统与宪法监督制度的关系，显然缺乏深入的研究。比如，中国政治文化讲究和为贵，不喜欢冲突对抗，即使有冲突，也宁愿在桌面下沟通协商解决，而不能在桌面上公开冲突对抗。因此，虽然宪法监督制度规定了公开对抗的解决方式，但要真正使用起来，谁都是要三思而后行的，很难真正运用起来。举两个简单例子：国务院的某个行政法规确实违宪了，全国人大常委会公开对该法规进行宪法监督并宣布撤销，会产生什么样的政治效应？国务院总理将会面临什么样的情况？还有，全国人大常委会公开对最高人民法院的某个司法改革进行宪法监督，并宣布该改革措施违宪，立即叫停，最高人民法院和最高人民法院院长将会面临什么样的情况？出现这样的情况，在西方国家会被视为正常；但在中国，处理不好，恐怕就可能发生难以预料的政治危机。

因此，评估宪法监督的制度设计和运行，需要深刻关注我国的传统政治文化。

2.2.3 考虑中国特殊的政治背景

考察评估我国的宪法监督制度设计和运行状况，特别不能仅仅从宪法监督本身出发，而应当特别地考虑我国特别的政治背景。其中有两条至关重要：一是要考虑人民代表大会制度的政治背景。这个政治背景决定了，我们不能采用西方国家由普通法院或者宪法法院来实施宪法监督的模式。除非有全国人大及其常委会有条件的授权，人民法院是不能行使宪法监督职权即不能搞宪法司法化的。这个问题后文将进一步述及。二是要考虑党的领导。党的领导是我国最大的政治，宪法监督也要在党的领导下进行，并且以不损害党的领导为前提。因此，评估宪法监督，必须把党的领导纳入根本性的政治背景。

2.2.4 考察关于宪法监督的理论准备

对宪法监督进行评估，不能简单地对现状提出批评和否定。一个成熟的制度及其运行，往往是以成熟的理论为前提和指引的。而宪法监督是政治和法律领域的重大问题，其理论准备尤其重要。仔细分析理论中对宪法监督问题的研究，就会发现，研究的数量很多，但在中国要不要宪法监督制度、要什么样的宪法监督制度等方面，长期以来实际并没有形成厚实的理论积淀和共识。

1. 没有充分研究什么是宪法或者说宪法的概念问题

只有对什么是宪法，对宪法的概念形成科学和确定的认识，才可以紧接着讨论什么样的行为是违反宪法的行为，进而讨论对于违反宪法的行为应当如何审查追究。对于宪法究竟是什么，从来都是见仁见智。外国的宪法有外国宪法特定的概念，我国的宪法应当也有自己特定的含义。但我们对自己的宪法概念至今似乎并没有形成统一的观念和看法。各家都有各家的说法，有的认为宪法是治国安邦的总章程，是阶级力量集中对比的体现，是国家的根本大法；有的认为宪法是写着人民权利的纸，是民主事实的法律化；有的认为宪法是约束国家权力的基本规范；还有的认为宪法既是宪法又是法律，与其他普通的法律没有什么区别；等等。看问题的角度不同，得出的宪法概念也各不相同，即使是一些权威性的宪法教材对于宪法概念的写法也并不一致。这些情况都表明，理论上对宪法的准确含义还没有达成广泛共识。对中国的宪法是什么这个基础性命题没有形成共识，当然就很难对宪法监督的诸多问题形成共识了。

2. 没有充分研究什么是违宪或者说是违宪的概念问题

在搞清楚宪法是什么以后，紧接着需要研究的就是什么是违宪问题，就像在弄清楚刑法就是惩罚犯罪的法律这一概念后，就要研究什么是犯罪或者说犯罪构成一样。对违宪的基础理论问题，有一些学者致力研究，但显然，对于究竟什么样的人或者组织可以成为违宪主体，什么样的行为属于违宪行为，以及违宪行为应当具备其他哪些基本要件，违宪责任是什么，什么样的违宪行为应当承担什么样的违宪责任，无论理论还是实践中，尚未有全面深入的研究，未达成基本共识。这种情况实际就决定了宪法监督制度很难健全和运行。

3. 没有充分研究违宪和违法的关系问题

违宪和违法的关系至少包括以下重要内容：一是违宪的标准和违法的标准有什么不同；二是违宪与违法孰轻孰重，究竟是违宪属于最大的违法还是违法属于最大的违宪；三是违宪责任与违法责任有什么不同；四是对违宪行为的处理与对违法行为的处理如何衔接；等等。但从目前的情况看，我们对这些问题的研究还相当薄弱，并且没有取得共识。所以，实践中经常出现的情况就是，一些简单的违反法律、法规的案件被当作违宪案件的典型来报道研究，一些应当属于合法性审查的案件被当作合宪性审查来讨论，这种情形容易使我们对违宪问题的讨论和认识陷于混乱，影响了对真正的违宪行为以及对它的监督进行深入研究。

4. 没有充分研究健全宪法监督制度的相关背景问题

这个问题前面已有述及。研究宪法监督制度的健全及运行，必须充分考虑相关的政治因素、历史因素、经济社会因素、民族文化传统因素等等，特别是在我们这个经历了几千年封建社会，新中国成立后又经历了反右运动和“文化大革命”，现在各项改革正在不断推进的国家，如何健全宪法监督制度并保证它的有效运行，就更是一个相当复杂的问题。对宪法监督问题的研究不能就宪法论宪法，就法律论法律，而更应当充分考虑宪法和法律以外的因素，对宪法和法律以外的各种背景进行深入研究。但是，从现有的研究成果来看，我们对宪法和法律以外因素的研究和考虑还涉及甚少，或者即使略有涉及也远未深入。

现在，对宪法监督制度的种种设想和考虑，主要是将国外的几种宪法监督方式介绍对比一下，然后对中国应当实行哪种方式作一些背景分析，进而提出一种直观的取舍性建议。而实际上，现有的关于建立宪法监督制度的多数建议，比如建立宪法法院或者宪法委员会等，早在制定 1982 年宪法时都考虑过，在现行宪法施行的过程中，也都一直得到关注，但都没有能够成为现实。在研究宪法监督问题的具体制度设计之前，恐怕首先要花更多的精力研究制度设计之外的各个方面的深层次的问题，因为制度设计本身并不是一件困难的事情，困难的是对制度设计的各种背景的理性考虑和权衡。

2.2.5　用发展的眼光评估宪法监督

考察评估宪法监督，应当持有发展的眼光，朝前看。与其他法律制度的健全与落实相比，对宪法监督不宜急于求成，否则很可能会适得其反。这个制度的健全特别是进一步的落实，有一个渐进甚至是曲折的过程，取决于政治体制改革以及经济体制的改革，有时要等待一种政治的机缘和政治的智慧，或者一些具有历史意义的事件。当经济和社会的改革发展到了一定的阶段的时候，一些机缘就会大大增加，这就是所谓经济基础决定上层建筑。

2.3　1982 年宪法对宪法监督制度的设计

评估宪法监督的现状，首先要考察宪法监督制度形成的历史过程。把历史脉络搞清楚了，对制度设计所面临的问题和发展方向就会有较清晰务实的把握。回顾这个制度建立的过程，有几个重要历史环节需要注意。

从史料看，长期以来各方面所希望设立的宪法委员会，早在 1982 年宪法制定过程中，就经过酝酿讨论，但未能成形。

1982 年宪法在对宪法监督制度的设计中，有一个十分引人注目的历史环节，就是曾经讨论过是否设立宪法委员会。当然，这个委员会最终未能设立。但不管设立与否，"宪法委员会"这个名称本身就有令人震撼和遐想的力量，以致无论时人还是后人对那段讨论都给予了不同寻常的重视，一些史料也因之而被陆续披露出来。参加了 1982 年宪法制定的肖蔚云先生回忆说，那时，"许多同志提出要设立一个专门机构如宪法法院、宪法委员会或由法院来保障宪法的实施"[①]。原全国人大常委会副秘书长刘政撰文介绍了当时对设立宪法委员会的几种意见分歧。[②] 许崇德先生在他的《中华人民共和国宪法史》中也照录了宪法修改时的一些简报，反映了当时关于宪法委员会的一些讨论意见。但是，当时设计宪法委员会的具体过程，特别是一些重要细节和背景，迄今尚未有更多的披露或者分析，而对这些问题加以关注和分析，又可以让我们对那样一次讨论的真实情况，乃至对宪法委员会在中国究竟有没有存在的空间，中国究竟可以或者应当建立什么样的宪法监督制度，产生新的更深一层的认识。

2.3.1　宪法委员会酝酿的时间、设计者和方案

1982 年宪法修改，从 1980 年 9 月 10 日五届全国人大三次会议通过宪法修改委员会名单，到 1982 年 12 月 4 日五届全国人大五次会议审议通过新宪法，历时两年近三个月。那时，宪法修改委员会设立了负责具体工作的秘书处，秘书处于 1980 年 9 月 17 日成立并开始工作。那么，在这样一个时间段内，宪法委员会的设想是何时提出的，又是由谁设计的呢？设计的又都是什么样的方案呢？

按照当时宪法修改委员会秘书处工作人员许崇德先生的回忆，1981 年 2 月 28 日，宪法修改委员会秘书处起草了一个《宪法讨论稿》。这个讨论稿增

---

① 肖蔚云．论宪法．北京：北京大学出版社，2004：537－538.

② 刘政．人民代表大会制度的历史足迹．北京：中国民主法制出版社，2008：234.

写了第五章，共六个条文，专门规定保障宪法实施和宪法修改的内容。后来，在这个讨论稿的基础上又相继形成了 1981 年 4 月 1 日的第三次讨论稿，4 月 20 日的第四次讨论稿，5 月 1 日的第五次讨论稿。而秘书处在讨论 4 月 1 日的第三次讨论稿时，对于拟设立的全国人民代表大会宪法委员会，提出了两个方案：第一个方案是，宪法委员会的地位与全国人大常委会相当，仅对全国人民代表大会负责并报告工作，专门负责审理违宪问题。第二个方案是，宪法委员会的地位低于全国人大常委会，对全国人大及其常委会负责并报告工作，协助全国人大及其常委会监督宪法的实施。讨论后，多数意见倾向于第一个方案。[①]

由于许崇德参加了那次修宪的具体工作，其回忆的客观性当毋庸置疑。从他的回忆可以形成三个大体的判断：一是在时间上，宪法委员会这一设想的提出，最早可能始于 2 月 28 日的讨论稿，而 4 月 1 日的第三次讨论稿已肯定出现了。二是宪法委员会一开始就是由宪法修改委员会秘书处的工作人员提出和起草的，而不是来自哪一个政治人物或者政党的意见或者建议（至少已有的档案资料没有证明哪个政治人物或者政党那时在推动宪法委员会的设计）。三是从内容上看，宪法委员会的方案在起草的时候，就存在一个与全国人大常委会相比其地位孰高孰低的争议，而后来的情况表明，这个地位高低的问题是直接决定宪法委员会能否设立的关键性问题。

许崇德先生的上述回忆中，有具体方案的是 4 月 1 日的“第三次讨论稿”，但这一稿中只有两个方案。实际上，由于许崇德资料不全或者记忆问题，他当时还起草了一个四个方案的设计稿。现实录如下。

第一方案：将如下两个条文写入第二章第一节：

第　条　全国人民代表大会宪法委员会是全国人民代表大会审理重大违宪问题的机关。

全国人民代表大会宪法委员会由全国人民代表大会选举委员九至十三人组成，任期与全国人民代表大会的每届任期相同。

全国人民代表大会宪法委员会对全国人民代表大会负责并报告工作。

第　条　全国人民代表大会宪法委员会行使下列职权：

① 许崇德．中华人民共和国宪法史．福州：福建人民出版社，2003：609－611.

(1) 对于违反宪法的法律、法令可以提请全国人民代表大会或者全国人民代表大会常务委员会复议;

(2) 对于行政法规和地方性法规是否违宪,有权裁定;

(3) 审查和处理中央国家机关和中央国家机关领导人的重大违宪行为。

第二方案:将下列条文写入第二章第二节:

第　条　全国人民代表大会常务委员会设宪法委员会。宪法委员会协助全国人民代表大会常务委员会监督宪法的实施,对于违宪的法律、法令、其他法规以及国家机关和中央的国家机关领导人的违宪行为向全国人民代表大会常务委员会提出报告和处理意见。

第三方案:将下列条文写入第二章第七节:

第　条　最高人民检察院对于法律、法令、其他法规以及国家机关、中央的国家机关领导人的行为是否符合宪法行使监督权。

第四方案:将宪法委员会作为全国人大和全国人大常委会领导下的专门委员会(常设委员会),条文列入第一章第一节:

第　条　全国人民代表大会设立宪法法律委员会、民族委员会、计划预算委员会和其他需要设立的专门委员会。各专门委员会在全国人民代表大会闭会期间,受全国人民代表大会常务委员会的领导。①

这四个方案中,第一个、第二个都是关于宪法委员会的设计。其中,宪法委员会的性质、地位与 4 月 1 日的"第三次讨论稿"的设计基本相同,而第三方案实际是赋予最高人民检察院以宪法监督的职权,第四方案则是在全国人民代表大会下设立专门委员会性质的"宪法法律委员会",行使宪法监督权。这个委员会实际就是现在的法律委员会。

以上的设计方案是目前为止即使许崇德先生本人的著作中也尚未有披露的。对照许先生的回忆,草拟这个方案的合理时间应当在 1981 年的 4 月 1 日后,4 月 20 日前,因为它保留了 4 月 1 日"第三次讨论稿"的两个方案,又在这个基础上增加了两个可供选择的新方案,而后来 5 月份后的"第五次讨论稿"与这四个方案相比又有了新变化,所以,这四个方案实际就是许崇德先生未有披露的 4 月 20 日的"第四次讨论稿"中的方案。

---

① 1982 年宪法修改档案.

这里有一个问题，就是许崇德先生回忆，宪法修改委员会秘书处在 5 月 1 日有一个“第五次讨论稿”，但许先生未提供具体的讨论稿内容，而检索《宪法修改第五次讨论稿》的档案就会发现，这份档案是 1981 年 6 月归卷的，没有标明讨论稿的草拟日期。与许先生的回忆相印证，这就是他说的那份“第五次讨论稿”，当没有疑问。重要的是，这是一份很值得研究的史料，因为从内容上看，对宪法委员会形成比较完整的考虑和设想的，当然，也是展示明显意见分歧的，就是这个“第五次讨论稿”。

这一稿用第二章第三节专门规定“全国人民代表大会宪法委员会”。这种用专门一节规定宪法委员会的做法很不寻常，因为在这一稿的第二章“国家机构”中，全国人大、全国人大常委会、国家主席和国务院都是各用一节专门规定的，宪法委员会是列于全国人大常委会后、国家主席和国务院之前的一级国家机关，其地位之高可想而知。讨论稿在这一节的标题下还附了这样的说明：“本节是新增加的，如果被采用，则应对本稿其他有关条文作相应的修改。”接下来，这一节就从第 82 条至第 86 条，用五个条文对宪法委员会进行了设计，并在每个条文下用括号加了设计条文的说明。其中，第 82 条最重要，现实录如下（条文及备用方案用宋体字标出，“说明”用楷体字标出，以下同）。

> 第八十二条　全国人民代表大会宪法委员会是全国人民代表大会审理违宪问题的机关。
>
> （说明：1. 由于过去我国宪法的实施得不到应有的保障，这次宪法修改座谈会讨论中，许多人提出要成立专门的保障宪法实施的机构。
>
> 2. 从国外关于保障宪法实施的机构来说，有的是最高国家权力机关，如苏联；有的是宪法法院，如南斯拉夫、捷克斯洛伐克；有的是最高法院，如美国；有的是宪法委员会，如法国。
>
> 3. 我国现行宪法规定，全国人大监督宪法和法律的实施，人大常委会解释宪法和法律，这种规定与苏联、东德等国家现行宪法规定由最高国家权力机关及其常设机关负责监督宪法的实施，基本上相同。监督宪法的实施由全国人大行使，在其闭会期间由人大常委会行使，从理论上讲，是完全可以的，因为它是全国人大的常设权力机关和工作机构。但是，由于人大常委会的立法和其他任务很忙，可考虑另成立一专门机

构——全国人民代表大会宪法委员会，负责审理重大的违宪问题。

4. 全国人民代表大会宪法委员会就其性质来说，是最高国家权力机关的组成部分，专门负责审理违宪问题，其地位和人大常委会相等，都对全国人大负责并报告工作，但其职权不如人大常委会广泛。）

另一方案，全国人民代表大会设立宪法委员会，协助全国人民代表大会、全国人民代表大会常务委员会监督宪法的实施。

（说明：有的同志提出，人大常委会在人大闭会期间，其权力应该是最高的，再设一个与它地位平行的机关，不合适。这样的机关实际上也很难起作用。宪法委员会的地位宜低于人大常委会。）

值得注意的是，这个条文再次提出了宪法委员会设计的两个方案，而核心仍然是宪法委员会的性质与地位问题。实际上，宪法修改委员会秘书处针对这个“第五次讨论稿”，于6月15日还专门起草了一份经三次修改的《关于宪法修改的一些问题的汇报》，并在其中提出了宪法委员会问题，摆出了对宪法委员会的性质、地位和职权的两种不同意见。“一种认为，宪法委员会的地位与全国人大常委会相等，仅对全国人大负责并报告工作，它专门负责审理违宪问题”，“另一种意见认为，宪法委员会的地位应低于人大常委会，对人大及其常委会负责并报告工作；它协助人大或者常委会监督宪法的实施，对法律、法令和其他法规的合宪性，提出意见或者报告。秘书处多数倾向于前一种意见”。秘书处汇报的这两种不同意见，正好印证了前面许崇德先生关于“第三次讨论稿”中两种不同意见的回忆。

即使存在上述两种意见的重大分歧，“第五次讨论稿”还是设计和说明了以下几个条文。

第八十三条　全国人民代表大会宪法委员会由全国人民代表大会选出下列人员组成：主任委员，副主任委员二人，秘书长，委员十一人。

（说明：1. 关于宪法委员会的人数，规定为十五人，这参考了国外的宪法保障专门机构的人数。例如南斯拉夫宪法法院由院长和十三名法官组成；捷克斯洛伐克宪法法院为十二人；意大利宪法法庭为十五人；法国宪法委员会为九人，此外，历届前任共和国总统为宪法委员会终身当然成员。也有的同志提出，宪法委员会的人数还可以考虑再少些。例如可为九人，要选那些德高望重、身体健康的人参加，使宪法委员会真正成为有权威的机构。

2. 关于宪法委员会领导人的名称，用主任委员、副主任委员或者主任、副主任。）

第八十四条　全国人民代表大会宪法委员会行使下列职权：

（一）对于不符合宪法的法律、法令，可以提请全国人民代表大会或者全国人民代表大会常务委员会审议，使该项法律、法令和宪法相一致。

（说明：1. 参考了南斯拉夫宪法第 384 条，该条规定："南斯拉夫宪法法院如果确认：联邦、共和国或省的法律同南斯拉夫社会主义联邦共和国宪法不一致，或者共和国或省的法律同联邦法律有抵触，则将作出裁决加以确认，并将裁决提交主管议会。"（第一款）"主管议会有义务在南斯拉夫宪法法院提交裁决之日起六个月内，使法律同南斯拉夫社会主义联邦共和国宪法相协调或者消除共和国或省的法律同联邦法律之间的矛盾。"（第二款）

2. 我国 1978 年宪法规定，宪法解释权属于人大常委会，有的同志提出，宪法解释权应规定属于宪法委员会，因为宪法委员会如果没有宪法解释权，就不可能完成审理违宪问题的任务。）

（二）除法律、法令外，对于不符合宪法的其他法规，有权加以改变或者撤销。

（说明：参考了南斯拉夫宪法第 385 条，该条规定："南斯拉夫宪法法院如果确认，社会政治共同体机关除法律以外的条例或一般文件或者一般自治文件同南斯拉夫社会主义联邦共和国宪法不一致，或者同由联邦机关负责实施的联邦法律有抵触，或者联邦机关的条例或其他一般文件同联邦法律不一致，则将废除或撤销这一条例或一般文件，或其中同南斯拉夫社会主义联邦共和国宪法或联邦法律不一致或同联邦法律有抵触的条款。"）

（三）审查和处理国家机关的违宪行为。

（说明：有的国家规定的范围更为广泛，如苏联最高苏维埃议事规程规定："苏联最高苏维埃主席团……审查国家组织和社会组织及公职人员遵守宪法的问题。"（第六十四条））

另一方案：全国人民代表大会宪法委员会对法律、法令和其他法规的合宪性，向全国人民代表大会、全国人民代表大会常务委员会提出意见或者报告。

（说明：参考了罗马尼亚宪法第53条，该条规定："为了对法律的合宪性执行监督以及为通过法律进行准备工作，大国民议会选举在本届任期内的宪法与法律委员会。"（第一款）"委员会就法律的合宪性提出报告和意见。它还按照大国民议会的工作规则审查具有法律效力的规范和命令，以及部长会议的决议。"（第三款）罗马尼亚宪法与法律委员会的地位与专门委员会大致相等。）

第八十五条　全国人民代表大会宪法委员会行使职权到下届全国人民代表大会选出新宪法委员会为止。

（说明：国外保障宪法实施机构的任期，一般都较长，如南斯拉夫宪法规定为八年，不得连任；捷克斯洛伐克宪法性法令规定为七年，连选连任不得多于两次；意大利宪法规定为十二年，不得立即重新当选；法国规定为九年，不得连任。全国人民代表大会宪法委员会是全国人大选出的。其任期宜与全国人大每届任期相同，但可连选连任。）

第八十六条　全国人民代表大会宪法委员会对全国人民代表大会负责并报告工作。

全国人民代表大会有权罢免全国人民代表大会宪法委员会的组成人员。

另一方案：全国人民代表大会宪法委员会对全国人民代表大会负责并报告工作；在全国人民代表大会闭会期间，对全国人民代表大会常务委员会负责并报告工作。

（说明：以上两个方案是和宪法委员会的地位密切联系的。）

与上述第82条设计两种方案一样，这里的第84条和第86条有关宪法委员会的职权和宪法委员会向谁负责并报告工作的规定也设计了两种方案，为什么有两种方案呢？这都与宪法委员会的地位有因果关系，宪法委员会的不同地位就决定了它具有的不同职权。

这是一份很有意思的史料，联系当时乃至今天的历史背景，是很引人深思的，当然这不是我们所必须展开的。

这里我们所关注的是，有关宪法委员会的设计随后就发生了波折。那就是，在上述“第五次讨论稿”两至三个月后，由秘书处草拟的1981年8月3日讨论稿中，突然没有了宪法委员会的规定，与此同时，该稿在列举全国人大职权时，加上了“监督宪法的实施”一项，并在第29条作了两款规定：“宪法是国家的根本法，各级国家机关通过的法律、法令、法规、决定如与宪法相抵触，一律无效。”“全国人民代表大会常务委员会对违反宪法的法令、法规、决定应进行审查处理。”这个规定实际将宪法监督的职权交给了全国人大及其常委会。为什么会突然出现这样的变化呢？是秘书处工作班子认为宪法委员会不具有可行性而改变了主意，还是秘书处受到某种力量的启发或者干预而放弃了宪法委员会的设计呢？

有意思的是，在两个月后的1981年10月31日，秘书处又草拟了新的一稿。其中，宪法监督的职权再次发生变化。这一稿用一节规定了全国人民代表大会的事项，其中第7条的第3项规定，全国人大职权之一就是“监督宪法的实施”，但又将这个职权具体地赋予了宪法委员会。第10条、第11条作了以下规定：

> 第十条　全国人民代表大会宪法委员会是全国人民代表大会审理重大违宪问题的机关。
>
> 全国人民代表大会宪法委员会由全国人民代表大会选举委员九至十一人组成，任期四年。
>
> 第十一条　全国人民代表大会宪法委员会行使下列职权：
>
> （一）对于违反宪法的法律，可以提请全国人民代表大会复议；
>
> （二）对于法令、行政法规和地方性法规是否违宪，有权裁定；
>
> （三）审查和处理中央国家机关和中央国家机关负责人的重大违宪行为。

这个修改稿在第11条后紧接着规定了全国人民代表大会的民族委员会和法律委员会等专门委员会的事项。这种一改“第五次讨论稿”中专门用一节规定宪法委员会的做法，而将宪法委员会与其他专门委员会并列规定的意旨何在呢？在规定宪法委员会的同时，这一稿不仅没有规定全国人大监督宪法实施的职权，而且没有规定全国人大常委会有权监督宪法实施，这说明，这一职权只由宪法委员会行使。但这种规定仍然面临两个严重问题：一是宪法委员会究竟处于什么地位，是与全国人大常委会处于同一地位，还是低于全国人大常委会但高于普通专门委员会，或者是与普通专门委员会地位相同呢？二是宪法委员会有权“审查和处理中央国家机关”的“重大违宪行为”，这个“中央国家机关”是否包括全国人大常委会呢？两个问题归结到一点就是，这个修改稿仍然没有回答宪法委员会与常委会的地位高低这一核心问题。

随后的结果就可以预见了：以秘书处草拟的 10 月 31 日稿为界，所谓宪法委员会的设计就戛然而止，再无声息，此后无论是宪法修改委员会秘书处的讨论稿还是交宪法修改委员会全体会议的讨论稿，都再没有出现宪法委员会的条款，宪法监督的职权被赋予了全国人大或者它的常委会。

由以上的材料可以得出三个结论：第一，宪法委员会设计和草拟的时间主要发生在 1981 年 7 月前的 2 月、3 月、4 月、5 月几个月内，10 月 31 日再次被提出，但很快被否决了。第二，宪法委员会的具体草拟和设计者自始至终都是宪法修改委员会秘书处的工作人员。第三，从宪法委员会在几次讨论稿章节条文中的不断变化，可以分明感受到秘书处的煞费苦心和几番辗转，但又始终没有找到最好的方案，为什么呢？因为这个设计自始至终都存在难以解决的争议点，这个争议似乎先天决定了宪法委员会设计不可能有存在的空间。

2.3.2　背景、动议者和各方的态度

1. 宪法委员会的设计在宪法修改两个时间段内的位置

为什么要考证宪法委员会酝酿和设计的时间呢？这是个相当重要的问题，它涉及宪法修改的背景。因为 1982 年宪法的修改实际分为两个阶段：第一个阶段是 1980 年 9 月宪法修改委员会成立到 1981 年 7 月中旬。在这个阶段，宪法修改委员会秘书长由胡乔木担任。而在胡乔木担任秘书长的这个阶段，对宪法修改的讨论空前活跃，所涉及的诸多内容即使在今天看来都是十分大胆甚至令人惊心的。比如，胡乔木本人在 1980 年 9 月 17 日的宪法修改委员会秘书处第一次全体会议上，就提出了他旨在改革全国人民代表大会体制的“两院制”的设想。[①] 这个设想即使在今天看来也是极为大胆的。不

① 许崇德先生对此已有披露，参见许崇德．中华人民共和国宪法史．福州：福建人民出版社，2003：563.

仅如此，在这个阶段，各方面所讨论的内容甚至还涉及中央与地方要不要分权、要不要搞“三权分立”、宪法要不要写序言、马列主义毛泽东思想能否成为指导思想、要不要坚持党的领导、实行什么样的民族区域自治、要不要搞司法独立和法官终身制、要不要取消检察机关等等重大问题。如此众多、重大而敏感的问题都可以大胆讨论和设想，一个宪法委员会为什么不可以设想和讨论呢？所以，在那样的背景下，我们就可以想象，将宪法委员会提出来讨论和设计，并不意外。同时也应当看到，那样一个讨论的阶段，虽然可以称之为大胆的、思想解放的阶段，但更可以称之为一个缺乏共同认识基础的、很不成熟的、甚至不少讨论都是严重脱离中国实际的阶段。[①] 后来的实践证明，在这个阶段中所有极端的批判性观点，过于大胆的理想化的设想，偏激的制度设计都没有成为宪法的条文。那么，宪法委员会的讨论和设计属于什么呢？我们认为，它基本属于没有切合中国具体国情的偏于理想化的设想，当然也没有成功。以 1981 年 7 月作为宪法修改时间的分界，就可以发现，宪法委员会的讨论和设计实际主要就在这年 7 月之前的 2 月、3 月、4 月、5 月直至 6 月，这是一个自由想象、“无所顾忌”的阶段。至于 10 月 31 日稿中再次出现的宪法委员会，我们将在后面述及。

宪法修改的第二个时间段，是 1981 年 7 月中旬到 1982 年年底，此间，彭真接替胡乔木担任宪法修改委员会秘书长。面对纷争不休、共识难达的局面，彭真在 1981 年 7 月、8 月、9 月三个月中，反复强调，宪法修改必须以 1954 年宪法为基础，以《建国以来党的若干历史问题的决议》为基础，必须写序言，写四项基本原则。彭真还特别强调，“宪法不是争论问题，而是把可定的定下来”，要“尽量避免引起争论”，要从中国的实际出发。按照他的这些主张，对宪法内容的讨论才走上了寻求共识的轨道，宪法的修改工作才得以顺利进行了。而根据彭真的主张，以 1954 年宪法为基础，就存在一个宪法委员会在人民代表大会制度体制内无法解决其与全国人大常委会的关系问题；“宪法不是争论问题”，而宪法委员会正是一个存在重大争议的问题。所以，在 1981 年 7 月后，对宪法委员会的讨论和设计实际基本结束了。

---

① 事实上，由于这个阶段对诸多根本性的问题都存在纷争，中央原定于 1981 年五届全国人大四次会议就通过宪法修改草案的设想，不得不推迟到 1982 年的五届全国人大五次会议才完成了。

2. 何种力量推动了宪法委员会的酝酿

由前面的叙述可知，宪法修改委员会秘书处的工作人员实际就是宪法委员会各种方案的具体设计起草者，那么，是什么力量促使他们设计和酝酿这些方案的呢？根据许崇德先生的回忆，早在 1980 年 9 月 22 日秘书处部分成员讨论宪法结构时，就认为应把保障宪法的实施，专门作为一章加以规定。而两周后的 1980 年 10 月 7 日下午，宪法修改委员会秘书处召开第四次会议，设想就一些重点问题专门召开会议讨论，这些问题共有九个方面，保障宪法实施即被列为第九个问题。[①] 后来的情况表明，秘书处的这些设计和策划，客观上为社会上对宪法修改提意见，为宪法委员会的讨论，都埋下了伏笔，做了引子。

那么，以后的讨论出现了什么情况呢？尤其值得注意的是，设立宪法委员会是不是社会讨论中的一致意见呢？以下是 1981 年 7 月前与宪法委员会设计密切相关的宪法修改的全部简报：（1）1980 年 10 月 14 日上午，秘书处就 1978 年宪法中公民权利义务部分召开专家座谈会。会上，北京大学的罗豪才提出，为保证宪法实施，应设立宪法法院。（2）到 1980 年 10 月 18 日，宪法修改委员会秘书处收到 207 件群众来信，其中有两件来信属于建议加强宪法实施的，即：江西的李平建议，在宪法中规定保证宪法实施的条款；内蒙古的王建彪建议，设立宪法监督委员会专门负责监督宪法实施，并有权宣布违宪的政策、法律、法令无效。（3）1980 年 11 月中旬，上海市社会科学院法学所宪法研究室提出了修改宪法的 12 条建议。其中，对加强宪法监督提出了三个设想：一是在全国人大常委会下设立宪法委员会，作为常委会的常设机构，审查法律、法令和地方性法规以及从国务院到地方政府的施政是否违反宪法的精神，就全国范围内实施宪法情况向人大常委会提出报告和处理意见；二是设立宪法法院；三是国家设立监察委员会。但三种方案中，宪法研究室倾向于设立宪法委员会。（4）1981 年 1 月 9 日、10 日，宪法修改委员会秘书处邀请外地专家来京座谈宪法修改。座谈中，上海社科院的潘念之、吉林大学的张光博、湖北财经学院的蒋碧昆和西南政法学院的胡光，都提出要加强宪法实施的监督。其中，潘念之建议，在全国人大下设立宪法委

---

① 许崇德．中华人民共和国宪法史．福州：福建人民出版社，2003：566.

员会；蒋碧昆建议，设立专门的宪法法院；张光博建议，由全国人大常委会监督宪法实施，不必另设宪法委员会；胡光则建议，由全国人大和地方各级人大选举产生一个专门的国家监察机关系统，称为人民监察院系统，监督宪法实施。(5) 1981 年 4 月 20 日，法制委员会法律室整理了一份关于对（各省、自治区、直辖市和中央各部门以及一些专家对）宪法修改提出的主要问题和不同意见的简报。这些问题和意见共 17 条，最后一条就是监督宪法的实施，有人建议在宪法中增加“宪法的监督和实施”一章。而对于如何监督宪法的实施，有四种意见：一是全国人大或全国人大常委会设宪法委员会；二是设立宪法法院；三是由全国人大、全国人大常委会监督，不必另设宪法委员会；四是各级人大设人民监察院（遗憾的是，这份简报没有标明这些意见究竟是地方和中央部门提出的，还是实际上由专家们提出的）。(6) 1981 年 6 月，中国政治学会在北京举行了两次宪法修改问题的学术座谈会，学者李凌、吴杰、程筱鹤、唐守瑶等建议设立宪法委员会或者宪法法院，审理违宪案件。

从现有档案看，在 1981 年的 7 月前，尚没有一个明确的重要国家机关、政党或者领导人对宪法监督制度特别是宪法委员会提出特别的意见，许崇德先生在他的《中华人民共和国宪法史》中也以完整的简报形式披露了上述材料中的部分内容。[①] 但除此之外，许先生并未披露更多的资料，这至少说明，当时对宪法监督制度给予重视的主要就是这些力量。但这里有一个重要问题，就是 4 月 20 日法制委员会法律室整理的那份简报（许崇德先生未披露）中，提出宪法监督四种意见的都是谁呢？是不是“各省、自治区、直辖市和中央各部门”或者其中的一部分呢？其实稍加分析可以发现，前四份简报所反映的群众来信或者座谈会活动都发生在 1981 年 4 月 20 日之前，而 4 月 20 日的那份简报中对宪法监督的建议，基本上就是上述群众来信和专家意见的内容，特别是简报中四种宪法监督方案的建议，差不多与此前 1 月 9 日、10 日两次座谈会上的专家意见完全相同。所以，在没有发现新的资料前，我们只能推断，4 月 20 日那份简报中所说的对宪法监督的四种建议，实际主要是几位专家的建议。

---

① 许崇德．中华人民共和国宪法史．福州：福建人民出版社，2003：575.

这样，可以大体得出以下结论：第一，当时要求加强宪法监督的呼吁实际是有限的，尚不具有普遍性；第二，要求加强宪法监督的声音主要来自学术界即宪法学界和政治学界，社会上只有两位群众来信提出相关建议；第三，对于加强宪法监督的措施和办法，实际是见仁见智，设立宪法委员会并不是完全一致的意见，甚至很难说就是主导性的意见。

那么，谁是宪法委员会方案的动议者呢？客观地说，恐怕还是应当归功于宪法修改委员会秘书处的诸位同仁，是他们在总结相关意见的基础上，力图加进自己的愿望，推动宪法委员会的设立。除了上述许崇德先生具体草拟方案的努力外，还有一个更重要的人物不应被忽视，那就是当时宪法学界的权威王叔文先生。王叔文同为秘书处的工作人员，他无疑是宪法委员会的热烈推崇者。现在尚没有书面资料证明他当时为此付出的努力，但许崇德有一个回忆从另一方面证明了他的热情，那就是，就在1983年，即宪法通过刚一年后，王叔文等30名全国人大代表曾联名向六届全国人大会议提案，建议最高国家权力机关设立宪法委员会（当然未获答复）。[①] 而到1982年宪法实施十年后的1992年，王叔文还撰写纪念文章，呼吁在全国人大下面设立宪法委员会，这足以证明他对宪法委员会孜孜以求的心情了。[②]

3. 重要政治人物的态度

一项宪法制度的确立，与重要政治人物的态度密不可分。这是中国的实际。

先要看看担任第一阶段秘书长的胡乔木的态度。胡乔木以十分开放的姿态对待宪法内容的讨论，并对实行“两院制”情有独钟，但尚没有资料表明胡乔木在秘书长任上对宪法委员会发表哪怕片言只语的观点。在不再担任秘书长半年后的1982年2月27日，胡乔木到宪法修改委员会第二次全体会议上对宪法修改的内容作了长篇讲话，回顾、总结和解释宪法修改的方方面面，范围大到人民民主、民主集中制、人大常委会和国务院的职权、国家主席、专门委员会、民族自治地方、基层群众自治组织，小到公民某项具体的

---

① 许崇德．中华人民共和国宪法史．福州：福建人民出版社，2003：886. 但许崇德先生的回忆可能有误差，因为根据《王叔文文选》的记录，王叔文是七、八两届全国人大代表，而不是六届全国人大代表。王叔文文选．北京：法律出版社，2003：1.

② 王叔文文选．北京：法律出版社，2003：157－168.

权利和义务，全国人大代表的人身特别保护权以及提案和质询等等，但他自始至终都没有提到宪法监督问题，更没有说宪法委员会。[①] 这一情况是很值得注意的。胡乔木不提宪法委员会，可以有很多解读，但至少可以说明，在他看来，这不是一个重要的必须作出解释的问题，或者，不设宪法委员会，是没有什么讨论余地的。

再看看邓小平和胡耀邦。他们的态度对宪法委员会能否设立是十分关键的。1981年3月21日，正是秘书处倾心讨论和设计宪法委员会的时候，邓小平与吴冷西专门谈了他对宪法修改的几点意见。邓小平对国家主席、最高国务会议、“两院制”、经济成分都发表了意见，但没有谈宪法监督和宪法委员会。邓小平没有谈宪法委员会，当然也可能是这个问题尚没有引起他的重视，并不意味着他就持反对态度。但是，刘政先生在撰文披露是否设立宪法委员会的历史时，写到1981年4月8日、18日秘书处讨论宪法委员会的几种意见后，有这样的表述：“后来把设立宪法委员会的方案报上去了。邓小平等同志不赞成，认为有了这个机构就很难办。就搁置了。所以，1982年提出的宪法修改草案，没有关于设立宪法委员会的规定。”[②] 刘政先生的这个说法出自何处呢？宪法委员会的方案是何时、由谁报到邓小平那里的呢？邓小平又是在什么时间、什么场合中表明这个态度呢？刘政在这里都没有交代。

1982年宪法修改时中央政治局和书记处曾有十多次专门讨论，可惜这些档案至今尚未披露。但是，一些侧面的资料似乎还是印证了当时的一些情况。顾昂然先生长期在彭真身边工作，全程参与了1982年宪法的修改，对彭真的活动有十分详细的记录。[③] 根据他的笔记记载，1982年10月9日下午，彭真与胡绳、王汉斌、张友渔、龚育之、项淳一、顾昂然谈修宪问题。彭真谈到了职工代表大会、国家领导人任期等五个问题，第三个问题就是宪法委员会。彭真说：“小平说不要搞宪法委员会。小平很坚定的说不要。”彭真还说：“开政治局会时，我向耀邦说，过去考虑过。小平说不要为好。耀

① 胡乔木文集：第2卷．北京：人民出版社，1993：501-520．

② 刘政．人民代表大会制度的历史足迹．北京：中国民主法制出版社，2008：235．

③ 顾昂然，原全国人大常委会法制工作委员会主任，法律委员会副主任委员，是1954年至21世纪初中国立法的见证人，曾长期在彭真身边工作。

邦说，我也主张不要。”按照刘政先生的说法，邓小平的表态似乎应当在1982年之前，即主要在1981年。但在1981年到1982年的整个修宪活动中，彭真几乎每隔几天都与秘书处或者身边工作人员讨论宪法修改，邓小平如果在1981年，哪怕是1982年的早些时候表达了他的这一意见，彭真为什么又到1982年的10月9日才披露出来呢？其实，细节问题在这里并不十分重要，重要的是，根据顾昂然的记录，邓小平的意见在这里与刘政先生的说法相互印证了，可以肯定的是，邓小平是不赞成设立宪法委员会的，很坚定地不赞成。而且，胡耀邦也不赞成设立这个委员会。

那么，彭真是什么态度呢？他的主张无疑具有举足轻重的影响，但他又都做了些什么呢？根据顾昂然的笔记，从1981年2月18日起，到前面所述宪法委员会在讨论稿中最后一次出现的10月31日，彭真进行的宪法修改活动达72次之多，他在不同场合发表的讲话、起草给中央的报告以及讨论谈话中，内容涉及宪法序言、总纲、经济制度、“四个坚持”、修宪的原则和策略、国体、政体、公民的权利义务、“两院制”、民族问题、常委会委员专职、中央与地方的分权、政社分开、是否取消检察院等等。但是，在如此纷繁复杂的问题中，彭真一次都没有提到宪法委员会，即使在与身边工作人员隔三岔五的讨论和交流中，也没有一次谈宪法委员会。7月中旬，彭真接替胡乔木担任宪法修改委员会秘书长，随后的22日、23日两天，他连续听取宪法修改委员会副秘书长胡绳、王汉斌汇报前一段修改讨论的情况。在他们汇报“两院制”和要不要序言等问题时，彭真都随时插话提问，但当他们专门汇报宪法委员会问题时，彭真只字未提。

是彭真不了解秘书处设计宪法委员会的情况吗？肯定不是。彭真1979年刚回北京工作，邓小平就提出，由他抓宪法修改。彭真虽然不是前一阶段宪法修改委员会的秘书长，但宪法修改委员会设两位副主任，一位是宋庆龄，另一位就是彭真，这种安排显然是意在由他来负责宪法修改的具体和全面的工作。而彭真这个副主任绝不是担的名，他早就实实在在地、一字一句地、殚精竭虑地思考和研究宪法修改的内容了。前面许崇德先生所回忆的宪法修改的几次讨论稿，秘书处必然要呈送彭真。根据顾昂然的记录，1981年5月3日下午，彭真在人民大会堂召集王汉斌、顾明、邹瑜、杨景宇、武新宇等研究修宪问题，还专门说，秘书处“改了五稿，还要有一稿”。这说明，那份具有代表性的设计宪法委员会的“第五次讨论稿”彭真已经看到了，但是，他为什么一直不对宪法委员会发表意见呢？

而值得注意的情况倒是，对照前述彭真在7月、8月、9月三个月的多次谈话中强调的一些修宪原则，宪法委员会的动议实际与彭真的思想并不一致。前面说了，在“第五次讨论稿”后的8月3日讨论稿中，宪法委员会消失了，但到了10月31日稿中又出现了宪法委员会。宪法委员会为什么能够再次出现呢，是彭真的主张还是秘书处工作人员的主意呢？我们无从得知。但可以肯定的是，到这时候，彭真也没有对宪法委员会持明确的否定态度，因为如果彭真反对，秘书处工作人员是不可能将这一内容再次写进讨论稿的。

那么，彭真的态度是如何形成的呢？按照顾昂然的记录，我们来看看彭真此后的一些活动：11月2日下午，即宪法委员会10月31日再次进入讨论稿的两天后，彭真在玉泉山与张友渔、胡绳、项淳一、顾昂然谈修宪问题时说，他已“找小平同志谈过了”，“也与一些老帅交换了意见”。彭真与邓小平和老帅们谈的是什么呢？主要是“四个坚持”怎么写、高度民主还要不要高度集中、民主和专政的关系、民族问题、劳动权、通讯秘密以及宪法要言简意赅的问题。重要的是，彭真对所谈的这些问题都表明了自己的明确意见。显然，彭真这时候没有与邓小平和老帅们谈到宪法委员会。为什么没有谈呢？合理的推断是，他此时对宪法委员会尚没有形成自己的意见。这也符合彭真的性格与工作方法。11月4日、6日两个晚上，彭真与王汉斌、顾明、龚育之、卢之超、顾昂然专门谈宪法序言的问题，并表达了自己的鲜明态度。此次，他也没有谈到宪法委员会。而到了11月10日，事情发生了变化，这天晚上，彭真在玉泉山的二号楼，“与顾昂然谈宪法委员会等几个问题”。这是顾昂然记录的彭真1981年全部活动中唯一的一次谈宪法委员会，而且是与顾昂然一个人谈的。这说明，彭真此时已经很重视这个问题了。为什么是与顾昂然一个人谈呢？会不会是彭真想了解更多问题动议的背景、细节以及其他情况呢？而在彭真与顾昂然专门谈宪法委员会的四天后，即11月14日、17日、21日的宪法讨论稿中，宪法委员会的设计已被取消了，代之以全国人大常委会监督宪法的实施。由此可以形成的合理推断是：彭真此时已明确表示不赞成写宪法委员会。

据说，秘书处在研究国外宪法委员会的组成人员情况时，发现国外的宪法委员会都是由退下来的元首以及其他德高望重的人组成的。如果我国要成立宪法委员会，由谁来当其中的组成人员呢？对此，彭真有深切的疑虑。他说："毛主席、周总理都不在了，小平同志还兼着常委，不能来，华国锋也不能来，由谁来组成就成问题，不好办，我们与国外的情况不同。"彭真是在什么时候、什么情况下说这个话的呢？现已难于查证，姑且作为一段极有价值的传闻史料收录于此，留待将来的方家考证吧。

根据顾昂然的记录，1981 年 12 月 19 日，彭真将《关于修改宪法草案的几个问题的报告》报送邓小平、胡耀邦并中央，12 月 23 日，彭真又对 19 日的报告作了补充和修改后再次报送中央。那么，彭真的这个报告中有没有涉及宪法委员会呢？从现有档案看，彭真 19 日给中央的报告共有 16 个问题，但没有涉及宪法委员会和宪法监督。但是，顾昂然在笔记本中完整地抄录了一份大约是 1981 年年底到 1982 年年初由彭真写给中央的报告。这实在是一份珍贵的资料。报告说，宪法修改正在抓紧进行，"有几个重大问题我们感到没有把握，报请中央批示"。报告共写了十个问题。其中，第三个问题就是宪法委员会，是这样写的："鉴于'文化革命'的教训，不少同志提出，对于重大的违宪行为，要有专门机构管。我们研究许多国家的宪法都有处理违宪问题的机构。草稿初步规定在全国人大和人大常委会下，设立常设的宪法委员会，对重大的违宪行为进行审查，提出建议，由全国人大、人大常委审议决定。"顾昂然的这份记录是否就是彭真 12 月 23 日给中央的报告呢？综合前后的时间和事件发展逻辑，基本可以得出肯定的结论。而从彭真的这个报告可以形成一个合理推断，即彭真本人在了解和分析情况后，意识到写宪法委员会存在的严重障碍，但他显然认同改革宪法监督制度的重要性，并试图作出努力，因此，将宪法委员会当作一个"没有把握"的"重大问题"向中央报告，这样，就有了前面刘政文章中"邓小平等同志不赞成"的说法。

4. 值得重视的时代背景

前面的叙述和分析表明，设立宪法委员会未能成功，主要原因是无法解决它与全国人大常委会地位高低的关系问题。但问题恐怕远不止于此，至少还有以下几个重要的背景值得我们关注与研究。

(1) 从1954年宪法到1975年宪法、1978年宪法，虽然都有关于全国人大监督宪法实施的规定，但是，宪法监督毕竟没有变成一种具体的法制实践，也没有相关的经验。而1978年宪法颁布两三年后，在缺乏经验的基础上，要建立一套全新的宪法监督制度，其困难可想而知。

(2) 1981年6月27日，也就是宪法委员会秘书处酝酿设计宪法委员会的那段时间，中共中央发布的《关于建国以来党的若干历史问题的决议》提出，“必须巩固人民民主专政，完善国家的宪法和法律并使之成为任何人都必须严格遵守的不可侵犯的力量”[①]，这个表述很容易被理解为加强宪法监督的要求和依据。但是，这项决议毕竟首先是一项政治决议，由这个政治决议也并不必然推导出我们就必须在什么样的时间段内建立一项什么样的宪法监督制度。

(3) 1982年宪法是在“文化大革命”刚刚结束的几年后制定的，那时候的政治和社会情况仍然存在相当复杂的因素，虽然“文化大革命”已经结束，加强民主法制建设的呼声日高，但谁又能说“文化大革命”的结束必然意味着宪法的权威变得至高无上呢?

(4) 自1980年就开始的宪法修改，实际相当于重新制定一部宪法，其所涉内容大到国体、政体、国家结构形式，小到公民的一项具体权利义务，千头万绪，宪法委员会虽然重要，但在整个国家机构体系中，即使要设计，也只能是全国人民代表大会之下的一个组织，在那样一个范围纷繁浩大的背景中，尚不能说它是一个具有核心意义的必须解决的重要问题。

(5) 1982年宪法的制定有一个重要特点，即它的着眼点在于建立和完善各方面的制度，或者可以说，这是一次“定制度”的立宪活动，而制度确定后的监督实施虽然也受到重视，但显然没有被放到与定制度同等重要的位置。不然，宪法和法律的执行就不会出现几十年来被广为批评的“有法不依、执法不严、违法不究”的消极现象了。对照这些背景，宪法委员会的产生之难也就可想而知了。

综合上述背景和各方面的情况可以发现，在1982年宪法制定过程中，宪法委员会实际是一个不具备产生条件的方案。实际情况也是，这个方案没

① 中共中央文献研究室．三中全会以来重要文献选编：下．北京：人民出版社，1982：842.

有能够正式进入宪法修改委员会三次全体会议中的一次审议稿，没有进入1982年4月全国人大常委会会议的审议稿，更没有进入常委会会议后交付全民讨论的草案稿。可以说，宪法委员会只是1981年修宪活动中宪法修改委员会秘书处的一次“胎动而未形”的设计，或者说是宪法修改过程中的断想而已。

2.3.3　1982年的讨论以及彭真、胡绳的回应

宪法委员会方案是放弃了，但是，由哪个机构来行使宪法监督的职权呢？从1981年10月31日后宪法讨论稿中的宪法委员会被取消，到全民讨论宪法草案的1982年4月前，根据秘书处的设计，宪法监督的职权被赋予全国人大常委会，全国人大并没有此项职权（为什么只将宪法监督职权赋予全国人大常委会而不同时赋予全国人民代表大会呢？我们未看到已有文献资料给出的说明，但结合当时的背景似乎可以这么认为：一是全国人民代表大会的会期偏短，开会期间任务繁重，难以胜任宪法监督这一经常性的工作；二是前几部宪法将宪法监督的职权赋予全国人大，但基本没有发挥具体作用；三是当时完善人民代表大会制度和修改宪法的一个重要内容，就是扩大全国人大常委会的职权。所以，在这些背景下，秘书处将宪法监督的职权只赋予全国人大常委会就可以理解了）。比如，1981年11月14日、17日、21日宪法讨论稿被连续修改，其中，宪法监督的职权专属于全国人大常委会。即使到1982年4月3日、5日、8日、17日、21日，经宪法修改委员会秘书处连续五次修改的草案，以及随后的全国人大常委会审议稿中，也只规定全国人大常委会监督宪法的实施，全国人大仍然没有这项职权。交付全民讨论的宪法修改草案第65条仍然维持了常委会监督宪法实施的规定。

但是，宪法修改草案的这一规定在5月份开始后的全民讨论中再一次遇到争论。确切地说，对人大常委会监督宪法实施提出普遍性和强烈不同意见的，正是始于全民对宪法的讨论。上海、天津、四川、湖南、江苏、山西、广西、吉林、河北、山东、辽宁、广东、云南、内蒙、河南等近一半的省市对宪法监督问题提出意见。有的建议在宪法中另立一章，专门规定宪法的解释、监督和修改，特别是要解决对宪法的实施和对违宪行为的处理问题，以及与之有关的程序问题。不少人建议设立专门的权威的机构来监督宪法的执

行，这个机构可以称“宪法保护委员会”“宪法监督委员会”“宪法法院”“行政法院”或者其他名称。也有人建议在全国人大常委会下设一个专门监督宪法执行的委员会。还有人建议，全国人大常委会授权给最高人民检察院，负责检查处理违宪案件，同时在人民法院内设立专门法庭审理违宪事件或违宪行为。有意思的是，宁夏回族自治区还建议全国设立最高宪法法院，在各省、自治区、直辖市设立分院，监督宪法的实施，处理违宪案件和有关问题。

一些中央部门、单位和民主党派也对人大常委会监督宪法实施的规定提出不同意见。比如，卫生部建议建立有一个权威的监督机构，负责督促检查宪法的实施，以防止“文化大革命”期间那种实际上把宪法丢在一边的现象再次发生。《红旗》杂志社提出，谁来监督宪法的实施？有必要加以规定。对违宪问题应设立专门机构进行处理，要由比较有权威的、与全国人大常委会平等的机构负责审议人大常委会制定的法律、法令是否违宪。电子工业部则提出，国家应设宪法检查委员会。民进党中央建议，人大常委会设立宪法监督检查委员会或“纪检会”，从中央到省市、自治区都设立这个机构，监督宪法实施，宣传维护宪法尊严，检查处理违宪事件，从组织上保证宪法不折不扣的实施。

一些地方即使同意宪法修改草案第 65 条有关全国人大常委会监督宪法实施的规定，也认为这个规定过于笼统，难以落实。比如，吉林省提出，应明确全国人大常委会如何监督宪法的实施，特别是由哪个部门具体受理对违反宪法的控告。天津市提出，只规定人大常委会“监督宪法的实施”不够，还应在方法、程序，特别是对违宪行为的处理工作做出具体规定。

而针对宪法监督实施的权力只属于全国人大常委会的规定，北京市提出，这一职权应属于全国人民代表大会。

显然，规定由全国人大常委会监督宪法的实施，在各方面引起了带有普遍性的不同意见。这些意见在七八月份被陆续报送给彭真，引起了彭真分外的重视。是由人大常委会监督，还是成立一个专门的机构来监督？彭真在思考着。根据顾昂然的记录，1982 年 9 月 2 日、4 日、9 日、10 日、14 日，彭真与宪法修改委员会秘书处主要负责人连续五次谈话，就宪法修改中的诸多问题发表意见。其中，一个重要问题就是宪法委员会。他说，对设宪法委员会或者宪法法院的意见，“要作为一个重要问题考虑和提出”。彭真甚至提出，对是由人大常委会还是其他一个专门机构来监督宪法实施，可以提两个方案，加以权衡和研究。但他同时又强调，宪法监督主要靠十亿人民，“就是要设宪法委员会，也要设在全国人大和人大常委会下，全国人大要一元化，不要多元化”。彭真的这些意见表明他对是否设立宪法委员会再次产生了犹疑。联想到前面所说的 1982 年 10 月 9 日彭真转述邓小平对宪法委员会所持的否定态度，是否有可能在 9 月中旬到 10 月上旬期间，彭真专门就宪法委员会问题与邓小平沟通了呢？或者说，彭真在继 1981 年年底将宪法委员会问题报告中央，邓小平不同意后，十来个月后又一次就宪法委员会与邓小平做了沟通，邓小平再一次“很坚定的说不要”呢？

无论如何，宪法委员会未能再次进入宪法修改草案，这说明，彭真经过犹疑与思考后，或者与邓小平沟通并达成共识后，还是坚决地否定了这个方案。所以，秘书处在 9 月 15 日、25 日两次关于宪法修改草案的修改稿中，仍然规定全国人大常委会监督宪法的实施，但在不久后的 27 日修改稿中，除了规定常委会的监督职权外，还增加规定了全国人大也有监督宪法实施的职权。应当说，增加全国人大监督宪法实施，也是一个重要的变化。而这个增加的意见很可能是彭真提出的，因为他在后来五届全国人大一次会议主席团上讲话专门强调，全国人大和它的常委会都有权监督宪法的实施。

1982 年 11 月底和 12 月初，五届全国人大五次会议开始审议宪法修改草案。会上，宪法监督的问题再次被提出来，一些代表对宪法能不能得到很好实施，如何使违反宪法的行为切实得到追究，表达了浓重的忧虑，并提出意见。西藏代表团就提出，宪法通过后能否贯彻执行，还很难说。河南的王司唐、地质部的孙大光、上海的刘奎等三位代表说，宪法没有提出具体保证措施，应当增加防止违宪的内容和规定。胡绩伟代表还认为，应当规定违反宪法是最严重的犯罪行为，各级人民代表可以对任何违反宪法的组织和个人提出控告，并把处理违反宪法的案件、对违反宪法的干部提出弹劾分别列入全国人大及其常委会的职权中。天津的张初阳代表建议，增加一章，专讲宪法的监督和实施，规定监督的原则以及监督的内容、方法和程序。对中央和地方国家机关违宪的，要有具体条款加以解决。特别是对国家领导人违宪的，要规定监督办法，比如可交全国人大处理。他还建议国家设立宪法法院，或者设立专门监督宪法实施的机构，如宪法实施监督委员会，切实保证宪法的实施。

11 月 30 日上午，代表们再次讨论宪法监督问题，广东的伍觉天、杜长天，黑龙江的方大中、丛琛、韩行生、倪伟等代表建议增设监督宪法实施委员会。北京的刘锋代表提出，应设专门机构保证宪法实施，人大常委会不是司法机关，只由它监督不能落实。

但是，代表们的这些不同意见仍然没有被宪法修改工作小组吸收。面对这么多代表甚至代表团提出的不同意见，包括此前在全民讨论中各方面提出的众多不同意见，宪法修改却不为所动，这是极不寻常的。

但是，彭真对代表审议中提出的这些意见十分重视。在他的安排下，胡绳专门到 12 月 3 日五届全国人大五次会议主席团的第二次会议上，汇报和解释宪法修改草案的情况，彭真与胡绳一起参加了会议，并在胡绳的汇报中不时插话。两人的讲话内容达 14 000 余字，而涉及宪法监督问题的就有 2 300 余字，可见他们对问题之重视。

关于宪法委员会，胡绳说："设立一个专门机构，如果参照国外的经验，是有这样搞的。有的国家设立了宪法法庭或者宪法委员会。"彭真随即插话说："外国也只是一部分国家有。"胡绳接着说："对，只是有些国家有，苏联就没有。资本主义国家的经验也可以参考，但它们的这些机构的任务是什么呢？比如法国宪法委员会的任务就是监督总统选举是不是合法，监督各种法律是不是符合宪法，它的任务就是这样。再如，意大利宪法委员会也是监督国家的法律和地方的法律是不是和宪法有抵触。所以如果整个一个国家宪法的每一个条文，从每一件国家大事以至到每一个公民的自由权利都由一个专门的机构来保证，这是不可能的。"

对我们国家设立什么样的机构保证宪法实施更合适呢，胡绳说："实际上还只能是人大常委会。在我们国家不可能在人大常委会以上再有一个什么更高的权力机关。所以现在我们的宪法规定，人大常委会负有监督宪法实施的责任。"

胡绳汇报完后，彭真专门就两个问题做了补充说明，其中之一就是宪法监督的问题。他说："是不是搞一个有权威的机构来监督宪法的实施？外国有的是宪法委员会，有的是大法官，像美国、巴基斯坦就是大法官。我们是不是也采用这样的形式？这个问题，在起草过程中反复考虑过。大家所想的，实际就是‘文化大革命’把五四的宪法扔到一边去了。实际上，在当时无论你搞一个什么样的组织，能不能解决这个问题呢？不见得。”随后，彭真再次强调由全国人大和它的常委会监督宪法实施的必要性。“恐怕很难设想再搞一个比人大常委会权力更高、威望更高的组织来管这件事。”

彭真和胡绳关于中国不适宜设宪法委员会的说明，在时间过去三十多年后，是否还有现实意义？宪法委员会没有设立，是不是还可能有其他的原因？邓小平和胡耀邦为什么不同意设立这个机构？胡绳说：“如果整个一个国家宪法的每一个条文，从每一件国家大事以至到每一个公民的自由权利都由一个专门的机构来保证，这是不可能的。”那么，我们应当如何确定宪法监督所涉及的范围呢？现在或者可以预见的将来，我们能否“设想再搞一个比人大常委会权力更高、威望更高的组织”来管宪法监督这件事呢？彭真说，“文化大革命”把宪法扔到一边去了，当时无论搞一个什么样的组织都不见得能解决问题，现在，“文化大革命”虽然结束了四十多年，但我们是不是搞一个类似宪法委员会性质的机构就能真正解决违宪的问题呢？等等，这些问题都是值得我们深长思之的。

1982 年宪法制定过程中的宪法委员会方案，是由宪法修改委员会秘书处工作人员在 1981 年酝酿和设计的，未能提交正式的会议讨论即放弃了。进入 1982 年 5 月后，在全民讨论和五届全国人大五次会议审议宪法修改草案中，很多方面要求改革宪法监督制度，代表性的意见之一还是要求设立宪法委员会，但是，这些意见没有被采纳。宪法委员会的方案没有成功，主要是因为在人民代表大会制度的体制下，它很难有存在的空间，一些重要的政治人物对它持否定态度，当时的社会背景也几乎不允许宪法委员会产生。回顾和分析这段历史，对于如何认识、完善和构建我国现行的宪法监督制度，是有重要意义的。

2.4　宪法制定后有关方面对健全宪法监督制度的努力与结果

1982 年宪法虽然规定了全国人大及其常委会监督宪法的制度，但这个制度显然不够具体完善，理论和实践中一直不甚满意。宪法制定后，有关方面曾经不断努力，试图健全宪法监督制度。主要包括以下几次。

第一次是六届全国人大期间的努力。据全国人大常委会原副秘书长刘政回忆，1982 年宪法公布实施后，在一次委员长会议结束后的讨论中，彭真同意设立专门委员会性质的宪法委员会。王汉斌在他的回忆录中也说，六届全国人大时，曾考虑设立一个类似其他专门委员会的宪法委员会，协助全国人大及其常委会监督宪法的实施。换届前夕，有关领导同志曾经让全国人大常委会办公厅研究室提出设立宪法委员会和内务司法委员会的方案。研究室在方案中提出由全国人大常委会委员长担任宪法委员会主任委员，以提高这个委员会的权威。但最后换届时全国人大只设立了内务司法委员会，没有设宪法委员会。

第二次是七届全国人大期间 1990 年监督法草稿的设计。按照全国人大常委会原副秘书长刘政整理的有关材料，全国人大常委会有关部门在这一年起草的全国人大及其常委会监督法草稿的框架中，曾经将“监督宪法的实施”专列了一章，在这一章中设立了一个专门委员会性质的宪法监督委员会，并将各政党、社会团体的中央机关制定的规范性文件是否符合宪法，纳入全国人大及其常委会的监督范围，也就是说，党中央制定的文件也属于宪法监督的范围。

第三次是八届全国人大期间，1993 年修改宪法时，许多人建议全国人大设立一个专门委员会性质的宪法监督委员会，中央修改宪法小组也倾向于设立这样的机构，并做了具体设计。针对这个问题，中共中央后来在关于修改宪法部分内容的建议的说明中提出：“根据宪法第七十条的规定，全国人大可以设立专门委员会性质的宪法监督委员会，宪法可以不做规定。”

第四次是九届全国人大期间，1997 年 11 月，全国人大常委会组织的监督法起草小组起草了一部全国人大和地方各级人大监督的草稿。这个草稿仍然将宪法监督专列一章，并做了具体规定。其中一个重要内容，是设立宪法监督委员会，并赋予其五项职责：一是对全国人大及其常委会审议的法律草案、决议草案和决定草案是否符合宪法，提出审查意见；二是对有关国家机关的规范性文件是否同宪法相抵触进行审查；三是对公民提出的有关国家机关及其工作人员违反宪法行为的控告进行审查；四是对有关国家机关的规范性文件、有关国家机关及其工作人员的行为违反宪法的，提出纠正建议，或者提请全国人大常委会作出处理；五是向全国人大常委会提出宪法解释和宪法修正案建议案。值得注意的是，这个草稿对政党、社会团体的规范性文件是否列入宪法监督的范围，没有作出规定。①

第五次是九届全国人大期间，2002 年 8 月，全国人大机关起草的全国人大和地方各级人大监督法草案。这个草案与以前相比有很大的改变，即没有将宪法监督专列一章，而将“监督宪法和法律的实施”列为一章。这一章中，没有再对此前的宪法监督委员会做规定，也没有对有关政党、社会团体规范性文件的违宪监督问题做规定，其他内容与此前监督法草稿的规定也有很大区别，主要包括以下具体内容。

一是全国人民代表大会及其常务委员会监督宪法和法律的实施。任何组织或者个人都不得有超越宪法和法律的特权。一切违反宪法和法律的行为，必须予以追究。

二是全国人民代表大会有权改变或者撤销全国人民代表大会常务委员会制定的不适当的法律和决定，有权撤销全国人民代表大会常务委员会批准的违背宪法、法律的自治条例和单行条例。全国人民代表大会常务委员会有权撤销国务院制定的同宪法和法律相抵触的行政法规、决定和命令；有权撤销省、自治区、直辖市国家权力机关制定和批准的同宪法、法律和行政法规相抵触的地方性法规和决议，有权撤销省、自治区、直辖市的人民代表大会常务委员会批准的违背宪法、法律的自治条例和单行条例，有权撤销经济特区所在地的市的人民代表大会及其常务委员会制定的违背宪法、法律的法规。

三是下列规范性文件自公布之日起 30 日内，报全国人民代表大会常务委员会备案：（1）国务院制定的行政法规；（2）省、自治区、直辖市人民代表大会及其常务委员会制定和批准的地方性法规；（3）自治州、自治县的人民代表大会制定的自治条例和单行条例；（4）经济特区所在地的市的人民代表大会及其常务委员会制定的法规。

四是对有关应当报全国人民代表大会常务委员会备案的规范性文件的审查，依照《中华人民共和国立法法》的有关规定执行。

① 以上四次宪法监督的相关设计，来自全国人大常委会原副秘书长刘政整理的有关内部资料。

这次监督法草案经过了九届全国人大常委会第二十九次会议的审议。据笔者当时整理的监督法草案审议的简报，审议过程中，一些常委会组成人员针对宪法监督问题提了不少意见。有的委员和同志提出，监督法最重要的内容和任务是对违反宪法的情况进行监督，应当研究设立专门的宪法监督机构，协助全国人大及其常委会对违宪行为进行监督。主要理由是：（1）监督违宪的问题，我们国家一直没有解决。立宪几十年，宪法所规定的基本原则和具体条款，在现实生活中落实得怎么样，以及违反宪法应当追究什么责任等问题，监督法都不能回避。（2）既然把宪法放在崇高的地位上，就要把违宪的行为视为最大的错误。应当建立一个宪法委员会专门处理违宪事项。（3）我们党是执政党，必须在宪法和法律的范围内活动。人大及其常委会有权监督党组织和党的领导干部的违宪违法行为，在这方面监督法应当有所规定。（4）我们可以设立宪法委员会，审查规章以上规范文件的违宪违法问题，对规章以下的规范性文件可以交由法院处理。有的委员提出，现实生活中遇到对宪法条文理解和执行中存在分歧时，缺乏解决的形式和途径，建议增加规定，对宪法条文的理解或执行宪法中的分歧，由全国人大及其常务委员会决定。

针对草案有关任何组织和个人都不得有超越宪法和法律的特权，一切违反宪法和法律的行为，都必须予以追究的规定，有的同志提出，政党是否包括在“任何组织”里？是否属于人大监督的范围？建议下次作草案报告时予以说明。

而十届全国人大期间通过的监督法，最终没有对宪法监督的内容做具体规定。

总结以上的叙述可以发现，1982 年宪法制定后，对宪法监督制度的完善我们曾经做过三方面的努力：一是六届全国人大期间拟由全国人大以设立宪法委员会的形式，来完善宪法监督制度，但没有成功；二是在 1993 年修改宪法时，有关方面曾经试图通过修改宪法的方式完善宪法监督制度，也没有成功；三是有关方面一直试图在监督法中规定比较完善的宪法监督制度，但从监督法的制定过程看，有关宪法监督的内容最初规定得较有力度，但后来越来越少、越来越淡化直至最终消失了。这是很值得关注研究的问题。

但是，能否说 1982 年宪法制定后有关宪法监督的制度设计与运作就停滞不前呢？显然不能这么说。在推进宪法监督制度的完善方面，实际有两个措施：一是2000年制定和2015年修正的立法法，对立法方面的宪法监督做了具体的制度设计。即行政法规、地方性法规、自治条例和单行条例一旦同宪法相抵触，立法法做了一些具体的监督性规定。二是2004年根据中央的决定，全国人大常委会法制工作委员会成了一个法规备案审查室，专门对有关行政法规、地方性法规、自治条例和单行条例以及司法解释等规范性文件的合法性进行审查。法规备案审查室的审查当然也包括了对是否符合宪法的监督审查。近年来，法规备案审查的力度在逐步加大，在一定意义上当然也是对宪法监督力度的加大。

但是，按照立法法的规定和法规备案审查室的日常工作，实施宪法监督的具体部门实际主要是全国人大法律委员会、有关的专门委员会和常委会的工作机构即法工委。常委会虽然有权最终对有关立法是否违背宪法作出决定，但实际一般并不行使这一职权。日常工作中，主要是由法律委员会、专门委员会、法工委审查研究行政法规、地方性法规、自治条例和单行条例以及司法解释是否与宪法相抵触，如果它们认为是抵触的，即可向制定机关提出书面审查意见，制定机关按照所提意见进行修改或者废止的，法律委员会、有关的专门委员会和法工委的审查即终止。只有当制定机关不予修改的，全国人大及其常委会的上述部门才可向委员长会议提出予以撤销的议案、建议，由委员长会议决定提请常委会会议审议决定。按照这样的制度设计，有关宪法监督的日常工作实际是由全国人大的法律委员会、有关的专门委员会和全国人大常委会法制工作委员会在承担的。那么，全国人大及其常委会的这些部门或者机构，能不能成为实质上的宪法监督机关？如果能够，它的法理依据是什么？应当说，这是一个没有受到重视和充分研究的重要问题。

而2018年修改宪法，则将全国人大法律委员会的名称改为宪法和法律委员会。此后，全国人大常委会又作出专门决定，对宪法和法律委员会协助常委会进行宪法监督的职责作了进一步规定。这是目前为止推进有关专门机构进行宪法监督的最新进展，各方对宪法和法律委员会也寄予厚望。但这个专门委员会在宪法监督中发挥作用的空间有多大，还有待进一步观察。对此问题本书最后一章将继续讨论。

2.5　彭真关于宪法监督的重要思想观点

在我国，宪法监督的制度建设与实践，很大程度上是在重要政治人物特别是党和国家领导人领导下开展的。对宪法监督状况的评估，在很大程度上就是对相关党和国家领导人有关宪法监督思想观点的评估。现行宪法颁布实施以来，不少党的领导人、全国人大常委会领导人对宪法监督都有重要论述，特别是几任总书记以及全国人大常委会委员长对宪法监督的重要性和意义都给予重视强调。

其中，彭真关于宪法监督的思想观点最具体、最有针对性。他关于宪法监督的思想基调是，主张从国情出发确立我国的宪法监督制度，认为在政治体制改革没有到位前，还谈不上全面的宪法监督，宪法的真正实施和监督，需要一个长期的过程。1982 年宪法是由彭真主持制定的，如前所述，宪法监督制度的确立当然也是他深思熟虑的结果。宪法制定后，彭真又于 1983 年至 1987 年任第六届全国人大常委会委员长，直接主持全国人大常委会监督宪法的实施。所以，彭真对宪法监督的思想观点，以及他致力于宪法监督的活动（后文将述及），集中代表、反映了我国宪法监督制度确立的背景、面临的问题和实施进程。梳理回顾他的相关思想观点，对于认识评估宪法监督，具有重要现实意义。

2.5.1　以务实、清醒的态度对待宪法监督问题

1982 年 11 月 26 日，彭真在五届全国人大第五次会议上作关于宪法修改草案的报告时强调："中国人民和中国共产党都已经深知，宪法的权威关系到政治的安定和国家的命运，决不容许对宪法根基的任何损害。"[①] 但是，彭真对我国宪法监督制度的设立与运行所持的态度，又始终是务实的、清醒的、理性的。

1. 主张从国情出发，建立宪法监督制度

如前所述，1982 年宪法制定时，一种倾向性的意见是，要求设立类似

① 彭真．论新时期的社会主义民主与法制建设．北京：中央文献出版社，1989：171.

宪法委员会或者宪法法院的专门机构来监督宪法的实施。彭真也慎重考虑过这一设想，但最终，在他与邓小平、胡耀邦等中央领导人的商定下，宪法还是确立了由全国人大及其常委会监督宪法实施的制度。为什么呢？根本的是基于我们的国情。

2. 在政治体制改革没有到位前，还谈不上全面开展宪法监督

回顾20世纪80年代初、中期我国法制建设的历史可以发现，那时候，人大工作很活跃，人们对民主法制建设的热情和期望也很高，但人大工作并没有全面开展起来。拿全国人大及其常委会来说，开展的主要工作还是立法，而宪法和法律制定后面临的突出问题是，实施和监督不到位。到了1984年、1985年的时候，这个问题日益突显。地方人大常委会和全国人大常委会的组成人员普遍提出，全国人大常委会对宪法和法律实施的监督工作做得不够，要求加强这项工作。彭真很重视这些批评和意见。他在1985年3月26日六届全国人大三次会议预备会议上开头就说："这个意见提得好，已经吸收进常委会的工作报告。"① 这年的11月24日，彭真在各省、自治区、直辖市人大常委会负责人座谈会上讲话时又说："从上次代表大会到现在，大家很强调人大常委会要搞好监督。这的确是一个重要问题。"到了1986年9月6日，彭真在各省、自治区、直辖市人大常委会负责人工作会议讲话，谈到人大的监督工作时，还说了这样接受批评的话："这个工作我们过去做得不够，有的同志批评说，人大定了那么多法，执行没执行没有好好管，这个批评我们接受。"②

是全国人大常委会疏于或者不愿意开展监督工作吗？或者是担任委员长的彭真没有专注于这项工作吗？当然不是。彭真熟谙民主法制的基本规律，又雄心勃勃地推进民主法制建设，他何尝不深知监督是权力机关的生命力所在，何尝不想加强监督，特别是加强宪法实施的监督呢。但彭真认识得更深的是，人大的监督问题，从根本上说是一个涉及政治体制改革的问题，人大监督的进程实际上取决于政治体制改革的进程，而全国人大及其常委会对宪法实施的监督就更是如此了。

值得注意的是，彭真对政治体制改革与宪法监督包括整个人大监督的关

① 彭真．论新时期的社会主义民主与法制建设．北京：中央文献出版社，1989：269.

② 同①334.

系的阐述，并不是一次挑明的，而是经过了一个逐步点明的过程。还是在前述 1982 年 12 月 3 日的全国人大主席团会议上，彭真在强调由全国人大及其常委会“行使监督宪法实施的权力比较适宜”的同时，还说了一句耐人寻味的话：“当然，随着情况的发展，是不是还可以搞一些具体的规定，那要等将来再说。”[①] 这里的“随着情况的发展”，是指随着什么“情况”的发展呢？1982 年的时候，政治体制改革已经提上议事日程，这个“情况”实际就是政治体制改革的情况。彭真当然清楚，仅规定全国人大及其常委会监督宪法实施，是笼统的，缺乏具体的可操作的程序与措施，但他又认为，在不可另设其他机构的情况下，对全国人大及其常委会的宪法监督权只能先做初步规定，进一步的落实要随着政治体制改革的情况而定。

在前述 1985 年 3 月的六届全国人大三次会议预备会议上，为回应常委会委员们对加强监督的强烈要求，彭真讲的第一个问题就是监督。但是，他没有对人大及其常委会不能有效行使监督权的原因进行分析，而是着重从十分广泛的意义上对监督的主体予以分类。在讲到全国人大及其常委会对法律实施的监督时，他说，这“主要是监督宪法的实施，包括履行宪法规定的职权”，但如何具体地监督宪法的实施呢？彭真只是说：“任何机关、任何地方如果做出同宪法相抵触的决议、决定，全国人大和它的常委会有权力、有责任予以撤销。”[②] 这里，彭真没有对全国人大及其常委会撤销有关违宪的决议、决定的具体措施和程序予以展开，更没有对宪法监督的其他内容予以展开。

到了 1985 年 11 月 24 日，彭真在各省、自治区、直辖市人大常委会负责人座谈会上又将监督作为一个重要问题提出来：“从上次代表大会到现在，大家很强调人大常委会要搞好监督。这的确是一个重要问题。”[③] 但与半年前在人大预备会议上不讲人大常委会不能有效行使监督权的原因不同，这次，彭真话锋一转即说：“现在，经济体制改革正在全面、深入展开。一切不适合、不利于社会生产力发展的生产关系和上层建筑的环节、规章制度、管理方法等，都要改革。”“在这种情况下，要求人大监督的空气很浓。”[④] 彭

① 1982 年宪法修改档案 .

② 彭真 . 论新时期的社会主义民主与法制建设 . 北京：中央文献出版社，1989：270.

③ 同②294.

④ 同②294.

真这是说，在经济体制改革不断前进的情况下，各方面对加强人大监督的要求越来越强烈了。但是，现在经济体制改革全面、深入展开了，而那些"不利于社会生产力发展的生产关系和上层建筑的环节、规章制度、管理方法等"，都还没有做相应的改革，所以，人大的监督工作也还没有到位。彭真所说的"生产关系和上层建筑的环节、规章制度、管理方法等"是什么呢？实际就是政治体制这个东西，但他没有点明。在讲完这个意思后，彭真又从很广泛的意义上对监督的范围做了分类，最后才强调说，全国人大常委会要在宪法第 67 条规定的职权范围内进行监督，其法律监督主要是监督宪法的实施。但是，如在半年前的人大预备会议上一样，彭真仍然没有对监督宪法实施的具体问题予以展开。可见，他对宪法监督问题所持的态度是十分慎重的。

而到了 1986 年 9 月 6 日，在各省、自治区、直辖市人大常委会负责人工作会议上，彭真则明确提出了宪法监督取决于政治体制改革的问题。这是一次人大工作的重要会议。召开这次会议有一个大背景，就是 1985 年 9 月初，胡耀邦和胡启立先后批示，要由中央发一个加强人大工作的文件。根据这个要求，全国人大常委会办公厅在 1986 年两次组织起草文件，但大家对稿子不满意，未搞出来。[①] 为什么没有搞出一个大家满意的稿子呢？关键是人大工作的开展涉及许多重大的政治体制问题，而监督工作当然是首要的一项。所以，在 9 月 6 日的这个会议上，彭真直接点破了人大工作与政治体制改革的关系。他开门见山地说："我们不但要全面进行经济体制改革，还要进行政治体制改革。政治体制改革牵涉到的就多了，牵涉到党如何领导，牵涉到中央和地方的关系，牵涉到人大和政府。"[②] 他进一步说："党的领导体制包括在政治体制里面。"而"生产力发展了，生产关系要适应生产力的发展，上层建筑也要改革，党的领导当然也要改善。这个问题不解决，要全面讨论人大的问题，条件还不具备"[③]。彭真所说的"这个问题不解决"中的"问题"，就是政治体制改革，特别是"党的领导也要改善"这个问题。他认为，政治体制改革问题不解决，要全面讨论人大的问题，条件还不具备。而

① 刘政．胡耀邦关于人大工作的一个批示．中国人大，2005（20）.

② 彭真．论新时期的社会主义民主与法制建设．北京：中央文献出版社，1989：332.

③ 同②333.

人大及其常委会的宪法监督问题，就是如彭真上面所说的，是涉及党的领导、涉及中央和地方关系、涉及人大和政府关系的重大和复杂的政治体制问题（当然，最根本的还是党的领导问题），只有解决了这个问题，才具备全面讨论宪法监督的条件。

在讲了政治体制改革与人大工作的关系问题后，彭真紧接着讲了四个问题。第一个就是监督问题，其中最重要的当然还是宪法监督。他说："无论是国务院，还是各省、自治区、直辖市的人大和人大常委会，他们制定的法规、做出的规定，如果与宪法和法律有抵触，那就要行使法律监督权，这是宪法规定得很清楚的。"① 值得注意的是，彭真这里仍然是从有关法规和决定违宪的角度谈宪法监督，而没有从更广泛的范围阐述对违宪行为的监督问题，也仍然没有对监督有关法规和决定违宪的具体问题发表意见。为什么呢？因为政治体制改革没有到位，讨论全面的宪法监督问题，条件还不具备。

彭真关于宪法监督取决于政治体制改革的认识，到了 1988 年 3 月 31 日，才由陈丕显副委员长在七届全国人大一次会议上明确提出。在这次会议上，彭真委托陈丕显做六届全国人大常委会五年来的工作报告。根据彭真的意见，这个报告说，六届全国人大常委会在行使监督权方面所做的工作，"距离宪法的规定、人民的期望以及政治体制改革和经济体制改革的要求还有相当大的差距"，"要从政治体制改革和建设社会主义民主政治的高度，进一步提高对人大监督工作的认识"。"监督问题的根本解决，则有待于政治体制改革的深化。"② 这里虽然总体上说的是人大的监督问题，但宪法监督无疑是人大监督工作之牛耳。彭真主持起草的这个报告也是国家最高权力机关首次以正式文件的形式揭示宪法监督与政治体制改革的关系，而此后迄今的各类文件中鲜有这一提法了。

3. 宪法的真正实施和监督，需要一个长期的过程

全国人大常委会法工委原副主任张春生先生在一篇文章中有这样一段回忆："1985 年底，在一次全国人大常委会召集的《民法通则（草案）》研讨会上，一位我所敬仰的老一辈革命家在讲到法治建设的不易时，很有感慨地

① 彭真．论新时期的社会主义民主与法制建设．北京：中央文献出版社，1989：334.

② 刘政，于友民，程湘清．人民代表大会工作全书．北京：中国民主法制出版社，1999：570－571.

说了一句话：‘我这辈子看不到中国成为一个法治社会。’他又问在座其他几位老同志能否看到，回答是众口一词，都说看不到。”① 张春生先生所说的“一位我所敬仰的老一辈革命家”，就是彭真。彭真对中国法治建设需要漫长阶段的这一带有悲观色彩的话，没有出现在他公开出版的著作中，但类似的话在其著作中多次出现。仅在 1985 年的 2 月至 7 月间，彭真在公开的讲话中就四次提出了这一观点，并突出地强调了宪法实施与监督的长期性和艰巨性。

1985 年 2 月 3 日，彭真在对浙江省人大常委会组成人员谈立法工作时，专门讲了宪法实施问题：“大家关心宪法的实施，这的确是个重要问题。”但彭真话锋一转又说：“全国十亿人都按宪法办事，要有一个过程。”② 为什么说要有一个过程呢？因为“我们国家几千年来，皇帝说的就是法律，朕即国家，皇帝的话就是金口玉言”。而新中国成立以后，“在很长一段时间里，我们对待法制的重要性认识不足。结果，来了一个‘文化大革命’，这下可不妙了”。彭真接着说，党的十一届三中全会才提出民主法制建设的问题，“从那时到现在，刚刚六年。我们国家立了这么多法，我看进步不算慢。大家逐步养成依法办事的习惯，也进步得不算慢”。但他还是说，干部、群众对宪法有个熟悉的过程，还有一个依法办事的习惯问题。“这要有一个比较长的过程，决不会三五年就可以实现人人养成依法办事的习惯。因此，要有一点耐心。”③

一个月后的 3 月 26 日，彭真在六届全国人大三次会议预备会议上说，宪法和法律制定以后，就要坚决执行。现在普遍存在的问题是，法制观念还不够强。但他又强调说：“这要有一个过程，还有一个习惯问题。”④ 这年的 6 月 7 日，彭真在同全国人大常委会机关负责同志谈话时，要求他们努力学习马克思主义的基本理论，并特别提醒要好好学习宪法，他忧虑地说：“健全社会主义法制，不是三五年就可以搞好的。现在很多人连宪法还没有好好

① 张春生．法治建设中领导者的示范效应．华东政法大学学报，2008（1）．

② 彭真．论新时期的社会主义民主与法制建设．北京：中央文献出版社，1989：268．

③ 同②268．

④ 同②275．

学习，怎么能够严格按照宪法、法律处理具体问题呢?”①

不到一个月，1985年7月1日，彭真在全国人大常委会组织的立法工作干部培训班上讲话。他强调：“如果不是不管什么人，都要遵守宪法和法律，都没有超越宪法和法律的特权，那么国家的安定和社会主义事业的顺利进行，就不能说是有保障的。”② 但他又说：“健全社会主义法制，不仅要有法可依，还要依法办事，这是一个长期的艰巨的任务。”对依法办事的长期性和艰巨性，彭真形象地说：“旧中国没有民主，老百姓开个会都不行，撒一张传单就可以抓起来杀头。”建国以后，我们在法制建设方面的基础比较薄弱，政法干部也比较少，这是有原因的。“拿我们党来讲”，“没有依法办事的习惯”。“还有，我们经历了几千年的封建社会，封建残余思想至今影响着我们。”③

彭真在以上几次不同场合的讲话或谈话，表明了他对宪法实施的长期性和复杂性所持有的清醒认识。

2.5.2 对如何开展宪法监督的重要观点

在现有的国情下，在政治体制改革还没有到位的情况下，在宪法实施与监督面临长期性和艰巨性的背景下，如何开展宪法监督工作呢？彭真提出了以下重要观点。

1. 将宪法监督的重点先放在对有关法规和决议是否违宪的审查撤销上

全国人大及其常委会监督宪法的实施，究竟要行使哪些职权，要对什么样的违宪行为进行监督，又按照什么样的程序，采取什么样的措施进行监督呢？这是相当复杂的问题。在宪法实施过程中，违背宪法的主体不仅包括有关国家机关，还包括政党等组织和个人，违宪的行为不仅包括有关国家机关制定法规，做出决议和决定等行为，还包括其他主体的诸多行为。这些行为都应当承担不同的责任。因此，全国人大及其常委会监督的对象、内容和措施应当是广泛的。但是，注意分析彭真关于宪法监督问题的一系列讲话，就会发现，他所讲的宪法监督，主要是指全国人大及其常委会对有关国家机关制定的法规和做出的决议、决定是否与宪法相抵触进行监督，而没有或者很

① 彭真．论新时期的社会主义民主与法制建设．北京：中央文献出版社，1989：281.

② 同①285.

③ 同①286-287.

少在更广泛的意义上谈宪法监督问题。如上文所引，彭真在 1985 年 3 月 26 日、11 月 24 日以及 1986 年 9 月 6 日的三次讲话中所提的宪法监督，都是对国务院、地方人大及其常委会制定的法规和做出的决议、决定是否违宪的监督，如果违宪，全国人大及其常委会就有权力、有责任予以撤销。也就是说，彭真主要是在法律监督的层面上谈宪法监督的。即使到 1987 年 6 月 22 日，彭真在第六届全国人大常委会第二十一次会议联组会议上发表的那篇著名的“一不要失职，二不要越权”的讲话中，也仍然重复了这样的说法。

彭真在多次讲话中反复强调任何个人和组织都必须遵守宪法，依宪法办事，不得有超越宪法的特权，对一切违背宪法的行为必须予以追究。可是，在谈到全国人大及其常委会的宪法监督时，他为什么主要在法律监督的层面谈这个问题，并着重谈对违宪的有关法规和决议的审查撤销呢？这是颇耐人寻味的。综合前文所述的一些背景和情况可以发现，全国人大及其常委会监督宪法实施，固然有很多的方面和内容，但在现实情况下和现有条件下可以和能够做到的，恐怕主要的也还是对与宪法相抵触的法规和决议的撤销。这样，我们也就不难理解彭真为什么没有从更广泛的意义上谈宪法监督了。

2. 要求有关国家机关自查自纠违宪问题，不主张多用公开和冲突的方式监督宪法实施

1983 年 2 月 26 日，彭真在中央政法委员会扩大会议上的讲话中，主要结合政法机关自查自纠违宪行为的问题，系统地阐述了他对中国式违宪问题处理方式的思想。

为避免政法机关发生违宪问题，彭真要求各机关做决策之前先要检查一下是否符合宪法。他说：“一九五四年通过第一部宪法，那个时候，中央决定重大问题时，毛主席、周总理常问：是不是符合宪法？现在这样强调社会主义法制，更要注意符合宪法，政法机关尤其必须注意依法办事。”①

针对政法机关已经发生的违宪问题，彭真提出的处理方式是：“政法各部门要尽先主动地、系统地检查一次工作中有没有和宪法不符合的问题。”“主动检查一下，凡是与新宪法不符合的，要抓紧认真纠正。”“不要等到六届全国人大开会时代表提出来，哪个机关违宪了，那时才检查，就比较被动

① 彭真．论新时期的社会主义民主与法制建设．北京：中央文献出版社，1989：174.

了。”为什么要政法机关主动检查，不要被动地等人大来检查处理呢？因为，政法机关“过去工作中不符合新宪法的事情不很少，等到人大提出来，你处理不处理？人大不处理，人大就被动；处理吧，要处理多少？”[①]

彭真还将对违宪问题的主动处理由政法机关扩大到其他国家机关。“政法各部门，包括立法机关、执行机关和司法机关，各自系统地进行一次检查，各系统自己抓。”“凡是与宪法不符合的，要尽快地、主动地纠正，不要等人家提出来或者检举控告时才被动地改。主动纠正好，还是被动纠正好？还是主动纠正好。”“在六届人大前，请各部门自己检查一次。”[②]

那时候，中央很重视对违宪问题的检查处理，这就涉及一个向中央报告的问题。是在处理之前向中央报告，被动等待中央的处理意见，还是主动自查自纠后再向中央报告呢？彭真强调说：“现在主要不是给党写报告的问题，而是实际检查纠正的问题，最好先检查纠正再报告。”[③]

根据杨景宇先生的记录[④]，到了两个月后的1983年4月30日上午，彭真在同胡绳、王汉斌等专门谈监督宪法实施问题时，又再次强调说，“对于违宪行为怎么办？”“重要的是，不要等到违宪了再来纠正。人民群众、人民代表、社会团体、国家机关，随时发现违宪的问题和苗头，就要随时提出，认真解决”。“这样，解决问题就会比较及时，比较好。”[⑤]

彭真上述处理违宪问题的观点是相当深刻且重要的。他显然不主张用公开冲突、事后由其他机关监督纠正的方式来处理违宪问题。这主要有三个原因：一是现实中违宪的问题“不很少”，一件一件都由人大及其常委会监督处理，会很麻烦的。二是从政治伦理上看，我国的国家机关之间是不尚冲突和争斗的，遇事注重通过沟通和协商来解决问题，这不同于西方国家机关之间的关系。所以，彭真强调还是“主动纠正好”，等到被检举控告后由其他机关来纠正，这个违宪的机关就“被动”了。这种“主动”和“被动”的用语，显然已不完全是法律意义上的，其带有主观的政治伦理的色彩。三是中

---

① 彭真．论新时期的社会主义民主与法制建设．北京：中央文献出版社，1989：173－174.

② 同①175.

③ 同①175.

④ 杨景宇，曾任彭真秘书，国务院法制办原主任，全国人大法律委员会原主任委员。

⑤ 参见杨景宇笔记。

国缺乏法制的传统，不适宜一下子采取过硬的办法处理违宪问题。在前述1982年2月3日对浙江省人大常委会组成人员的谈话中，彭真就说："几千年不讲法制，现在要人人养成依法办事的习惯，那是不容易的。所以，对于有些问题，全国人大常委会一般采取提醒的办法，改了就好。"①

3. 监督宪法实施离不开党的领导，但关键是要监督广大党员干部遵守宪法

彭真有一句著名的话几十年来一直被使用："在我们的国家，党领导人民制定宪法和法律，党又领导人民遵守、执行宪法和法律，党自己也必须在宪法和法律的范围内活动。"② 他认为，监督宪法的实施当然离不开党的领导，"我们必须在党的领导下，实行多方面的监督"③。但他又说，党领导的最好方式，就是发挥党员遵守宪法的带头作用："宪法和法律的实施，要求进一步加强中国共产党的领导，发挥共产党的模范带头作用。"④

彭真认为，监督宪法的实施，关键是要监督广大党员干部遵守宪法。为此，他专门引用胡耀邦在党的十二大报告中的话："特别要教育和监督广大党员带头遵守宪法和法律。""新党章关于'党必须在宪法和法律的范围内活动'的规定，是一项极其重要的原则。从中央到基层，一切党组织和党员的活动都不能同国家的宪法和法律相抵触。"⑤

彭真多次对监督党员领导干部遵守宪法存在的困难进行分析，并特别强调要警惕封建残余思想的影响。他若有所指地批评某些不重视宪法的领导者："有的人没有当'长'的时候对民主法制还觉得重要一点，当了什么首长就对民主和法制不那么热心了，或者不是那么严格、甚至有点嫌麻烦了"⑥。1983年12月3日，为纪念新宪法颁布一周年，彭真向新华社记者发表谈话。在强调党员领导干部要带头遵守宪法，严格依照宪法办事时，彭真严厉地说，对于那些违背宪法的，"不管什么单位，不管什么人，党内党外"，"依法该怎么处理就怎么处理"，"不这么办，还有什么社会主义法制！"⑦

① 彭真．论新时期的社会主义民主与法制建设．北京：中央文献出版社，1989：268.

② 同①327.

③ 同①296.

④ 同①287.

⑤ 同①171，209.

⑥ 同①287.

⑦ 同①209.

4. 对党的违宪行为与国家机关的违宪行为要分开处理

全国人大及其常委会监督宪法实施面临的一个严峻问题是，一旦党派包括中国共产党违背了宪法，怎么办？这实在是一个重大而复杂的问题。

彭真是如何看待这一问题的呢？在前述 1982 年 12 月 3 日的全国人大主席团会议上，彭真先说了铺垫性的话："从法律上来讲，宪法序言里写了：一切国家机关和武装力量，包括人民解放军，各政党——当然也包括中国共产党"，"都必须以宪法为根本的行动准则，并且负有维护宪法尊严、保证宪法实施的责任"。"宪法条文还规定，任何个人、任何组织都没有超越宪法和法律的特权。"显然，彭真是在说，"从法律上来讲"，在这些不得违宪的主体里，中国共产党无疑是包括在内的。他还强调："这一点，我们宪法规定的比较严格"。紧接着，他明确提出："有的同志问，如果党违背了宪法怎么办？"彭真自答道："我们的党章规定了党的活动、党员的活动，都要在宪法规定的范围以内。""耀邦同志十二大的报告又专门讲了。"为说明共产党不得违背宪法，彭真还引用了邓小平关于任何党员干部都不得触犯刑法的话做类比。他说："其实不是从现在起，刑法公布时，邓小平同志就讲，从中央主席到支部书记，对刑法都要遵守和执行。那时这个思想就定了。"对于中国共产党也不得违宪的问题，彭真总结说："从法律上讲，比较完备了。"①

彭真这段关于党也不得违宪以及党违背宪法如何处理的话，十分艺术。他从开始就说："从法律上来讲"，宪法序言里是写了共产党不得违背宪法的。在回答完党违宪了怎么办后，他又说，对这个问题的规定，"从法律上讲，比较完备了"。"从法律上讲"，是一个限定性的用语，显然有未尽之意。实际上，在 1982 年那个时候，能够明确将包括共产党在内的任何党派都没有超越宪法的特权写进宪法，本身就是一个巨大的勇气和进步。那么，党一旦违背了宪法怎么办呢？彭真看似没有正面回答问题，但意思很明确，即：对于党的违宪问题由党章来处理。他的思想是，党章明确规定，党必须在宪法和法律的范围内活动，因此，党违背宪法首先就是违背了党章，要先在党内按照党章来处理。

仔细研读彭真在不同场合的讲话可以发现，他始终是将党的违宪违法问

① 1982 年宪法修改档案.

题与党章以及党内的处理联系在一起的。比如，1984 年 3 月 13 日，彭真在省级人大常委会负责人会议上所作的“不仅要依靠党的政策，而且要依法办事”的讲话中说：“党的活动不在法律的范围内，行吗？不行！决不行！这是十年内乱已经证明了的。党章、宪法对此有明确的规定。”① 据此，党如果不在法律的范围内活动怎么办呢？当然首先是按照党章的规定在党内处理。再如，在前述 1985 年 3 月 26 日的讲话中，彭真在将监督分为四种类型时，就说：“第一种是党的监督。党有党章、党纪，违反党纪的，由党的组织管。”据此，党如果违反宪法，当然首先是违反了党章，是严重的违反党纪，应当由党的组织依照党章管。彭真还进一步说：“有的党员违法乱纪，党的纪律检查机关撤销他的党内外一切职务。撤销他的党内职务，当然是党组织的事。撤销他的党外职务，当然属于建议性质，还要由有关机关依照法定程序处理。”② 这就进一步明确了，党员的违宪违法问题，先由党内处理；涉及担任国家机关职务的，随后由国家机关按照法定程序处理。这就是现在实际工作处理党员干部违法问题的基本步骤。

1986 年 3 月 2 日，彭真在全国政法工作会议上的讲话中，还专门强调政法机关党员要分别以党章和宪法为依据检查自己的违宪问题。他说：“党章是所有共产党员共同的根本准则；宪法是所有公民共同的根本准则，也是所有共产党员共同的根本准则。”“希望我们政法队伍里的每个党员同志，都把党章、宪法作为镜子，经常照照自己的言行”③。

那么，全国人大及其常委会如何处理党的违宪问题呢？这从彭真前述 1985 年 11 月 24 日在省级人大常委会负责人座谈会上的讲话中可以得到启发。他说：“有些违反党纪的问题，应由党去处理。”“全国人大如果发现了属于党风党纪的问题，可以主动向中央反映情况”。“全国人大常委会不可能，也不应该越俎代庖直接处理这方面的问题。”彭真还进一步说，“各级人大常委会要主动地和同级党委、政府建立密切的联系”，要“依靠党的领导，同各方密切协作，把事情办好”④。这就清楚地表明，即使是全国人大常委

① 彭真．论新时期的社会主义民主与法制建设．北京：中央文献出版社，1989：222.

② 同①270.

③ 同①320.

④ 同①296.

会也不能独立地处理党的违宪问题，对于党的违宪问题，全国人大常委会应当与中央沟通协作，由中央先按照党章和党纪处理。地方各级人大常委会也应当这么做。

实际上，彭真在历次讲话中都没有要求全国人大常委会（包括地方人大常委会）直接监督党的违宪问题。为什么呢？这主要有两个重要原因。

第一，彭真是严格按照人民代表大会制度的政治体制来思考宪法监督问题的。如前所述，他所说的宪法监督，主要是全国人大及其常委会的一种法律监督，而这种监督也被限制在国家机关体制的内部。按照人民代表大会制度的体制，人大及其常委会只能监督由它产生、对它负责、受它监督的那些国家机关，而按照宪法的规定，包括共产党在内的各党派以及社会团体、企业事业单位，都不属于国家机构的体系，所以，是否可以由全国人大及其常委会去监督它们的违宪行为，的确是值得深加研究的。

第二，人大及其常委会能否监督党的违宪问题，还是一个如前所述的涉及政治体制改革的根本性问题。彭真很清楚，在政治体制改革还没有到位的情况下，要谈人大及其常委会监督党的违宪问题，条件还不成熟。因此，他在不少讲话中，总是强调党“必须在宪法和法律的范围内活动”，而没有就监督党的违宪问题进一步展开他的思想。

5. 监督宪法的实施要依靠群众和社会力量，全国人大及其常委会的监督只是最后手段

宪法规定，全国人大及其常委会监督宪法的实施，这是不是意味着只有全国人大及其常委会才能监督宪法的实施，其他任何组织和个人都无权监督呢？当然不是（对这个问题，后文将详细论述）。

但长期以来，理论和实践中有一种倾向：一讲宪法监督，总是聚焦或者局限于全国人大及其常委会对这一职权的行使。彭真是如何看待这一问题的呢？根据杨景宇先生的记录，彭真在前述1983年4月30日同胡绳、王汉斌等的谈话中，专门谈了监督和保证宪法实施的六个要点。他说：第一，要监督国家机关和国家工作人员严格地遵守宪法。“这是宪法能不能执行的关键所在”。第二，要靠十亿人民，使十亿人民掌握宪法，“并同违反和破坏宪法的行为进行斗争”。“这是贯彻执行宪法的最伟大的力量和最根本的保证。”第三，工会、妇联、共青团等社会团体和村民委员会、居民委员会等组织，

要学习和宣传宪法，同违反和破坏宪法的行为进行斗争。第四，报纸、刊物、广播、电视等宣传部门，都要结合实际，经常地、反复地、生动活泼地宣传执行宪法的好人好事，揭露、批评违反和破坏宪法的行为，造成维护宪法的强大舆论。第五，如前文所述，要随时发现违宪的问题和苗头，认真及时解决，不要等违宪了再来纠正。第六，才是由全国人大和它的常委会监督宪法的实施。①

分析上述彭真与身边工作人员谈话六个要点的排序可以发现，其中有四个要点是讲监督宪法实施的主体的。第一类主体是十亿人民，第二类主体是工会、妇联等社会组织，第三类主体是新闻媒体，最后一个主体才是全国人大及其常委会。前三个主体实际就是群众力量和社会力量。这就有一个引人深思的问题了，即：对于监督宪法实施的主体，彭真虽然也提到了全国人大及其常委会这一宪法规定的国家机关，但是，他更重视的是社会组织和媒体特别是十亿人民对宪法的监督，也就是说，彭真是十分重视以群众力量和社会力量来监督宪法实施的，甚至把这一监督的重要性置于全国人大及其常委会之前、之上，全国人大及其常委会的监督实际只是一个最后的法律手段。而分析彭真讲话中的另外两个要点又可以发现（第一个要点讲的是监督国家机关及其工作人员的遵守宪法，第五个要点讲的是要随时发现违宪的苗头和问题）：这两个要点虽然讲的是具体的监督活动，不是监督主体，但却与监督主体密切相关，因为监督国家机关及其工作人员是否遵守宪法，发现违宪的苗头和问题，主要的还是要依靠群众力量和社会力量。

两个月后的 1983 年 6 月 21 日，彭真在六届全国人大一次会议上首先就讲了宪法实施问题。他讲的标题就是："动员一切力量，从各方面保证宪法实施。"对于"从各方面"保证宪法实施的"一切力量"，彭真虽然首先提到的是全国人大及其常委会和地方人大及其常委会，但对这两个重要的主体，他只是一言带过，紧接着却花了相当长的篇幅强调人民群众、社会组织和新闻媒体等力量监督宪法实施的重要性。② 可见，在这个公开讲话中，彭真关于依靠群众力量和社会力量来宪法监督宪法实施的思想，与上述内部谈话的精神是一脉相承的，或者可以说，彭真 4 月 30 日的内部谈话就是为这次公

① 彭真档案 1983 年卷第 154 号．

② 彭真．论新时期的社会主义民主与法制建设．北京：中央文献出版社，1989：187－188.

开讲话做准备的，是基础。

这里要特别提出的是，彭真认为，宪法监督的根本力量在十亿人民。1982年11月26日，他在五届全国人大第五次会议上作宪法修改草案的报告中就说，十亿人民“同违反宪法和破坏宪法的行为进行斗争，这是一个伟大的力量”[①]。在上述六届全国人大一次会议上，彭真再次强调：“保证宪法的实施，从根本上说，要依靠人民群众的力量。”[②] 彭真在其他公开和内部的讲话中，也曾多次提出要靠人民群众监督宪法实施的思想。

为什么要强调依靠人民监督宪法的实施呢？在六届全国人大一次会议上的讲话中，彭真对这个问题进行了逻辑和理论的阐述。他说：“毛泽东说过：‘马克思列宁主义的基本原则，就是要使群众认识自己的利益，并且团结起来，为自己的利益而奋斗。’”这就巧妙地借毛泽东的话，引出了马列主义有关于利益问题的经典说法。紧接着，彭真将这个利益问题与宪法联系起来。他说：“我们的宪法是经过全民讨论，集中最广大群众的意见制定出来的。”“它是维护人民管理国家的权力和其他各项公民权利，并且制裁极少数破坏社会主义的敌对分子的有力武器。”[③] 一言蔽之，“它代表十亿人民的根本利益和长远利益，同时也保护每个公民正当的个人利益和当前利益”[④]。彭真这里提出一个十分重要而务实的命题，即宪法集中反映、代表了十亿人民的根本利益和长远利益，保护着每个公民正当的个人利益和当前利益，而只要“十亿人民充分认识实施宪法同他们的根本利益和切身利益的关系，就会自觉地为维护宪法尊严、保证宪法实施而奋斗”[⑤]。这就得出一个结论：因为宪法是人民利益的反映，所以，只有亿万人民才会最自觉、最根本地监督宪法的实施，维护宪法的尊严。

彭真关于宪法监督根本上要依靠人民的讲话过去三十多年了，现在看来仍是切中要害的。而这些年来宪法监督的实际情况，似乎更应验了他的这一思想。在宪法监督制度还不甚健全、法定的国家机关尚没有充分行使宪法监

---

① 彭真．论新时期的社会主义民主与法制建设．北京：中央文献出版社，1989：172.

② 同①188.

③ 同①188.

④ 同①188.

⑤ 同①188.

督职权的情况下，充分依靠群众和社会的力量，的确是监督宪法实施的有效办法。这些年来，由公民、媒体等社会力量发起的监督宪法实施的诸多案例也充分证明了这一点。

值得注意的是，彭真虽然将全国人大及其常委会的监督作为最后的法律手段，但在他看来，即使是这两个监督宪法实施的机关，在发生违宪行为时，也应当受到监督，而监督者只能是授出权力的一方，从终极的意义上说，就是广大人民群众。在 1982 年 12 月 3 日的主席团会议上，对于宪法监督问题，彭真就说："人大常委如果行使不对，全国人民代表大会可以撤销，也可以变动，还可以撤换全国人大常委的组成人员。"① 而全国人大一旦违宪，则是相当复杂的问题，彭真没有给出系统解决的措施，但他着重从代表与选举单位的关系上提出了解决问题的方案。他说："全国人大代表由选举单位监督。""我们国家主席受人大监督，人大代表又受他们选举单位的监督。如果搞得不好，法律不能容许，原选举单位也可以撤换他。"② 全国人大真的违宪，由选举单位撤换其组成人员，并非不可行，但操作起来确是一个难题，这是人民代表大会制度实行过程中遇到的一个困惑。但彭真提出这个问题，主旨和意义并不在于解决方法的本身，而是在强调，违宪的一方总要受权力授予一方的监督，归根结底是要受亿万人民的监督，"我们全国十亿人没有一个不受监督，除了被剥夺政治权利的以外，也没有一个人不监督人的"③。彭真的这些观点，充分反映了他在宪法监督问题上所秉持的人民本位而非某一个机构本位的思想，是很发人深省的。

6. 全国人大及其常委会监督宪法实施，要发挥专门委员会和地方人大常委会的作用

虽然宪法规定，全国人大及其常委会监督宪法的实施，但彭真认为，这并不意味着全国人大及其常委会是在孤立地行使宪法监督的职权，他强调，在国家机构的体系中，全国人大及其常委会这一职权的行使，离不开其他国家机关的协助和保障。在 1982 年 12 月 3 日全国人大主席团会议上的说明中，彭真专门讲到这个问题。他说，一方面，要发挥全国人大专门委员会的

---

① 1982 年宪法修改档案.

② 同①.

③ 同①.

作用。“凡是人大和它的常委会认为违反宪法的问题，就可以交有关的专门委员会去研究。”对于违宪问题，“人大常委委员可以提出来，代表也可以来信检举，每一个公民，每一个单位也可以检举”，但还是要先“由常委会交专门委员会去研究”，“这样在组织上讲比较理想”①。另一方面，要发挥地方人大常委会的作用。他强调说，监督宪法的实施，“地方各级人大常委会也有这样的责任”②。到了1983年6月24日，彭真还专门强调，省级“人大常委会对政府工作的监督，主要是监督它是否违宪、违法”③。彭真认为，全国人大及其常委会监督宪法实施，充分发挥全国人大各专门委员会和地方人大常委会的作用，“这比外国的什么宪法委员会、大法官更保险些”④。

7. 对违宪行为要根据不同程度，由不同的机关分别处理

长期以来，我们过分专注于对建立什么样的违宪审查制度这一问题的讨论，却忽视了对违宪行为的个别情况以及不同的违宪行为由谁来处理等具体问题的研究。而实践中，违宪行为是很复杂的现象，如果将所有的违宪行为都交由全国人大及其常委会处理，全国人大及其常委会就会陷于不堪重负的境地。

彭真是如何看待这一问题的呢？1983年4月21日，他在同全国人大常委会机关内部有关负责人谈人大常委会监督宪法实施时，专门提出了这个问题：“违宪行为有各种各样，有大违、中违，也有小违。”如果“所有违宪都提到全国人大常委来管，怎么管得了？”那么，不同的违宪行为应当谁来处理呢？彭真提出，一方面，“要使宪法为全体人民掌握，成为习惯，自觉地执行宪法，自觉地维护、监督宪法，这比什么力量都大。”另一方面，“有些违宪行为，县、省可以处理，只是重大的违宪行为，由人大处理”⑤。十天后的4月30日上午，在前述同胡绳、王汉斌等的谈话中，彭真再次提出违宪行为有大违、中违，也有小违的问题，并说：“一般的违宪行为，由各地方、各部门、各方面及时处理、纠正”；“全国人大和它的常委会主要是对那些有

① 1982年宪法修改档案.

② 同①.

③ 彭真. 论新时期的社会主义民主与法制建设. 北京：中央文献出版社，1989：198.

④ 同①.

⑤ 全国人大常委会法工委档案1983年第94卷.

关国家安危、国计民生的重大违宪事件，进行监督”[①]。这里，彭真提出了一个对违宪行为根据严重程度来分类处理的问题，即违宪有大违宪、中违宪和小违宪，而全国人大及其常委会处理的应当是那些重大的违宪事件，至于一般的中、小违宪问题都应当由地方以及各部门和其他有关方面去处理。

如何将违宪行为具体地分为大、中、小，又由谁去处理各种不同程度的违宪行为呢？这是相当复杂而实际的问题，在当时直到今天的理论和实践中尚缺乏应有的讨论、探索。彭真上述两次谈话中的观点，实际带有内部探讨的性质，所以他在公开的讲话和著作中都没有完全用原话表达这些观点。但是，彭真在前述六届全国人大一次会议上的讲话中，还是以严谨的方式明确地、原则性地提出了这一思想。在讲到各级人大及其常委会监督宪法实施的职责时，他强调，一方面，“全国人大和它的常委会要认真依法履行这个职责，纠正和追究重大的违宪行为”；另一方面，“地方各级人民代表大会应当按照宪法的规定，切实地保证宪法和法律在本行政区域内的遵守和执行”[②]。

值得注意的是，在这里，彭真明确地提出，全国人大及其常委会监督宪法实施的职责，是纠正和追究“重大的违宪行为”，那么，那些并不重大的违宪行为也即“中违宪”或“小违宪”的行为由谁处理呢？彭真没有正面回答，但他要求，地方各级人大要按照宪法的规定，切实保证宪法在本行政区域内的遵守和执行。据此，地方各级人大当然有职责在本行政区域内处理那些“中违宪”和“小违宪”的行为了。如何来确定“中违宪”或者是“小违宪”的情况呢？这需要理论和实践的进一步探索，彭真的讲话很慎重，他没有直接回答，而是严格按照宪法的规定，要求地方人民代表大会保证宪法在本行政区域内的实施。

在中国，坚定不移地监督宪法的实施，实非一件易事。彭真从国情出发，从政治体制改革和历史传统的因素出发，对我国宪法监督制度所持的清醒认识和务实态度，在今天看来仍有很强的现实意义。彭真对推行宪法监督所提出的一系列重要观点和思想，同样是务实的、清醒的，并且是策略的，对于加强今天的宪法监督具有很强的针对性和指导性。

---

① 彭真档案 1983 年卷第 154 号．

② 彭真．论新时期的社会主义民主与法制建设．北京：中央文献出版社，1989：187－188.

2.6 实践中的特点、经验与存在问题

宪法监督除了制度建设外，关键还靠实践。制度建设不到位，实践当然难以到位，但实践也可能弥补制度的不足。相反，制度建设即使到位，但放在那里不用，宪法监督也是空的。总结现行宪法施行以来的实践，可以对宪法监督的特点与存在问题做一些基本的评估。

2.6.1 六届、七届之初的全国人大期间，宪法监督最为活跃

1982年宪法以来，全国人大经历了五届的末尾和六至十二届。过去的历届全国人大任期内，几乎都有不少宪法监督实践，有的监督还具有震撼性影响。但纵观历届全国人大期间的宪法监督，可以发现，六届期间，包括七届全国人大之初，监督最活跃、效果最明显。

这段时间，宪法监督有几个重要特点：一是不仅党中央重视，全国人大常委会重视，地方人大常委会也重视。二是监督手段方式多样，宪法和法律规定的多种方式都得到了运用。不仅如此，地方人大常委会还在法律规定之外创造性开展了述职评议这一重要的人大监督手段，而这一手段很大程度上就可以用在宪法监督上。三是特别敢于开展人事监督，不仅全国人大开展了人事监督，地方人大也开展了人事监督。比较典型的是，1989年湖南省人大会议177名代表提名罢免了杨汇泉的副省长职务。而罢免杨汇泉副省长的理由，只是他“工作不力”，“清理整顿公司不力负有领导责任”。四是主动性强，积极性高，敢于监督。

这里要特别回顾六届全国人大期间，由彭真身体力行地、殚精竭虑地推进的宪法监督。

宪法制定后，彭真从1983年到1988年年初担任六届全国人大常委会委员长。此间，他不断强调要加强宪法监督，保证宪法的有效实施。据粗略统计，从五届全国人大五次会议审议宪法修改草案，到1988年担任委员长任期结束的五年多时间中，彭真在公开的讲话、报告和谈话中，就有近20次涉及加强宪法监督的问题。1983年12月3日，为纪念新宪法颁布一周年，彭真专门向新华社记者发表了《进一步实施宪法 严格按照宪法办事》的长

达五千字的讲话。他强调说，一切违反宪法的行为，都必须予以追究；从中央到基层，一切党组织和党员的活动都不能同宪法相抵触。这篇讲话发表后产生了广泛的社会影响。

彭真对宪法监督的重视首先是从全国人大常委会抓起的。身为全国人大常委会委员长，他对全国人大常委会制定的每一件法律、法令，做出的每一个决定或者决议、每一项人事任免，以及行使的其他每一项职权，都首先要审查是否符合宪法的规定，决不允许全国人大常委会在行使职权的过程中发生违宪的情况。彭真曾说过这样坚定的话：如果在他的任上，全国人大常委会发生违宪的事情，他将首先辞去委员长的职务！

六届全国人大常委会任期伊始，在彭真的主导下，常委会不仅十分重视行使监督宪法实施的职权，而且注意从中国的实际出发，采取适当的措施，“艺术地”纠正各种违宪问题。在1984年的六届全国人大二次会议上，受彭真的委托，陈丕显所作的常委会工作报告中就专门说到监督宪法实施的方法和“艺术”问题：“常委会对这方面出现的问题，有的提醒注意，有的进行批评；对一些带有共同性的问题，采取适当措施，加以纠正。[①]”

彭真要求，除了全国人大常委会带头严格遵守宪法外，中央其他有关方面也必须带头遵守宪法，对于相关方面的违宪行为，全国人大常委会要及时果断地监督纠正。在彭真担任委员长期间，曾发生这样的事情：按照宪法的规定，中国驻外全权代表的任免要由全国人大常委会决定，但我驻南亚某国的大使未经全国人大常委会的决定，正在飞赴该国上任的途中。彭真得知这一情况后，严肃要求赴任的人立即先在第三国下机停留，必须等全国人大常委会依照宪法决定通过后方可重新启程履职，从而及时纠正了一件严重的违宪行为。

彭真没有将加强宪法监督仅视为中央层面的问题，他要求对各级国家机关、各个部门和单位以及各级党政领导干部，是否严格遵守宪法，无一例外地加强监督。1980年代初期，彭真担任中央政法委员会书记。那时，正是“文化大革命”结束不久，政法机关刚刚走出混乱，处于恢复、重建和整顿阶段，其中违宪的情况不在少数。彭真将纠正政法机关的违宪行为作为十分

---

① 刘政，于友民，程湘清．人民代表大会工作全书．北京：中国民主法制出版社，1999：549.

紧迫的问题来抓。宪法制定后不到三个月，即在前述 1983 年 2 月 26 日，彭真在中央政法委员会扩大会议的讲话中，突出地指出了政法机关的违宪问题。彭真共讲了三个问题，第一个就是强调政法机关不要违宪。他焦虑地说："是不是违宪的问题，已经紧迫地提到我们议事日程上了。怎么办?"①为此，他要求各级政法机关包括其他国家机关，主动、坚决、迅速地检查和纠正工作中存在的各种违宪行为。

彭真的这个讲话（主要内容前文已述及）具有很强的针对性。第二天，2 月 27 日，中共中央就印发了彭真《在中央政法委员会扩大会议上的讲话要点》的通知，要求各级党委、各地方、各部门认真执行。中央的这个"通知"说："彭真同志在充分调查研究的基础上提出了当前政法工作中亟须解决的几个问题，是很重要、很及时的。解决好这些问题，对全国政法工作必将有一个重大的推动。""通知"进一步针对实践中出现的违宪问题说了至今听来也令人震动的话："应当指出，工作中的违宪问题，政法部门有，其他一些部门也有，相当一部分党委也经常发生，诸如未经法定任免手续就正式宣布干部调动，以及对司法工作的干预等，已经造成了不好的影响。"针对实践中发生的违宪问题，"通知"严肃地重申了党章的规定："党必须在宪法和法律的范围内活动。党必须保证国家的立法、司法、行政机关，经济、文化组织和人民团体积极地、独立负责地、协调一致地工作。""因此，中央认为，政法部门有必要系统地检查纠正工作中有没有违宪的问题，其他部门，各地、各级党委也应该这样做。"②

中央印发的彭真这一讲话要点，对纠正政法机关违宪问题以及督促各级党委和国家机关纠正违宪问题，起到了重要作用。

如同上述中共中央通知中所说的那样，"诸如未经法定手续就正式宣布干部调动"的违宪问题，在地方的"相当一部分党委也经常发生"。新宪法颁布实施后，类似的违背宪法和地方组织法等法律的行为，是地方干部任免中的一个突出问题。1983 年 12 月 8 日，彭真在同各省、自治区、直辖市人大常委会负责人谈话时专门提到了这个问题。他说："有的省，有的地区，人大常委会任免厅局长，有不同意见，还没有决定，党委就公布了，或者宣

① 彭真. 论新时期的社会主义民主与法制建设. 北京：中央文献出版社，1989：174.

② 彭真档案第 153 卷.

布撤销了，这不好，应注意依法办事，不要疏忽。”[①] 如何处理地方党委的这种违宪问题呢？彭真要求地方人大常委会包括全国人大常委会都要负起责任来，“人大常委会有维护宪法实施的责任，遇到这类问题，大家要坚持按宪法和法律办事”。“有些问题如果认为解决不了，就提到这里，办公厅或者法工委研究后，作出正式答复。”[②] 彭真这里所说的办公厅和法工委，是指全国人大常委会的办公厅和法工委，这就要求全国人大常委会的工作机构在纠正地方党委的违宪行为中发挥作用。

当时，还发生了这样一个典型案例：某自治区党委提出的外贸厅长人选，在自治区人大常委会会议上未获通过，但自治区党委违背宪法和相关法律的规定，坚持对外公布并让该人选上任。这一事件引起了很大反映。彭真十分重视。他亲自召集全国人大常委会的党内副委员长和秘书长，讨论研究后认为，自治区党委的这一行为，是违背宪法的，不能允许的，并将这一事件专门向中央书记处写了报告。随后，中央有关负责人专门与该自治区党委书记进行谈话，批评和纠正了他们这一违宪的做法。[③]

除了发表谈话、亲自督促纠正地方任免干部中的违宪行为外，彭真还支持全国人大常委会办公厅编印的《工作通讯》公开登载批评地方的各种违宪行为。这里有一个生动的例子，1985 年的《工作通讯》第 20 期刊登了一篇标题为“中共常熟市委检查纠正不依照法定程序变动正副乡长的错误”的报道。报道说：

1984 年 12 月，我们常熟市委在调整乡级领导班子中，未经法律程序进行选举，就对乡级政府领导人进行了大面积的调整。在苏州市委负责同志向我们指出了这一问题后（编者注：关于苏州市人大常委会对常熟市未按法律程序变动正副乡长提出纠正意见的文件，本刊已于第 18 期作了转载），我们市委常委立即作了两次专题讨论，一致认识到，在没有履行法律程序的前提下，公布乡政府的领导人员，这确实是一种违法行为。作为地方一级党委发生这种问题是很不应该的。究其原因，主要是我们法制观念淡薄和缺乏法律

① 彭真的这次谈话没有收入他出版的著作中。彭真档案第 158 卷．

② 彭真档案第 158 卷．

③ 这件事在全国人大常委会原副秘书长刘政先生的回忆中也有反映，参见刘政．人民代表大会制度的历史足迹．北京：中国民主法制出版社，2008：190.

知识。对于这个问题，市委书记孟金元同志主动承担了责任。大家表示，一定要吸取这一教训，认真学法，带头做到知法、懂法、守法、执法。

为了切实纠正这一问题，在1月6日乡党委书记会议上，市委书记孟金元同志传达了苏州市委的指示，并就我市发生的这一问题公开作了深刻检查。为了使大家懂得任免国家机关领导人的法律程序，会上传达了中共中央[1984] 9号文件……①

这则报道是很有意思的，它反映了当时的地方党委，特别是党委书记对违宪问题做检讨的真实情况。类似纠正违宪行为的报道在那时的《工作通讯》上时有登载。

彭真不仅支持在《工作通讯》上公开登载地方纠正违宪行为的做法，而且在他的主导下，这一做法还被直接写进了全国人大常委会的工作报告。受彭真的委托，陈丕显在1985年、1986年的第六届全国人大第三次、第四次会议上所作的全国人大常委会工作报告中，两次报告了这种公开登载地方纠正违宪行为的做法。②

在《工作通讯》上登载地方采取措施纠正违宪行为的做法，看似一种普通的媒体行为，实则极富创意，在中国独特的政治传统和体制背景下，其对于加强宪法监督、督促各方面自觉依照宪法办事起到了很好的推动作用。实际上，这些年来，一些地方纠正违宪行为的做法并非没有发生，但已鲜有被公开报道的了。

1988年年初，彭真从委员长任上退下来，不再担任国家领导职务，但他依然严肃地关注着宪法监督问题。1989年春夏之交，北京发生了政治风波。采取何种方式解决这场惊心动魄的政治风波呢？全党和全社会都在焦急地思考着。这时候，彭真提出以宪法和法律为依据，在民主和法制的轨道内解决问题的方式。5月26日，他在七届全国人大常委会党外副委员长座谈会上发表了“用宪法和法律统一思想”的重要讲话，强调用宪法有关国体的规定、有关游行示威的规定以及国务院戒严范围的规定，来衡量当前政治风波中各方的行为，用宪法和法律统一各方面的思想。他针对性地、明确地

① 全国人大常委会办公厅．工作通讯：第二十期，1985-05-02.

② 刘政，于友民，程湘清．人民代表大会工作全书．北京：中国民主法制出版社，1999：549，554.

说："国家机关，包括国务院，也包括全国人大常委会"，"各政党，包括共产党，也包括民主党派"，"个人，包括普通老百姓，也包括党和国家领导人"，"谁都必须在宪法和法律的范围内活动，谁都没有超越宪法和法律的特权"。他说，"有的人嘴上讲法制，实际上不仅自己践踏宪法和法律，还煽动别人违反宪法和法律"。他还严肃地说，"一定要坚持法制，不能搞人治，任何人都不能有超越宪法和法律的特权，希望每个人都用宪法和法律来规范自己的行动"①。

在政治风波平息不久后的 6 月 24 日，彭真出席中央政治局扩大会议。会上，他的发言再次涉及宪法的遵守和执行问题。他强调，包括党的总书记在内的全党都必须带头遵守宪法，在宪法和法律的范围内活动，"任何人无权违法胡闹"②。他认为，北京政治风波的发生实际就是因为宪法没有得到遵守，"以宪法为准则，一切大是大非就会一清二楚。例如这次北京是不是发生了动乱，用宪法作标准来判断，就不会成为问题"③。

近 40 年前在北京发生的那场政治风波，也许不只是一个在学术层面讨论的问题，彭真对于北京是不是发生动乱的看法，如果离开了宪法的规定，也许会遇到不同的意见。但是，他强调在国家遇到重大问题乃至严重危机时必须用宪法来衡量大是大非，用宪法统一思想，坚定不移地监督宪法实施的观点，实在是一种远见卓识，也完全符合我国宪法的精神，这对于维护一个法治国家的长治久安和宪法权威，具有无比重要的意义。

2.6.2　注重通过内部沟通协商解决违宪问题

有的观点认为宪法实施以来，宪法监督制度基本处于冰冻状态，特别是全国人大常委会的宪法监督职权没有行使起来。应当说，这一看法的产生确有其客观原因，因为在实践中，宪法监督特别是全国人大常委会开展的宪法监督极少有公开报道的，开展了宪法监督却不公开报道，社会又何以知晓、何以满意宪法监督？

但公允地说，全国人大常委会和地方人大常委会还是开展了不少宪法监

① 彭真文选．北京：人民出版社，1991：655－658.

② 同①663.

③ 同①664.

督实践的，只是这种监督往往没有以公开冲突对抗的方式表现出来。其中最为典型的两个案例，就是对曾经成为舆论热点的国务院城市流浪乞讨人员收容遣送办法和拆迁条例是不是违宪的处理。这两个行政法规均由学者“上书”引起社会广泛关注，学者要求全国人大常委会对两个行政法规开展宪法监督。按照理论界和社会的诉求，最好由全国人大常委会对两个条例进行公开审查，如果违宪，就按照宪法的规定予以撤销。但事情的发展没有按照这个逻辑进行，实际是由全国人大常委会的有关领导指示和组织常委会工作机构与国务院的相关部门协商研究，并与国务院领导沟通，最终由国务院对收容遣送办法予以废止，对拆迁条例也予废止，重新制定城市流浪乞讨人员救助管理办法和国有土地上房屋征收与补偿条例。全国人大常委会虽然没有以公开对抗的方式撤销国务院的行政法规，但宪法监督的效果还是达到了。

当然这也有一个问题：由全国人大常委会的领导批示和组织常委会工作机构与国务院部门及国务院领导沟通解决违宪问题，这能不能说是全国人大常委会的宪法监督？全国人大常委会是合议机构，常委会领导的意见包括常委会工作机构的意见能不能说就是常委会的意志？他们能不能代表常委会？这是一个值得讨论的问题。因为宪法规定常委会行使宪法监督职权，但常委会没有开会审议和作出是否违宪以及如何处理的决定，而由常委会领导和工作机构从实质上解决了问题，是不是意味着常委会的某个或者几个领导以及常委会的工作机构在行使实际的宪法监督职权？如果产生这种理解，从理论和制度上就可能会出现异议。

除了全国人大常委会与国务院沟通协商解决违宪问题外，全国人大常委会和党中央与地方沟通协商解决违宪问题的情况也时有发生，前述 20 世纪 80 年代的某自治区外贸厅长任免案，以及前段时间被媒体广泛报道引起很大震撼的湖南衡阳贿选案和辽宁贿选案，都是典型。这里再介绍一个十几年前发生的典型案例。

湖南省人大常委会选举任免联络工作委员会 2003 年 11 月 13 日向全国人大常委会法工委来函反映，湖南省新晃侗族自治县人大常委会于 2001 年 4 月 24 日通过《新晃侗族自治县加强乡镇人民代表大会工作暂行规定》，规定在乡镇人大设立常委会，并规定了乡镇人大常委会的人员组成、选举方式以及具有相当于市县人大常委会的职权。同年 7 月 11 日，中共新晃侗族自治县委发出《通知》，将县人大常委会的这一规定印发各乡镇党委和县直有关单位党组织。县委《通知》还进一步规定“可以对乡镇人民代表大会常务委员会主任、副主任、委员，乡镇人民政府乡镇长、副乡镇长实行直接选举”。之后，该县23个乡镇陆续召开人大会议，选举产生了人大常委会，并挂牌办公。湖南省人大选举任免联络工作委员会还反映，据了解，全县共有乡镇人大常委会主任、副主任和委员115名，平均每个乡镇5名。一年多时间里，各乡镇人大常委会共决定重大事项125项，开展大的监督活动160次，任命部门（站、所）负责人190名。

对这起典型的严重违宪违法事件如何处理？

全国人大常委会法工委先后采取两个措施。第一个措施是，征求中央组织部意见并报告全国人大常委会领导同意后，于12月30日给湖南省人大常委会正式去了“关于对新晃侗族自治县在乡镇设立人大常委会的做法如何纠正的答复意见”。意见明确指出，宪法第96条第2款规定：“县级以上的地方各级人民代表大会设立常务委员会”；《地方各级人民代表大会和地方各级人民政府组织法》* （以下简称地方组织法）第40条规定：“省、自治区、直辖市、自治州、县、自治县、市、市辖区的人民代表大会设立常务委员会”；地方组织法第14条规定：“乡、民族乡、镇的人民代表大会设主席，并可以设副主席一人至二人”，“乡、民族乡、镇的人民代表大会主席、副主席在本级人民代表大会闭会期间负责联系本级人民代表大会代表，组织代表开展活动，并反映代表和群众对本级人民政府工作的建议、批评和意见”。

意见进一步提出，新晃侗族自治县擅自在乡镇设立人大常委会，严重违背了宪法和地方组织法的有关规定；根据地方组织法第44条的规定，县级以上的地方各级人大常委会在本行政区域内，保证宪法、法律、行政法规和上级人民代表大会及其常务委员会决议的遵守和执行，行使撤销下一级人民代表大会及其常务委员会的不适当的决议的职权，建议湖南省人大常委会对这一问题在请示湖南省委后尽快依法予以纠正；具体处理办法由省人大常委会决定。

收到法工委的意见后，湖南省委和省人大常委会党组高度重视，要求尽

* 该法已于2015年第五次修正，此处引用的仍为2004年文本，特此说明。——编者

快依法妥善处理此事。2004 年 2 月 13 日，湖南省人大常委会办公厅向怀化市人大常委会发出《关于依法纠正新晃侗族自治县在乡镇人大设立常委会错误做法的通知》，要求怀化市人大常委会依法作出关于撤销新晃侗族自治县人大常委会的《新晃侗族自治县加强乡镇人民代表大会工作暂行规定》的决定；该暂行规定被撤销后，依据这个规定选举产生的乡镇人大常委会相应撤销；然后由各乡镇人民代表大会会议依法选举产生乡镇人大主席、副主席。

法工委采取的第二个措施是，在湖南省处理了这一违宪事件后不久，将上述处理情况报告时任副委员长王兆国和副委员长兼秘书长盛华仁，并提出进一步防止类似情况发生的意见。报告说，湖南省新晃侗族自治县的错误做法反映出有些地方不仅是人大常委会而且还有党委存在明显违反宪法和法律规定，不依法办事的问题。考虑到有些地方在实施宪法和地方组织法、选举法等过程中，违法情况时有发生，为防止此类事情发生，建议中央在要求各级党委、人大和政府尤其是各级主要领导干部加强对宪法和法律学习的同时，由中央一个部门专门负责对地方党委的违法问题及时发现，予以纠正；对地方人大和政府的违法问题，由各级人大和政府依照法定职责和程序及时发现，予以纠正，以督促各级党委和国家机关严格依法办事，避免在各项工作中出现违反宪法和法律的行为。

注重通过内部沟通协商解决违宪问题，除了上述中央党政机关之间、中央与地方党政机关之间的沟通协商，还有其他一些渠道和办法。比如，按照过去的做法，国务院要制定一件行政法规，其原来的法制办公室一般会事先将行政法规的草案送全国人大常委会法工委，请法工委审查并提出意见，法工委如果发现有违宪问题，就会提出来，这实际也是一种宪法监督，是事前的宪法监督，是人大常委会的工作机构对国务院办事机构的一种宪法监督。再如，最高法院、最高检察院在出台一些重要的司法文件时，也可能会向全国人大常委会法工委征求意见，法工委发现有违宪问题，当然也会提出来。这两种做法中，全国人大常委会法工委所提意见，实际在一定意义上也就被理解或者认同为全国人大常委会的监督了。但这种工作机构的监督毕竟没有正式的法律效力，因此其权威就未必得到尊重。

这里也有一个案例，即开发区设立法院一事。

改革开放以来，一些地方为了吸引投资，发展经济，设立了开发区，由政府设立管委会，作为派出机构进行管理。

2000年5月29日，宁夏回族自治区人大常委会选举委员会就关于在自治区吴忠市红寺堡开发区设立人民法院的问题向全国人大常委会法工委请示。法工委就该问题与最高人民法院政治部进行了沟通。但最高人民法院政治部的意见是：开发区作为独立于行政区划之外的管理区和地区经济的窗口，对方便投资、振兴当地经济有积极意义。他们认为，为做好开发区的各项管理工作，设立基层法院是必要的，而且自1992年至1999年，全国各地已陆续设立二十多个开发区法院。实践中，最高人民法院对地方设立开发区法院的要求是：有省级党委的批准函、人大的同意函、高级法院的报告以及省级编制机构的意见。最高人民法院收到上述宁夏人大常委会选举委员会的手续后，即去该地方进行调研，写出调研报告和具体意见，报告高法党组，由党组决定是否批准设立开发区法院。最高院的意见是，由其政治部批准设立开发区法院。

但是，全国人大常委会法工委不同意最高院的意见，并向宁夏人大常委会做法律询问答复，在答复中明确提出：根据宪法和人民法院组织法的规定，基层人民法院按行政区划设立，由同级人民代表大会产生。而人民法院组织法规定的基层法院的范围，并不包括开发区法院。开发区不属于行政区划，不是一级政权，设立基层人民法院没有法律依据。但最高院和宁夏方面均没有听取法工委的意见，照样批准设立了开发区法院。全国各地的几十个开发区法院至今还在行使审判权，但从宪法上看，开发区法院是典型的违宪违法设立的审判机关，现在成了一个没有纠正又很难纠正的严重违宪问题。

在设立开发区法院这个违宪案例中，法工委作为工作机构的宪法监督没有起到效果，但要上升到全国人大常委会的宪法监督，恐怕又会出不小的问题。

2.6.3　尽量避免宪法监督，减少影响

这个问题与上面所述注重通过沟通协商解决违宪问题有密切关系。总结几十年来的实践可以发现，中国的宪法监督有一个很有意思的现象，即：能不上升到宪法监督的就尽量不上升到宪法监督，对于实在绕不过去的违宪行为，也是尽量通过内部沟通协商的办法解决。可以说，在宪法监督方面，尽

量大事化小，小事化了；对于无法避免的监督，尽量通过内部沟通协调解决；即使进行了监督，也尽量避免媒体报道和产生大的社会影响。

这里也有一个有意思的案例。

在2004年的全国人大会议上，某省代表团的一些人大代表因法院判决中的某个案件问题，动议联名向最高人民法院提出质询。这可是一件大事。一旦在全国人大会议上，人大代表联名甚至一个代表团或者几个代表团向最高人民法院提出质询，就不能排除会出现进一步的问题：由代表或者代表团依据宪法规定向全国人大会议提出罢免最高人民法院院长的议案！这样的宪法监督可能轰动世界。

如何处理这一问题？全国人大也是采取了内部化解的方法。由全国人大法律委员会的负责人去向相关代表做工作，与此同时，要由法工委出具一个劝说代表放弃提出质询的研究意见。这个研究意见当然要报全国人大常委会的有关领导人。以下是这个研究意见的大体内容：

代表法第十四条规定，全国人民代表大会会议期间，一个代表团或者三十名以上的代表联名，有权书面提出对最高人民法院的质询案。但是，对质询案的范围未作出具体规定。我们根据宪法和有关法律规定，对这个问题进行了初步研究，意见如下：

宪法规定，国家审判机关由人民代表大会产生，对它负责，受它监督。全国人大议事规则规定，全国人民代表大会每年举行会议的时候，最高人民法院向会议提出的工作报告，经各代表团审议后，会议可以作出相应的决议。人民法院组织法也规定，最高人民法院对全国人民代表大会负责并报告工作。根据上述规定，全国人民代表大会有权对最高人民法院进行工作监督。代表法有关提出质询案的规定，应是对最高人民法院进行工作监督的一种形式。质询案的范围，应是属于全国人民代表大会对最高人民法院进行工作监督范围内的问题。比如，可以对人民法院工作报告中的某个问题提出质询，对人民法院的司法解释以及其他有关审判工作中的某些规定是否符合宪法和法律的规定等问题提出质询。

至于能否对某一个具体案件提出质询，我们意见，似不宜提出。主要基于几点考虑：一是依照宪法规定，人民法院依法独立行使审判权。对于具体案件涉及的事实认定、法律适用、申诉再审、判决执行等问题，应当依照诉讼法的规定处理。二是在代表大会会议期间，代表对具体案件向人民法院提出质询，会影响代表大会集中精力审议和决定重大事项。同时，要求人民法院在较短的会期内对具体案件作出答复，也难以做到。三是代表对人民法院提出的质询案，是否应当包括具体案件，需要慎重研究。在九届全国人大常委会审议关于个案监督的决定和监督法草案的过程中，对人民法院的个案监督是否属于对法院的工作监督范围，各方面意见分歧很大，没有形成共识。基于以上考虑，我们认为，现在如有代表在会议期间向最高人民法院提出对具体案件的质询案，拟转为批评、建议和意见为宜。

关于代表提出质询案的范围和程序等问题，确需规范，我们拟抓紧调查研究，充分听取有关方面和专家的意见，提出建议，另行报告。经报批认为可行时，通过法律解释或者修改补充有关法律规定的方式予以明确。

这是个很值得玩味的研究意见。当然，那次对最高人民法院的质询未能正式启动。但从这个研究意见以及内部所做的化解工作可以发现，对于公开的宪法监督，特别是举世瞩目的全国两会上可能出现的宪法监督，相关方面工作的基本初衷，就是尽量在进入监督程序之前就将其内部化解掉。

对宪法监督采取事前化解以及事后沟通协商、尽量缩小影响的态度和方法，除了政治文化中不尚冲突、和为贵这一传统思想的影响外，我们认为，还有三个十分重要却不知是否具有合理性的原因：一是在宪法监督方面没有经验和把握，把违宪问题看得太重太大；二是虽然没有言明，但相关方面显然意识到，宪法监督不可避免地要涉及党政的最高层，相当敏感；三是担心宪法监督会产生国家的政治危机，特别是党政最高层的政治危机。

2.6.4　社会力量特别是专家学者积极推动宪法监督

总结几十年来的宪法监督实践可以发现，对于宪法监督，党和国家机关的领导人在讲话中，有关国家机关在文件中都给予了必要重视，但这些讲话和文件一般是强调宪法监督的重要性。

宪法监督不仅需要政治高层的重视，更需要具体的启动与实施。在实践中，宪法监督的具体案例常常是靠社会力量发现、启动和解决的。比如，在一些城市的房屋拆迁中，有的被拆迁公民就拿起宪法武器，说政府的强拆行为违反了宪法有关不得非法侵入公民住宅的规定，要求进行宪法监督。特别值得注意的是，一些产生很大影响的宪法监督案例，是在专家学者们“上书”全国人大常委会并被媒体广泛报道后才得以解决的。其中比较典型的就是前面所说的国务院的城市流浪人员收容遣送办法和拆迁条例两个行政法规的废止。

几十年来，法学界的专家学者们在推动宪法监督中发挥了重要作用。他们不仅研究宪法监督的理论问题，而且十分注意研究违宪的个案，并发挥了专家学者的独特优势，“上书”高层，联系媒体报道，使一些宪法监督案件产生很大影响。在宪法监督尚不能通过法定程序充分启动开展的情况下，这种做法的积极作用应得到充分肯定。但要真正开展宪法监督，不能仅仅依赖于专家学者和其他社会力量。

当然，对于专家学者通过“上书”方式启动宪法监督的行为，还有两个问题需要研究，即：如何处理好将学术创新与舆论宣传适当分开的关系，如何处理好既监督违宪行为又避免不适当干预政治的关系。

2.6.5 几条重要经验

总结几十年的宪法监督实践，可以得出以下几条重要经验。

1. 必须坚持党的领导

宪法监督涉及党和国家政权体制的核心和关键，必须坚持党的领导。从以往的实践可以发现，无论是全国人大常委会还是地方人大常委会开展的宪法监督，党的领导在其中都起到了关键作用。而从媒体的公开报道看，这几年发生的湖南衡阳贿选案、四川南充贿选案以及辽宁贿选案，都是在党中央的直接领导下予以坚决处理的。在现行的政治体制下，特别是党的十八大以来，我们强调各方面都必须坚持党的集中统一领导，宪法监督更必须坚持党的领导。没有党的领导，那些严重的违宪现象就不可能得到坚决处理。党的领导，不仅指党中央的领导，而且包括地方党委的领导以及其他部门组织中党组织的领导。所以，宪法监督，首先是坚持党的领导。

2. 需要靠有关党政机关综合发挥作用

提起宪法监督，人们习惯性地想到人大及其常委会特别是全国人大及其常委会，因为宪法规定，全国人大及其常委会是宪法监督机关。但总结以往的实践可以发现，一个具体违宪案件的处理，是多个党政机关综合行使职权、发挥合力的结果，单靠人大常委会特别是全国人大常委会，很难解决问题。发生在地方的违宪案件，全国人大常委会一般是提出纠正的建议，具体的处理还要依靠地方党委和地方人大常委会，即使类似辽宁这样的大面积违宪贿选案，全国人大常委会直接组织力量监督纠正，也还需要辽宁省委、省人大做大量具体工作。所以，在宪法监督的具体实践中，应当树立一种观念：宪法监督绝非一家之责，特别是不能只依赖全国人大及其常委会，而应当充分发挥多方面的作用。

3. 监督的重点可以先放在地方以及中央的一些部门

按照宪法规定，任何组织和个人的违宪行为都必须受到监督，但需要承认，对一些特别重要的党组织和国家机关以及一些重要的党政领导人进行宪法监督，可能产生的政治影响和其他方面的震撼难以预料。客观地说，对这些主体进行宪法监督，难度也很大。比如，对党中央、国务院和全国人大常委会，以及对一些重要的党和国家领导人个人进行宪法监督，就应当十分慎重。这是我们的国情和政情所决定的。几十年的实践也证明，我们对一些核心党政机关以及重要领导人的宪法监督是很少的，公开的冲突性宪法监督则几乎没有。而前述对国务院两个行政法规的监督撤销，实际也是内部沟通，由国务院自行解决的。

但总结实践可以发现，对地方的宪法监督，包括对中央机关中一些部门的监督，开展起来则相对容易。1980年代地方的宪法监督相当活跃，彭真明确要求政法机关的各部门对违宪问题自查自纠。而这些年，地方的一些严重违宪事件都得到公开曝光和严肃处理。在中央层面，国务院的一些部门发生违宪问题，舆论都可以批评，即使最高人民法院发生的违宪行为，舆论和学术也都可以讨论批评。

但对地方和中央部门的监督有一个针对不同主体和选择监督时机的问题。在地方，不仅可以对党政机关开展监督，对其负责人也可以开展监督，实践中，地方的一些党政负责人因为违宪问题被处理的也不少见。比如，前段时间，辽宁省委原书记受到严肃处理，一个重要原因就是其在该省大面积贿选中应当承担主要责任。但在中央，比如国务院部门这一级，对一些部门的违宪行为予以批评和纠正，总体上没有问题，而对其负责人因为违宪而承担责任的尚不多见。但在类似两会期间这样的时间段，有关主体通过法定程序对国务院一些重要部门启动宪法监督，可能就比较敏感。最高人民法院和最高人民检察院虽然不是国务院的某个部门，对它们的违宪行为进行批评监督，总体上也不存在大问题，但也有一个时机和针对主体的问题。比如，在两会期间，由全国人大的一个代表团或者一定数量的代表联名提出监督，就比较敏感。对两院的违宪行为进行监督，问题不大，但由此引起对两院领导人个人进行宪法监督，苛以违宪责任，就属于比较敏感的事件了。

所以，总体上看，宪法监督的重点可以先放在地方以及中央一些部门包括其他的企业事业组织。这对推进整体性的宪法监督很有积极意义。

4. 人大及其常委会在立法过程中加强审查监督十分必要

宪法监督很大一部分内容是对法律、法规包括其他规范性文件的监督，为避免违宪，人大及其常委会在立法审议的过程中把好监督这一关，就十分必要。全国人大常委会原副秘书长刘政在一份内部资料中就记述了这样一个例子：八届全国人大常委会会议在审议国务院提出的《出版法》草案时，许多委员提出意见，认为这个草案主要不是保障公民的出版自由，而是限制出版自由，与宪法的有关规定不一致。田纪云副委员长说，与宪法规定不一致的法律草案，我们不能审议通过。经委员长会议研究，将这个法律草案退回了国务院。刘政认为，这表明全国人大常委会在制定法律时，对是否有同宪法相抵触的问题，一向是很注意的。

5. 依靠社会力量开展宪法监督

几十年前，彭真提出，要发动亿万人民同破坏宪法的行为作斗争，依靠群众力量开展宪法监督。总结实践即可发现，他的这一观点是很正确的。这也是由中国特殊的国情和一定的历史阶段决定的。发现违宪行为，主动对违宪行为进行监督，当然离不开有关国家机关特别是全国人大常委会，但是，在现行的政治体制内，有关国家机关包括全国人大常委会，在宪法监督方面所能发挥的作用是相对的，而社会力量、亿万公民发现违宪行为，监督宪法实施的力量则是无穷的，在很大程度上可以说，他们对宪法监督的积极性最高，是最积极主动的宪法监督主体。而且，一个主体、一个行为是不是违宪，常常也只有在丰富的社会实践中才能发现，把社会各方面的力量和智慧调动发挥出来，可以有效监督违宪行为，对国家机关的监督是有力的推动。

2.6.6 值得注意的问题

总结宪法监督的实践，也可发现一些值得注意的问题。

1. 政治体制改革是解决宪法监督问题的前提

这个问题前面已有述及，后文还将述及。在我国，宪法监督从根本上说，是一个政治体制改革的问题，只有把党自身的领导体制、党与国家机关之间的关系以及国家机关彼此之间关系中带有根本性的问题改革到位了，宪法监督才能全面开展起来。在政治体制改革没有到位前，宪法监督的开展只能是局部的。

2. 党自觉地遵守和服从宪法，是解决违宪问题的根本出路

在政治体制改革没有到位前，对宪法的遵守和监督，首先取决于我们党自身。宪法是党领导人民制定的，对违宪问题的审查和追究也需要由党领导特定的国家机关予以开展。因此，党能否自觉地遵守和服从宪法，在宪法的范围内活动，对于解决违宪问题具有关键意义。从实践中发生的各种违宪问题看，基本都是违宪行为发生地的党组织及其负责人没有自觉遵守宪法，甚至带头违反宪法，挑战宪法权威。辽宁省贿选案中省委书记带头违宪就是典型。

3. 宪法法律规定的已有措施未能得到充分运用

现行的制度已经为我们解决违宪问题提供了很大空间。宪法、各类国家机关组织法、立法法、监督法、行政监察法以及其他法律已经规定了相当多的措施，比如质询、特定问题调查、罢免、撤销、撤职等措施，如果我们把这些法定的措施都充分利用起来，国家机关及其负责人这一层面的违宪问题，基本就能得到有效解决。而对照实践中已经出现包括可能出现的形形色色的违宪现象，也可以发现，只要下决心监督，基本都可以找到监督处理的宪法法律依据。可惜的是，宪法法律规定的这些措施，几十年来实际运用得比较少，特别是针对一些具有较高政治敏感度的特定主体的违宪行为，运用得就更少了。

4. 党内法规的作用没有得到充分发挥

宪法监督最大的难题就是对党的组织及其领导人、负责人的监督。对于如何处理党的组织以及不担任国家机关领导职务的党员干部的违宪行为，宪

法和法律尚没有明确规定，如何在宪法法律的层面处理，是一个有待研究的重要问题。但党员是要服从党章等党内法规的，而党章以及其他党内法规明确要求党的组织和党员个人必须遵守宪法，不得有超越宪法法律的特权，并且规定了各类党纪处分的措施办法。所以，党中央对各级党组织及党员干部的违宪行为，上级党组织对下级党组织及党员干部的违宪行为，都可以依照党章等党内法规的规定予以处理纠正，可惜长期以来党内法规在宪法监督中的作用未能得到充分发挥。

5. 有过于追求制度完美的倾向

长期以来，理论和实践中有一种普遍性认识倾向，认为宪法监督之所以没有得到有效开展，是因为宪法监督制度不健全，几乎要把责任全部归于制度欠缺，因而执著于研究设计一种完美的宪法监督制度。

我们承认健全的制度对于宪法监督十分重要，也认为必须尽快健全宪法监督制度，但是，的确不能迷信制度。中国的情况非常特殊。

世界上没有完美无缺的制度，有的只是是否忠实地执行这个制度的人。一个制度即使不完善甚至很粗疏，但如果有一批忠实地服从和不折不扣地执行这个制度的人，那么，这个不完美的制度也会因为有这一批人而变得日趋丰满完善。美国的违宪审查制度实际就是这么建立起来的。相反，一个制度即使再完善，但如果有一批并不信奉甚至居心叵测地执行这个制度的人，那么，再好的制度也会被废弃。这个情况恐怕很值得中国引以为戒。

现在重要的是花大力气把已有的制度落到实处，同时填补相应的制度空缺，而不宜急于另起炉灶，建立一套全新的违宪审查制度。如果说现有的一切制度和规定都已经使用穷尽，还不足以解决违宪问题，是可以另建制度的。但是，现在的情况不是这样，我们的途径和手段很多，作用却没有发挥出来。而与此相应，如果已有的制度和规定都没有发挥应有的作用，即使再另起炉灶设一项新制度，这个制度也未必能发挥作用。

我们也认为，健全监督制度是必要的，但在现在的历史条件下，一蹴而就地制定一套精细的完美无缺的制度，不太现实。而亿万公民特别是法治实践者由衷地从点滴做起，循序渐进，可以为健全制度打下扎实的基础。

6. 违宪和违法的关系问题未能研究清楚

这不仅是一个认识问题，也是一个实践问题。如前所述，长期以来，对于什么是违宪、什么是违法，特别是违宪与违法的联系与区别是什么，理论中缺乏深入研究，也未达成共识，这种情况直接影响到我们对违宪问题的具体处理。

从具体的实践看，一直以来，对于违宪和违法的区分是什么，我们处理的界限和措施也不清晰。一些违反选举法、地方组织法、立法法以及其他法律具体规定的情况，往往也同时违背了宪法的某一规定，在这种情况下，对该行为是定性为违宪还是违法，或者是既违宪又违法，缺乏统一的规定和标准。似乎是为了突出这些行为后果的严重性，我们通常又称之为违宪行为。而细细研究即可发现，已被处理和媒体报道或者没有报道的各类违宪案件，几乎没有例外的都是违反法律的案件，但在学术研究包括媒体报道中，它们又都是被视为违宪案件的。包括前述关于国务院两个行政法规的案例，以及前一段时间引起广泛关注的衡阳贿选案和辽宁贿选案，其中被指为违宪的行为，实际都是直接违反立法法以及有关国家机关组织法等相关法律的行为，但在媒体报道和学术研究中，都是被视为违宪案例的。

违宪和违法的含义以及彼此的关系，是一个基础性命题，把这个命题研究认识清楚了，对于如何认识违宪问题的性质，在什么样的层面上处理违宪问题，以及处理违法问题对于解决违宪问题的作用，都具有重要意义。

笔者倾向于认为，能够归于违法行为的，不宜归于违宪行为，这样可以尽量缩小违宪行为的面（这个问题后文将继续述及），花主要精力解决违法问题，以解决违法问题作为解决违宪问题的必经之路。因为：第一，所有违法问题，本质上都是违宪的，解决违法问题本身就是对违宪问题的消肿。第二，小的或者少的违法问题如果得不到解决，实际就会助长大的或者更多的违法行为的发生，严重的违宪行为的发生就更是不可避免。第三，对各类违法现象的处理会为我们进一步处理违宪问题积累经验，而实际上，一个国家、一个机构，如果连违法问题都没有能力予以妥善处理，就更不能指望它去处理更为复杂的违宪问题了。

7. 各级领导干部的政治道德建设未得到应有重视

解决违宪问题有很多途径，其中很重要的一条，就是加强各级领导干部的政治道德建设。违宪主体当然首先是包括政党和国家机关的组织以及其他组织，但任何组织的违宪行为都是由具体的人做出的，从根本上说，主要是由各级担任领导职务的公职人员做出的。

宪法是规范权力运行的根本法，而这个权力运行在很大程度上要依赖于各级领导干部的政治道德，包括他们的政治良知、政治诚信和政治责任等要素。他们违反宪法的行为，本质上是违背政治道德的行为，宪法监督在很大程度上实际就是对他们的道德监督。

对于政治道德与宪法的关系，密尔在上百年前就有过精辟论述："有关宪政道德的问题，其实际重要性并不亚于有关宪法本身的问题。某些政府的存在本身，以及使其他政府能持久存在的一切，都有赖于对宪政道德原则的实际遵守。"[①] 由此可见，政治道德是比宪法和法律更为重要的问题。

但长期以来，政治道德问题远未得到应有的重视，特别是各级党政领导干部的政治道德对于维护宪法权威、保证宪法遵守执行的重要性未得到应有重视。强调依法治国、依宪治国得到社会广泛认可，但一谈到以德治国，要求领导干部用道德约束自己，有时就不被认同，有的观点甚至将以德治国与依法治国对立起来，认为强调以德治国就是宣扬人治。实际上，即使是被视为最讲法治的资本主义国家，也十分重视官员及国家机构的政治道德，官员和国家机构如果没有政治道德，再完美的宪法也约束不了他们，违宪问题一定会大量发生。所以说，加强政治道德建设是解决违宪问题不可缺少的环节。令人欣慰的是，党的十八大以来，特别是十八届六中全会以来，党中央对加强党员干部的政治道德建设提出了一系列新要求，这对减少违宪问题，加强宪法监督具有重大的积极意义。

8. 对党政高层的宪法监督是最大难题

宪法监督难在哪里，敏感在哪里？实际就是对党和国家高层的宪法监督。对地方党政部门及其负责人的监督，都不是问题，也都有了实践，但是，对中央一级党的组织及其领导人、负责人，对重要国家机关及其领导人、负责人的监督，就需要慎重而行了。

宪法规定，一切国家机关和武装力量，各政党和社会团体、各企业事业组织都必须遵守宪法，一切违反宪法的行为都必须受到追究，任何组织和个人都不得有超越宪法的特权。这些组织和个人，当然首先包括党中央、全国

① 密尔．代议制政府．汪渲，译．北京：商务印书馆，1997：173.

人大常委会、国家主席、国务院、中央军事委员会以及最高人民法院和最高人民检察院，包括全国政协，还包括这些党和国家机关以及全国政协的领导人。宪法监督，首先是要对这些主体的违宪行为进行监督。

但是，如果上述主体违宪了，能不能监督，如果能监督，由谁来监督，按照什么程序监督，监督之后可能产生什么样的影响，对这一系列重大问题，长期以来我们没有进行公开的研究评估。除了 20 世纪 80 年代彭真在非公开场合以非正式的方式表示，全国人大常委会如果发生违宪他将辞去委员长职务外，迄今为止中央一级的党政机关及其领导人公开的文件和讲话中，尚没有对党政高层如何进行宪法监督提出具体要求和做出具体规定的内容。问题至今没有破解，应当引起高度重视。

9. 宪法监督包括宪法解释的程序不完善

依照现行宪法和法律包括党内法规的有关规定，对各类违宪的行为基本都能找到监督的措施，但这些规定比较分散，不够系统完备。对于什么样的行为属于违宪行为，什么样的违宪行为应当由什么样的主体按照什么样的程序进行监督，这个监督和一般的公检法机关包括监察机关处理具体案件有什么区别等问题，如果缺乏系统完善的规定，开展具体的宪法监督就很困难。现在，如果监督主体积极主动，要把一些宪法法律规定以及党内法规的规定，拿来进行宪法监督，就可以作为监督依据，但由于这些规定不够完善具体，就为有关的主体疏于监督、怠于监督甚至不愿监督、不敢监督留下了空间和理由。

宪法监督又与宪法解释密切相关。宪法虽然规定全国人大常委会行使宪法解释的职权，但常委会在什么样的情况下可以解释，对什么内容可以解释以及如何启动解释程序，也都缺乏完善的宪法和法律规定，这就使宪法解释实际很难启动。宪法解释启动不了，宪法监督特别是那些重大的宪法监督就更难启动了。

10. 宪法监督面临不少新问题

几十年来，宪法监督欠账较多。现在，许多老问题未能解决，一些新问题又不断出现，值得认真思考应对。拿最近几年出现的几个影响恶劣的违宪案例来说，就很需要注意其中出现的问题。

比如，2011 年发生到 2014 年才得到严肃处理的南充市委常委选举中的拉票贿选案，就向我们提出一个问题：对于违反党内法规却又不直接违反宪法的行为，该如何处理？能不能视为违宪？这个案件在学术中是被视为违宪的典型案例来讨论的。在本案中，发生在南充党代会上的利用公款有组织拉票贿选行为，实际是党内违规行为，也是触犯刑法的行贿行为，却不属于违反宪法的行为，因为宪法没有也不宜对政党内部的组织、职权及其运行程序做出规定。但是，按照党内程序选举产生的南充市委负责人，实际行使着宪法意义上的公权力，这个负责人拉票贿选的行为以及其他党代表接受贿赂的行为，能否定性为违宪行为呢？实践中，在党内买官卖官、拉票贿选的腐败行为偶尔可见，如何从宪法监督的角度看待处理，需要加强研究应对。

比如，这几年发生的被视为违宪的南充、衡阳和辽宁三个特大恶性案例，都有一个共同特点，即涉案人数特别多，影响范围特别大，这就涉及一个问题，如何看待处理类似大面积的恶性违宪案件？其中，南充贿选案中，移送司法机关处理的就有 33 人，撤销党内职务以上处分的就有 77 人，给予党内严重警告、记过和免职处理等处分的有 267 人；衡阳贿选案中，有 56 名省人大代表通过贿赂手段当选，512 名市人大代表收受钱物；辽宁大面积贿选案中，有 523 名省人大代表涉及贿选，45 名当选全国人大代表涉及拉票贿选，3 名省部级官员涉嫌贿选。如此大面积的恶性贿选，令人十分震惊。这些案例向我们提出如下问题：还有没有类似没有被揭发的案件？为什么会发生如此大面积的贿选？贿选与国外选举中的政治献金，以及中国的选举与西方资本主义国家的选举本质的区别是什么？面对这样的恶性违宪违法现象，宪法法律究竟应当采取什么样的方法应对？

中国的法治建设正在走自己独特的道路，宪法监督尚未充分开展，各种违宪的新情况新问题会不断出现，及时和深入研究解决这些新问题，是十分必要的。

三

健全宪法实施制度的关键措施及需考虑的问题

习近平总书记在纪念现行宪法颁布施行30周年大会上讲话时提出:“宪法的生命在于实施,宪法的权威也在于实施。我们要坚持不懈地抓好宪法实施工作,把全面贯彻实施宪法提高到一个新水平。”十八届四中全会进一步提出,要健全宪法实施制度,并将每年的12月4日定为国家宪法日,要求建立宪法宣誓制度。

宪法实施有十分丰富的内容,不仅理论丰富,实施的主体和方式方法也多种多样。这里,我们不全面地讨论宪法实施的基础理论,也不面面俱到论述宪法实施的主体和方式方法,而是重点讨论对宪法实施具有关键意义的若干措施。

3.1 准确理解宪法规定,将宪法中党的领导的表述具体化

这里所说的宪法规定,既包括1982年宪法制定时关于党的领导的表述,也包括2018年宪法修改时新增加的有关党的领导的表述。

宪法能不能得到有效实施,在多大程度上得到有效实施,关键在党。在我国,党政军民学,东西南北中,党是领导一切的,宪法的实施当然取决于党的领导。但是,党如何领导宪法实施,是几十年来没有得到有效解决的问题。依法治国,首先是依宪治国;依法执政,首先是依宪执政。1982年宪法在序言中写入了党的领导,但如何科学、准确地理解立宪时的这一表述,

并将它予以具体化，以贯彻落实党的领导的方式来实施宪法，是 2018 年宪法修改前几十年都没有妥善解决的问题。而理解宪法中党的领导的精神，需要从制定宪法的历史中寻找答案，并从历史走向现实，准确把握和实施 2018 年宪法修改的相关规定。

这里有必要多花些笔墨，对党的领导写入 1982 年宪法的历史做一个梳理。

3.1.1 党的领导入宪是两种思想激烈交锋中的决断

新中国成立后的 1954 年宪法、1975 年宪法和 1978 年宪法，先后以不同的方式写入了党的领导。在特定的时代背景下，这几部宪法规定党的领导时，都没有遇到大的阻力和分歧。但是，1982 年宪法制定时，历史发生了巨变，在涉及是否要写党的领导时，认识上的严重分歧发生了，宪法文本的最终规定是在两种思潮的激烈交锋中做出的决断。

为什么说有两种思潮的激烈交锋呢？这里有必要考察 1982 年宪法制定时的大背景。“文化大革命”结束后，关于真理标准问题的讨论和十一届三中全会的召开，使全党全国人民空前解放了思想，并对新中国成立以来的各种问题特别是“文化大革命”展开了深沉的反思。这种反思产生的影响的积极一面，用邓小平 1978 年 12 月 13 日在中央工作会议上讲话的标题，叫做“解放思想，实事求是，团结一致向前看”，就是继续在中国共产党的领导下，坚持马列主义毛泽东思想，走社会主义道路，将全党全国的工作重心转移到四个现代化建设上来。[①]

但是，解放思想和反思历史又带来了另一方面的思潮和现象。为避免叙述历史的错讹，这里还是用邓小平 1979 年 3 月 30 日在党的理论务虚工作会议上的原话来描述当时的情况。

邓小平说，现在，党内党外都存在反对四项基本原则的思想（四项基本原则中的核心，当然是党的领导），并造成了很大危害：“社会上有极少数人正在散布怀疑或反对四项基本原则的思想，而党内也有个别同志不但不承认这种思潮的危险，甚至直接间接地加以某种程度的支持。虽然这几种人在党

① 邓小平文选 . 2 版：第 2 卷 . 北京：人民出版社，1994：140.

内外都是极少数，但是不能因为他们是极少数而忽视他们的作用。事实证明，他们不但可以而且已经对我们的事业造成很大的危害。”①

邓小平的这些话，十分清楚地反映了当时在思想领域乃至政治领域对于要不要党的领导、要不要坚持四项基本原则的激烈冲突和斗争。

为什么会有人怀疑、否定党的领导呢？这有相当复杂的历史和现实的因素，但从当时的情况看，以下几个原因恐怕是直接的、主要的。

第一，新中国成立以后的三十年左右，特别是“文化大革命”时期，中国共产党犯过不少错误，特别是毛泽东作为党的最高领导人犯了严重的错误，这些错误极大地损害、降低了党在人民中的威信。

第二，在解放思想的大气候下，西方的所谓民主思潮迅猛地涌进中国，加上1950年代对政党问题不同意见的遗留影响，都大大冲击了共产党执政的传统观念。

第三，那时候，社会上产生了被称为无政府主义的思想。这种思想认为离开了党的领导，国家的各项建设和发展照样可以进行。无政府主义者觉得，1976年天安门广场悼念周恩来总理的群众运动，就是一个在并非共产党领导下的正确的群众运动。对此，邓小平就焦虑地批判说，这个运动“尽管不是党有组织地领导的运动，仍然是一个坚决拥护党的领导而反对‘四人帮’的运动，参加这个运动的群众的革命觉悟同党多年来的教育是不可分的，而且他们中间的主要积极分子正是党团员”。“因此，决不能把天安门广场那个群众运动看成为与党的领导无关的像五四运动那样纯粹自发的运动。”②

第四，在文艺领域，出现了一种被称为“伤痕文学”的现象。“伤痕文学”用文艺作品反思和批判新中国成立以来党的政策错误或失误给人带来的创伤和苦难，在社会上引起了强烈共鸣，不可避免地导致一些人对党的领导的怀疑。

1982年宪法的修改就是在上述思想背景下启动的，其复杂性、斗争的尖锐性可想而知。

在政治上坚持党的领导无疑是正确的、必须的，但是，坚持党的领导是

---

① 邓小平文选.2版：第2卷.北京：人民出版社，1994：166.

② 同①170.

否要写进宪法，又是另外一个问题，因为写进宪法，就涉及国家领导体制、社会的认可度、党的领导方式和法律效力等问题。对此，相关各方持什么样的态度呢？

1. 反对的声音

共产党员、著名经济学家孙冶方就是公开的反对者。1980 年 10 月 13 日，他专门致信宪法修改委员会秘书长胡乔木和宪法修改委员会，建议取消 1978 年宪法中关于党的领导的条文。孙冶方在来信中说：

为了坚持和改善党对政权的领导，我建议取消一九七八年第五届全国人大第一次会议通过的宪法总纲部分第二条："中国共产党是全中国人民的领导核心。工人阶级经过自己的先锋队中国共产党实现对国家的领导。"

为什么要在宪法中取消党的领导？孙冶方以惊人的勇气对党和国家的领导体制进行思考，提出以下三个理由：

一、我们国家的一切权力应该属于人民，全国人民代表大会和地方各级人民代表大会是人民行使国家权力的机关。宪法第二条的规定却模糊了这个最基本的原则，使人民搞不清楚国家的主人是人民还是党员？国家最高权力机关是人大常委会还是党中央？同时，还会促进并加剧从上到下党政不分、以党代政的错误倾向。

二、只有中国共产党才能领导中国人民实现社会主义现代化，这是肯定无疑的。但是，领导权的最终实现不能靠法律来规定，而是要靠党的正确政策和党员的模范带头作用。但到一九五七年后，一些同志总以为领导就是发号施令，领导权的依据就是法律规定，硬是盛气凌人地要人民来服从我们，以至发展到后来林彪提出："领导班子就是政权""政权就是镇压之权"，把党的政治思想领导和国家强制完全混为一谈，使党越来越脱离了人民。

三、一九五四年第一届全国人大第一次会议通过的宪法中没有类似的条文，只是一九七五年第四届全国人大第一次会议通过的宪法才加上了这一条，张春桥在他的"修改宪法报告"中对此还特意作了说明。一九七八年第五届全国人大第一次会议通过的宪法，简单地继承了一九七五年宪法的上述条文。人人都知道，一九七五年时，"四人帮"窃国心切，他们既采取"挟天子以令诸侯"的策略，又以"党的化身"自居，对全国人民颐指气使。宪法中的上述条文，正是他们窃取国家权力的护身符，在我们现行的宪法中继续保留这样的条文显然是十分不妥的。

孙冶方最后得出结论说：

因此，我认为从宪法中删除第二条及类似条文，有利于恢复宪法在人民心目中的威信，有利于改善党对政权的领导和转变党员的工作作风。

此议妥否，请考虑。[①]

孙冶方的这封信至今读来都令人心惊不已。

2. 叶剑英的态度

叶剑英是五届全国人大常委会委员长，并兼任宪法修改委员会的主任委员，他虽然并不直接负责宪法修改的具体工作，但是，对宪法是否写进党的领导这样重大的问题，他所持的态度是十分重要的。

已出版的《叶剑英选集》，收录了他从1978年12月到1983年2月间共14篇讲话、谈话或书信，其中多数篇目强调要加强民主与法制，但只有一篇，即1979年他所发表的《在庆祝中华人民共和国成立三十周年大会上的讲话》，几次强调要坚持党的领导和四项基本原则。[②] 而根据《邓小平年谱》记载，叶剑英的这个长篇讲话，实际是在邓小平的多次过问和指导下起草完成的，而邓小平最关注的又是党的领导和四项基本原则。1979年9月4日，邓小平同胡耀邦、胡乔木、邓力群谈话，对叶剑英的讲话稿提出修改意见时，特别强调"要在坚持四项基本原则的大前提下写这个讲话"，并对四项基本原则具体的写法提出详细意见。[③]

作为宪法修改委员会的主任委员，1980年9月16日，叶剑英在宪法修改委员会第一次全体会议上的讲话，对于宪法修改的方向和内容至关重要。但通读这个讲话就会发现，叶剑英强调修宪的必要性，是从国家领导体制和国民经济体制，特别是从"国家民主化的重大进展和进一步民主化的要求"出发的，没有提党的领导。在涉及新宪法所要规定的内容时，叶剑英强调，"法制的民主原则、平等原则、司法独立原则应当得到更加充分的体现"，"怎样健全和加强"人民代表大会制度，"也应当在修改后的宪法中作出适当的规定"，但他也没有提新宪法要体现党的领导问题。关于修宪的指导思想

① 1982年宪法修改档案．

② 叶剑英选集．北京：人民出版社，1996：515.

③ 中央文献研究室．邓小平年谱（1979—1997）：上．北京：中央文献出版社，2004：552.

和方法，叶剑英强调了两点，一是“要坚持领导与群众相结合的正确方法”，再一个是“本国经验与国际经验相结合”的方法，这里，他仍然没有强调要坚持党的领导或者四项基本原则。[①]

所以，就我们所阅，从已经公开的与宪法修改的相关资料看，尚不能得出叶剑英直接支持将党的领导写入宪法的结论。

3. 邓小平的决断

那么，是谁做出的决断呢？从前文所述的逻辑看，当然是邓小平。前不久，王汉斌在他的访谈录中也明快地给出了答案：“开始研究修宪，小平同志就明确提出，一定要把四项基本原则写入宪法。”[②] 王汉斌的这个说法与1982年5月4日彭真在省级人大常委会负责人座谈会上关于组织讨论宪法修改草案的讲话正好互相印证。在这个座谈会上，彭真说：“去年七月，小平同志让我抓宪法的修改工作，当时即确定了四点：第一，理直气壮地写四个坚持……这是宪法修改的指导思想。”[③] 而根据顾昂然的记录，1981年11月2日下午，彭真在玉泉山与胡绳、张友渔等谈话时也说，他就四个坚持等问题，“找小平同志谈过了”，“也与一些老帅交换了意见”，“小平同志说，四个坚持要写”[④]。

那么，邓小平本人有没有明确提出过这样的主张呢？提过。1980年12月25日，他在中央工作会议上做“贯彻调整方针，保证安定团结”的讲话时，就用不容动摇的语气说：“坚持四项基本原则的核心，是坚持党的领导。”“社会主义道路，人民民主专政即无产阶级专政，党的领导，马列主义、毛泽东思想，对于这四项基本原则，必须坚持，绝不允许任何人加以动摇，并且要用适当的法律形式加以确定。”[⑤] 后来的情况证明，邓小平所说的“适当的法律形式”，就是宪法。

为什么要坚持党的领导并将它写入宪法？综合邓小平1979年3月30日关于《坚持四项基本原则》的专门讲话，以及1980年、1981年的相关讲话

① 叶剑英选集．北京：人民出版社，1996：560－562.

② 王汉斌访谈录．北京：中国民主法制出版社，2012：65.

③ 彭真．论新时期的社会主义民主与法制建设．北京：中央文献出版社，1989：116.

④ 参见顾昂然笔记。

⑤ 邓小平文选．2版：第2卷．北京：人民出版社，1994：358.

或谈话，他所持的理由主要有以下几方面。

第一，没有共产党的领导，就没有无产阶级专政，没有社会主义革命和建设。他说，十月革命以来的历史，“证明了没有共产党的领导就不可能有社会主义革命，不可能有无产阶级专政，不可能有社会主义建设”[①]。列宁关于无产阶级专政的理论，“现在仍然有效”[②]。

第二，中国共产党的领导是历史形成的。“在五四运动以来的六十年中，除了中国共产党，根本不存在另外一个像列宁所说的联系广大劳动群众的党。没有中国共产党，就没有社会主义新中国。”[③]

第三，没有共产党的领导和组织，国家就会四分五裂，社会主义的各项建设包括发展社会主义民主，就无法进行。邓小平说，“我们多次讲过，在中国这样一个大国，没有共产党的领导，必然四分五裂，一事无成”[④]。“肯定会天下大乱，四分五裂。历史事实证明了这一点。”[⑤]“事实上，离开了中国共产党的领导，谁来组织社会主义的经济、政治、军事和文化？谁来组织中国的四个现代化？”[⑥]那样，“只能导致无政府主义，导致社会主义事业的瓦解和覆灭”[⑦]。

邓小平还将离开党的领导搞民主与“文化大革命”中的踢开党委闹革命相类比：“林彪、‘四人帮’踢开党委闹革命，闹出一场什么‘革命’，大家都很清楚。今天如果踢开党委闹民主，会闹出一场什么‘民主’，难道不同样清楚吗？”[⑧]

第四，党在历史上虽然犯过错误，但错误都是自己纠正的。针对党犯过错误就要取消党的领导的观点，邓小平反驳说：“党的领导当然不会没有错误”，“但是这决不能成为要求削弱和取消党的领导的理由”。“我们党经历过多次错误，但是我们每一次都依靠党而不是离开党纠正了自己的错误。今天

① 邓小平文选．2版：第2卷．北京：人民出版社，1994：169.
② 同①169－170.
③ 同①170.
④ 同①358.
⑤ 同①391.
⑥ 同①170.
⑦ 同①171.
⑧ 同①171.

的党中央坚持发扬党的民主和人民民主，并且坚决纠正过去所犯的错误，在这样的情况下，竟然要求削弱甚至取消党的领导，更是广大群众所不能容许的。”①

邓小平关于必须坚持党的领导以及将党的领导写入宪法的决断，对宪法的讨论和修改无疑起到了主导和决定作用。

胡乔木是宪法修改委员会的第一任秘书长，他用十分开放的态度对待宪法修改。根据顾昂然的记录，胡乔木甚至曾经考虑，宪法可以不必写序言。② 但是，对于党的领导入宪这个问题，他是贯彻了邓小平的思想的，或者说，在修宪工作开始的时候，他的思想与邓小平的是一致的。在宪法修改委员会成立的当月，即1980年9月的各省、市、自治区第一书记座谈会上，胡乔木写了一个“历史决议（草案）要点和宪法修改的一些个人设想”。其中，他专门提到了党的领导的法律地位问题：“党在整个国家生活中应有正确合法地位”③。胡乔木说的这个“正确合法地位”，无疑是宪法中的地位。到1981年4月、5月，由他主持起草并报送中央的宪法修改草案第五次讨论稿（以下简称“第五次讨论稿”），对党的领导如何表述还设计了两种方案。这个问题下文还将述及。

邓小平的决断对地方也产生了重要影响。宪法修改委员会秘书处在1980年11月起向各地征求关于修改宪法的意见，到第二年的3月1日，秘书处整理的简报说，地方“普遍认为应明确规定中国共产党是中国人民的领导核心”。这从一个侧面说明，各地方从总体上说，是赞成和拥护邓小平的主张的。

4. 彭真的态度

根据顾昂然日记式的记录，从1979年到1981年6月，彭真主持或者参加的各种修宪活动有三十多次，讨论的内容丰富复杂，但其中没有一次对宪法中是否规定党的领导问题表明态度，而与此相关联，前文所述叶剑英在宪法修改委员会第一次全体会议上的讲话，是由彭真代为组织起草的，所以总体上可以得出一个判断：在这个阶段，彭真对宪法是否写党的领导问题，并

① 邓小平文选．2版：第2卷．北京：人民出版社，1994：170.

② 顾昂然笔记．

③ 《彭真传》档案．

没有提出倾向性的意见。

彭真没有公开对宪法是否写党的领导表态，是否意味着他对党的领导有什么不同甚至反对的意见呢？不是。阅读他1979年复出到1981年间的十多次讲话或谈话可以发现，他在很多场合都不断强调要坚持党的领导。强调坚持党的领导，但又不明确主张在宪法中写党的领导，是出于什么考虑呢？可能的原因不外乎两个：一是宪法修改草案正在讨论中，彭真并不直接负责秘书处的具体工作，按照他注重倾听不同意见的一贯作风，就不便于过早发表倾向性意见。二是在政治上坚持党的领导和将党的领导直接写进宪法，是有重要区别的，彭真深谙民主法制建设的规律，很可能正在谨慎地权衡是否写以及如何写的问题。而后来序言中对党的领导的艺术表述，正是他颇费思量的结果。

彭真明确主张宪法要写党的领导，是他在1981年7月接替胡乔木担任秘书长后，确切地说，如前所述，是在邓小平与他谈话提出要理直气壮地写四个坚持之后。从顾昂然的记录看，彭真在1981年7月、8月、9月与秘书处和身边工作人员讨论宪法修改时，曾多次强调，要在宪法中理直气壮、旗帜鲜明、堂堂正正、彻头彻尾地写党的领导，写四项基本原则。

但是，面对各种质疑和反对，彭真也不断地透出一些焦虑和犹疑。1981年10月3日上午，宪法修改委员会秘书处工作会议在人民大会堂225会议室召开，他就在会上说：

> 这方面不是没有问题，批一个电影“苦恋”，那么不一致，表现思想界对“四个坚持”并不一致，有分歧，党内党外都不一致。……有人写文章、讲话，不提“四个坚持”，有人公开讲不同意“四个坚持”。……宪法（修改草案）提出后，围绕四个坚持，会有各种各样意见，最后由全国人大决定。“四个坚持”请大家考虑，这是个关键问题，在宪法中怎样表达？是不是要表达？

一个月后的11月12日，彭真在玉泉山与胡绳、王汉斌、顾明等讨论宪法修改问题时又忧心忡忡地说：

> 五四年时党威信很高，党员、团员在群众中真正起模范作用，那时党的领导要怎么写就怎么写。现在不同，北京选举时，有的学校学生以非党员作为竞选纲领，这在五四年、六四年不可能发生。“苦恋”小平讲了，还批不下。务虚会时，小平讲“四个坚持”。有些文艺界负责同志一直到鲁迅纪念

会前，（都）不讲“四个坚持”。不能说现在是“信仰危机”，但党的威信大大下降了。……张群（台湾）提要搞两党制，联合执政。你讲社会主义优越，他（持反对意见者）讲三个小老虎（指新加坡、韩国和我国台湾地区）比你收入多，比你发展快。你讲党的领导英明正确，党员起模范作用，他（持反对意见者）说，“文革”不是你提的方针政策?!……这些问题要解答。[①]

那么，彭真是怎么解答的呢？他显然动了意气，也沿用了前述邓小平回答的逻辑：

如果有人讲“文革”党犯了错误，回答是犯了错误，太平天国没犯错误?!孙中山没犯错误?!法国资产阶级革命没犯错误?!只要革命就会犯错误。共产党犯了错误，但是自己纠正的![②]

从上面的叙述可以发现，坚持党的领导所以能写进1982年宪法，是邓小平是在两种思想激烈交锋中做出的坚定的决断，而彭真实际是邓小平这一主张的支持者、贯彻者和发挥者。

3.1.2　序言中表述党的领导的方法和艺术

接下来的问题是，采用什么方式在宪法中写党的领导。

1954年宪法、1975年宪法和1978年宪法对党的领导各有不同的表述，但那些表述无疑不适用于已经变化了的形势。所以，各方面在讨论要不要写党的领导的同时，也在紧张地思考和权衡不同的表述方式。

从技术上看，写党的领导，首先涉及的问题是，放在宪法哪个部分表述。宪法有四个部分可以写党的领导，一个是序言，一个是总纲，一个是国家机构，一个是公民的基本权利和义务。如果放在公民的基本权利和义务中写，就可能出现1975年宪法中公民有服从共产党领导的义务这种极不正常的规定。如果放在国家机构中写，就可能出现1975年宪法中“全国人民代表大会是中国共产党领导下的最高国家权力机关”的规定，出现1975年宪法和1978年宪法中全国人大“根据中国共产党中央委员会的提议任免国务院总理和国务院的组成人员”或“决定国务院总理的人选”的规定，而这样

---

① 顾昂然笔记.

② 同①.

的规定显然混淆了党和国家机关的区分，不符合国家的一切权力属于人民、人民当家作主这个人民代表大会制度的基本要求。总结前两部宪法的教训，第一个写法和第二个写法在宪法修改的讨论中首先被排除了。

那么，是否可以写在总纲中呢？当然可以。但总纲都是以具体条文规定的，不能有叙述、铺陈的内容，写在总纲中，就可能出现 1975 年宪法和 1978 年宪法中“中国共产党是全中国人民的领导核心”“工人阶级通过自己的先锋队中国共产党实现对国家的领导”这样的规定。但是，在当时党的领导受到怀疑甚至反对的情况下，以这样简单的方式强调党是国家的领导核心，不仅不符合人民代表大会制度的体制，也有失之武断之嫌，缺乏必要的说服力，而且无法像 1954 年宪法那样，叙述共产党的历史功绩。显然，在总纲中写党的领导亦非上策。

这样，只有写在序言中可能才是比较适宜的。但是，在讨论宪法的结构时，不少意见主张宪法不要序言，如前所述，胡乔木本人就曾经倾向于不写序言。但不写序言又出现了党的领导只能写进具体条文中的问题。为这件事，彭真和胡乔木颇费踌躇后才做出了选择。彭真说：“序言要不要？还是要。不然，历史、任务、党的领导等都不好写。”①

为了写党的领导等内容，胡乔木也选择了要序言的写法。1981 年 6 月 15 日，他在向中央汇报前述“第五次讨论稿”的一些问题时，专门提了这一考虑。他说，讨论稿“提出了有序言和无序言的两个方案”，“在征求意见中，有些同志主张不要序言，因为序言缺乏规范性，最好把一切要写的内容写进条文”。“但是，有些内容不可能写入条文”，“有些内容纵然可以写入条文，但还是以写在序言中比较适当（如党的领导，各民主党派的地位，统一战线组织，外交政策的原则等），所以我们倾向于采用有序言的方案。”②

有序言的方案又是如何表述的呢？序言中一共写了三处。③ 第一处即序言的第一段落：

中国人民经过一百多年的英勇奋斗，终于在中国共产党的领导下，在一九四九年推翻了帝国主义、封建主义和官僚资本主义的反动统治，取得了新

① 顾昂然笔记.

② 1982 年宪法修改档案.

③ 同②.

民主主义革命的伟大胜利，建立了人民民主专政的中华人民共和国。从此，中国成为独立自主的国家，中国人民成为国家的主人。

这个表述与1954年宪法序言中第一段落的表述基本相似，在叙述历史的过程中简略地概括了党对建立国家的历史作用。其中，“从此，中国成为独立自主的国家，中国人民成为国家的主人”一句，是在1954年宪法基础上新加的，意在强调党对于建立中华人民共和国的历史作用。

第二处表述是序言的第四段落：

中国共产党是领导中国人民事业的核心力量。中国共产党在马克思列宁主义、毛泽东思想的指引下，从实际出发，提出符合人民利益的纲领、政策和行动方针，进行宣传、组织工作，并且通过自己党员的模范作用，在国家生活和社会生活中起领导作用。

这个表述是1954年宪法所没有的，但“中国共产党是领导中国人民事业的核心力量”一句，类似于刘少奇关于1954年宪法草案的报告中“中国共产党是我们国家的领导核心”的表述。[①] 其他内容实际是对党的领导方式的界定，这个问题下文还将述及。

第三处表述是第五自然段中有关统一战线的内容：

我国全体社会主义劳动者、拥护社会主义的爱国者、拥护祖国统一的爱国者的广泛的统一战线将不断巩固和发展。中国共产党和各民主党派将长期共存，互相监督。中国人民政治协商会议是统一战线的组织形式，它对于国家事务和现代化建设事业进行协商，提出建议，在国家生活和社会生活中发挥重要的作用。

这个表述与1954年宪法中有关统一战线表述的差别是，后者强调了中国共产党在统一战线中的领导作用：“我国人民在建立中华人民共和国的伟大斗争中已经结成以中国共产党为领导的各民主阶级、各民主党派、各人民团体的广泛的人民民主统一战线。”而“第五次讨论稿”的这个表述非但没有强调党在统一战线中的领导作用，反而规定党要和各民主党派长期共存，互相监督。这种写法显得不同寻常。

除了序言的三处规定外，这个讨论稿总纲中的第六条还有这样的规定：

① 刘少奇选集：下卷．北京：人民出版社，1985：168.

一切国家机关、政党、社会组织和公民都必须遵守宪法和法律，不允许有超越宪法和法律的特权，任何破坏社会主义法制的行为都应当受到法制的制裁。[①]

这种写法实际是积极地回应了有关方面要求对党进行监督的意见。

从上面的抄录可以看出，“第五次讨论稿”虽然有四处关于党的领导的表述，但是，核心的、最重要的内容显然是第二自然段关于党是领导核心和有关党的具体领导方式的表述。这样写党的领导是否可行呢？

这个问题不仅与十一届三中全会以后的大气候有关，更与 1981 年春夏的形势有特别的关联。进入 1981 年后，坚持和反对党的领导的斗争进入尖锐、激烈的阶段。2 月 20 日，中共中央、国务院发出《关于处理非法刊物非法组织和有关问题的指示》，严厉批判“以反对四项基本原则为宗旨的”非法刊物和非法组织，“打着‘民主’、‘自由’、‘人权’、‘改革’等旗号，进行反党反社会主义的活动”[②]。隔了 4 天，即 24 号，邓颖超在中纪委全体会议上发表的《坚定不移地搞好党风》的讲话中要求，领导干部一定要带头并教育好子女，自觉坚持四项基本原则。[③] 6 月下旬的十一届六中全会虽然通过了《关于建国以来党的若干历史问题的决议》，但党内党外怀疑、反对党的领导的思想并没有熄灭。继前述 7 月 17 日邓小平在关于思想战线问题的谈话中批判《苦恋》反党反社会主义后，8 月 3 日，胡耀邦也发表《在思想战线问题座谈会上的讲话》，要求对《苦恋》这类“脱离党的领导、搞自由化的错误言论和作品”，“必须进行严肃的批评而不能任其泛滥”[④]。8 月 8 日，胡乔木又发表《当前思想战线的若干问题》的讲话，批评反对党的领导的资产阶级自由化思想的泛滥：“一些同志由于党曾经犯过错误特别是犯过‘文化大革命’这样的全局性、长期性的错误，对于党能否继续领导人民建设繁荣富强的国家缺少信心，并且向群众散布他们的这种缺少信心的情绪。”[⑤]

---

① 1982 年宪法修改档案．

② 中央文献研究室．三中全会以来重要文献选编：下．北京：人民出版社，1982：702－703.

③ 同②712－713.

④ 同②897.

⑤ 同②924.

从上述党中央、国务院的发文以及领导人如此密集的措词严厉的讲话，可以想象当时政治、思想领域斗争的波涛汹涌。宪法在这种情况下如何写党的领导，就变得十分敏感。而“第五次讨论稿”中甚为关键的第二自然段所写的党的领导，实际是一种主张，一种不容置疑的判断式的规定，而这种主张和规定当时正是受到不少人怀疑和反对的。

彭真接任宪法修改委员会秘书长后很快意识到了这个问题。他提出，宪法修改只写能定下来的，不写有争论的问题；宪法不搞争论，要以理服人。但是如果把党的领导写成一种主张和判断，就会面临各种争论。经过反复权衡后，彭真认为，党的领导必须写，但写党的领导，不应当是写一种主张，而是写历史事实。

为什么说不应当写主张，而应当写历史事实呢？1985 年 5 月 6 日、7 日，顾昂然在法工委、司法部举办的立法工作干部培训班上介绍宪法起草的一些情况和问题时，曾有专门的解释。他说：“对四项基本原则，当时并不是所有的人都认识一致，特别是四项基本原则在宪法里写不写，分歧就更大了。如何统一思想呢？能不能说，因为这是中央提出来的，就必须写到宪法里呢？这样并不能真正统一思想。那么，统一思想靠什么呢？当时反复考虑这个问题。实践是检验真理的唯一标准，从总结历史的经验入手。”“宪法序言对坚持四项基本原则问题，不是写主张，不是写人民应当如何，而是叙述历史事实”，“说明四项基本原则是不以人的意志为转移的客观规律，是中国人民总结历史经验得出的基本结论，是亿万人民在长期斗争中作出的决定性选择”①。

顾昂然在这里解释的正是彭真修宪时的考虑。从当时的档案看，在 7 月 31 日到 11 月 20 日不到 4 个月的时间内，秘书处对“第五次讨论稿”的序言部分先后修改了 13 次。其中，彭真则连续对 10 月 27 日稿、10 月 30 日稿、11 月 10 日稿亲自做了三次修改，而他修改的关键性内容又是党的领导。从彭真当年亲笔写下的诸多语句可以看出，他的出发点就是，必须在统一思想的前提下写党的领导。

第一，他强调，对党的领导的表述要有针对性。要统一思想，必须考虑

---

① 顾昂然．宪法起草的一些情况和问题．法工委、司法部立法工作干部培训班，1985：13.

反对者的意见。在 11 月 10 日稿的背面，彭真用毛笔对写序言提了要求："万勿轻敌，有的放矢，即说针对性"[①]。"敌"者，持反对意见者。这实际是提醒秘书处在写党的领导时，一定不要轻视反对者的意见，要针对他们的意见而写。

第二，要充分考虑到当前的形势。彭真在 11 月 10 日稿的背面断断续续写下了这样的语句："形势是好的，存在着困难，但潜在着危机"，"虽不能（说）信仰危机，（但）群众对党的信仰（降低了）"，"干部群众的风气（变化了）"，"马列主义毛泽东思想，连资本主义（还是）社会主义优越都成了问题，连党能否领导中国（都成了问题）"，"大学竞选（竟然为）以不是共产党员为纲领拍手？是什么性质"？"政治学习、理论学习，不少人没兴趣，十亿人怎样同心同德"[②]？这些语句与前述彭真的一些忧虑之言正好相应，说明他对当时形势特别是对社会上的思想状况，有清楚的认识，所以，他要求写党的领导不能简单武断，而应当充分考虑当时的形势和情况，只有这样，才有利于统一思想。

第三，要充分写历史，该长则长，不能用做论文的方法写序言。"第五次讨论稿"的序言总体上较短，经过多次修改后的 11 月 10 日稿，则是一个更短的方案。其中，只有两处写到党的领导，而第一自然段仿照 1954 年宪法和"第五次讨论稿"的第一段，写了中国人民推翻三座大山，建立新中国，但却删去了两者中"在中国共产党的领导下"的重要表述！

彭真对这个被称为"较短的方案"显然不满。他在首页的上方批了这样的话："是严肃的宪法！不是什么论文！1954 年的形势、背景、党的威望，1981 年的形势、背景、党的威望一样吗？""不是文字简练，是内容（要）改变"！并在"内容（要）改变"下画了粗线。[③] 他认为，宪法序言不能像写论文一样可长可短，1954 年的情况和 1981 年的情况，特别是党的威望，已经大不一样了，不能单纯追求文字简练，要改变现在所写的内容，特别是要写历史。为此，彭真在第一自然段左右两侧的空白处分别写道："二十世纪，

① 1982 年宪法修改档案.
② 同①.
③ 同①.

四件历史意义（的大）事（哪里去了）”？“辛亥革命不提？历史从自己起？”[①]

为什么彭真如此强调在序言中写历史以至不厌其长？因为在他看来，只有写历史，特别是揭示中国共产党在历史中所起的领导作用，才能用无可争辩的史实来统一思想。

那么，如何写历史？彭真觉得，1954年宪法只写中国共产党领导人民推翻三座大山，建立新中国，写得不够，应当把20世纪中国发生的大事列举出来，总结党在其中发挥的领导作用，才有说服力。有哪些大事呢？根据顾昂然的记录，彭真在1981年7月、8月、9月的谈话要点中，提出本世纪至少有三件大事：一是孙中山领导辛亥革命，推翻了几千年封建帝制，开创中华民国；二是共产党运用马列主义、毛泽东思想，领导人民推翻三座大山，建立中华人民共和国；第三件大事是建国后建立了社会主义制度，废除了中国历史上几千年的剥削制度。到了10月27日，彭真在前面三件大事的基础上又提出，本世纪发生了四件大事，第四件大事就是，建国后我们建立了社会主义的比较独立、完整的国民经济体系。他认为，应当从这四件大事中看党的领导作用。1981年12月28日，彭真在写给邓小平、胡耀邦和中央《关于宪法修改几个问题的报告》中说，20世纪中国发生的四件大事，“只有辛亥革命是孙中山领导的，而革命成果被反动势力篡夺了”，另外三件大事“都是在中国共产党的领导下，在马列主义、毛泽东思想指导下取得的。这些都是历史事实……是无可争辩的”[②]。

第四，要寓理于实，以理服人。彭真认为，写党的领导，只有将道理寓于事实中，以理服人，才能统一思想。他在11月10日稿的背面写道，要“虚实结合，寓理于实，勿搞务虚会”[③]。在首页关于党的领导方式一段的左侧写道：“务虚会议”，“以实定虚”[④]，意即写党的领导，不能搞成务虚会议那样，而要“以实定虚”，从事实中得出结论。为用这种方法统一思想，彭真颇费了心血。在1981年10月16日稿叙述中国共产党领导的三件大事后，彭真曾亲笔加了一段话，试图从事实中得出结论：“同时，历史事实证明，

① 1982年宪法修改档案.

② 同①.

③ 同①.

④ 同①.

只有用马克思列宁主义武装起来的中国共产党能够领导中国各族人民推翻压在自己头上的‘三座大山’，推翻一切剥削阶级和剥削制度；只有社会主义才能救中国。这是我国各族人民已经用实践检验过的真理。”[①] 当然，后来几经考虑，彭真又决定删去了这段话，因为通过完善事实的叙述，本身就得出坚持党的领导的结论了，这比在叙述事实之外再另加一段主观结论要好。

彭真认为，要以理服人，就不能脱离实际将党的领导单纯写成一种主张。这样，“第五次讨论稿”中“中国共产党是领导中国人民事业的核心力量”一句，很快被删去了。但11月10日稿中对党的领导还有这样的表述：“提出符合人民利益的纲领、政策和行动方针，并且通过自己的党员的模范作用和积极工作，实现对国家生活和社会生活的领导。”彭真在前一句下画了一条粗线，在后一句下画了两条粗线，并在左右两边分别写了不少语句：“四个坚持，现在群众相信吗？自己相信吗?！根据有力?”“文化大革命，社会主义优越？以非共产党员为竞选纲领?”“1954年、1981年，党的威信，是领导即反对，打倒×××、×××，口号几乎无人管”。“四化成败决定于放弃马列程度、两党制、多党制、多主义制”[②]。从彭真这些并不完整的语句可以推测到他心中的复杂、矛盾乃至波澜翻滚。可以肯定的是，他认为，在特定历史时期党的威信大大下降，很多人不相信党的领导甚至不相信社会主义的情况下，在宪法中写党通过纲领、政策和行动方针，通过自己党员的模范作用实现对国家的领导，已经失之简单和理想化了，很难起到统一思想的作用。所以，宪法序言最终并没有对党的领导方式进行具体的表述。

在彭真的主导和亲力亲笔下，到1982年春，序言中对如何写党的领导已大体有定数了。方法是，以叙述历史的方式，得出过去的成就是在党领导下取得的这个结论，再过渡到国家的根本任务，进而顺势笔锋一转说，“中国各族人民将继续在中国共产党的领导下”进行各项建设。这个写法既在语法上顺势造成过去党领导取得的成就与将来继续领导之间的因果关系（用彭真自己1981年7月、8月、9月的谈话要点来说，就是“过去历史证明了这一点，现在也证明了，将来还会证明”），又巧妙地回避了对党的领导方式的具体表述。在那个特定的历史环境下，这算得上一种高超的写作技巧了。

---

① 1982年宪法修改档案.

② 同①.

而对于如何看待党犯过错误这一问题，彭真主持起草的序言没有正面回答。但在1982年4月22日的全国人大常委会会议上，他在所做宪法修改草案的说明中作了回应。而这个回应与前述邓小平和他本人的回应有类似之处，但又更完整、更严密：

当然，坚持党的领导，决不是说党不会犯错误。过去，党犯过大大小小的错误，但是每次错误党都自己纠正了。错误被纠正的结果，革命事业都得到新的、更大的发展。建设社会主义这样伟大的、崭新的事业，党和人民是边摸索边前进的，今后在前进道路上还可能犯这样那样的错误。但是，为最大多数人民谋最大利益的中国共产党，一定能够在实践检验中，同人民一起，总结经验，坚持真理，修正错误，不断改善党的领导，加强党的战斗力，把我们的事业推向前进。①

仔细分析这段话可以发现，彭真这里对党可能犯错误这个问题所做的是正面的回答，即党过去和今后都会犯错误，但自己会改正错误，而没有直接回答一旦犯了错误还能不能领导的问题。如果一定还要追问的话，宪法总纲第6条的规定或许算是给出了答案吧：各政党“都必须遵守宪法和法律。一切违反宪法和法律的行为都必须予以追究”。

但是，正反两方面的意见依然比较激烈。

一种意见认为，注重写历史而不是主张，特别是不写党是各项事业的领导核心，就在宪法中弱化了党的领导。

但另一方面的反对声又来了，这个声音不仅来自境内，还来自境外。1982年4月底，宪法修改草案向社会公布征求意见后，全国人大常委会办公厅连续编印了各方面的反映和意见。其中，7月30日和8月2日编印的两期《法制委员会简报》，就反映了香港《明报》《中报》《七十年代》《争鸣》等报刊对党的领导和四项基本原则的妄评和诬蔑：四个坚持只是1980年针对自由化提出的一个有具体时空条件限制的政策性原则，不适宜写入宪法；不应把序言写成党的功劳簿以及继续掌权的保证书；中国不存在威胁共产党领导权的政治党派，党应强调精神领导而放弃权杖领导；在序言里面载明共产党的领导地位，就和总纲里有关人民主权及公民权的规定互相

① 彭真．论新时期的社会主义民主与法制建设．北京：中央文献出版社，1989：103.

抵触；“党的领导”语焉不详，容易造成“一党专政”，又往往变成“一人专政”“领袖专政”。值得注意的是，《法制委员会简报》还专门登载了日本在华专家川越敏孝的反对意见：强调党政分开，又强调党的领导，对党和国家的关系应如何理解？在党犯错误的时候，人民应该怎么办？是应该老老实实地服从，等待党改正错误，还是批评党的错误？采用什么方法批评，批评者受保护吗？[①]

当然，疑虑、妄评乃至诬蔑，最终都没有能阻止我们将党的领导写进宪法。

3.1.3　党的领导方式和法律效力问题

关于党的领导方式问题，前文实际已有涉及，但这里仍有进一步展开的必要。

从前面的叙述可以发现，1981 年的“第五次讨论稿”和此后几个月的修改稿，都曾力图对党的领导方式做明确的界定，但彭真将重点确定为写历史，用历史来说明党的领导的合法性来源，而领导的内容和方式最终被淡化回避了。但是，当时的人们，特别是重要政治人物以及参与宪法修改的相关人士，是如何思考这一重大命题的呢？

1. 邓小平的想法

邓小平在 1979 年《坚持四项基本原则》的著名讲话中，虽然强调要坚持党的领导，但是，对于党如何实行领导，他留下的是一个有待解决的问题：“党如何才能密切联系群众，实施正确的和有效的领导，也还是一个必须认真考虑和努力解决的问题”[②]。邓小平这里没有对党的领导方式提出具体的想法，但是，他将党的正确和有效的领导与密切联系群众联系起来，是很值得注意的，或者可以说，在他看来，密切联系群众是党实施正确和有效领导的条件。除了将联系群众与党的领导联系起来外，从发表《坚持四项基本原则》的讲话到 1982 年宪法通过前，邓小平还多次旗帜鲜明地强调要坚持党的领导，强调要改善党的领导，但他在这些讲话，包括他 1980 年那篇震撼历史的《党和国家领导制度的改革》，以及前述同年 12 月要求以“适当

① 1982 年宪法修改档案.

② 邓小平文选.2 版：第 2 卷.北京：人民出版社，1994：170.

的法律形式”写进党的领导的讲话中，都没有对党的领导方式进行阐述，更没有对写进宪法后的党应当如何实行领导的问题进行阐述。

2. 胡乔木的设计

实际上，胡乔木的态度开始就明朗了。在前述1980年9月“历史决议（草案）要点和宪法修改的一些个人设想”中，胡乔木强调党应有正确合法地位后就提出，“党必须是国家的领导力量”，但“这种领导是经过一定方法和途径实现的”。哪些方法和途径呢？胡乔木提出了很具体的内容，包括“干部的分配；对党内的决定和对党外的建议、协商；宣传和模范作用等”，但他也强调，党的领导“不是漫无边际和不受约束的；党的任何活动不能违反自己所领导制定的宪法和法律，党必须尊重其他组织（政府、立法司法机关、人民团体、其他党派等）”[①]。这说明，胡乔木对党的领导方式有明确的设想，虽然他没有将设想的内容作为修改宪法的建议，但这个设想与他主持对宪法中写入党的领导的设计必然有重要关联，因为从时间上看，就在他提出“设想”的这个月，中央任命他为宪法修改委员会秘书长。

第二个月，即1980年10月7日下午，胡乔木召集宪法修改委员会秘书处全体会议，讨论宪法修改征求意见的重点问题。在这个会上，党的领导被列为重点问题之一，而准备进一步重点讨论的又是两个问题：一是在宪法中如何准确地体现党的领导作用，二是如何明确区分党和政府的关系。显然，胡乔木是倾向于在宪法中明确写出党的具体领导方式的。

而前述由他主持起草的“第五次讨论稿”序言第四自然段的内容，正是党的领导方式的表述。根据这个表述，党的具体领导方式有三个：一是“从实际出发，提出符合人民利益的纲领、政策和行动方针”；二是“进行宣传、组织工作”；三是“通过自己党员的模范作用，在国家生活和社会生活中起领导作用”。仔细分析下来，胡乔木主持设计的领导方式实际上包括四种，即：路线、方针、政策（纲领、政策和行动方针）的领导；意识形态（宣传）的领导；组织的领导；党员先锋模范作用的领导。这个范围是相当广泛的。但是，1975年宪法、1978年宪法国家机构一章中有关中共中央向全国人大建议国务院及其组成人员的规定，在这个讨论稿中没有出现，这一内容

① 《彭真传》档案.

是否已包含于序言中的组织领导之中呢？胡乔木的报告中没有留下任何说明，迄今不得而知。

而在胡乔木卸任宪法修改委员会秘书长后，“第五次讨论稿”的序言部分几经修改，到前述 11 月 10 日稿，党的领导方式中“进行宣传、组织工作”的表述被删去了。可不能小看这八个字的删除，它实际意味着删除了意识形态的领导和组织的领导这两个重要的领导方式。

需要说明的是，这里所说胡乔木关于党的领导方式的个人设想和宪法设计，包括前述他对党的领导应当写入宪法所持的态度，仅仅是我们从已有史料出发，揭示的他在宪法起草那一特定历史时期的思想和态度，至于后来他的想法是否改变以及如何改变，那只能用后来的史料去证明，所表明的也只能是历史人物后来的思想了。

3. 彭真的考虑

前文的叙述表明，基于统一思想的考虑，彭真不主张将党的领导方式直接写到宪法中。有意思的是，翻看顾昂然对彭真修宪活动的详细记录就会发现，对于党的领导入宪，彭真不厌其烦地强调的就是必要性，以及如何通过叙述历史来揭示这种必要性，而对于党如何在宪法框架内具体实行领导，彭真在公开甚至内部的讨论中似乎从未提及。

但是，从彭真当年留下的笔迹和相关报告中，还是能捕捉到他对这个重大问题的思考。

在前面所说 1981 年 3 月 1 日宪法修改委员会秘书处整理的地方对修改宪法意见的简报上，彭真留下了多处笔迹。

简报中，地方提出，“不要笼统讲‘党领导一切’，要克服和防止以党代政，要明确执政党也要接受人民监督”。彭真在这句话下面画了粗线，特别是在“执政党也要接受人民监督”下面画了两条粗线，并在左侧写道：“党的领导（1）路线、方针、政策性；（2）通过民主讨论协商及党员的模范作用和同群众商量”。他还从“监督”二字向右下方拉下长箭头，写道：“领导核心，领导者，既领导人民又受人民（监督）”，并在下一页写了这样的眉批：“执政党的经验教训。党群、干群、政群、官兵、上下、来去、群众观点、群众路线”[①]。

四川省提出，“应把人民群众对党的监督写进宪法，不然党错了，九亿人民都跟着错了”。彭真在这句话下面又画了很重的粗线，并在旁边写道：“人民群众监督党写入宪法”。

黑龙江、上海等十一省市认为，群众、阶级、政党和领袖四者关系到底怎样提，要摆正位置。对人民群众的作用要突出地写，彭真在旁边写道：“十亿人民当家作主和监督党”，“领导和被领导的关系”“领导和监督的关系”，“监督，人民，人民是主人，人民也受监督，都各有其畅通的法定渠道”[②]。

从彭真的上述批注可以看出，他所考虑的党的领导应当有这些特点：第一，应当是路线、方针、政策性的领导；第二，应当注重民主协商特别是同群众商量；第三，应当通过党员的模范作用实现领导；第四，要特别注意总结执政党的经验教训，强调群众对党的监督。

除了上述简报上的笔迹外，彭真在前述胡乔木 1980 年 9 月“历史决议（草案）要点和宪法修改的一些个人设想”上，也留下了重要的批注。在胡乔木关于党的具体领导方式中的“建议、协商；宣传”的用语下，以及“党的任何活动不能违反自己所领导制定的宪法和法律，党必须尊重其他组织”一句下，彭真画了粗线，并在旁边写道“靠正确、不靠命令”[③]。短短七个字，反映了他对党的领导靠正确、不靠命令的重要主张。

而彭真对宪法中党的领导的具体含义的正面和直接的解释，是在 1982 年 4 月 22 日全国人大常委会会议上所做的关于宪法修改草案报告的说明中。当然，这个说明他在此前就已报送中央并获同意。在这个说明中，他专门用了一整自然段的篇幅来阐述这个问题。他说：

坚持党的领导，最根本的、最主要的是靠党的思想政治领导的正确，靠党的路线、方针、政策的正确；是靠党和人民群众的密切联系，党的主张经过反复和群众商量，集中群众的意见，反映最大多数人民的利益；是靠广大党员的带头和模范作用。[④]

---

① 《彭真传》档案．

② 同①．

③ 同①．

④ 彭真．论新时期的社会主义民主与法制建设．北京：中央文献出版社，1989：103．

在正面阐述上述领导方式后，彭真话锋一转，说："同时，共产党在国家生活中的领导和活动，都是在宪法和法律的范围内进行的。"[①] 这实际是给党的领导方式加上了明确的限制，即党的领导必须在宪法和法律的范围内进行。不仅如此，彭真紧接着说："宪法修改草案规定，一切权力属于人民，人民行使权力的机关是人民代表大会。"[②] 这是从正面强调，虽然强调坚持党的领导，但国家的一切权力属于人民，人民代表大会是人民行使权力的机关，党不是行使国家权力的机关。那么，党的领导和人民代表大会之间是什么关系呢？彭真马上又说："党和人民的意见只有经全国人民代表大会和它的常委会通过和决定，才能成为法律，成为国家意志。"[③] 在这个基础上，彭真最后总结说："党领导人民制定宪法和法律，党也领导人民遵守宪法和法律。在我国，宪法和法律是党的主张和人民意志的统一。"[④]

反复咀嚼彭真的这段阐述，就能体会到其用语的审慎精准，逻辑的前后相因，环环相扣，体会到一种高超的政治智慧和表述技巧。由此联系到前面所述彭真不同意将党的领导写成一种主张，写成一种具体的领导方式，除了特定历史背景下统一思想的需要外，是否还有一种考虑：孤立地将党的领导方式写成宪法主张，是否不利于人们正确地、全面地认识党的领导与人民、与人民代表大会以及与宪法和法律之间的关系呢？彭真的上述说明显然给出了肯定的答案。所以，从这个角度看，与其将党的领导方式直接写入宪法，还不如以说理的方式在宪法修改的相关说明文件中加以解释来的妥当。

彭真的这个说明连同当时宪法修改草案中对党的领导的表述，直到宪法最终通过时，都没有改变，所以，他的这个说明当然就是立宪的原意。

这里有必要回头专门分析上述楷体字中彭真对党的领导方式具体种类的表述，因为这个问题太重要了。

按照彭真的阐述，党的领导有三种方式：一是思想政治领导和路线、方针、政策的领导；二是密切联系群众反映最大多数人的利益；三是党员的模范带头作用。值得注意的是，第一种领导方式，着力点并不在方式本身，而

① 彭真．论新时期的社会主义民主与法制建设．北京：中央文献出版社，1989：104.

② 同①103.

③ 同①103－104.

④ 同①104.

是方式的正确性，即思想政治和路线、方针、政策的领导，必须是正确的领导，正确是前提，绝不是错误的领导，更不是强加于人。第二种和第三种领导方式，讲的就是党的群众路线。实际上，第一种领导方式也是一种群众路线，要求党从群众中来，到群众中去，以正确的路线、方针、政策和思想政治工作去取得群众的认同。说到底，这三种方式实际上并不是什么领导权，而是一种群众路线的工作方法。

所以，从上面的分析可以得出一个基本结论，即按照彭真的理解，宪法序言中党的领导方式，从根本上说就是一个群众路线的工作方法，而不是其他。这与前面邓小平在《坚持四项基本原则》中“党如何才能密切联系群众，实施正确的和有效的领导”的表述，正好吻合。可以说，在通过群众路线来实现党的领导这个问题上，彭真与邓小平的思想是相通的。

4. 进一步的考察与问题

那么，有了彭真的上述说明和讲话，是不是就意味着各方面对序言中党的领导方式和内容达成共识了呢？似乎远没有。姑且不论几十年来理论和实践中对党的领导的认识与运用的歧见，翻检当时参与宪法修改工作的一些先贤的讲话、报告或者文章，就会发现，认识和理解上的不一致似乎从宪法修改时就已存在。

（1）彭真自己对党的领导方式和内容的表述就有不完全一致的地方。

前面所述彭真对党的领导方式的表述，围绕和体现的都是他 1982 年 4 月 22 日有关立宪原意的说明文件，但是，在宪法通过后甚至通过前，彭真还多次在不同的场合从宪法序言中党的领导出发，就不同领域或不同方面的事项谈到了党的具体领导方式问题，而他的这些说法似乎又与先前他对立宪原意的表述不尽一致。

第一，关于民主集中制问题。1985 年 11 月 24 日，彭真在省级人大常委会负责人座谈会上强调党必须在宪法和法律的范围内活动时说：“新宪法与党的十二大通过的党章是完全一致的。党内的民主集中制和国家的民主集中制是联系在一起的。”[①] 这实际透出一个明确的含义：宪法中作为国家机构组织原则的民主集中制，是根据党内的民主集中制确立的，或者说，党把作

① 彭真．论新时期的社会主义民主与法制建设．北京：中央文献出版社，1989：291.

为党内组织原则的民主集中制运用于宪法的国家机构之中。那么，在这种情况下，党对国家机构的领导是否又超越了立宪原意中彭真所说的领导范围了呢？

第二，关于党能否下命令的问题。如前所述，彭真对胡乔木有关党的领导方式的设想，曾批注："靠正确、不靠命令"。而在1986年同省级人大常委会负责人的谈话中，彭真在说完党的领导"不是简单地由党下命令"后，又紧接着说："党对党员是要下命令的，但对人大、政府不是靠直接下命令。"① 彭真在这里说到的党的领导靠正确、不靠命令，不能直接对人大、政府下命令，强调的是党要实施正确领导，要依法办事，但他还说了一句十分要害的话，即"党对党员是要下命令的"。现在的问题是，如果这些被命令的党员又是权力机关或者政府的组成人员和工作人员（实际上，他们绝大多数都是党员），也就是说，他们具有双重身份，在这种情况下，"党对党员是要下命令的"这一领导方式还符合立宪原意中的领导方式吗？而这种"命令"一旦违背了宪法和法律又怎么办呢？

第三，关于中央军事委员会问题。1982年宪法修改时，对于是否成立国家的中央军事委员会以及成立这个军事委员会后，党如何实行对军队的领导，曾经有过争论。后来采取的策略是，国家的军委成立后，党对军队的领导不变，党的中央军委和国家的中央军委实行两块牌子、一套班子的领导方式。② 实际上，党对军队的领导是绝对的，与对其他国家机构的领导有很大的不同。对这个问题，彭真在1982年11月26日宪法修改草案的报告中专门做了解释。他说："在国家的中央军委成立以后，中国共产党对军队的领导不会改变。《序言》里明确肯定了党在国家生活中的领导作用，当然也包括党对军队的领导。"③ 但这样又出现一个问题：党对军队的这种领导是否属于彭真在立宪原意中所阐述的领导范围呢？

第四，党对国有企业的领导问题。1984年3月彭真在浙江调研国营工厂法时，谈到了国营工厂中党的领导方式。他说："国营工厂是社会主义经

① 彭真．论新时期的社会主义民主与法制建设．北京：中央文献出版社，1989：327.

② 陈斯喜，刘松山．宪法确立国家中央军事委员会的经过．法学，2001（2）.

③ 同①161.

济的主导，怎么能不要党的领导？”① “党委在思想政治方面负领导责任，这包括：提出或参加决定工厂行政的主要领导人……”② 这里，“提出或参加决定工厂行政的主要领导人”，是直接的人事权力，实际属于一项重要的组织领导方式，也明显不属于彭真立宪原意中所说党的领导方式的范围。

彭真是党内深谙民主法制规律的杰出政治家，他在宪法修改草案的说明中对党的领导方式是一种表述，但在其他场合又时有并非一致的表述，绝不可能是他的疏忽和未加深思。那么，是他认为，立宪原意的说明只是一种应然和追求的目标，是通过政治体制改革不断改善党的领导而要达到的未来目标，而其他一些说法又是一种实然和现在只能做到的？或者还有其他什么原因？

(2) 彭真以及其他几位修宪参与者关于党的领导方式的表述也不尽一致。

第一个问题：能不能说党的领导从根本上说就是群众路线的工作方法？

如前所述，彭真围绕他 1982 年 4 月 22 日立宪原意的说明，多次直接点明、强调或者总结领导方式中的群众路线。要知道，是否点明群众路线，对认识党的领导的性质，以及如何引导人们正确理解党的各种领导方式都至关重要。而孤立地讲思想政治的领导和路线、方针、政策的领导，甚至强调这种领导的正确，都不易让人直接联想到群众路线。翻阅当年修宪参与者的各类文章、报告、讲话、访谈等，即可发现，先贤们要么围绕立宪原意重复列举党的领导方式，要么对一些领导方式进行正反两方面的其他阐述发挥，但是，直接以群众路线来对党的领导进行概括、升华的，似乎只有彭真。这又是什么原因呢？

第二个问题：党的领导是否包括组织的领导？

前述顾昂然在 1985 年的立法干部培训班上说：“党的领导作用如何实现呢”？其中之一，就是“靠党组织的工作”③。而这个“党组织的工作”，范围是相当广泛的，是否包括组织的领导呢？顾昂然没有回答这个问题。

与此相连的是，彭真前面不同场合的讲话似乎也令人产生一些疑问。他 1982 年 4 月 22 日关于宪法修改草案说明中所列举的党的领导方式，显然不

① 彭真．论新时期的社会主义民主与法制建设．北京：中央文献出版社，1989：227.

② 同①228.

③ 顾昂然．宪法起草的一些情况和问题．法工委、司法部立法工作干部培训班，1985：16.

包括组织的领导，但他在其他情况下所说的民主集中制、党对党员下命令、党对国家军事委员会的领导以及对国营工厂中行政领导人的任免，则是完全和明确的组织领导。

而时任宪法修改委员会副秘书长的张友渔，在1983年7月的省级政法干部轮训班上所做的宪法辅导报告中，对党的组织领导的表述又存在不易理解之处。他首先批评了1975年宪法关于组织领导的规定。他说，1975年宪法规定“中国共产党是全中国人民的领导核心”，全国人民代表大会是在中国共产党领导下的最高国家权力机关，国务院总理要由中共中央提议任免，中共中央军委主席统率武装力量等，“这些都是事实，但是写在宪法里就不符合国家体制”①。他的这个表述既可以理解为，1975年宪法关于党的组织领导的这些规定，是过去的事实，现在写在宪法里就不符合国家体制了，因此不能写；但这个表述也可能让人产生另一种理解，即党的这些组织领导都是事实，是实际做法，因为不符合国家体制，就不能写到宪法里。而说完上面的话，张友渔随即说：“党的领导是政治上的领导，不是组织上的领导”②。这又明确地否定了组织的领导。那么，结合张友渔前面批评1975年宪法的内容，他所说的“不是组织上的领导”，又应当如何理解呢？

第三个问题：党的领导中的“党”是指什么范围的主体？

按照彭真在不同场合的表述，这个范围从党中央到国营工厂的党委，是相当广泛的。

但是，修宪时任彭真秘书的项淳一却把“党”的范围限定在党中央。他认为：“只有中央的领导才是代表党的领导，任何一个党组织或者领导人如果离开了党的路线、方针、政策，都不能代表党说话，不能说反对支部书记或者某个领导人就是反党。”③ 为什么说只有中央的领导才是代表党的领导呢？项淳一从民主集中制的理论来阐述这个问题。他说：“党的领导是民主集中制的领导”，“根据民主集中制产生的党中央，代表中国工人阶级集中全中国人民的利益和意志来实施领导，而不是任何个人或某个领导自己的主

① 张友渔文选：下卷．北京：法律出版社，1997：244.

② 同①244.

③ 项淳一．关于学习宪法的几个问题．人大工作通讯，1995（19）.

张”[①]。项淳一这样论述当然符合党的民主集中制理论，但是，除了党中央以外，其他各级党组织和个人又以什么样的名义才能实行领导呢？项淳一的解释是：“当然，党的组织和个人在执行党的正确的路线和政策时，他是整个党的一部分，是代表党的。”[②]可是，这显然又产生了这样的逻辑悖论，即一个党支部或者党支部书记只要正确执行了党的方针政策，那么，他实际上就可以说是在代表党中央实施党的领导！这是否符合我们日常政治生活中的“代表”伦理呢？

（3）对党的领导的法律效力问题，修宪参与者们的认识与说法似乎也不完全一致。

彭真在公开的讲话中没有直接回答这个问题，但他多次说四项基本原则是宪法的指导思想，并在上述1984年的国营工厂法调研中明确说，党的领导“在宪法的序言里作了明确的肯定并贯穿于全文之中”[③]。这大体应当理解为，彭真认为序言中党的领导是有法律效力的。

顾昂然在前述1985年的立法工作干部培训班上则明确说：“有的同志讲，序言有没有法律效力？序言是有法律效力的”，“序言里规定了一些根本的问题，如坚持四项基本原则”，“怎么能说没有法律效力呢？”[④] 按照顾昂然的说法，党的领导当然有法律效力，但他没有回答这是一种什么样的法律效力以及如何体现这种法律效力。

而几年前，王汉斌在他的访谈录中则有一句很有意思的话。他说：“有一次，一位领导同志问我：宪法‘序言’有没有法律效力？我说，宪法‘序言’是有法律效力的，只是宪法‘序言’对四项基本原则使用的是叙述性的语言，不是规定性的语言，在适用时就有灵活的余地。”[⑤] 王汉斌的用语很巧妙，提出了“叙述性”和“规定性”两种语言的区别问题，那么，这是否意味着宪法内容的法律效力可以分为“叙述性”内容的法律效力和“规定性”内容的法律效力？两者在强制力等方面又有什么区别？王汉斌没有正面

① 项淳一．关于学习宪法的几个问题．人大工作通讯，1995（19）．

② 同①．

③ 彭真．论新时期的社会主义民主与法制建设．北京：中央文献出版社，1989：227．

④ 顾昂然．宪法起草的一些情况和问题．14．

⑤ 王汉斌访谈录．北京：中国民主法制出版社，2012：67．

回答，只是说，叙述性的语言与规定性的语言相比，“在适用时就有灵活的余地”，但是，这种“灵活的余地”是什么，王汉斌还是没有进一步解释。

再看看张友渔在1983年宪法辅导报告中的说法。他明确地说，序言中党的领导，“主要是依靠正确的路线、方针、政策，政治思想工作和党员的模范作用，不是依靠法律的强制力来领导”。“不能像公民的基本权利和义务一章里规定的那样，拥护中国共产党的领导是公民的义务。这样反倒容易引起人们的反感，不愿接受领导。”[①] 他反问并自我回答说：“我们党在没有取得政权时，不是得到人民的拥护吗？那并不是因为我们有一条什么法律要强制人民接受我们的领导。”“我们党所以能成为中国人民的领导核心，决不是依靠法律强制人民来服从。”[②] 说到这种程度，张友渔似乎还意犹未尽，他拿出了毛泽东的原话来论证：“毛主席过去讲过：‘我们所谓领导权不是要一天到晚当作口号去喊，也不是盛气凌人地要人家服从我们，而是以党的正确政策和自己的模范工作，说服和教育党外人士，使他们愿意接受我们的建议’。”[③] 在张友渔看来，宪法中党的领导显然是没有强制性的法律效力的，这个表述不仅与上述彭真对一些具体领域中党的领导方式的表述明显不一致，也与王汉斌的表述不一致。

而项淳一对党的领导的法律效力则另有一番独特的表述。他说：“序言和条文都有法律效力，但是条文不可能从历史讲到今后，将党的正确路线讲得如此清楚。当然，条文的表述更具有强制性。”[④] 项淳一这里提出了一个法律效力的强制性问题，他认为，序言中党的领导有强制性，但比写在条文中的强制性要弱，这不同于张友渔的没有强制力的说法，似乎与王汉斌“叙述性”“规定性”语言不同法律效力的说法相近。

但是，项淳一旋即说：“但是如果领导不正确，即使用宪法条文规定了领导地位，也有可能丧失领导权和领导地位。”“如果路线和方针政策错了，党的领导也就不存在了。”“党的领导错了，不为广大人民所接受，即使宪法条文上写得很强烈，也是空的，而且会很快被修改掉。苏联的解体和东欧的

---

① 张友渔文选：下卷．北京：法律出版社，1997：244－245.

② 同①245.

③ 同①245.

④ 项淳一．关于学习宪法的几个问题．人大工作通讯，1995（19）.

巨变也证明了这一点。”[①]

项淳一的这些话令人震动。他的话实际代表了认识上的一种倾向性观点。这一观点认为，从事物的应然性来看，党的领导的法律效力是以其领导的正确性为前提的，正确的领导才有法律效力，错误的领导本身就不应当有法律效力。但问题是，党的领导的正确与否，很多情况下不是当时就能判断的，只有经过人民和社会实践的检验才能得出是否正确的结论，那么，在得出正确与否的结论之前，又如何看待党的领导的法律效力呢？这个问题在2018年修改宪法之前，在认识和实践中都没有得到妥善解决。

而2018年宪法修改解决了这一问题。这次修改，在保持1982年宪法有关党的领导的表述不变的基础上，进一步将“中国共产党领导是中国特色社会主义最本质的特征”写入宪法总纲第1条。这个修改有特别重大的意义，可以从很多方面做深刻解读（这个问题，本书后面还将继续述及）。其中，十分重要的一点，就是明确回答了党的领导的法律效力以及与此相关的法律地位问题。如果说以前党的领导因为写在序言中而对其是否具有法律效力存在争议的话，那么，现在将党的领导是中国特色社会主义最本质的特征写到正文并与人民民主专政的国体放在一起表述，则清楚地表明，党的领导不仅具有法律效力，而且具有最高的法律效力。与具有最高法律效力密切相连的是，这个表述也清楚地表明，党的领导地位是由宪法确立的。如果说对1982年宪法关于党的领导的表述是否明确了党的领导地位，还存在一些或明或暗的不同意见的话，那么，2018年宪法修改则是明确宣告，中国共产党的领导地位，不仅是历史形成的，更是由宪法规定和确立的。

3.1.4 以党内法规形式将党的领导方式予以具体化

2018年宪法修改前，党的领导载入宪法已有三十多年。三十多年中，中国共产党按照宪法序言确立的基本精神，领导全国各族人民贯彻实施宪法，取得了举世瞩目的成就。

回顾历史，是为了照应现实。

2018年修宪前，虽然党的领导已入宪三十多年，但是，仅从以上所披

---

① 项淳一．关于学习宪法的几个问题．人大工作通讯，1995（19）．

露的情况看，修宪时用以统一思想的基础是20世纪党建立的历史功勋，而对于写入宪法后的党的领导，在性质、方式、主体和法律效力等方面，很难说一开始就取得了共识。这种情况直接影响了宪法的实施。几十年来，在理论和实践中，对于党如何实施领导一直存在不少认识不清楚、不统一的问题，这不仅在理论中使人们对党的领导产生了这样那样的非议，也在实践中削弱和消极影响了党的领导，影响了宪法的实施。而2018年宪法修改，赋予了党的领导的新含义。理性、科学地认识党的领导的宪法含义，总结各种经验教训，在宪法体制内对党的领导进行方方面面的细化，是需要我们深入思索和回答的重大课题。

我们认为，以叙述历史为线索，将党的领导写入宪法，并根据新形势的需要，对宪法有关党的领导的表述做进一步修改完善，是完全正确的。而党的领导一旦成为宪法的重要内容，就必须科学界定它的确切含义。党的领导究竟是指什么？在不同的历史时期，针对不同的形势，应当有不同的回答。在中国特色社会主义进入新时代后，坚持和加强党对一切工作的领导，坚持党中央的集中统一领导，同时，坚持全面从严治党，就是理解党的领导的关键所在。而坚持党的集中统一领导和全面从严治党，目的都是使党更善于领导，更能加强领导，达到更高的领导境界。这个境界，从政党发展的长远和规律看，就是前述彭真在1982年4月22日全国人大常委会会议上所做的说明最有说服力，即：党的领导，最根本的、最主要的是靠党的思想政治领导的正确，靠党的路线、方针、政策的正确；靠党和人民群众的密切联系和反映最大多数人民的利益；靠广大党员的带头和模范作用。彭真的这个解释不仅经过中央的同意，而且是在全国人大常委会会议上发表的，此后也收入他的《论新时期的社会主义民主与法制建设》一书，应当是反映立宪原意的最为权威的解释。这个解释，是马克思主义的，揭示了马克思主义关于无产阶级政党建设的基本规律和要求。现在，以习近平同志为核心的党中央着力推进的党的领导和自身建设的一系列伟大工程，正在朝着这个目标迈进。

另外，按照彭真对党的领导含义的解释，党的领导非但不会削弱，反而会进一步得到加强，因为如果党的领导体现了彭真所说明的性质和内容，那么，党在意识形态领域占据的主导地位，党对国家机关的组织领导，人民群众对党的领导和执政地位的自觉自愿的拥护和支持，就必然是水到渠成、人心所向了。所以，从这个意义上说，宪法中写入党的领导，是对党的组织和党员个人的十分崇高和严格的要求，是人民的向往和期待。将党的领导界定为彭真所说明的这个含义，党的领导的理想境界就会是，可以靠法律的强制力来实现，而不靠法律的强制力，党的领导却依然具有强大的生命力和号召力，这样的领导是最高境界的领导，是最先进的领导，正符合马克思主义的建党宗旨和中国共产党党章的宗旨。这样，在党的领导下，宪法的实施必然会有无限的生命力。

认识和实践中，如果对党的领导的含义不作上述彭真在立宪说明中的理解，或者偏离了彭真的上述说明，理论和实践中就必然会产生各种歧见和争论，特别是容易出现两种错误的倾向。一种倾向是，错误地否定党的领导。这种观点简单、机械地认为，党的领导不能靠宪法和法律规定，党不能通过宪法和法律规定获得永久的领导执政地位，党的领导也不能靠法律的强制力来实现。但是，这种观点容易忽视问题的关键，即要害不在于宪法能不能规定党的领导，而在于党的领导在宪法中究竟是什么含义，以及如何落实宪法规定的党的领导，特别是如何通过宪法规定把党的领导不断提升到更高的境界。如果将党的领导含义界定在彭真所说明的范围，那么，可以肯定地说，在宪法序言中写入党的领导，是完全正确的、必要的。长期以来，有的观点或明或暗地否定宪法中党的领导的表述，或者有意无意地将宪法的相关表述视为所谓学术讨论的禁区，从根子上说，都是没有抓住这个要害问题。客观地说，这种错误的认识倾向在理论界比较多见，值得警惕。这种认识倾向导致在宪法实施的理论研究中，总是找不到正确的方向和抓手，使宪法实施的理论容易脱离中国的实际。

而另一种可能产生的倾向是，以宪法序言和正文中写入了党的领导为由，认为有了宪法的这个内容，党就具有了一劳永逸的领导和执政地位，党的领导就可以不加分析地具有了法律的强制力，党的组织就可以随意代替国家机关行使职权，就可以随意对国家机关和人民群众下命令，甚至认为，党的领导就是任何一级党的组织和党组织负责人可以随意发号施令。这种认识的倾向在实践中比较多见，同样值得警惕。它很容易不适当地用党的领导来代替和干预国家机关依照宪法和法律行使职权，引起所谓“党大”还是“法大”的纷争，损害宪法的权威，最终降低和削弱宪法实施的效果。

由于1982年宪法对党的领导的含义没有明确的规定，这客观上导致了不少党的组织和个人对党的领导方式理解的随意性。既然宪法规定的内容具有不确定性，宪法的实施和遵守者当然就有了自行理解和解释的空间。实践中，一些党的组织和党员干部个人不注意维护党中央的集中统一领导，不重视通过正确的路线、方针、政策实现领导，不重视通过贯彻党的群众路线和发挥党员的先锋模范作用实现领导。而是片面强调人民和国家机关对党组织以及党组织负责人的服从，片面强调通过党对人民和国家机关的发号施令来实施领导。这些不适当观念和做法的产生，都与对宪法中党的领导含义作随意理解有关，也不符合党的十八届四中全会精神中“三统一”“四善于”的要求，其后果不是加强了党的领导，而是削弱和损害了党的领导，降低了党的威信，最终影响了宪法的有效实施。

令人欣慰的是，党的十八大以来，党内法规的建设受到前所未有的重视。2015年，中共中央专门发布了《中央党内法规制定工作五年规划纲要》，这是落实宪法序言中党的领导的一个重大措施，而2018年宪法修改将党的领导是中国特色社会主义最本质特征写入宪法正文后，如何保证党的领导的贯彻落实，就更需要通过党内法规来加以具体化了。所以，党内法规的制定规划，对从根本上保证宪法实施具有重大意义。

这个纲要提出，要在五年内，“完善党的领导和党的工作方面的党内法规，进一步改进党的领导方式和执政方式”。根据这个纲要的规划，中共中央将要制定的党内法规的范围，包括党如何实施政治领导、思想领导和组织领导，以及如何加强作风建设等方面的内容，特别是明确提出要规范和完善党对立法机关、政法机关的领导制度和对军队的政治领导制度，规范和完善党对意识形态的领导制度以及党密切联系群众的制度。这个纲要还明确提出，制定这些党内法规，要“以宪法为遵循，保证党内法规体现宪法和法律的精神和要求”，“确保各级党组织和党员在宪法和法律范围内活动”[①]。

可以清晰地预见，中央决定用党内法规的形式，将党的领导的各类事项制度化、规范化，有以下重要特点。

第一，它直接与宪法中党的领导发生了衔接，将会解决几十年来宪法中

① 新华网2013年11月27日的相关报道.

党的领导缺乏系统性、规范性落实措施的问题。

第二，它解决了宪法和法律不能规定或者不适宜规定的诸多重大问题。党的领导中有很多内容涉及政党自身的建设问题，不适宜由宪法和法律予以规定，只有用党内法规的形式规定下来，才是适宜的，也才能体现民主政治的基本原则，使党的组织与国家机构具有适当的区分。

第三，它既抓住了实施宪法中党的领导的规定的关键问题。比如，它力图对党密切联系群众、加强自身思想政治建设特别是加强党员先进性建设等事项做出制度性的规定，对实现前述彭真关于党的领导含义的解释，具有重要意义。比如，它要规范和完善地方党委的工作制度、国家机关内部的党组工作制度、党领导意识形态的工作制度，以及领导立法机关和政法机关进行法治建设的工作制度、加强对党员干部管理的制度，等等，就是实施 2018 年宪法修改后正文中有关党的领导的规定的一系列重要、具体的制度。

第四，它特别强调，将要制定的党内法规应当体现宪法和法律的精神，确保各级党组织和党员个人在宪法和法律的范围内活动。

十八届四中全会决定提出，党的领导是中国特色社会主义最本质的特征，是社会主义法治最根本的保证，把党的领导贯彻到依法治国全过程和各方面，是社会主义法治建设的一条基本经验，必须坚持党领导立法、保证执法、支持司法、带头守法，实现“三统一”“四善于”。这些都是十分重要的新论断。其中，直接体现党的领导方式的是“四善于”，即善于使党组织推荐的人选成为国家政权机关的领导人，善于使党的主张通过法定程序成为国家意志，善于通过国家政权机关实施党对国家和社会的领导，善于运用民主集中制维护党中央权威，维护全党全国统一。这四个“善于”涉及党领导宪法实施的命脉，实践中如果处理不好，“善于”就可能变为“不善于”，就会给人以党凌驾于宪法之上的感觉。因此，用党内法规的方式，将宪法序言和总纲中党的领导变成“四善于”的具体制度和规范，是落实十八届四中全会精神，保证党成功领导宪法实施的根本性措施。

3.2　准确把握宪法修改后党在宪法和法律范围内活动的含义，协调衔接党内法规与国家法律

1982 年 9 月 6 日，党的十二大对党章做出的一条重要修改，就是在党章

中规定："党必须在宪法和法律的范围内活动"。十二大闭幕后，1982 年 12 月 4 日通过的宪法在第 5 条也明确规定，各政党都必须遵守宪法和法律。这里的各政党，当然包括或者可以说首先包括作为领导党和执政党的中国共产党。从十二大党章修改到 1982 年宪法通过至今，党章和宪法经过多次修改，但是，党必须在宪法和法律范围内活动这条极其重要的原则，从来没有修改。不仅如此，在涉及宪法实施和监督以及民主法治建设其他方面的很多重要文件和领导人讲话中，这条原则都被反复地、常谈常新地强调。习近平总书记在 2018 年 2 月中央政治局集体学习宪法时，再次强调指出："我们党首先要带头尊崇和执行宪法，把领导人民制定和实施宪法法律同党坚持在宪法法律范围内活动统一起来。"① 由此可见，党必须在宪法法律范围内活动，已经成为全党全国人民不变的共识。

但值得注意的是，我们强调党必须在宪法和法律范围内活动，有一个很大的特点，即基本停留在重要文件和领导人讲话的层面，比较宏观、抽象。即使在一些学术文章中，涉及这个问题的时候，也基本是照搬党章和宪法的原话，而缺乏具体的、针对性的深入分析（即使偶有一些分析，也很难说就抓住了问题的关键）。重要文件和领导人讲话中，重复强调这句话，是必要的、合适的，因为其所要阐明的常常是一种政治和法律的态度、要求，但在理论研究和实践操作中，要落实这个重要原则，就应当有针对性，应当回答具体问题，应当有更加深入的思考。

3.2.1 要结合时代背景和特点来认识把握

考察历史就可以发现，党必须在宪法和法律的范围内活动，是在特定的历史背景下被写进党章的。在我们国家，党如何领导民主法治建设，经过了一个不断积累经验、不断总结教训的过程。党领导法治建设，碰到的要害问题，就是党自身是否必须遵守宪法和法律。客观地说，这个问题我们党在新中国成立后相当长一段时间内没有回答好，所以才发生了"文化大革命"。而在"文化大革命"中，对毛泽东的个人崇拜被错误地推向极端，党内政治生活遭到严重破坏，法律制度被彻底摧毁，这促使全党全国人民在"文化大

① 习近平强调：更加注重发挥宪法重要作用，把实施宪法提高到新的水平．人民日报，2018-02-26.

革命”后对我们党，特别是对党的领导人凌驾于宪法法律之上产生的极大危害，进行了深沉反思。因此，胡耀邦在党的十二大报告中才痛定思痛地说：“新党章关于‘党必须在宪法和法律的范围内活动’的规定，是一项极其重要的原则。”[①] 而且，这项重要原则的确立与反对个人崇拜有密切关系，可以说，只要个人崇拜存在，就很难保证党在宪法和法律的范围内活动，所以，党的十二大在修改党章时，相应地专门加了一条：“禁止任何形式的个人崇拜”。应当说，反思“文化大革命”，批判个人崇拜，就是将党必须在宪法和法律范围内活动写入党章和宪法的时代背景。

党必须在宪法和法律范围内活动被写进党章和宪法，是历史性的进步，它解决了认识和立法上的问题。但对于如何在实践中贯彻落实党必须在宪法和法律范围内活动，需要具体问题具体分析，特别是要结合不同时代、不同历史时期的具体特点来分析问题。总结十二大党章修改和 1982 年宪法实施以来几十年的实践，可以发现，在不同的历史时期，党在宪法和法律的范围内活动，无论在认识上还是在实践中，我们的看法和做法常常既有不变，也有变化，甚至有时很不相同，有时还是有曲折的。比如，全国人大常委会从 1986 年就提出要制定一部监督法。监督法的核心问题，就是能否以及如何监督一切组织和个人在宪法和法律的范围内活动，当然也包括了对党的监督。但这部法律从酝酿制定到正式出台，历经二十年，被舆论称为“二十年磨一剑”。为什么制定这部法律要经过这么长时间呢？主要的问题之一，就是对如何在坚持党的领导下，又以人大及其常委会的监督为切入点，保证党在宪法和法律范围内活动，在认识和做法上，有分歧，有曲折，有不少重要问题没有研究透彻和达成共识。

举以上几个例子，是想说明对党必须在宪法和法律的范围内活动，需要具体到历史背景和历史的情境特点中，特别是要放在具体问题上，才能得出具体的结论，否则，我们对这个问题的认识，就是空洞的，甚至容易变成口号式的说法。今天，中国特色社会主义已进入新时代，在这个新时代，党必须在宪法和法律范围内活动有什么样的时代背景，有什么样的鲜活体现和内涵特点？这些都是值得我们深入思考的重要问题。

---

① 中共中央文献研究室．十二大以来重要文献选编：上．北京：中央文献出版社，2011：29.

3.2.2 从改革与宪法法律稳定性的关系来把握

与前一问题相连，1982 年修改党章、制定宪法时，有一个大的背景，就是对什么是社会主义以及社会主义的发展阶段，认识并不清晰，特别是对改革的艰巨性、曲折性以及改革与党的领导和立法的关系，认识并不成熟。因此，强调党必须在宪法和法律范围内活动，有一个没有言明的前提，即新的宪法和已经制定以及将要制定的法律，具有极大的稳定性。宪法法律具有极大稳定性，党又在宪法和法律范围内活动，法治建设必然会进入理想状态。

但是，形势比人强，宪法制定时，改革刚刚起步。宪法制定后，改革步伐加快，力度加大。到 1987 年，党的十三大正式提出社会主义初级阶段的基本理论；1992 年，党的十四大确立了建立社会主义市场经济体制的目标任务；2017 年，党的十九大又调整充实了中国特色社会主义事业“五位一体”总体布局。这些认识是在制定 1982 年宪法时都没有预见到的。贯彻社会主义初级阶段的基本路线，建设社会主义市场经济，实现“五位一体”的总体目标，面临的最大问题就是不断深化改革。而改革与已有的立法包括宪法的诸多重要规定，与未来的法治建设天然存在矛盾。改革是“变”，是要改变已有的社会关系；而立法是“定”，是要把已有的社会关系固定下来。如果以改革为社会发展的主旋律，那么，宪法和法律的稳定性只能是相对的，或者可以说，改革时期的宪法法律天然具有不稳定性。

但是，中国的改革开放是由党领导的，当宪法法律的规定不能适应新形势、不能解决新问题、不能反映改革的大趋势时，是维护宪法和法律已经过时的规定，还是与时俱进，由党提出突破宪法和法律过时规定的改革主张？这是几十年来我们在理论上没有进行深入研究，至今没有达成共识的重大问题。它存在两方面的矛盾：一方面，如果强调宪法法律的稳定性，但这个稳定性已经过时，是形式而非实质意义的稳定；另一方面，如果允许党提出与时俱进的改革主张，这个主张就会突破宪法和法律的规定，处理不好，党就容易被指为不在宪法和法律的范围内活动，甚至被指责为违宪违法，但党如果不提出与时俱进的主张，改革又无法前进。这两方面的矛盾，在全面深化改革和全面依法治国的新形势下变得日益突出。

实践中的情形是，在宪法和法律的规定已经过时，而宪法和法律没有修改的情况下，党提出一些突破宪法和法律规定的改革主张，经过一段时间的探索、试验，被证明可行后，再领导修改宪法和法律。但在宪法和法律没有修改的情况下，党提出超越宪法和法律规定的改革主张，就容易被或明或暗地指责为“违宪”“违法”。这种情况以前在学术讨论中曾被冠以“良性违宪”的名号。对于过时的宪法和法律规定，党提出突破性的改革主张，形式上似乎没有在宪法和法律的范围内活动，或者被称为“良性违宪”，但实质上这体现的正是宪法和法律的应有精神和前进方向，从根本上说，不是什么违宪，或者所谓“良性”或者“恶性”违宪的问题，其核心还是如何准确理解党在宪法和法律的范围内活动的含义的问题。这就需要站在党领导改革开放的立场上，既着眼于社会主义初级阶段改革的全局和长远，又着眼于维护宪法和法律稳定性的极端重要性，深刻把握党的领导、改革开放以及宪法和法律稳定性之间的平衡。把这个问题处理好了，对于科学认识和把握党在宪法和法律范围内活动的含义，具有极为重要的现实意义。

3.2.3 深入研究党领导人民制定宪法和法律与党自身在宪法和法律范围内活动的关系

就笔者所阅资料，对这个问题第一次做出权威表述的是前述党的十二大报告。后来，彭真在 1983 年宪法颁布一周年向新华社记者发表谈话时说，“党领导人民制定宪法和法律，党也领导人民遵守、执行宪法和法律”，“党的各级组织和广大党员模范地遵守和执行宪法”[①]。再后来，这个表述就逐步演变为今天耳熟能详的说法：党领导人民制定宪法和法律，党也领导人民遵守、执行宪法和法律，党自身也在宪法和法律的范围内活动。

认识和实践中，对这样的表述并非没有疑问。最常见的疑问是，党一旦不在宪法和法律的范围内活动，怎么办？客观地说，这个问题我们没有明确地回答和解决好。宪法监督问题，以及前述监督法制定过程中碰到的宪法和法律监督问题一直没有解决好，根子也是在这里。

但更需要进一步思考的是：党领导人民制定宪法和法律，和党自身必须

① 彭真．论新时期的社会主义民主与法制建设．北京：中央文献出版社，1997：209.

在宪法和法律范围内活动，究竟是什么样的关系？而这个问题，长期没有受到足够重视和予以必要的研究。

笔者认为，认识两者之间的关系，需要把握几个关节点。

第一，党自身在宪法和法律的范围内活动，这里所指的宪法和法律，是反映了党的主张和人民意志的宪法和法律。一个规范性质的东西如果没有反映党的主张和人民意志，当然不能上升为宪法和法律。但如果宪法和法律的个别规定，过去反映了党的主张和人民意志，现在不再反映党的主张和人民意志了，党是不是还必须遵守执行呢？从既往的实践看，党是可以不遵守执行也不必遵守执行的，否则，宪法和法律就无法与时俱进地修改和完善了。而历次宪法修改的内容，以及许多法律修改中的重大事项，正是党先提出突破宪法和法律原有规定的主张，再由权力机关上升为国家意志的。党领导宪法和法律修改的已有实践，充分证明，党必须在宪法和法律范围内活动的这个“宪法和法律”，所指的是反映了党的主张和人民意志的宪法和法律，而不是指已经过时的不适应形势情况需要的、与党的主张和人民意志不相符合的宪法和法律。它也表明，对“必须”这两个字不能作绝对化的、僵化的理解。

第二，党领导人民制定宪法和法律，本身就包含了党在特定条件和情形下可以不在宪法和法律范围内活动的内容。而这个理解的角度长期没有引起注意。一提这个问题，有的观点甚至会认为很吓人，认为这属于禁区，避席畏言。但需要注意的是，宪法和法律的制定，既包含了制定，也包含了修改，而坚持党的领导是制定和修改宪法和法律的前提和先决条件，如果对党必须在宪法和法律的范围内活动做绝对化的理解，就意味着从宪法确立这一重大原则的那一天起，党就不能提出突破宪法规定的改革主张；宪法不能修改，过时的不再反映党的主张和人民意志的法律也不能修改或者废止了。那么，在这样绝对化的前提条件下，党如何领导和推动改革前进？当然，对党在特定情况下可以不在宪法和法律范围内活动中的“特定情况”，必须作严格界定，即只有在宪法和法律的规定已经不适应情况需要，不反映党的主张和人民意志的情况下，党才可以领导有关方面，突破宪法和法律已经过时的规定，推动改革前进。而在宪法和法律反映了党的主张和人民意志的情况下，全党都必须严格在宪法和法律的范围内活动，党的任何组织、任何领导干部都不得有超越宪法和法律的特权。这是一条十分重要的法治原则。

第三，党领导人民制定宪法和法律，是共产党领导和执政的国情下的提法，同时也意味着，制定宪法和法律的主动权、主导权在党的手上，所以，是否必须在宪法和法律范围内活动，主动权、主导权实际也在党的手上，否则，共产党领导和执政的提法就是空的。这一点，十八届四中全会决定说得很清楚，即："把党的领导贯彻到依法治国全过程和各方面，是我国社会主义法治建设的一条基本经验"，"坚持党的领导，是社会主义法治的根本要求，是党和国家的根本所在、命脉所在"①。试想，在这样的前提下，我们怎么能机械地、不加分析地用一句党必须在宪法和法律范围内活动的框框，来限制甚至捆住党领导法治建设的主动权和主导权呢？我们反复强调的党的领导和社会主义法治是统一的、一致的，特别是在依法治国中党的领导是根本、是前提等提法，在基本的语法理解上，就排除了宪法和法律一经制定党就不能提出修改主张，就必须一成不变地在既有的宪法和法律范围内活动的含义。

第四，党自身必须在宪法和法律范围内活动，首先是党在政治上提出的自我要求和自我约束。这是一个十分重大的问题，尚没有引起应有注意。这里有必要对政治与法律的关系做一个阐述。党的领导，最根本的是政治领导。也正是在这个意义上，我们强调中国共产党是国家的最高政治领导力量。在政治与法律的关系上，政治是第一位的，法律是政治的延伸和具体化。我们强调党必须在宪法和法律的范围内活动，首先就是着眼于政治的，是对全党的政治要求；一旦党的组织和领导干部不在宪法和法律的范围内活动，首先就是党纪范围内即政治范围内解决的问题。只有在政治范围内解决问题后，必要时，才会到法律的范围内去解决问题。

但在认识中，对党必须在宪法和法律的范围内活动的理解，又容易被仅仅局限于法律的层面。正是缘于这一认识局限，很多人容易产生一种反向的思维，即：党一旦不在宪法和法律的范围内活动，如何通过法律的程序予以追究？这种简单地用法律思维向政治思维提问的方式，本身就是思维的错位，没有在一个思维频道讨论问题，因而会产生很多困惑和矛盾。

① 中共中央关于全面推进依法治国若干重大问题的决定．北京：人民出版社，2014：5.

说党必须在宪法和法律的范围内活动，是对全党的政治要求，这个政治要求所指的是政治道德的要求，是全党的政治自觉。对这个问题，习近平总书记 2015 年在省部级主要领导干部学习贯彻党的十八届四中全会精神全面推进依法治国专题研讨班上讲话时，就明确提出："全党在宪法法律范围内活动，这是我们党的高度自觉"[①]。这个"高度自觉"，就是对全党提出的很高的政治道德要求。当然，实践中可能会出现一些党的组织和领导干部做不到"高度自觉"而违宪违法的问题，对这样的问题首先必须在政治纪律的范围内予以处理，这是没有疑问的，解决起来也相对容易。但在政治纪律处理后，如何在法律程序上予以处理，的确是一个难题，处理得好，就有利于树立起宪法法律权威；处理得不好，则容易损害党的领导和执政地位。这是一个需要深入研究并加以回答的重大问题。

第五，需要从"党的领导、人民当家作主和依法治国有机统一"这个角度来认识问题。党的领导、人民当家作主和依法治国有机统一，是 2002 年党的十六大报告首次提出的，一直沿用到党的十九大报告。实际上，再往前追溯可以发现，三者有机统一的这个说法和精神，早在前述 1983 年彭真向新华社记者发表谈话时就提出了。他说："坚持党的领导，遵从人民意志，严格依法办事，三者是一致的、统一的。"[②] 这也从另一个方面说明，在社会主义民主法治建设中，坚持党的领导、人民当家作主和依法治国有机统一，是十一届三中全会以来一以贯之的重大原则。

但长期以来，有关方面没有对这个"有机统一"作充分、深入、权威和针对性的阐述，这就导致认识中出现了一些疑问。比较典型的是：当党的领导与人民意志不统一，与宪法法律不统一，怎么办？这个疑问看上去很尖锐甚至可能被认为很刁钻，但细加思考就会发现，这是一个伪问题。比较类似的问题还有：宪法规定，一切国家机关都必须遵守宪法，一切违反宪法的行为，都必须予以追究。有人就问，全国人民代表大会违反了宪法怎么办？这实际也是一个伪问题，因为全国人大是最高国家权力机关，政治制度设计的一个重要假设就是，全国人大不会违宪，它既制定宪法，又修改宪法，怎么会违宪呢？如果认为全国人大会违宪，我们的制度设计就会陷入不可知论的

① 中共中央文献研究室．习近平关于全面依法治国论述摘编．北京：中央文献出版社，2015：36.

② 彭真．论新时期的社会主义民主与法制建设．北京：中央文献出版社，1997：209.

境地。

现在，对党的领导、人民当家作主和依法治国有机统一中的一旦不统一怎么办的疑问，实际也是存在这个问题。因为中国共产党是国家的最高政治领导力量，在党的领导、人民当家作主、依法治国三者的关系中，党的领导是前提和首要，党可以要求自己必须在宪法和法律的范围活动，强调一切违反宪法和法律的行为必须予以追究，但如果提出党不在宪法和法律的范围内活动怎么办，就破坏了坚持党的领导这个前提，陷入不可知论了。所以，质疑党不在宪法和法律的范围内活动怎么办，是一个不应当成为问题的问题，是伪命题。

3.2.4 重视宪法修改对党在宪法和法律范围内活动产生的重大影响

1982 年宪法将党的领导写在序言中，但是，对于宪法序言是否具有法律效力，实际一直存争议。这样，党和国家机关之间的关系也就不十分明确。这种情况在很大程度上影响了人们对党在宪法和法律范围内活动的认识，比较突出的前述例子就是，对党提出的突破宪法和法律的改革主张提出异议，认为党突破宪法和法律制定改革的政策，提出改革的建议，是违宪违法的，也应当受到宪法和法律的监督。客观地说，这也确实是长期困扰我们的不好解决的难题。

但是，2018 年修改宪法将党的领导是中国特色社会主义最本质的特征写到了宪法正文的第 1 条。这个修改具有十分重大的意义，对党和国家的政治体制必将产生深刻影响。如果说以前党的领导因为写在序言中而效力不甚明确的话，那么，现在将党的领导写到正文中，并与国体放在一起表述，就可以说，党的领导具有明确的、最高的法律效力了。党的十八大以来，以习近平同志为核心的党中央特别强调，中国共产党是国家的最高政治领导力量，党政军民学、东西南北中，党是领导一切的，必须坚持和加强党对一切工作的领导，坚决维护党中央权威和集中统一领导，要把党的领导贯彻到依法治国全过程和各方面。这些重要表述，都值得高度重视、深度解读，是中国特色社会主义进入新时代后，处理党的领导与宪法和法律关系的重大时代背景和重大时代特点，对于正确认识党在宪法和法律范围内活动的含义，具有十分重要的意义。

在这样的时代背景和特点下，宪法中所有制度的确立和实施，都是以坚持党的领导为前提的，宪法监督的核心问题实际已经变成监督是否坚持党的领导，再加上十八届四中全会决定所提出的党的领导是社会主义法治最根本的保证、党的领导和社会主义法治是一致的等重大论断，我们就应当进一步把握党在宪法和法律范围内活动的新含义。是否可以这么说：如果把党看作一个统一的整体，实际已不存在所谓党不在宪法和法律范围内活动的问题，因为党的领导是中国特色社会主义主义的最本质特征，宪法和法律的内容与党的领导是完全统一的、一致的，党的领导已经贯彻到宪法和法律制定与实施的全过程和各方面。在这种情况下，作为一个统一的领导党和执政党，哪里会出现不在宪法和法律范围内活动的问题呢？

对这个问题的理解，可以用习近平总书记关于“党大还是法大”的一段论述来加以阐述。在 2015 年省部级主要领导干部学习贯彻党的十八届四中全会精神全面推进依法治国专题研讨班上讲话时，习近平提出：“我们说不存在‘党大还是法大’的问题，是把党作为一个执政整体而言的，是指党的执政地位和领导地位而言的，具体到每个党政组织、每个领导干部，就必须服从和遵守宪法法律，就不能以党自居，就不能把党的领导作为个人以言代法、以权压法、徇私枉法的挡箭牌。”[①] 习近平总书记这段讲话虽然针对的是“党大还是法大”的问题，但所谓“党大还是法大”，在实践中的具体表现就是一个党是否在宪法和法律范围内活动的问题。习近平的这个论述给我们的启发是，如果把党作为一个统一的执政整体，就不存在一个所谓“党大还是法大”的问题，因而也不存在一个党不在宪法和法律范围内活动的问题。如果要说党不在宪法和法律范围活动，只能是指党的某些组织和领导干部个人不在宪法和法律的范围内活动，而不能质疑整个执政党不在宪法和法律的范围内活动。这个问题将在下文进一步展开。

3.2.5　对“党”所指的范围应当有明确界定

这是个重要问题，强调党在宪法和法律范围内活动，那么，这个“党”所指为何？

---

① 中共中央文献研究室．习近平关于全面依法治国论述摘编．北京：中央文献出版社，2015：37.

"党"是指什么范围的主体？长期以来，没有形成一体遵循的称谓，在抽象意义上，为了与其他党派区别开来，与国家政权机关区别开来，我们可以将中国共产党笼统地称为"党"。在具体意义上，党中央、中央政治局、中央政治局常委会以及政治局常委个人，我们当然可以称为"党"，但我们也习惯于把一个党委书记、党支部书记叫做"党"。那么，党必须在宪法和法律范围内活动这个表述中的"党"，是指什么范围的主体？是抽象意义的还是具体意义上的所指？这个问题没有引起足够注意，也缺乏统一的规范。

党的十二大报告在首次提出党必须在宪法和法律范围内活动的同时，明确了这个"党"所包括的范围，即："党领导人民制定宪法和法律，一经国家权力机关通过，全党必须严格遵守"，"从中央到地方，一切党组织和党员的活动都不得同国家的宪法和法律相抵触"①。可见，这里的党包括从中央到地方的各级党组织以及任何一个党员。但如前所述，十二大提出这一重大论断，有特殊的时代背景，党对领导改革与宪法和法律的稳定性等问题的认识，在那一时期还受到不少局限。如果现在还不加分析地强调"党"的范围包括各级党组织和党员个人，实践中已经发生的很多党领导改革开放和法治建设的做法就不好解释。

笔者认为，如果站在具体的党的组织和党内成员的角度看，对党必须在宪法和法律范围内活动中的"党"，应当在两种意义上理解。一种理解是，在宪法和法律反映了党的主张、反映了情况形势的需要、不需要修改的情况下，党的各级组织以及党内的所有成员，都必须无条件地在宪法和法律的范围内活动。我们通常所强调的党必须在宪法和法律的范围内活动，就是在这个意义上讲的。这个重大政治原则和法治原则，在任何情况下都不能动摇、不能改变。另一种理解是，宪法和法律的内容已经不适应情况形势的需要，甚至阻滞了改革前进的步伐和社会发展的规律，应当作出修改，在这种情况下，必须在宪法和法律范围内活动的"党"的范围，主要应当指除了党中央、中央政治局、中央政治局常委会以外的各级各类党组织，以及所有共产党员。这时候，对于党中央、中央政治局、中央政治局常委会在宪法和法律范围内活动的理解，恐怕不能绝对化、机械化，因为在一党领导和执政的国

① 中共中央文献研究室．十二大以来重要文献选编：上．北京：中央文献出版社，2011：29－30.

情下，这三个主体是全党、全国最高政治领导力量的核心，宪法的修改、法律的制定和修改，本身就要坚持这三个主体的具体领导，涉及全党、全国的重大主张都要由这三个主体领导和提出，如果说宪法和法律出台后，这三个主体永远都不能提出突破性的改革主张，不能越宪法和法律既有规定的雷池一步，那宪法和法律本身就成为静止的东西了，这不符合社会主义法治建设的常理和逻辑。笔者认为，有关方面应当以适当方式对这个重大问题予以阐明，以澄清认识中一些或是模糊或是闪烁其词、欲言又止的观点说法。

总之，强调党的任何组织和成员必须在宪法和法律的范围内活动，是指宪法和法律本身就反映了党的主张和人民意志，在两者一致的情况下，全党包括党中央、中央政治局以及政治局常委会都必须严格遵守执行，而不能说宪法和法律的内容本身已经过时了，这三个主体都不能预先提出修改废止的主张。但应当提出的是，除了这三个主体外，其他的任何党组织和党员个人都必须无条件地遵守宪法和法律，即使宪法和法律的规定已经过时了，也必须无条件地遵守。这是由维护宪法和法律稳定权威的必要性决定的，因为如果各级党的组织甚至党内的个人都可以对宪法和法律是否过时进行判断，并在认为已经过时的情况下就不遵守执行，或者提出违宪违法的修改废止的主张，那宪法和法律的稳定性和权威性就真的荡然无存了。

3.2.6　对衔接协调党内法规与国家法律带来的影响

由以上分析可以得出一个基本结论，就是对党必须在宪法和法律范围内活动，需要具体情况具体分析，不能做绝对、静止、机械、僵化的理解，否则，在处理党与宪法和法律的关系上，有很多问题都不好解释，不好规范，不好操作。

现在，处理党与宪法和法律的关系，一个重要抓手，就是用党内法规衔接协调国家法律，并以此为杠杆来撬动党对整个法治建设的领导。党的十八届四中全会提出，要加强党内法规建设，注重党内法规与国家法律的衔接协调。十九大报告进一步提出，加快形成覆盖党的领导和党的建设各方面的党内法规制度体系，加强和改善党对国家政权机关的领导。加强党内法规建设，特别是协调衔接党内法规与国家法律的关系，对于提升党的领导执政能力，加强和改善党对国家政权机关领导，至关重要。但是，协调衔接党内法规与国家法律，需要在认识和实践中解决的一个前提性问题是，如何准确把握党在宪法和法律范围内活动的含义，因为党内法规是党的组织制定的，党内法规与国家法律的关系，在很大程度上就表现为党的活动与宪法和法律的关系。衔接协调党内法规与国家法律，有很多问题需要研究，有很多线索可以牵引，但是，其中最根本的，是要将党在宪法和法律范围内活动界定清楚，并以这个清楚的含义来确立党内法规衔接国家法律的基本原则，达到纲举目张的效果。

笔者认为，结合前面所述，至少有以下几个问题值得把握和研究。

1. 如何看待党章与宪法的政治效力与法律效力

长期以来，我们谈到法的规范之间的效力等级时，基本局限于法律方面的效力等级，即所谓法律效力。那么，在一个完整的政治秩序内，除了法律效力的等级外，有没有其他的效力等级，比如政治效力方面的等级？应当说是有的。这涉及政治和法律的关系。对这个问题，习近平总书记在前述2015年的省部级主要领导干部专题研讨班上讲话时就提出：“党和法的关系是政治和法治关系的集中反映。法治当中有政治，没有脱离政治的法治。”① 他还说：“西方法学家也认为公法只是一种复杂的政治话语形态，公法领域内的争论只是政治争论的延伸。每一种法治形态背后都有一种政治理论，每一种法治模式当中都有一种政治逻辑，每一种法治道路底下都有一种政治立场。”② 习近平总书记以上关于法治和政治关系的重要论述对于研究中国政治与法律的关系，具有纲举目张的指导意义，但在理论研究中尚没有引起重视。

具体到党章和宪法的效力关系方面，一个值得注意的现象是，党章不是国家法律，但在政治上，它的效力是高于国家机关制定的法律的，每当党章做出重大修改后，宪法就随之做出相应修改，就是典型的例子。实践证明，在政治方面，宪法虽然也有极高的地位，但党章的效力显然是高于宪法的，宪法的不少重要内容实际是党章的政治延伸。但另一方面，我们又强调宪法具有最高的法律效力，党章要求党必须在宪法和法律的范围内活动，我们通常的理解，就是宪法具有最高法律效力。强调宪法的最高法律效力，但党章

① 中共中央文献研究室．习近平关于全面依法治国论述摘编．北京：中央文献出版社，2015：34.

② 同①.

实际上经常突破宪法，宪法亦随着党章的修改而修改，这就容易让人产生宪法是不是有最高法律效力的疑问。如果引入政治效力的说法，将两者结合起来，对认识问题恐怕有帮助。实际上，政治效力和法律效力虽有区别，但也有很多联系甚至是相互交织的。两个效力既有一致的地方，恐怕也有不一致的地方。那么，如何看待和处理这两种不同性质的效力？这个问题需要研究。

2. 如何认识处理党内法规先进性与国家法律稳定性的关系

在我国，中国共产党是领导党和执政党，将党章和党的全国代表大会形成的意志，上升为宪法和法律，没有任何问题。但值得注意的是，党章是党的行动纲领，其他党内法规也是规范党自身建设的文件，基于加强党自身建设的需要，党内法规是可以经常修改的。仅拿党的全国代表大会来说，每五年开一次，每次都会提出重大主张。所以，党章等党内法规包括党的全国代表大会形成的报告等党内重要文件的一个重要特点，就是不靠稳定性而是靠先进性来支撑它的权威。而且，允许党内法规具有灵活性和可变性，才能保证我们党永远立于时代的浪尖潮头，不断与时俱进，及时提出各种先进主张和正确的路线方针政策。

但国家法律与党内法规相比，一个重要区别就是，前者特别是其中的宪法，是全体人民的共识，是靠共识而不是先进性来支撑它的权威；而要大家都达成共识，就必然不能变得太快，必然要保持必要的稳定，并以避免频繁修改来维护自身的稳定，树立起权威。全体人民不能与一个先进的政党相比，全体人民的共识难以达成，一旦达成了就不能变得太快，不然人民中的很大一部分会不适应，处理不好，共识也会被破坏。而一个政党要保持先进性和战斗力，就必须永远走在时代的前列，必须以不断的上下求索、灵活变化为使命和特点。所以，我们需要充分认识到，党内法规的可变性、灵活性与宪法的稳定性、不可变性要求，客观上是存在矛盾的。如何认识和处理这个矛盾，是衔接协调党内法规与国家法律特别是宪法中需要解决的带有根本性的问题，建议有关方面予以专门研究。

3. 哪些党内法规可以突破国家法律

从前面党必须在宪法和法律范围内活动的论述可以发现，将这个说法做绝对化的理解，不仅在实证上站不住，从我国的政治体制和政治制度看，也得不到支持。这就意味着，党内法规是可以突破国家法律的。但是，按照党内法规制定条例的规定，有权制定党内法规的主体很多，党中央的一个部门，一省省级党委都有权制定党内法规。如果每一个有权主体都可以制定突破国家法律的党内法规，那么，宪法和法律的权威就会受到严重挑战。但如前所述，如果一概地不允许党内法规突破国家法律，改革和法治都将无法前进，所以，什么样的主体制定的党内法规才能突破国家法律，是很值得研究的重要问题。

4. 党内法规在什么条件下、在哪些方面可以突破国家法律

在一党领导执政的国家，如果不允许党内法规包括党的政策适度地突破国家法律，那么，党领导推动改革和法治的前进，就是不可想象的。但需要特别注意的是，党内法规突破国家法律，必须有严格的条件，必须以有利于增强而不是损害国家法律的权威为前提，以有利于健全完善人民代表大会制度、实现人民当家作主而不是损害人民代表大会制度、损害人民当家作主为前提。这方面，我们的理论研究很不充分，实践方面也有值得讨论的问题。什么样的条件下，党内法规可以突破国家法律？大概可以研究确立一些原则和标准。

举一个突出的例子：党内法规能否突破宪法关于公民基本权利规定的重要原则，对作为公民的党员的权利义务作出突破宪法的规定？因为从党章的结构就可以看出，党章是把党员的义务放在权利前面规定的，而宪法是把公民的权利放在国家机构前面规定的，可以说，党章秉持的是义务本位，而宪法秉持的是权利本位。在这个情况下，依据党章制定的其他党内法规，为了保持党的先进性、纯洁性，对党员权利义务作出的规定，就很可能突破宪法的规定。但是，按照2013年中共中央通过的《党内法规制定条例》的规定，制定党内法规要遵循的一条原则就是，“遵守党必须在宪法和法律范围内活动的规定”。原则性地强调党章和宪法的这一表述当然没有问题，但碰到类似党员和公民权利义务关系的具体问题时，恐怕就需要慎重研究。除此之外，党内法规总体上在哪些领域、哪些方面可以突破国家法律，都是可以深加研究，确立一些基本的范围和边界的。

5. 党内法规衔接协调国家法律是双向还是单向的

党内法规与国家法律衔接协调，有一个具体的对接问题。既然是对接，

那么，究竟是党内法规向国家法律靠拢，还是国家法律向党内法规靠拢呢？从以往的做法来看，两种情况都有。比如，原来党内法规规定了“双规”这一涉及人身自由的措施，其与宪法和法律的关系即受到不少质疑。2018 年全国人大专门制定了监察法，将“双规”变为“留置”，纳入法律之中，这实际是党内法规向国家法律靠拢了。但是，这种靠拢解决的是形式上的党内法规与国家法律的对接问题，把原来的问题移向了法律，用国家法律解决了党内法规的问题，但监察法中的不少规定又涉及宪法与其他法律的关系（这在监察法的制定和实施过程中已经引发不少争议），所以，实质上的问题还没有完全解决。如果让党内法规向国家法律靠拢衔接，那么，这种靠拢衔接的原则和理论基础是什么？这个问题也是需要认真研究的。

另一种情况是国家法律向党内法规靠拢。比较典型的是党章修改后，宪法就主动适应党章的需要，相应地做修改。这主要表现在党的指导思想和国家根本任务等方面，党章发生变化，宪法主动与之衔接协调。有时候，党内法规没有变化，国家法律包括宪法也可以主动修改，以便与党内法规对接上。

但是，党章等党内法规变化了，国家法律为什么必须随之变化，碰到什么情形才可以随之变化，什么时候必须随之变化；或者党内法规没有变化，国家法律又为什么可以主动变化以与党内法规对接，这些做法的道理、原则是什么，这方面，我们的研究也相当薄弱。党内法规向国家法律靠拢，当然表明党在宪法和法律范围内活动的主动性，但国家法律特别是宪法向党内法规特别是党章靠拢，又如何用党在宪法和法律范围内活动来解释？这些都是涉及国家政治体制以及党和国家治理体系的重大问题，建议有关方面加强研究。

3.3 大幅提升党内民主，推动宪法实施

以上所述是想强调，规范党的领导方式之于宪法实施的关键意义。上述党的领导方式，当然是指党对国家机关、其他各政党、各企业事业各社会团体等组织以及全体公民的领导方式，是党对外部的领导方式。而党在内部如何形成自己的领导主张和方式呢？这就取决于党内民主了。所以，宪法的实

施，从根子上说，是党内民主形成的党的领导方式的结果。

总结新中国宪法以及人民代表大会制度建立和发展的六十多年历史，可以说，我们所孜孜追求的唯一目标，就是人民当家作主。这也是宪法的最终目标。

在讨论人民当家作主问题时，我们有一种倾向，就是把焦点聚于宪法第2条和第111条所规定的民主，即人民代表大会制度下的代议制民主，以及代议制之外的城市居民自治和农村村民自治等基层直接民主（当然，民族区域自治制度也是人民民主的重要内容）。这种民主就是通常所说的人民民主或者社会主义民主。学术中对于民主法制建设的各种观点基本是围绕人民民主这一范畴展开的。但在中国，仅仅从人民民主出发去讨论民主是不够的，因为人民民主无论在理论还是在实践中，都存在一个更宏大、更深刻的背景，那就是党内民主。

中国共产党在领导人民打碎旧世界、建立和建设新政权的历程中，客观地形成了党内民主与人民民主共存的局面。中国共产党是国家的执政党，这不仅是历史形成的，也是由宪法明确规定的。党的领导最根本的是领导人民当家作主，实现人民民主。现在需要回答的是，党领导人民民主的性质究竟是什么？

根据党的组织制度的基本要求，党对人民民主的领导只能是集体的领导而不能是个人的领导。既然是集体领导，就必然涉及党内集体领导意志的形成问题。而党内集体领导意志的形成有民主的渠道，也有非民主的渠道。其中，只有通过民主渠道形成的党内意志，才是真正的全面的党内意志。通过非民主渠道形成的党内意志，在全党并不能代表全党的意志，在党的局部组织也不能代表这个局部组织的意志，只能说是全党或者党的局部组织中个别或者少数党内成员的意志。所以，党内民主是形成党对人民民主的领导意志的生命线。

从党内民主与人民民主的相互关系看，党内民主处于绝对的优势和主导地位，人民民主的发展完全取决于党内民主的发展，党内民主决定人民民主。

党内民主对人民民主的决定作用有两种可能的发展趋势：一种可能的趋势是，决定人民民主向积极健康的方向发展，推动人民民主的不断进步。但这有一个重要前提，即党内民主本身是健康的、积极的和先进的。另一种可能的趋势是，不利于人民民主的发展甚至是阻碍人民民主的发展。这种情况通常是因为党内民主的状况不好甚至是比较糟糕而造成的。党内民主发展不理想，就会使得一些党的组织和党员干部对推动人民民主的发展缺乏积极性，甚至不希望看到人民民主的发展，在此情况下，党内民主对人民民主的决定作用就可能是负面的、消极的，甚至会阻碍人民民主的发展。

党内民主决定人民民主的表现如下。

第一，党内民主产生和重合于人民民主。一方面，党将党内民主的根本制度即民主集中制运用于人民民主的国家机构中（这个问题将在后文专门论述）；另一方面，中国共产党一党执政，由党派出自己的成员到国家机构中行使权力，使党内民主的主体重合于人民民主的主体。这两种方式是党内民主决定人民民主的两条主干性措施，有了这两条，党就可以基本完成对人民民主的把握和掌控。

第二，党内民主要求人民民主坚持、服从和接受党的领导。人民民主的发展必须由党领导，这是由中国的历史和国情决定的。中国共产党在新中国成立之初确立人民民主专政的国体和人民代表大会制度的政体，一个十分重要的初衷，就是保障党的领导权的实现。① 要人民民主服从党的领导，就必须采取一整套的措施，前述党内民主的根本制度植根于人民民主中，党内民主的主体重合于人民民主的主体，就是重要的措施。

第三，党内民主推动和示范人民民主。由于党是执政党，党内的很多成员都在国家机构担任重要职务，党内的民主制度、民主思想、民主作风、民主习惯和民主气氛等对人民民主具有重要的乃至决定性的影响，所以，大力发展党内民主对人民民主的发展具有最深刻、最有效的示范作用。

从现在的情况看，党内民主对人民民主的决定作用，主要依靠最管用的两种方式：一是将党内的民主集中制植根于人民民主中，二是实行一党领导和执政。在这两种领导方式下，人民民主客观上只能服从和接受党的领导，人民民主发展的进程也基本或者完全取决于党内民主发展的进程。实践证

① 薄一波．若干重大决策与事件的回顾：第2卷．北京：中共中央党校出版社，1991：29－30.

明，这样的领导方式是必要的，也是有效的。但另一方面可能产生的问题是，一旦党内民主的发展不健康或者滞后于人民民主的发展要求，党就会陷于执政能力逐步下降的被动境地，并有可能更加被动地采取强迫人民民主服从党内民主的领导措施，其结果是既不利于人民民主的发展，也不利于党内民主的发展。这样，党内民主对人民民主的决定作用，就可能是负面的、消极的，宪法的实施效果也一定无法令人满意。

将党内的民主集中制植根于人民民主中和实行一党执政这两种领导方式，本身并不直接反映党内民主的发展状况，也并不直接反映党的执政能力的高低强弱。如果党内民主状况是积极、健康和向上的，那么，这两种方式用于对人民民主的领导中，就会得心应手、游刃有余，就会得到人民民主的衷心拥护和支持，从而大大推进人民民主的发展，促进宪法的有效实施。如果党内民主的状况不好，或者党本身对发展内部的民主缺乏足够的兴趣和积极性，那么，这两种方式用于对人民民主的领导中，就可能造成以党内并不民主的制度和做法代替甚至控制人民民主，就会阻碍人民民主的发展，就会使党陷于故步自封、执政能力逐步下降的境地，最终损害宪法的权威和实施效果。

所以，从本质上看，党内民主对人民民主发展的决定作用不应当工具性地限于通过民主制度和民主主体的重合来实现。这两种领导方式只应当被视为党内民主领导人民民主的一条底线。在这条底线之上，或者以这条底线为基础，党更应当通过大力发展党内民主，特别是通过党内民主之于人民民主的先进性来实现其对人民民主的领导。在此情况下，党内的民主集中制植根于人民民主和一党执政，就会对人民民主的发展起到正面的示范决定作用，就会有利于和促进人民民主向积极健康的方向发展。

这里需要回答的是，党为什么能够领导人民民主？光有党内民主的领导显然是不够的，还必须是先进于人民民主的党内民主的领导。这涉及一个党内民主领导人民民主的资格与能力问题，即党内民主只有先进于人民民主，它才有资格与能力领导人民民主。按照马克思主义无产阶级政党学说的基本理论，党作为工人阶级的先锋队，其性质、历史使命和党组织的内部构成都决定了党内民主应当无条件地先进于人民民主，而一旦出现相反的情况，党领导人民民主的资格与能力就会受到怀疑了。

但值得注意的是，党领导人民民主的资格和能力与西方所谓“合法性”理论尚不是一回事。认识中有一种倾向，就是将西方政治学或者法学中的“合法性”理论简单地运用于中国共产党对人民民主的领导。应当说，这样一种理解和运用是不确切的。在西方，以马克斯·韦伯为代表的资产阶级经典思想家提出了统治权力运行的合法性理论，其核心的观点是，统治权力的行使必须得到被统治者的认可，才具有合法性。在韦伯看来，在统治者一方，“任何统治都企图唤起并维持对它的‘合法性’的信仰”①，也即希望得到被统治者的认可。而当代法国学者马克·夸克则对“合法性”理论作了更多的发挥。他认为“合法性就是对统治权利的承认”②，并提出，合法性应当具备一些基本要求。其中，“被统治者的首肯是合法性的第一个要求”，而“合法性的第二个需求涉及社会价值观念和社会认同。认同需要社会满意度。没有满意，就不会有认同”。据此，被统治者的首肯、认同和满意，成了统治者行使权力“合法性”的重要标志，或者说是权力行使的正当性基础。有趣的是，夸克还很热衷于将他的“合法性”理论适用于中国。③

所谓“合法性”理论是资产阶级思想家发明的统治阶级与被统治阶级之间的有关统治权力如何得到认可的理论，不能不加分析地将它适用于党对人民民主的领导，因为中国共产党不是站在人民的对立面，党本身就代表了人民的利益，没有自己的特殊利益，党与人民之间的关系不是统治与被统治的关系。只能说上述“合法性”理论中的一些观点有一定的合理性，值得在认识党内民主与人民民主之间的关系时予以借鉴，那就是，即使党是人民利益的代表，党没有自身的特殊利益，党的领导也还是存在一个得到人民认可、赞同和拥护的问题。但不能简单地套用所谓“合法性”理论，将党与人民的关系理解为统治者与被统治者的关系。

---

① 韦伯．经济与社会：上卷．林荣远，译．北京：商务印书馆，1998：239. 韦伯分别对合理型、传统型和魅力型统治的合法性问题进行了分析，但他并没有正面阐述合法性的含义（参见《经济与社会》上卷第 241 页以下）。值得注意的是，哈贝马斯在对晚期资本主义合法化危机进行分析的同时，虽然注意到了合法性问题，但未能具体展开论述，当然更未对社会主义制度下权力运行的合法性问题予以论述。哈贝马斯．合法化危机．刘北成，曹卫东，译．上海：上海人民出版社，2000.

② 夸克．合法性与政治．佟心平，王远飞，译．北京：中央编译出版社，2002：12.

③ 为此，夸克专门写了一篇题为《合法性，民主的合法性和过渡时期在中国》的中译本序，向中国推销他的一套理论。同②1 - 9.

实际上，对于党领导人民民主的资格与能力问题，我们党已经深刻地认识到了。党的十六届四中全会充满忧患地提出："党的执政地位不是与生俱来的，也不是一劳永逸的。"这个由党自身提出的不同寻常的论断，表明了党居安思危的深重的忧患意识。它说明的是，党的领导权根本的是来源于人民的拥护和赞成，而不是其他，也就是古人所说的"水能载舟，亦能覆舟"。党的十八大以来，党中央采取的一系列加强党自身建设的措施，也都充分说明了我们党自身的深刻危机感以及不断提高自身先进性的紧迫感。党的领导是历史形成的，但是，"历史的"并不具有今天的全部说服力。在战争年代，党因为得到人民的衷心拥护而取得领导权；在今天，党要继续作为执政党来领导人民民主事业，决定人民民主的发展方向，仍然存在一个得到人民拥护和支持的问题。所以，在这个背景下，党内民主只有先进于人民民主，比人民民主发展得更充分、更完善、更有效，成为人民民主的典范，才能为人民民主所乐意接受。这就是在"历史"已经成为历史后，党内民主领导人民民主的根本理由或者说是根本资格，否则，党内民主对人民民主的领导就会出现危机。

所以，大力发展升华党内民主，通过党内民主推进人民民主，从根本上保证实施宪法，已经是摆在全党全国人民面前的一项重要任务。

3.3.1 依据宪法规定，将党内民主集中制准确运用于人民民主中

这实在是一个重大问题，也与上述大力发展党内民主的内容密切相关。

党内民主的根本形式就是党内民主集中制，而宪法第3条又规定，国家机构实行民主集中制的原则，并对这一原则做了进一步细化的规定。宪法中民主集中制的内容是党内民主集中制的移植。党领导宪法中的国家机构，是靠其移植过来的民主集中制来落实的，所以，宪法能不能得到有效实施，很大程度上依赖于党内民主集中制在宪法中准确和有效的运用。

长期以来，无论在党的自身建设还是人民民主的发展方面，我们都十分重视贯彻党内民主集中制。在党的自身建设中无论怎样强调民主集中制都不为过，因为民主集中制本身就是党内民主的集中体现。但是，宪法体制中人民民主的各个方面是否也必须无条件地适用党内的民主集中制呢？党内民主集中制适用于人民民主是否应当遵循一些基本原则呢？党内民主集中制在何

种情形下适用于人民民主才是符合人民民主发展的规律呢？客观地说，对这些问题我们尚未给予充分的思考和回答。认识并把这些问题解决好了，对有效实施宪法至关重要。

3.3.2　多面的党内民主集中制

1. 民主集中制是舶来品

今天被我们广泛使用的“民主集中制”不是中国共产党的首创，而是舶来品。列宁在领导创建无产阶级政党的过程中首先提出了党内民主集中制。早在1905年，为了克服俄国社会民主工党的党内小组习气，统一党的意志，列宁就提出，“我们在自己的刊物上一向坚持党内民主，但是，我们也从未反对党内集中，我们主张民主集中制”①。1906年，列宁在《提交俄国社会民主工党统一代表大会的策略纲领》中进一步提出，“党内民主集中制的原则是现在一致公认的原则”②。1920年，列宁在论述《加入共产国际的条件》时又提出：“加入共产国际的党，应该是按照民主集中制的原则建立起来的。在目前激烈的国内战争时代，共产党只有按照高度集中的方式组织起来，在党内实行近似军事纪律那样的铁的纪律，党的中央机关成为拥有广泛的权力、得到党员普遍信任的权威性机构，只有这样，党才能履行自己的职责。”③ 列宁在其他时间和场合对民主集中制还作了相当多的论述。从列宁的有关论述来看，民主集中制是无产阶级政党的组织与活动原则。列宁不仅在本国无产阶级政党建设中倡导和实行民主集中制，他还将民主集中制鲜明地写上了他领导的第三国际的旗帜，要求共产国际及其支部的建立都遵循民主集中制原则。④

列宁提出在党内实行民主集中制有几个重要背景：一是无产阶级政党本

① 列宁全集：第21卷．北京：人民出版社，1959：405.

② 列宁全集．2版：第12卷．北京：人民出版社，1987：214.

③ 列宁全集．2版：第39卷．北京：人民出版社，1986：202.

④ 《共产国际章程》第5条就规定：“共产国际及其支部是按民主集中制建立起来的。”根据共产国际章程的规定，民主集中制的基本原则包括以下内容：（1）党的各级领导机关，无论基层机关或最高机关都由选举产生；（2）党的机关定期向自己的选举人报告工作；（3）上级党的机关的决议，下级必须服从，共产国际及其机关以及党的中央机关的决议必须立即执行。共产主义运动国际章程汇编．郑州：河南人民出版社，1983：91.

身必须是民主的；二是为克服党内的小组习气，统一全党的意志，党内民主必须最终达到在民主基础上的集中；三是在激烈的国内战争年代，党必须按照高度集中的方式组织起来，在党内实行像军事纪律那样铁的纪律，使党的中央有绝对权威。

列宁提出的民主集中制对中国共产党的建设也产生了至深影响。中国共产党建党后吸收了列宁的民主集中制理论，并对民主集中制的具体内容作了进一步发挥。我们党的领导人和党内有关文件对民主集中制有相当多的论述。但值得注意的是，在中国共产党长期的党建实践中，民主集中制又始终是一个十分不易把握的东西，从文字上看它既强调民主又强调集中，但在认识上它有时被理解为民主，有时又被理解为集中，而实践中更多地有被理解为集中的倾向。它不仅被当作党的根本组织制度，又被作为党内的活动原则或者领导制度，有时又被作为一种工作方法，或者被作为一种认识论或者其他的东西。总之，无论在理论还是实践中，民主集中制都有些像达·芬奇笔下蒙娜丽莎的微笑一样，在不同的人、不同的历史时期或者其他不同的情形下可能产生并不相同的理解，即使在一些领导人的讲话和党内的重要文件中，对民主集中制的表述也经常会出现不一致的情形，这就不可避免地使民主集中制在理解和执行中会出现各种偏差甚至大相径庭的现象。

2. 民主集中制的内涵具有多义性

首先需要回答的是，民主集中制这一概念的内涵或者实质究竟是什么？这实在是相当复杂的问题。无论在理论还是实践中，对民主集中制的实质是什么恐怕都没有达成共识。有的观点认为民主集中制的本质就是民主（制），有的认为民主集中制的本质就是集中（制），有的认为民主集中制的本质既是民主（制）的，又是集中（制）的，还有的认为民主集中制的本质是少数服从多数，等等，不一而足。我们注意到，中国共产党的一系列重要文献也都力图揭示民主集中制的实质，而不变的概括总是："民主基础上的集中和集中指导下的民主相结合"。从党本身的组织特点和党的宗旨来看，"民主基础上的集中和集中指导下的民主相结合"的含义是清楚的，即既强调民主，也强调集中，二者不可偏废。但是，在具体的认识和实践中对这个问题的把握是相当困难的。其中最复杂的问题是，民主集中制中的民主究竟包括什么，集中究竟包括什么，民主和集中的结合究竟是什么样的结合？

我们认为，理解民主集中制必须注意一个前提，即少数服从多数。少数服从多数是民主集中制各项具体内容得以实现的前提。有了少数服从多数，才能保证党的组织基于民主选举而产生，也才能使得下级服从上级、个人服从组织、局部服从中央这几个重要的“服从”有了合法性基础。所以，少数服从多数是民主集中制的根本，是集中的民主基础。这一点是不存在争议的。

但是，在少数服从多数的基础上，对民主集中制的理解仍然可能存在重要的分歧。因为在不同的“系统”或者“语境”中，民主集中制有不同的实质。这需要注意两个方面：一方面，在同一系统中，民主集中制的实质就是民主制。比如，在同一个机构、同一次会议、同一事件或者同一群人中，这里我们姑且称之为在同一“系统”中，实行一人一票，或者每个人的意见具有同质同量的意义，那么，这一基础上少数服从多数的过程，实际就是民主的过程，少数服从多数的结果实际是民主的结果，因为民主就是多数人的统治，这个理解是自人类社会有民主政治以来的共识。在少数服从多数的结果出来后，多数意见在同一系统内起指导和约束作用，那么，原来不同意多数意见的少数人也必须服从，这才是一种集中，是多数人的意见必须得到执行。认为少数服从多数的结果就是民主基础上的集中的观点，实际上把纯粹的民主制当作民主集中制了，是把民主结果的形成和民主结果的执行画等号了（这个问题后文将继续论述）。所以，在同一系统中对同一事件的决定或者决策，实行少数服从多数，这一意义上民主集中制的表现就是民主（制）；决策或决定做出后，在同一系统中实行，要求少数服从多数，这一意义上民主集中制的表现就是集中（制）。

但是，民主集中制的运用更多的是在不同系统中。如果以层层间接选举的办法，民主选出层层递进的上级党组织，再由这些上级党组织乃至这些党组织的内部机构去向下级集中行使权力（这时候的集中有两种意义：一是上述同一系统中多数意见的执行；二是这里选举者选出的上级党组织去行使各项权力，这也是一种执行），这时候，民主集中制中“民主”与“集中”的主体和内涵，不仅存在相当的距离，甚至有被割裂的可能，而且它们之间的关系就变得异常复杂，乃至会如庄周梦蝶般模糊不清了。这种情况很可能使得最终“集中”的民主基础要打折扣。如何应对这种情形呢？有三种可能：

第一种可能是，为了维护党的团结和统一，在民主集中制的实行中，必须使集中占主导地位，即强调个人服从组织、下级服从上级、全党服从中央；第二种可能是，既然在选举这一层面，“集中”离“民主”远了一些，那么“集中”的主体行使权力的时候可以在同一系统中或者不同系统中更多地采取各种民主化（或者说是认真地听取各方面意见）的办法，以弥补被削弱了的民主基础；第三种可能是，“集中”的主体只层层向上负责，唯上是从，越来越脱离民主，甚至会出现个别以民主集中制是“集中指导下的民主”为借口，独断专行、背弃民主的情况，这是最糟糕的情形。这三种情形表明，在不同系统中，民主集中制的“民主”与“集中”的关系具有很大的不确定性，究竟是“民主”重要还是“集中”重要，或者是二者具有同等的重要性，民主与集中如何科学地结合，就容易变得模糊不清、难以把握了，这也可能为个别党的机关或者负责人留下了自我发挥、为我所用的空间，而最终的结果有可能是“民主”被忽视，“集中”被不适当地强调。

现在仅以时间久远一些的1994年党的十四届四中全会通过的《关于加强党的建设的几个重大问题的决定》为蓝本，简要分析民主集中制中民主和集中的含义，因为这个文件专门对民主集中制的内容做了针对性的阐述，至今也未有重大改变。文件提出：“民主集中制的民主，就是党员和党组织的意愿、主张的充分表达和积极性创造性的充分发挥；民主集中制的集中，就是全党意志、智慧的凝聚和行动的一致。”[①]“集中，就要集中正确的意见，使之成为多数人的共识，形成正确的决策，并坚决付诸实施。”[②]

这个文件中的“民主”至少包括三层含义：一是在同一系统中要形成一项决议或者决定，或者实行一次选举，实行纯粹的少数服从多数，使所有党员和党组织（一个组织可以一票）的意愿得到充分表达，这时候的民主集中制实际是民主制；二是在同一系统中要执行一项决议或者决定，执行者要充分听取适用这项决议或者决定的党员和党组织的意见，听取意见就是民主，是执行者或者集中者采取的民主工作方法，而不是表决者实行的投票，是“集中”过程中采取的民主工作方法；三是在不同系统中要形成一项决议或

---

① 中央文献研究室．十一届三中全会以来党的历次全国代表大会中央全会重要文件选编．北京：中央文献出版社，1997：309.

② 同①312.

者决定，上级让下级充分表达自己的主张和意愿，以“集中正确的意见”，这也是一种民主的工作方法。

这个文件中的“集中”至少包括五层含义：一是同一系统中的少数服从多数形成的决定，这时候的集中实际是民主；二是集中者在“集中正确的意见”后，“使之成为多数人的共识”，意见的正确与否由集中者判断，在集中者认为意见正确后（正确的意见可能是少数人的意见），再去指导民主，使多数人都同意这一正确意见；三是集中者将“正确的决策”“坚决付诸实施”，这实际是要求“正确的决策”得以执行并得到无条件的服从；四是集中是全党意志、智慧的凝聚，这实际指的是民主的一面，既包括了少数服从多数的纯粹民主制，也包括了民主的工作方法，是民主的最高境界；五是集中的最高目标是全党行动的一致，即全党服从中央。

上述《关于加强党的建设的几个重大问题的决定》表明，即使在党内权威的文件中，对民主集中制中“民主”和“集中”的含义也可以作多方面的理解，这种含义的多义性带来的必然结果是，人们在认识和把握民主与集中的关系时，也出现了复杂性和不确定性。

3. 不同视角下的外延

那么，如何认识和理解新的历史时期中国共产党党内民主集中制的外延呢？我们觉得，应当以这两个重要文献作为根本性依据：第一个重要文献是上述 1994 年党的十四届四中全会通过的《关于加强党的建设的几个重大问题的决定》。这是自那时至今党内最集中、最全面地论述党内民主集中制的重要文件，应当具有相当的权威性和稳定性。它将坚持和健全民主集中制作为加强党的建设的一个重大问题予以论述，提出两个重要论断：一个论断是：“民主集中制是我们党的根本组织制度和领导制度。党创造性地运用民主集中制原则，制定正确规范党内政治生活、处理党内关系的基本准则和具体制度，形成了党在组织建设上的鲜明特征。党在全国执政后，把这种制度运用于政权建设，在国家机构中实行民主集中制的原则。”[①] 这个论断强调民主集中制是党的组织制度和领导制度。第二个论断是：“民主集中制是民主基础上的集中和集中制下的民主相结合的制度，是马克思主义认识论和群

① 中央文献研究室．十一届三中全会以来党的历次全国代表大会中央全会重要文件选编．北京：中央文献出版社，1997：309.

众路线在党的生活和组织建设中的运用。”这个论断强调民主集中制是马克思主义认识论和群众路线在党的生活和组织建设中的运用，是党的工作方法。这个工作方法的表现是，民主基础上的集中和集中指导下的民主相结合。

第二个重要文献是中国共产党党章，而关键的也是要看党章这部党内宪法对民主集中制的表述。党章对民主集中制有两处表述，一处是在总纲中。总纲规定党的建设有四项要求，其中第四项要求是“坚持民主集中制”，并提出“民主集中制是民主基础上的集中和集中指导下的民主相结合”。那么民主集中制在党的建设中是什么地位呢？党章规定：“它既是党的根本组织原则，也是群众路线在党的生活中的运用。”这个规定说明，民主集中制在党的建设中有两种表现，一种表现是党的根本组织原则；另一种表现是党的工作方法，即群众路线。民主集中制在党章中的第二处表述，是在第二章“党的组织制度”中。作为党的组织制度，党章规定，党的民主集中制的基本原则有六项内容：一是个人服从组织，少数服从多数，下级服从上级，全党服从党的全国代表大会和中央委员会；二是党的各级领导机关都由选举产生；三是党的各级领导机关是党的同级代表大会和它所产生的委员会，党的最高领导机关是党的全国代表大会和它所产生的中央委员会，党的各级委员会向同级代表大会负责并报告工作；四是党的上级组织要经常听取下级组织和党员群众的意见，及时解决他们提出的问题；五是党的各级委员会实行集体领导和个人分工负责相结合的制度；六是党禁止任何形式的个人崇拜。

以上两个重要文献给我们的启示是，党内民主集中制的内容十分广泛，可以从不同的视角，在不同的意义上理解、认识和使用。

1. 作为党内组织原则或者组织制度的民主集中制

所谓组织原则或者组织制度，强调的是党作为一个统一的整体是按照什么准则、什么方式产生和组织起来的。在这一意义上讲，民主集中制应当包括两个方面的内容：一是党的各级领导机关（除它们派出的代表机关和非党组织中的党组外），都由选举产生，这是民主的一面；二是党的最高领导机关是党的全国代表大会和它所产生的中央委员会，党的地方各级领导机关是党的地方各级代表大会和它们所产生的委员会，这是集中的一面，是民主选举基础上的集中；党的各级委员会向同级的代表大会负责并报告工作，这是集中的一面，是党的各级委员会受同级代表大会监督的集中。

党的十八届六中全会《关于新形势下党内政治生活的若干准则》提出，“民主集中制是党的根本组织原则，是党内政治生活正常开展的重要制度保障”。在这个前提下，该准则对作为组织原则的党内民主集中制的具体内容做了相当详细的阐述，其内容是新形势下各级党组织开展党内政治生活的根本依据，具有重要的政治意义。

2. 作为党内活动原则或者领导制度的民主集中制

党内活动的原则或者领导制度，是指党内工作、党内权力行使按照什么样的准则、什么样的方式进行，或者在党的活动中处理党内政治关系、规范党内政治生活应当遵循什么样的准则或者制度。在这一意义上讲，民主集中制应当包括以下内容：一是“四个服从”，即少数服从多数，个人服从组织，下级服从上级，全党服从中央，这是“集中指导下的民主”；二是党的各级委员会实行集体领导和个人分工负责相结合的制度，这是集体领导的“集中”和个人分工负责的“民主”；三是党禁止任何形式的个人崇拜，这是强调党内平等以及党的领导人接受监督的民主；四是保障党员民主权利，对这个问题十八大以来党内一系列重要文件都给予了前所未有的重视和强调。理论和实践中，这些作为党内活动原则或者领导制度的民主集中制，也常常被认为是党内的组织原则或者组织制度，但严格说来，党的组织原则、组织制度与党的活动原则、领导制度是有区别的，“四个服从”、集体领导和分工负责以及反对个人崇拜等原则，是在党作为一个战斗堡垒组织起来以后从事各项活动、处理政治关系中应当遵循的原则或者制度，而不是党产生和组织起来的原则或者制度。

3. 作为党内运用认识论的民主集中制

马克思主义认识论是科学的世界观和方法论，它以认识真理为最终目标，主张实践—认识—再实践—再认识，从而达到接近乃至掌握真理的境界。共产党人应当坚持和奉行马克思主义认识论。但民主集中制是否属于马克思主义认识论的运用，理论中是存在争议的。肯定者认为，民主集中制的公式是“民主—集中—民主”，即在民主基础上的集中，在集中指导下的民主，这是把马克思主义认识论运用于党的组织原则的必然结果。但反对的意见提出，这种把“民主”和“实践”、“集中”和“认识”曲折地相对应起来的做法是错误的，而且，民主集中制强调的是少数服从多数，但认识论强调的是服从真理，而真理往往掌握在少数人手里，所以民主集中制与认识论有时恰恰是不相融的。[①] 值得注意的是，上述《关于加强党的建设的几个重大问题的决定》明确提出，民主集中制是马克思主义认识论“在党的生活和组织建设中的运用”，但党章并没有这样的提法。我们认为，认识论属于意识形态的范畴，而民主集中制的内容相当宽泛，笼统地讲民主集中制是马克思主义认识论在党的生活和组织建设中的运用，在逻辑上的确存在一些问题，但换一个角度说，要把民主集中制贯彻好，必须运用马克思主义的认识论，是完全没有问题的。

4. 作为党的群众路线的民主集中制

群众路线是党的根本工作路线和工作方法，是党的群众观点在实际工作中的具体体现。它包括两方面内容：一是相信群众，依靠群众，全心全意为人民服务。这是对待群众的根本态度问题，属于“政治原则”“政治范畴”。二是在实际工作中，从群众中来，到群众中去，即从群众中集中正确的意见，再到群众中贯彻执行。这属于马克思主义“认识论”的范畴。[②] 与上述认识论与民主集中制的区别相似，我们也不适宜笼统地、机械地将群众路线与民主集中制对应起来，甚至把“群众”和“民主”、“领导”和“集中”对应起来，以为民主集中制就是对群众实行民主，最后由领导实行集中。在党的生活和组织建设中，要将民主集中制贯彻好，也必须始终不渝地坚持群众观点，走群众路线。群众路线是贯彻党的民主集中制必须坚持的根本工作方法。

3.3.3 党内民主集中制运用于人民民主的原则

现在需要回答的问题是，上述不同意义上的党内民主集中制应当如何运用于宪法体制中的人民民主？中国共产党领导人民取得革命胜利后，一如既往的是人民民主发展的领导者和推动者，人民民主的发展也离不开党的领导。实践证明，将党内民主集中制直接运用于人民民主中，是党领导人民民主的一种有效形式。但是，党是否就可以不加分析地将不同意义上的党内民

---

① 王贵秀．论民主和民主集中制．北京：中国社会科学出版社，1995：156-167.

② 同①168.

主集中制直接运用乃至强制性地运用于人民民主的各个方面呢？应当说不是。党内的民主集中制与人民民主的形式毕竟不同，党内民主与人民民主发展的特点和规律也毕竟不同，因此，党不适宜也不必要将自身的民主方式完全覆盖于人民民主的方方面面，党对自身的民主集中制在人民民主中的运用应当保持相当的“克制”，总体看来，应当遵循以下原则。

1. 要切实保障党对人民民主的领导

在中国，人民民主只有在党的领导下才能健康发展。那么，党如何才能实现对人民民主的领导呢？一个根本性的保障，就是用党内民主的制度和方法领导人民民主，特别是将党内民主的根本制度植根于人民民主的根本制度。党领导人民建立人民代表大会制度的政权组织形式的用心就在于，将党内的民主集中制运用于人民代表大会制度中，以民主集中制的结构来塑造人民代表大会制度的结构。实践证明，党采取这种方式领导人民民主，是实现党的领导权的一条底线，如果不在国家的政权组织形式中实行党的民主集中制，党对人民民主的领导就是空的。

2. 要有利于促进人民民主的发展

党内民主集中制运用于人民民主中，固然是为了保障党对人民民主的领导，但根本的目的还是要促进人民民主的发展，而不是要用党内的民主代替人民民主，更不是要用党内的民主来限制、束缚乃至扼制人民民主的发展。发展人民民主是目的，保障党对人民民主的领导是促进人民民主发展的手段，因为党除了广大人民的利益，没有自己的特殊利益。这样，衡量党的民主集中制是否应当适用于人民民主的根本标志就是是否有利于促进人民民主的发展，只要有利于人民民主的发展，在人民民主中就不仅可以并且应当适用党的民主集中制；适用党的民主集中制会对人民民主发展造成不利影响的领域，就不应当适用民主集中制。

3. 要充分尊重党内民主和人民民主发展的不同特点和规律

历史的经验表明，党内民主发展的根本特点和规律就是民主集中制，民主集中制基本可以概括党内民主的全貌。党内民主的这一特点和规律的形成，既有历史的因素，比如受列宁民主集中制建党思想的影响；也有中国革命和建设的客观情况，比如从中国的实际情况来看，中国共产党要把自己建设成一个强大、团结和具有领导能力的党，就必须实行民主集中制；还有党自身的因素，因为作为无产阶级的先锋队，党毕竟是一个相对单纯的先进性组织，在其内部实行民主集中制，既必要也可行。

但是，人民民主的情况就相当复杂了。中国人民自古以来就缺乏民主的传统，人民的民主意识、民主观念、民主习惯不仅总体上十分薄弱，其内部的发展也相当参差不齐，而人民民主的国家机构行使的职权存在很大差异，所需要的民主形式也必然存在差异。这些情况都决定了，与党内民主的相对单一性相比，人民民主必须有更为丰富多样的实现形式，这才符合人民民主的本色和特有规律。

因此，将党内民主集中制运用于人民民主中，一定要具体情况具体分析，充分尊重人民民主发展的特殊规律，而不能以一刀切的方法强求人民民主一律遵循和适用党内的民主集中制。比如，人民民主有两种表现形式，一种是人民代表大会制度的代议制民主，一种是基层直接民主。在人民代表大会的政治制度中实行民主集中制是必要的，但在基层直接民主中就不适宜要求实行民主集中制。再如，在党内，民主集中制是马克思主义认识论的重要表现，但是，在人民民主中是否可以一概要求运用马克思主义认识论实行民主集中制呢？显然不可以。因为马克思主义认识论是唯物辩证法的世界观和方法论，但实践中，很多人还有唯心主义的世界观，他们信仰宗教，甚至封建迷信活动在他们中还大量存在，宪法也规定公民有宗教信仰的自由，唯心主义认识论恰恰是与马克思主义认识论中实践、认识、再实践、再认识的逻辑背道而驰的。所以，我们不可能、也不必要在人民民主中一律推行马克思主义认识论指导下的党内民主集中制。

4. 要以党内民主集中制的确定内涵和确定方式适用于人民民主中

从上面的分析可以看出，一方面，党内民主集中制在内涵方面是一个多面体、多棱镜，这在客观上决定了把握其内涵的复杂性和不确定性，也就出现了实践中我们言必称民主集中制但又时常很难说清楚民主集中制的真正含义和准确要求的情形，以致出现个别党组织领导者借民主集中制之名而行个人专断、打击压制民主之实的情形。另一方面，民主集中制在外延方面也是一个多面体，可以在不同意义上认识和使用，这就不可避免地出现我们习惯于使用民主集中制但却不注意区分这种使用是何种意义上或者何种方式上的使用的情形，从而导致了民主集中制在认识和使用中一定程度的混乱。所以，如果以党内民主集中制适用于人民民主之中，我们一定要清楚地表明民主集中制的内涵和外延，即清楚地表明这里民主集中制中的“民主”是指什么，“集中”又是指什么，这里的民主集中制究竟是组织制度、活动原则还是工作方法等。对于这一问题宪法第3条就处理得十分科学。宪法第3条不仅明确了民主集中制是作为一种组织制度在国家机构中运用的，而且明确了这种制度中的“民主”是什么，“集中”又是什么。对此下文将继续论述。所以，在人民民主中运用民主集中制，必须十分重视它的确定性。而相反，如果以不确定的党内民主集中制的含义或方式运用于人民民主中，就会使人民民主对民主集中制的运用无所适从，特别是有可能使民主集中制被错误地理解和使用，从而最终损害人民民主的发展。

5. 要以党内民主集中制的成功经验运用于人民民主

党内民主集中制首先是党内的民主方式和民主制度，它究竟有什么优点，容易出现什么问题和弊端，它在实践中的经验教训、成败得失，只有党的组织和党内成员体会最深。经过建党近百年来的实践，民主集中制是既有成功经验，也有失败教训的。比如不适当地强调集中而忽视民主，个别党的组织及其负责人歪曲民主集中制，打击民主、实行专断，就是深刻的教训。历史上我们党及党的领导人犯的很多错误，今天党内出现的各种消极腐败现象，归根到底都可以说是民主集中制在实践中出了问题。这种情况给我们的重要提醒是，将党内民主集中制运用于人民民主中，一定要十分谨慎，倍加小心。也就是说，要十分注意将党内民主集中制的成功经验运用于人民民主中，而坚决避免将党内民主集中制中那些不好的、错误的和失败的做法运用于人民民主中，这是保证人民民主健康发展的重要条件。

3.3.4　作为组织原则或者组织制度的运用是必需的

上面的论述表明，党内民主集中制在人民民主中的运用在有些方面是必需的，而在有些方面则不是必需的，或者应当说只是“可以”的。总结党内民主集中制与人民民主发展的关系可以发现，党内民主集中制只有在人民代表大会制度的政权体制中运用，并且仅仅是作为一种组织原则或者组织制度运用，才是必需的。

1. 人民代表大会制度的组织

人民代表大会制度的组织是什么？从新中国成立后的宪法体制特别是人

民代表大会制度的实践看，人民代表大会制度的组织实际就是三个方面的关系：一是人民和人民代表大会之间的关系；二是人民代表大会与由它产生的国家机关之间的关系；三是中央和地方之间的关系。这三个关系是我国政权组织形式的支架。那么，人民群众内部的关系，人民代表大会以及由它产生的机关的内部组织、行使权力的具体方式和程序，是否属于人民代表大会制度的组织呢？不属于。它们只是人民代表大会制度这一政权组织形式的具体执行方式或者程序。这些机关以什么形式组织起来，以什么样的方式和程序去行使权力，都需要围绕和服从、服务于政权组织形式，而它们并不是政权组织形式本身。从这个角度看，民主集中制适用于人民代表大会制度的组织，与适用于人民代表大会制度组织下各个具体的国家机关，是大有区别的。

2. 毛泽东1949年前关于此问题的见解

对这一问题的认识可以追溯到毛泽东1949年前的论述。抗日战争时期，毛泽东对那一特殊时期的政权组织形式即“战时政府”形成了自己的独到见解。他认为，这一历史时期的政权组织形式是民主集中制。1937年10月，他在《和英国记者贝特兰的谈话》中明确提出，抗战时期，“政府的组织形式是民主集中制，它是民主的，又是集中的，将民主和集中两个似乎相冲突的东西，在一定形式上统一起来”。这是一个有利于抗日战争的国家制度和政府制度。[①] 但是，贝特兰提出，“民主集中”在名词上不是矛盾的东西吗？毛泽东的回答是：“民主和集中之间，并没有不可越过的深沟，对于中国，二者都是必需的。一方面，我们所要求的政府，必须是能够真正代表民意的政府；这个政府一定要有全中国广大人民群众的支持和拥护，人民也一定要能够自由地去支持政府，和有一切机会去影响政府的政策。这就是民主制的意义。另一方面，行政权力的集中化是必要的；当人民要求的政策一经通过民意机关而交付与自己选举的政府的时候，即由政府去执行，只要执行时不违背曾经民意通过的方针，其执行必能顺利无阻。这就是集中制的意义。”[②] 抗日战争中，中国的政府“必须采取这种民主集中制”。毛泽东继续解释说，战时的政治制度大体可以分为两类，一是民主集中的，一是绝对集中的，这

---

① 毛泽东选集．2版：第2卷．北京：人民出版社，1991：383.

② 同①.

由战争的性质所决定。非正义的战争需要绝对的集中，因为人民群众不赞成，它没有民主的基础，所以只能集中；而正义的战争政府有人民群众的支持，不惧怕人民，所以是民主集中制。[①] 毛泽东的这段论述表明，在战争时期，民主集中制是用于实行正义战争的政府组织形式，其实质是：战时政府的产生是以人民群众的支持和拥护为基础的，这是民主；行政机关顺利无阻地执行由民意机关通过的方针政策，这是集中。可见，这时候毛泽东心中的民主集中制是纯粹的政府组织形式，其本意是，政府的产生是民主的，行政权力即政府权力的行使是集中的。

1940 年 1 月，毛泽东在著名的《新民主主义论》中论述政体时又提到了民主集中制。他说，新民主主义的政体，“没有适当形式的政权机关，就不能代表国家。中国现在可以采取全国人民代表大会、省人民代表大会、县人民代表大会、区人民代表大会直到乡人民代表大会的系统，并由各级代表大会选举政府。但必须实行无男女、信仰、财产、教育等差别的真正普遍平等的选举制，才能适合于各革命阶级在国家中的地位，适合于表现民意和指挥革命斗争，适合于新民主主义的精神。这种制度即是民主集中制。只有民主集中制的政府，才能充分发挥一切革命人民的意志，也才能最有力量地去反对革命的敌人。‘非少数人所得而私’的精神，必须表现在政府和军队的组成中，如果没有真正的民主制度，就不能达到这个目的，就叫做政体和国体不相适应”[②]。毛泽东在这里说的民主集中制仍然是指政体中的民主集中制，其民主的一面是由人民平等地选举人民代表大会并由人民代表大会选举政府，其集中的一面是政府和军队集中人民的意志和力量去反对革命的敌人。

1945 年 4 月，毛泽东在中共七大的政治报告《论联合政府》中提出关于新民主主义政权组织形式的构想时，进一步阐释了民主集中制。他说：“新民主主义的政权组织，应该采取民主集中制，由各级人民代表大会决定大政方针，选举政府。它是民主的，又是集中的，就是说，在民主基础上的集中，在集中指导下的民主。只有这个制度，才既能表现广泛的民主，使各级人民代表大会有高度的权力，又能集中处理国事，使各级政府能集中地处

① 毛泽东选集 . 2 版：第 2 卷 . 北京：人民出版社，1991：383 - 384.

② 同①677.

理被各级人民代表大会所委托的一切事务，并保障人民的一切必要的民主活动。”① 在他看来，新民主主义政权组织形式中民主集中制的实质是：各级人民代表大会代表民主，选举政府，享有决定大政方针的高度决定权力，是民主的一面；各级政府集中处理人民代表大会委托的事务，并保证人民必要的民主活动，是集中的一面。

从上述毛泽东的几次重要论述来看，党内民主集中制在人民民主中的运用有四个重要特点：第一，无论在战争时期还是在战争结束后，民主集中制仅仅是被作为一种政权组织形式加以运用的。第二，在人民民主的政权组织形式中，民主仅仅是指政府产生的基础是民主的，政府的决策是基于民意的，即民意机关由人民平等地选举产生，政府或者行政机关由民意机关民主选举产生，民意机关具有大政方针的最高决定权力。第三，在人民民主的政权组织形式中，集中是指政府或者行政机关以及军队迅速和集中地执行民意机关的决定，即处理人民代表大会委托的事务，保证按照人民的意愿活动。第四，在人民民主的政权组织形式中，民主集中制表现为三者之间的关系，即人民群众—民意机关—政府即行政机关之间的关系，前两者代表的是民主，后者代表的是集中，而且民主集中制仅仅是指这三者之间的外在关系，而不涉及人民群众、民意机关以及行政机关内部的关系，并不要求适用于三者的内部。

3. 宪法体制中的变迁

但是，毛泽东有关民主集中制运用于人民民主中的论述在新中国成立后的宪法体制中经历了重要和复杂的变迁。

新中国成立之初，中国人民政治协商会议1949年9月29日通过的《共同纲领》第15条规定：“各级政权机关一律实行民主集中制。其主要原则为：人民代表大会向人民负责并报告工作。人民政府委员会向人民代表大会负责并报告工作。在人民代表大会和人民政府委员会内，实行少数服从多数的制度。各下级人民政府均由上级人民政府加委并服从上级人民政府。全国各地方人民政府均服从中央人民政府。”对于共同纲领的这一规定，周恩来在《人民政协共同纲领草案的特点》中作了进一步的解释：“新民主主义的

① 毛泽东选集.2版：第3卷.北京：人民出版社，1991：1057.

政权制度是民主集中制的人民代表大会的制度……从人民选举代表、召开人民代表大会、选举人民政府直到由人民政府在人民代表大会闭会期间行使国家政权的这一整个过程，都是行使国家政权的民主集中的过程，而行使国家政权的机关就是各级人民代表大会和各级人民政府。”①

根据上述《共同纲领》的规定和周恩来的相关解释，民主集中制在人民民主的政权机关中有以下重要特点：第一，民主集中制仍然是一项组织制度或者组织原则，它表现了人民—人民代表大会—人民政府三者之间的关系，前两者是民主的一面，后者是集中的一面；第二，民主集中制又不仅仅是一项组织原则或者组织制度，它还是各级人民政府的活动原则或者领导制度，即下级服从上级，地方服从中央，这实际是一种集中；第三，民主集中制不仅是政权机关之间的组织制度或者活动原则，还是政权机关内部的民主制度，各级政权机关一律实行民主集中制，在人民代表大会和人民政府委员会内部实行少数服从多数的制度（如前所述，少数服从多数实际是一种民主制，准确地说，是民主集中制中的民主）。情况表明，共同纲领中的民主集中制已经与毛泽东此前所言的民主集中制有很大区别了。

1949 年 9 月 27 日中国人民政治协商会议通过的《中央人民政府组织法》第 2 条规定：“中华人民共和国政府是基于民主集中制原则的人民代表大会制的政府。”这部法律还规定，中央人民政府委员会，由中国人民政治协商会议全体会议选举中央人民政府主席 1 人，副主席 6 人，委员 56 人。周恩来在关于中央人民政府组织法草案的报告中说：“关于政府组织问题，中央人民政府的组织系统是在中央人民政府委员会下面分设许多机构，按照民主集中制的原则来分工的。”②“根据我们民主集中制的组织系统，在人民代表大会闭会期间的最高权力机关，是中央人民政府委员会。它是经过民主方式产生的。而对工作的经常指导，又是集中在由民主方式产生出来的主席身上。主席下面的组织，首先是政务院，其他还有人民革命军事委员会，最高人民法院和最高人民检察署。”③

由于中央人民政府组织法和共同纲领是由同一次政协会议几乎在同一时

① 刘政，于友民，程湘清．人民代表大会工作全书．北京：中国民主法制出版社，1999：34.

② 同①209.

③ 同①209－300.

间通过的，所以应当认为，中央人民政府组织法中的民主集中制完全是共同纲领中民主集中制的体现。但从周恩来的报告来看，他对中央人民政府组织中民主集中制的表述，主要是作为组织原则或者组织制度来强调的，即：中央人民政府委员会及其主席由民主方式产生，这是民主的一面；而“对工作的经常指导”的权力，则集中在中央人民政府委员会主席身上，这是集中的一面，虽然在主席下面尚有政务院、革命军事委员会、最高法院和最高检察署等机关，但“集中”的权力仍然在主席身上，民主集中制主要是中央人民政府委员会和它的主席之间的关系。

1954 年宪法第 2 条规定：“全国人民代表大会、地方各级人民代表大会和其他国家机关，一律实行民主集中制。”应当说，这一规定与 1949 年《共同纲领》中的规定并无区别，但问题是，这部宪法并未像《共同纲领》一样对民主集中制的具体内涵和表现方式作进一步的表述。刘少奇所作的宪法草案报告花了很大篇幅论述民主集中制，但主要是对实行民主集中制的政治意义进行概括，而未充分揭示民主集中制的法律内涵。还是来看看 1954 年宪法起草委员会第一次会议上，陈伯达向会议作宪法草案初稿的说明时，和毛泽东对民主集中制的一段互相映衬的对话。在这次会议上，陈伯达说，人民代表大会实行民主集中制，人民代表由选民产生，并受选民监督。这与资本主义国家不同，他们代表产生后，不受人民的监督，我们的代表受选民的监督，选民可以随时撤换选出的代表。下级人民代表大会服从上级人民代表大会，下级人民政府服从上级人民政府。这时，毛泽东插话说，这个是母亲服从儿子，省、市人民代表大会产生全国人民代表大会的代表，但全国人民代表大会议出来的东西全国四十个省、市都要服从，假若某一个省人民代表大会议出来的东西不对，全国人民代表大会可以把它撤销。陈伯达说，全国由中央统一领导，这并不是窒息地方、各民族的积极性，中央的统一领导和各地方、各民族的积极性可以相结合。这时毛泽东又插话说，中央议事，地方办事。陈伯达接着说，这一点苏联和各人民民主国家一样。毛泽东又说，和专制时代不同。[①] 结合 1954 年宪法的相关规定，以及毛泽东和陈伯达的这段对话，似乎可以对宪法中民主集中制作稍细的理解，即一方面，民主集中制

① 韩大元. 1954 年宪法与新中国宪政. 长沙：湖南人民出版社，2004：228.

是一项组织原则或者组织制度，它明确了人民—人民代表大会—“一府两院”之间的关系，前两者是民主的一面，后者是集中的一面；另一方面，民主集中制还是一项活动原则或者领导制度，在人民代表大会和人民政府的上下级之间，实行下级服从上级、地方服从中央的制度。但在各级国家机关内部是否实行民主集中制以及如何实行民主集中制，1954 年宪法留下了困惑。从条文的规定看，在国家机关内部也应当实行民主集中制，但如何实行民主集中制，是难以把握的问题。从 1954 年宪法的规定看，民主集中制在人民民主中的运用已经超出了政权组织形式本身，有渗透到各具体国家机关内部的倾向，并且，民主集中制的内涵也处于不确定中。

值得注意的是，1954 年宪法基本是受苏联 1936 年宪法影响而制定的。但是，苏联 1924 年宪法和 1936 年宪法都没有规定他们的苏维埃实行民主集中制，其 1936 年宪法在第 3 条只规定：“苏联的一切权力属于城乡劳动者，由各级劳动者代表苏维埃实现之。”所以，在宪法体制上可以说，民主集中制是 1954 年宪法的独创。[①]

1975 年宪法第 3 条规定：“各级人民代表大会和其他国家机关，一律实行民主集中制。”1978 年宪法恢复了 1954 年宪法的规定。这两部宪法关于民主集中制的表述虽然略有不同，但基本的内容都是 1954 年宪法的延续。

将党内民主集中制完全作为一种政权组织形式运用于人民民主中，是 1982 年宪法中确定下来的。总结新中国成立以来民主集中制在党内和人民民主的国家机关内实行的经验教训，并在听取各方面意见的基础上[②]，1982 年宪法的制定者深刻认识到，民主集中制原则在宪法体制内的运用，必须有确定的方式和确定的内涵。因此，1982 年宪法第 3 条第 1 款规定：“中华人民共和国的国家机构实行民主集中制的原则。”这里用的是“国家机构”而

---

① 就我们所知，民主集中制是到 1977 年才被写进苏联宪法的。该宪法第 3 条规定：“苏维埃国家的组织和活动实行民主集中制原则：一切国家权力机关自上而下地选举产生，这些机关向人民报告工作，下级机关必须执行上级机关的决定。民主集中制把统一领导同地方上的主动性和创造积极性同每一个国家机关和公职人员对本职工作的责任感结合起来。”

② 在 1982 年宪法制定过程中，有的意见就提出，宪法不能原则地提民主集中制，只作原则性的规定，人民很难感受到国家的一切权力真正属于自己，也很难保证一切权力真正属于人民，宪法应当把民主集中制的适用范围，民主集中制中各国家机关的关系以及中央与地方的关系等事项，完整和清晰地加以表述。

不是“国家机关”，国家机构是国家机关的组织体系，是一个整体性概念。这是有意区别于历次宪法有关在“国家机关”实行民主集中制的规定的。

但仅有这一款规定还不够，宪法第3条似乎预见到民主集中制一旦变为法律条文可能产生的不确定性，因此在规定国家机构实行民主集中制原则后，随即用三款内容对这一原则做出了进一步的解释性规定，这一规定的基本含义是：在人民代表机关与人民的关系上，人民选举产生代表机关，这是民主的一面；代表机关代表人民意志，对人民负责，受人民监督，这是集中的一面。在人民代表机关与“一府两院”的关系上，代表机关产生“一府两院”，这是民主的一面；代表机关又掌握着最终的国家权力，“一府两院”对它负责，受它监督，这是集中的一面。在中央与地方国家机构职权的划分方面，遵循中央的统一领导，是集中的一面；充分调动地方的积极性，是民主的一面。宪法的上述规定表明，党内民主集中制原则在人民民主中的运用，仅限于人民代表大会制度的国家政权体制方面，是人民代表大会制度的一项根本性的组织原则，而不要求在其他方面运用。

宪法第3条的规定表明：第一，民主集中制是作为一种组织原则或者组织制度在国家机构的体系中运用的，而不是在各个国家机关内部运用的，它表现的是人民—人民代表大会—“一府两院”以及中央—地方之间的关系；第二，即使在国家机构体系中运用民主集中制，也并不是说民主集中制涉及了国家机构体系中的全部国家机关，比如，在人民代表大会与其他国家机关的关系上，宪法就没有规定国家主席和中央军事委员会与人民代表大会之间也适用上述民主集中制的原则；第三，宪法并不要求民主集中制适用于一切国家机关的内部组织和职权的行使；第四，民主集中制原则适用于国家机构体系中，它的内涵是确定的，有关国家机关的产生、负责、监督的主体与对象都很明确，而像少数服从多数这一民主集中制的重要内容就没有规定于其中，这说明，在国家机构体系中，民主集中制原则的适用并非面面俱到的。应当说，现行宪法第3条关于民主集中制作为组织制度在人民民主中的运用，是迄今为止表述得最完整、准确和科学的，也是最为必要的。

4. 为什么这样规定

现在需要回答的是，为什么说民主集中制作为一种组织原则或者组织制度在人民民主中的运用是必需的？

第一，这是由人民民主专政的国体决定的。实行工人阶级领导的以工农联盟为基础的人民民主专政，必须有相适应的政权组织形式。只有按照民主集中制原则组织起来的人民代表大会制度才能适合于人民民主专政中社会各阶级在国家中的地位，否则就会出现毛泽东在上述《新民主主义论》中所说的“国体和政体不相适应”的情况。

第二，这是为了保障党对人民民主的领导权的实现。这一点也与上述国体对政体的决定作用相联系。在人民民主专政的国体中，中国共产党是工人阶级的先锋队，起领导作用，而党要在人民民主专政中起领导作用，就必须采取相应的领导措施和方式，将党内的民主集中制直接植根于人民代表大会制度的组织中无疑是保障党的领导权实现的根本性措施。

第三，这也是由中国人民民主的实际国情所决定的。刘少奇在 1954 年宪法草案的报告中，对为什么要在人民代表大会制度中实行民主集中制的原则有过深入阐述。他说，我们的政治制度有高度的集中，但这种高度的集中是以高度的民主为基础的。中国人民在过去被讥笑为“一盘散沙”，当人民已经得到解放并建立了自己的国家以后，当然要把自己的意志和力量充分集中到国家机构里去。[①] 客观地说，中国人民自古以来缺乏民主的传统，有“一盘散沙”的特点，在根本政治制度中实行民主集中制的组织原则也是必然的。

联系这些情况，可以得出的初步结论是，现行宪法有关民主集中制的规定，基本的意蕴是：从客观上说，中国的国情需要全国人大作为最高国家权力机关，集中行使国家权力；从主观上说，党作为领导党和执政党，需要通过最高权力机关执政和行使领导权，而将党内的民主集中制这一根本制度植根于人民民主的根本制度中，是从组织上保证党对人民民主的有效领导的最好方式，可谓“一箭双雕”。实践证明，党的这种领导是成功和有效的。

3.3.5　另外几种意义上的运用

如上所述，作为组织原则或者组织制度，党内民主集中制在人民民主中的运用是必需的，这已有宪法的规定。现在需要进一步回答的是，作为党内

① 刘少奇选集：下卷．北京：人民出版社，1985：158.

活动原则或者领导制度的民主集中制，以及作为运用马克思主义认识论和群众路线的民主集中制，如何适用于人民民主呢？这涉及基层直接民主以及各级国家机关如何贯彻民主集中制的问题。有的观点认为，在基层直接民主中也要实行民主集中制。虽然现行宪法改变了1954年宪法有关“全国人民代表大会、地方各级人民代表大会和其他国家机关，一律实行民主集中制”的规定，但长时间以来，一些党政领导人、负责人在讲话中仍然强调，民主集中制是一切国家机关行使职权或者开展工作的基本原则，而理论中倾向性的观点又反对将民主集中制作为一切国家机关工作的原则。这些问题都向我们提出，除了作为组织原则或者组织制度的运用外，如何科学认识和妥善处理其他意义上的党内民主集中制在人民民主中其他方面的运用？对此，我们的观点如下。

1. 党内民主集中制不适宜在基层直接民主中一概推行

作为组织原则或者组织制度的党内民主集中制，以及作为党内活动原则或者领导制度的民主集中制，当然不能在农村村民、城市居民、工会等基层直接民主中运用，因为上述两个意义上的民主集中制主要适用于国家机关中，基层直接民主毕竟不具有国家机关的结构与形式。那么，作为运用马克思主义认识论和群众路线的党内民主集中制是否一概地适用于基层直接民主中呢？我们认为，也不适宜。因为如前所述，人民民主与党内民主有不同的特点和发展规律，两者的一个重要区别就是，人民民主的先进性比不上党内民主的先进性，这在运用马克思主义的认识论和群众路线方面表现就很明显。如果一概强求在基层直接民主中推行这一意义上的民主集中制，不仅不符合基层民主的实际情况，也容易挫伤基层群众的感情。

2. 作为世界观和方法论的党内民主集中制应当运用于各级国家机关

民主集中制是马克思主义认识论和群众路线在党的组织和政治生活中的运用，马克思主义认识论是科学的世界观和方法论，群众路线是也是科学的方法论。我国的国家机构是按照马克思主义国家政权理论建立起来的，马克思主义的世界观和方法论当然适用于各级国家机关的工作。所以，从世界观和方法论的角度完全可以说，民主集中制是一切国家机关开展工作的基本原则。它强调一切国家机关进行决策都必须深入实际，调查研究，遵循实践—认识—再实践—再认识的基本规律，而要遵循这一基本规律，就必须走群众路线，充分发扬民主，广泛听取各方面的意见，最终达到在广泛民主基础上的集中。一些领导同志在讲话中强调，民主集中制是一切国家机关开展工作的基本原则，实际也就是在这一意义上提出要求的。比如，第九届全国人大常委会委员长李鹏在九届全国人大常委会第31次会议上说，坚持和完善人大制度，做好人大工作，“必须正确处理充分发扬民主与在民主的基础上实行集中的关系。民主集中制是一切国家机关开展工作的基本原则。常委会制定任何法律、做出任何决定，都必须走群众路线，广泛听取各地方、各部门和广大人民群众的意见，也都必须依照法定程序充分听取常委会组成人员的意见。五年来，常委会十分注意表决前的协商过程，每一件法律案，一般都要经过三审，有的还要经过四审、五审，才交付表决，做到既尊重少数人的意见，又维护少数服从多数的原则”①。九届全国人大期间，修改文物保护法时，对于一些重大问题，有关方面一直存在分歧，但最后这部法律的修改很成功。李鹏在总结时说，这部法律的修改，“充分听取和吸收了委员们的意见，也广泛征求了有关国家机关和社会有关方面的意见，从而在充分发扬民主的基础上，实现了正确的集中……这是人民代表大会制度民主的一次生动实践”②。李鹏的这两次讲话是在运用马克思主义认识论和群众路线方面要求国家机关遵循民主集中制原则的典型，无疑是正确的。

3. 党内民主集中制在人民民主中的一切党内成员中都必须得到运用

党内民主集中制本身就是党内民主的根本制度，也是对党内成员的一种根本性纪律要求。在基层直接民主中，无论农村、城市居民还是企业事业单位的党内成员，都必须无条件服从党内民主集中制的原则和制度。在行政机关、审判机关和检察机关等国家机关中，党内成员也必须无条件地遵守党内民主集中制的各项原则和制度。现在的问题是，在人民代表大会及其常务委员会的组成人员中，党内成员是否也必须无条件地遵守党内民主集中制的各项原则和制度呢？答案是，同样应当遵守。权力机关组成人员中的党员代表或者党员委员，在代表大会和常务委员会会议上的各种发言和表决，虽然依照宪法和法律规定不被追究法律责任，但这决不意味着党内民主集中制对他

① 全国人大常委会办公厅秘书一局．第九届全国人民代表大会及其常务委员会大事记．北京：中国民主法制出版社，2003：701.

② 同①694.

们就不适用了。相反，他们应当首先遵守党内民主集中制的要求，并在权力机关的审议和表决中认真贯彻党内民主集中制的要求，使党的主张在人民民主中得到充分贯彻，这是保证党实现对人民民主领导的根本手段。当然，我们也必须注意，在人民代表大会及其常务委员会的党内成员中实行民主集中制，可能会遇到一些困境。比如，这些党内的代表或者委员既是党员，又是代表人民的，当遇到党的主张与群众的主张不完全一致的情况时，他们的民主权利的行使就会陷入矛盾之中。再如，党员代表委员会在遵守党内法规的同时，又可能遇到与依照法律规定行使职权的问题，如果党内法规的要求与国家法律的规定发生冲突，他们又会陷入矛盾中。这是相当复杂的问题，有些具体内容笔者将在后续关于权力机关行使职权中党内法规与国家法律关系的内容中再予论述。

4. 作为活动原则或者领导制度的运用，应当具体情况具体分析

民主集中制是一切国家机关的活动原则或者领导制度吗？这要具体情况具体分析。如前所述，作为党内活动原则或者领导制度的民主集中制主要表现为“四个服从”、集体领导、分工负责以及反对个人崇拜。其中，反对个人崇拜无疑是一切国家机关都应当遵循的活动原则或者领导制度。集体领导和分工负责的活动原则或者领导制度，是党内的制度，并非不可以运用于国家机关中，但如果运用于国家机关中，必须以宪法和法律的规定为依据。而“四个服从”则是相当复杂的问题，其中的每一个服从都有独立的体制性含义，也很难一概地适用于所有国家机关中。

国家机关的活动原则和领导制度本身还包括国家机关内部的活动原则、领导制度，以及国家机关上下级之间的活动原则和领导制度。根据宪法和法律的规定，在国家机关内部的活动原则和领导制度方面，我国的国家主席是一个独立的国家机构，不存在复杂的内部活动原则或者领导制度。行政机关实行的是首长负责制，中央军事委员会实行的是主席负责制，人民法院实行的审判委员会制、合议庭制和独任审判制，人民检察院实行的是检察委员会制。在国家机关上下级的活动原则和领导制度方面，行政机关、检察机关实行的下级服从上级的制度，符合民主集中制中“四个服从”中的一个“服从”，而审判机关实行的则是上级监督下级的制度，即不存在下级服从上级的情况。这些情况表明，上述几类国家机关的活动原则或者领导制度并不完

全是或者可以说主要的不是民主集中制的运用。

而值得注意的是，民主集中制原则在法院组织法和检察院组织法两部法律中有明确规定。根据法院组织法的规定，各级人民法院设立审判委员会，实行民主集中制。但是，法院组织法对审判委员会如何实行民主集中制并没有作具体规定，这实际使审判委员会中民主集中制的具体做法产生了不确定性。人民检察院组织法第32条规定："检察委员会召开会议，应当有其组成人员的过半数出席。检察委员会会议由检察长或者检察长委托的副检察长主持。检察委员会实行民主集中制。地方各级人民检察院的检察长不同意本院检察委员会多数人的意见，属于办理案件的，可以报请上一级人民检察院决定；属于重大事项的，可以报请上一级人民检察院或者本级人民代表大会常务委员会决定。"

这里的民主集中制含义相对明确，即在检察委员会中，检察长或其他委托的副检察长是检察委员会的会议主持人，检察委员会讨论问题实行少数服从多数，但这有一个前提，即只有检察长与多数人意见一致时，民主集中制才能保证生效，如果检察长与多数人意见不一致时，他可以尊重多数人的决定，但也可以不同意多数人决定，而将问题报请上级人民检察院或者本级人大常委会决定。笔者认为，人民检察院组织法的这一规定对于解释民主集中制其实是相当微妙的，检察委员会讨论决定问题实行少数服从多数，其实就是民主制，但检察长有"集中"的权力，他可以主持甚至指导检察委员会的讨论，但无权要求检察委员会服从他，这也许才符合民主基础上的集中和集中"指导"下的民主的原始含义。

那么，人大及其常委会的内部和上下级之间是否实行民主集中制的活动原则或者领导制度呢？先就上下级关系来看，我国的人大及其常委会上下级是监督与被监督、指导与被指导的关系，而不是领导与被领导的关系，所以不存在下级服从上级的关系，很难说是民主集中制中下级服从上级、地方服从中央的体现。对这个问题彭真曾有过深入阐述。他说，全国人大常委会和地方人大常委会上下级的关系，"我反复考虑过，有些问题的确不能领导，地方人大要审查、批准地方的经济计划、预算、决算，上级人大常委会怎么领导？选举地方人大常委会、地方政府，我们怎么领导？那个权不属于全国人大，也不属于全国人大常委会”①。

再就人大及其常委会的内部关系来看，能否适用民主集中制的活动原则或者领导制度也是值得怀疑的。1982 年通过的全国人大组织法规定了全国人民代表大会、全国人大常委会、全国人大各专门委员会的组织、职权及会议举行的程序，但没有规定在这些机构的组织和会议上要实行民主集中制的原则。这部法律以及 1992 年通过的人大代表法对全国人大代表和地方各级人大代表的义务、职权以及工作制度等做出了详细规定，但也没有规定代表在行使职权的过程中要遵守民主集中制原则；相反，上述法律规定代表的任何发言和表决不受法律追究，这恰恰是保护民主而不是要求集中的体现。地方组织法在规定地方各级人民代表大会及其常务委员会的相关事项时，也没有规定它们应当实行民主集中制的原则。1993 年通过的全国人大常委会组成人员守则，对全国人大常委会组成人员规定了一系列约束性要求，但也没有规定他们要遵守民主集中制原则。但是，1987 年通过的全国人大常委会议事规则第 2 条规定：“全国人民代表大会常务委员会审议议案、决定问题，应当充分发扬民主，实行民主集中制的原则。”这个“民主集中制的原则”是什么原则呢？是少数服从多数的原则，还是个人服从组织、下级服从上级或者是其他的什么原则呢？法律虽然没有作进一步的规定，但显然，这里的民主集中制主要指的是少数服从多数。

我们认为，在人民代表大会及其常务委员会的内部工作程序中，是不适宜笼统地适用民主集中制的活动原则或者领导制度的。因为，一方面，就个人服从组织、下级服从上级而言，权力机关每个组成人员都是平等的，都有一个独立完整的投票权，不存在谁服从谁的问题。而更重要的是另一方面，即少数服从多数的规则不适宜笼统地适用于权力机关的活动中。

第一，少数服从多数的规则，在权力机关内部的使用虽然重要但却是有限的。这一规则仅仅是在确定表决结果时适用的规则，在其他方面未必适用。比如，根据宪法和法律的规定，五分之一以上的全国人大代表可以联名提出修改宪法的建议，全国人大很少数量的代表，全国人大常委会很少数量的委员，都可以联名提出各种议案，一旦修改宪法的建议或者各种议案被全

---

① 彭真文选．北京：人民出版社，1991：563.

国人大及其常委会纳入审议议程，这实际就是“多数服从少数”的结果。

第二，少数服从多数本身也不是一个清晰的表述，因为多数有简单过半数的多数，有绝对过半数的多数，有超过三分之二过半数的多数，还有其他方式计算的过半数的多数。如果笼统地说在权力机关的表决中适用少数服从多数的民主集中制原则，就会与宪法规定的宪法修改必须有全体代表的三分之二以上多数通过才能生效的规定相矛盾。

第三，如前所述，在同一系统中，少数服从多数虽然也可以说是民主集中制的体现，但其本质是纯粹的民主制，没有集中的成分。人们普遍认为，权力机关表决的多数意见就是集中，少数意见就是服从。这其实是一种很大的误解。权力机关表决形成的多数意见恰恰是一种民主的结果，少数人在表决过程中恰恰是没有服从多数人，而是采取了弃权或者反对的方法不服从多数人。如果在表决的过程中就强调要少数服从多数，个人服从组织，那就有可能没有少数的反对意见了，就会是全体一致表决通过了。

所谓少数服从多数，严格说来应当是在权力机关的表决结果出来之后，少数人必须服从，或者说表决结果付诸实施后少数不同意见的人必须服从多数人的意见。但是，这个“服从”已经不是权力机关议事过程中的服从了，而是议事完毕执行中的服从；这也不仅是权力机关中少数不同意见者的服从，而是适用法律的所有公民的服从了，这时候的多数意见已经成为“集中”，是必须得到服从的，这才是民主集中制的真正体现。

这一点可以拿全国人大常委会组成人员守则的相关规定来做一个类比说明。这部法律第8条的两款规定很能说明问题。第1款规定：“常委会组成人员必须参加对议案的表决，并服从依法表决的结果。”这说明的是，表决之前的过程中不存在服从问题，但表决结果出来后必须服从。第2款规定：“会议主持人宣布议案交付表决后，常委会组成人员不得再对该议案发表意见，但与表决有关的程序问题，不在此限。”这说明，会议主持人宣布议案交付表决之前，常委会组成人员也不存在服从问题，但议案交付表决后就必须服从了。

这个法律规定的例子可以说明的是，在权力机关内部，就一个事项在讨论过程中是民主的，不存在服从或者集中的问题，但在民主的结果出来后，不同意见者就必须服从，这是执行的服从或者集中。在这一意义上可以说实行的是民主集中制。由此，对权力机关议事表决规则的原则应当持有的理解是，权力机关议事表决的过程中遵循的是民主原则，但是，表决结果出来以后权力机关少数不同意见者就应当服从，即议事表决是“民主”的，执行是“集中”的，这才是民主集中制。

上述情况表明，认为人大及其常委会内部工作适用民主集中制的组织与活动原则，至少是不准确、不全面的。

从上面的分析可以看出，要把宪法贯彻实施好，在人民民主中准确运用党内民主集中制，是十分关键的，也有不少需要予以重视和解决的问题。把党内民主集中制理解准确了，才能严格依照宪法的规定在人民民主中运用党内民主集中制，对于加强宪法实施意义重大。

3.4 改变优先发展基层民主的策略，大力发展国家民主

实施宪法，除了要处理好党内民主和人民民主两个基本的民主关系外，在人民民主内部，还要处理基层民主和国家民主这对重要范畴之间的关系。

宪法确立的人民民主方式包括两个方面：一是代议制民主，即人民代表大会制度体制内的民主；二是代议制民主之外的民主，即人民群众通过代议制以外的各种途径和形式依法管理自己的事情。代议制民主的范围限于国家机构体系内部，可以称之为国家机构的民主或者国家民主。根据宪法和村民委员会组织法、城市居民委员会组织法等法律的规定，村民自治和城市居民自治的组织不属于国家机构的体系，因此，可以称为国家民主之外的民主或者非国家民主。但是，非国家民主是否一概地属于基层民主呢？不能这么说。因为各种社会组织所进行的自我管理、自我服务、自我监督之类的活动也属于人民当家作主的重要内容，但却不适宜认为都属于基层民主。

长期以来，理论和实践中，对什么叫基层民主以及它的范围是什么，并没有达成共识。有的观点将基层民主界定于村民自治、城市居民自治和职工代表大会自治，还有的认为社团自治、基层政权机关的直接选举也属于基层民主的范围。

但主要地看，所谓基层民主，一般还是被理解为农村的村民自治和城市

的居民自治。而新中国成立后几十年来，特别是1982年宪法颁布的三十多年来，中国实际是把民主发展的重心先放在基层，特别是通过村民自治、居民自治在农村和城市实行直接民主。这里要着重讨论的也是重点发展这两种基层民主带来的问题。

3.4.1　基层民主为何得以优先发展

在理论中，人们似乎一直有一种共识，即认为中国民主发展的策略，实际上就是或者也应当是先发展基层民主，后发展国家民主；基层民主先行，国家民主殿后。实践中，优先或者重点发展基层民主，似乎也是一贯的做法。

第一，基层民主的立法较之国家民主的立法而言，力度更大。虽然有关国家民主的立法在数量上远远超过有关基层民主的立法，但仅就村民委员会组织法这部法律来看，它在村民民主选举、民主管理、民主监督等方面的具体的可操作性规定的力度，远胜过有关国家机构组织法在这些方面的规定。

第二，基层民主在实践中具有很大的自发性和创造性，特别是在村民自治中，广大农民创造了很多具有实际效果的民主办法和措施（如“海选”等），但相比而言，国家机构中民主活动的创造性比较薄弱，村民自治中的首创性在一定程度上超过国家民主。

第三，相对于国家民主而言，各级党委和政权机关更大胆地放手允许基层群众实行广泛的自治，对基层民主的发展持更为鼓励、支持、帮助和促进的积极态度。客观地说，我们对国家机构体系的民主发展则持更为谨慎、保守的态度；一些情况下，我们对地方国家机关民主活动的鼓励和支持不够，对它们创造的好的民主经验还缺乏大胆接收和推广的勇气，个别地方甚至存在阻挠和压制权力机关组成人员行使权力的现象。

第四，与国家民主相比，党的组织和党内成员在群众自治组织中的影响相对较小，这使得基层民主的发展具有更大的自主性。对党内民主的发展依赖性较小，容易走在国家民主发展的前面。而国家民主坚持和服从党的领导的情况与基层民主相比存在很大差异，党内成员在国家机构中占有很大比例，党内民主集中制对国家机构的影响很深，这使得国家民主的发展从根本上取决于党内民主的发展，缺乏基层民主那样的独立性和自主性。

第五，就执行法律的力度而言，基层民主在不少方面有超过国家民主的倾向。一方面，村民委员会组织法在不少地方的实践中得到了有力的执行（当然，这个说法只是相对而言），不仅如此，广大村民对法律的规定还存在较多的不满，希望进一步完善村民委员会选举、监督的法律程序，将村民自治进一步向深度和广度推进。但另一方面，有关国家民主的选举法和组织法在执行中还不同程度地遇到各种顾虑、阻力和干扰，法律执行的力度在不少方面尚不能与基层民主方面的法律相比，更不要说国家民主对完善法律的诉求了。

理论和实践表明，优先或者侧重发展基层民主，是我们所秉持的一项不言而喻的民主发展策略。现在需要回答的是，是什么样的东西支撑我们选择这样的民主发展策略？以下几个观念性因素也许有助于说明问题。

1. 认为基层民主是中国民主发展的一个侧面，可以先行试验和探索

我国经济体制和政治体制改革的一个重要特点，就是倾向于和习惯于先试验或试点，自下而上，待取得经验有足够把握后逐步推广。中国民主发展所走的正是这样一条道路，即先从基层试验、探索。为什么要从基层试验和探索呢？这主要是因为，基层民主是国家政权之外的民主，仅仅是社会主义民主发展的一个侧面和补充，有很大的试验和探索空间。彭真在将我国民主概括为人民代表大会制度的民主和基层民主两个方面的同时，虽然强调两种民主方式都很重要，但他明确提出，基层民主只是社会主义民主的一个侧面。所谓“侧面”当然是相对于“正面”而言的。在这个前提下，他认为，办好村民委员会、居民委员会，是国家政治体制的一项重大改革，对于实现人民当家作主，具有重大、深远的意义。

2. 认为基层民主是涉及人数最多的民主，是群众最广泛的民主实践

彭真在论及村民自治时说：“有了村民委员会，农民群众按照民主集中制的原则，实行直接民主，要办什么，不办什么，先办什么，后办什么，都由群众自己依法决定，这是最广泛的民主实践。”①

3. 将发展基层民主视为中国渐进政治改革的措施和内容

这一观点是与如何进行政治体制改革的理念相联系的，它认为中国的民

① 彭真文选. 北京：人民出版社，1991：609.

主发展需要渐进而非激进的政治改革，而这种改革的重要内容之一是，应当从发展基层民主开始。针对理论和实践中批评中国偏重经济体制改革而对政治体制改革不够重视的观点，有学者以“增量民主”的解释做出了艺术性的回应：“中国经济改革是一种增量改革，或者渐进改革，这一点在经济学界似乎已经成为一种共识。”但是，包括“政治改革在内的所有中国社会改革，实际上都是或者说应当是增量改革。可以说，改革开放后中国政治上的最重要发展，就是中国正在走上一条增量民主的道路，这是中国目前现实环境下惟一一条通向善治的道路”①。据此，虽然国家民主体制没有作出重大改革，但是，大力推行基层民主的发展显然属于“增量民主”的重要部分。

4. 认为发展基层民主是实现国家民主的基础，没有基层民主，就没有国家机构的民主

一种基本认识是，中国有几千年的封建历史，中国人缺乏民主的习惯，所以需要办许多民主培训班。而在广大的基层实行群众自治，就是很实际的民主训练，人民只有在基层经过训练，有了民主经验，才能为国家民主打下基础。彭真就认为，基层群众自治组织是“很实际的民主训练班”，群众自治是“最大的民主演习”。而广大农民“把一个村的事情管好了，逐渐就会管一个乡的事情；把一个乡的事情管好了，逐渐就会管一个县的事情，逐步锻炼、提高议政能力”②。

5. 认为优先在基层发展民主，风险较小

实践中，人们的确有一种不公开的担忧，那就是，在国家民主体制内的选举、立法、重大事项决策、监督等领域，过快地或者力度过大地推进民主，很可能会造成局面的失控乃至带来政权体制的不稳定。仅就人大代表的选举而言，人们就担心，将直接选举一下子扩大到过宽的范围，存在很大的风险。比如，在人大及其常委会一方面，就认为在省一级直接选举人大代表甚至对全国人大代表进行直接选举，存在不确定的因素，所以，全国人大在1979年修改选举法时只将人大代表的直接选举扩大到县一级，而当时即使

① 俞可平．增量民主与善治．北京：社会科学文献出版社，2003：155.

② 彭真文选．北京：人民出版社，1991：609.

做出这一决定也是付出了很大勇气和决心的。[①] 再如，一个副省长、副市长、副县长在差额选举中落选，也许不会出现太多的惊奇，但一个正职省长在等额选举中落选就会引起很大的波动，而一个部长、副总理甚至总理在全国人大会议的表决中落选则更会引起轰动。至少迄今为止，社会对选举所发生的意外后果具有怎样的心理承受能力，我们还缺乏应有的把握和从容的应对准备。所以，在此情况下，我们宁愿先在基层自治的范围内较大力度地推进民主。

与此同时，人们也有一种观念，即认为相对于国家民主而言，基层民主发展中一旦出现问题，便于控制和迅速解决。基层民主虽然涉及的范围广、人口多，但是，以农村的村组、以城市的社区为单位实行直接民主，实际上使任何一个区域的民主无论出现多么复杂的情况，其范围和影响都十分有限，一旦出现问题，有关方面可以迅速地予以控制和解决。但是，在国家机构的范围内扩大民主，情况就会大不一样。国家机构的层级及其所覆盖的行政区域的范围，远远超过那些村组和社区，国家机构民主中一旦发生意外事件，其影响也往往要大于基层民主，而发展国家民主，特别是在层级较高的国家机构中发展民主，不可避免地会出现各种难以预测的问题和困难，解决这些问题和困难的难度也远非基层民主可比。所以，在这种情形下，为维护社会的稳定和促进发展，作出一个优先发展基层民主而暂缓国家民主的谨慎选择，就是情理之中的价值取舍了。

6. 受各种因素的影响，特别是对西方民主的方式持有谨慎之心，也是优先发展基层民主的重要动因

新中国成立几十年来，我国实行人民代表大会制度的国家民主，但这个制度曾长时间遭到破坏，现在仍处于不断的探索、健全和完善之中。这一情况使我们对国家民主发展的规律、特点和经验尚缺乏足够的认识和把握。相对而言，西方国家发展民主有上百年历史，经验丰富。中国要发展国家民主，不可避免地要将目光投向西方，总结和借鉴西方国家民主的经验和规

① 当时，即使在县一级实行人大代表的直接选举，也遇到了激烈的反对声。而更值得注意的是，也是在那一年选举法的修改过程中，民政部曾经有一个报告，就是先在县一级实行人大代表的直接选举，在此基础上，过几年紧接着实行省一级人大代表的直接选举。但是，这个想法最终未能成为现实。其中，一个根本性的原因就是担心风险太大。

律。但是，由于中西方政治制度的性质差异，我们对西方民主的不少制度和做法存在警惕之心。同时，我国传统政治文化中的道德标准、政治策略和政治技术等因素对当代政治生态的重要影响，也使得我们不可避免地对西方民主的一些特点持排斥态度。仅以选举中的自我宣传为例，我们就可以发现，要在大范围内实行直接选举或者以其他方式促进选举的民主化，必然要允许候选人进行竞争性自我宣传，甚至候选人互相攻击，而这一做法在西方国家已被发挥得淋漓尽致，但我国传统政治文化中的道德标准、人际关系，以及现在的新闻宣传制度，都不太允许实行国家机构组成人员选举时在此方面立即“与西方接轨”。所以，仅以人大代表的选举来说，我们就宁愿在小范围内实行直接选举。因为在一个乡镇甚至一个县，由于区域范围的有限，人们容易自然了解一个候选人，我们就宁愿让人民在自然了解的基础上作出自己的选择，而不愿意突破这种自然的了解而采取类似于西方国家的那种自我宣传式的了解候选人的方式，并在此基础上扩大直接选举的范围。而客观地说，基层民主毕竟在国家民主体制之外，它即使对西方民主方式吸收和模仿得多些，也未必会对国家民主产生必然的连锁反应。这样的局面自然也使得优先发展基层民主成为情理中的价值取舍了。

7. 也必须切实地考虑到，在更大的范围内扩大民主，涉及党的领导与人民民主的关系问题

这个问题上面已有涉及。在中国，我们有一种重要的假设，即人民民主的发展必须有党的领导，这是发展人民民主的前提性问题。但是，党的领导在国家民主与基层民主中的方式和内容无疑是有所区别的。以村民自治为例可以注意到，在农村，党的基层组织领导村民自治，但是，这种领导也应当是讲艺术的。村民委员会组织法中虽然明确规定了党的领导，同时强调，党在农村的基层组织，必须按照党章发挥领导核心作用，必须依照宪法和法律支持和保障村民开展自治活动，直接行使民主权利。

但是，如果把这种做法一下子推进到更为广泛的范围内，特别是推进到国家民主的范围内，恐怕就存在许多复杂的因素了。因为在有关国家机构组织的法律内，尚没有对党的领导的限制性规定。在国家机构体系内，仅以权力机关而言，县级以上各级地方人大常委会主任多半是由党委书记兼任的，党的成员在人大及其常委会也占了绝对多数，这种做法保证了党对权力机关

的掌控和领导。总之，与基层民主相比，党对国家民主的领导是更为严格的，措施也更带有强制性的色彩。而在国家机构体系内更大范围地、更大力度地实行民主，就必须考虑党的领导与国家民主的敏感而复杂的关系，所以，在此情况下，谨慎的做法是先在基层较大力度地发展民主。

3.4.2　未尽人意的效果

自从村民委员会、居民委员会自治被写进1982年宪法至今，我国农村和城市基层群众自治已经走过了几十年的道路。为推进基层民主，各级相关党政机关及其负责人做了大量工作，广大基层群众也创造性地采取多种途径和形式，直接行使自己的民主权利。可以说，无论从深度还是从广度看，基层民主的发展都走在国家民主的前面。检视几十年来的基层民主实践，我们当然完全可以总结出许多成就，但是，更值得我们正视和深思的客观情况是，基层民主的效果远没有达到人们当初的预期。

一方面，以居民委员会为代表的城市居民自治基本上流于形式，居民通过居委会行使权利的热情远未调动起来，居民委员会未能发挥法律赋予它的应有功能。当然，居民自治未能发挥应有的作用，原因也许不能单纯地归结于实行居民自治的民主策略本身，这一问题与我国城市政权的设置、居民生活就业特点以及城市社区的急剧发展变化有很大关系。但不能否认的是，自新中国成立后不久就确立的城市居民自治的民主策略，没有收到应有效果。

另一方面，作为基层民主风向标的农村村民自治，虽然有广大村民的积极参与和投入，在一定时期、一些地方取得了成绩，但全面地看，村民自治也未能取得预期的效果。村民委员会组织法颁布实施后，亿万农民曾经满腔热情地行使当家作主权利，并创造性地积累了不少民主经验，但是，随着时间的推移，人们越发认识到，在广大农村，要真正实行民主选举、民主管理、民主监督，是一项相当复杂和困难的事业。村民自治遇到很多困难和阻力，农村民主中出现的消极现象也常见报道。

不仅如此，人们还发现，中国村民自治所取得的成果，近年来已呈现出逐渐弱化以至退步的倾向：一是某些地方强制推行党支部和村主任“一肩挑”，使得村民难以自主地选举村委会主任；二是全面推行“村财乡管”，削弱甚至取消了村民在财务方面进行自我管理的权利；三是某些地方政府规定村级组织主要领导由县乡财政发工资，把国家用来资助农村发展的钱，转变成了村级组织干部的工资，实际结果是将工资作为乡镇控制村级组织的手段；四是党政机关往村里下派干部，特别是把新毕业的大学生派到村里当“村官”，目的是帮助农民自治，但实际是把村民自治变成官员统治了。如果任由这些现象发展下去，村民自治的应有之义就可能被曲解和取消，村民自治的已有果实就有逐步丧失的危险。

不仅是居民自治和村民自治本身未达到预期效果，更值得关注的是，那些指望通过优先发展基层民主来实现的良好愿望，似乎也多未得以实现，比如，那种指望通过发展基层民主来推进国家民主的理想。因为经过多年的实践，我们发现，基层民主与国家民主毕竟是两个体系内的东西，基层民主即使有了发展，它也并不与国家民主的推进具有必然联系。比如，那种指望通过发展基层民主来训练人民，调动民主积极性和积累民主经验的愿望，也并未如期实现，最乐观的估计也是喜忧参半。因为我们发现，在广大农村，由于各种因素对村民自治的干扰，村民行使民主权利的热情受到很大挫伤，他们对实行自治所持的消极和悲观情绪，或者可以说是对民主的不信任，似乎正变得越来越重。再如，那种认为优先发展基层民主而缓行国家民主将会降低社会风险、保持社会稳定的观念，也变得越发可堪怀疑。经验表明，优先发展基层民主非但没有降低风险、消除不稳定因素，相反，由于国家民主发展的相对滞后，社会上的各种不稳定因素正在积聚和增加。

3.4.3　检视和反思

基层民主的发展为什么会出现上述尴尬局面？笔者认为，支撑优先发展基层民主的诸多观念基础是值得检讨的。纵观人类民主发展的历史可以发现，民主发展的规律既有自上而下的，也有自下而上的，并无定律。但历史和现实表明，自下而上不是中国民主发展的基本规律。其原因如下。

第一，中国有强大的国家政权机构。国家机构的民主是中国民主结构中的主要矛盾和矛盾的主要方面，基层民主的发展实际上必然要受制于国家民主的发展，如果国家机构中的民主得不到发展，基层民主的发展就既没有内在积极性，也没有外在压力。

第二，中国有几千年封建专制的传统。小农经济也是绵延几千年的主要生产方式，农村和城市的基层缺乏自发的民主传统和土壤，在国家民主未得到应有发展的情况下，指望优先发展基层民主，甚至通过发展基层民主去推动国家民主，是不现实的，因为在此情况下，基层民主的发展既没有国家民主的推动，又缺乏自身的历史基础，本身就难以取得成功，遑论推动国家民主。

第三，在国家民主占主导地位的中国民主政治体制中，民主主体的素质应当是金字塔式的结构，处于金字塔顶端的民主组织、民主个体应当更富有民主的价值观，以及民主的素质和经验，应当更习惯于按照民主的程序议事、行事，而处于底层的民主组织和民主个体则反之。由此看来，民主的经验、民主的做法、民主的规律应当首先由高层而来，而不应当是由基层而来；由国家机构而来，而不应当是由民间而来。由基层而来的东西相对而言只能是朴素的、简单的，从积极的意义上说也只能是国家民主的有益补充。所以，国家民主理应先行。

第四，优先或者重点发展基层民主，而缓行国家民主，容易使国家机构失去发展自身民主的动力和积极性，使国家机构的不民主成为一种惰性，也容易使发展基层民主缺乏说服力。民主是需要压力的，而在一个不习惯民主的组织中，不民主本身就是一种强大的惰性，所以，发展民主的压力应当首先被施加于国家机构之上。而另一个值得重视的问题是，发展基层民主，需要寻找对基层的说服力。基层政权组织是基层民主的指导者，但是，一旦指导基层民主发生困难特别是涉及自身的利益时，有人就可能提出，为什么一定要从基层发展民主呢？上层不能实行民主，为什么要我们实行？上级国家机关做不到的事为什么让基层群众先做？既然民主是个好东西，为什么上层国家机关弃之不要，而要在基层先推行？要知道，民主是以身作则的东西，是率先垂范的东西，而不仅仅是自己发布指示让别人去做的东西。

第五，基层民主涉及的人数虽然占绝对多数，国家民主涉及的人数虽然只占全体人口中的极少数，但是，在中国，涉及绝大多数人切身利益的事情，基本都是由占全体人口中极小比例的少数人即所谓国家机构的精英决定的，中国发展的前景和方向都掌握在国家机构手中，所以，与发展基层民主相比，发展国家民主具有何等重要的意义也就不言而喻了。

第六，优先发展基层民主而缓行国家民主，并不会降低、减少甚至消除社会风险，相反却可能会不断地积累矛盾，增加社会风险。因为：一方面，中国社会的各种矛盾和问题从源头上说，可能主要的是由国家机构内部的民主发展和发扬得不充分造成的，所以，要解决问题、消除矛盾、减少风险，根本的出路是发展国家民主，而不是发展基层民主，是国家民主先行而不是基层民主先行。另一方面，基层民主与国家民主本身是中国民主发展的两条线索，这两种民主的发展是存在竞争的。其中，国家民主理所当然应当先进于基层民主，并为基层民主起推动和示范作用。但是，优先发展基层民主、缓行国家民主，极容易造成的局面是，基层民主发展的速度和进程会超过国家民主，而一旦出现这种国家民主滞后于基层民主的情况，国家机构的权威及其执政能力就可能会受到怀疑和挑战，一些别有用心的人甚至会乘机对国家机构的所谓“合法性”提出质疑。而一旦基层民主超过国家民主时，也可能会出现国家机关阻挠和干扰基层民主发展的消极现象。这些都是值得重视的严峻问题。

第七，基层民主未必能够给国家民主提供经验，国家民主与基层民主有不同的发展特点和规律。基层民主是群众自发式的民主，它在选举、决策与监督等活动中，与国家民主有一些具有相似性和共同点的东西，但存在更多差异与区别；国家民主的发展，总体上看应当依靠自身创造性的实践，而不能依赖或依靠基层民主来提供经验。

第八，实践也表明，离开了上层国家机构民主的发展，基层民主的发展很可能要么流于形式，要么从根本上受到上层国家机构中各种不民主的消极因素的影响，以致半途而废。我们看到，基层特别是村民自治中，各种不健康、不民主甚至违背法律的做法，在其上级国家机关中常能找到影子。这些年来，村民委员会选举中发生的贿选、操纵选举、通过暴力干预选举等现象，以及个别地方出现的家族势力、黑恶势力干预选举的现象，背后多有当地个别党政干部的影响。而对这些问题进行剖析就会发现，这些消极现象的产生，都是乡镇一级政权、乃至县一级政权中的组织或成员在民主制度的落实中出了问题，是他们首先违背了民主的做法，甚至实施了违法犯罪行为。实际上，一个县级政权中存在各种不民主的作风，这个政权中的成员就不会允许乡镇政权中真正搞民主的，因为乡镇的组织或成员与县级政权的组织或成员存在千丝万缕的联系。而一个乡镇的党政一把手不搞民主，他常常也不会允许村民真正搞自治、直接行使民主权利，因为村一级组织中的人员都与乡镇存在紧密联系。

以上论证表明，优先发展基层民主而缓行国家民主，可能造成的消极影响是，基层民主的发展可能陷于孤军深入的境地，国家民主的发展可能会坐失良机或者被荒废，因此，转变现有的民主发展策略，已是一项紧迫而重大的任务。时不我待。

3.4.4 建议调整策略，大力发展国家民主

为保证宪法的有效实施，在新的历史时期，再一次对中国的民主发展展开深入思考，确立以下的民主发展方略，引导中国民主发展的方向，十分必要。

第一，如前所述，大力发展党内民主，通过党内民主的发展来影响、带动和示范人民民主的发展。

第二，改变偏重于发展基层民主的策略，把发展国家民主放在优先考虑甚至首要考虑的位置。但是，推进国家民主建设，是一项极其复杂、敏感、紧迫又攸关国家长治久安的宏大事业。对如何突破性地推进这项事业，需要展开深入的研究和论证，既不可谨小慎微，坐失良机，又不可操之过急，企图一蹴而就。笔者认为，对国家民主的发展：一方面要有着眼长远的通盘规划，至少作出十年、二十年的长远规划；另一方面，又要有目前的近期计划。总体的原则应当是，坚定不移，稳步推进，但在不同的时期和不同的情况下，都应当采取相应的有实质意义的推进措施。

第三，在决定大力推进国家民主的同时，开展一次大规模的调查研究和总结活动，深刻总结几十年来基层民主发展的经验教训，并对今后基层民主的发展作出更为长远的计划和规划。这不仅对推进基层民主本身有积极意义，对推进国家民主也具有重要意义。

第四，确立以国家民主推动、示范和影响基层民主的基本方针。为此，有必要在国家政权体制运行中找到一些突破口，特别是要找出那些与基层民主中相通、相似的规律性做法，以点带面，以推进国家民主而带动和示范基层民主的发展。

第五，在目前的形势下甚或较长一段时间内，需要精心准备，果断采取

一系列突破性的措施，推进国家民主的实质性发展。这样做有利于释放长期以来社会上对民主发展的巨大需求，化解大量的社会矛盾和问题，极大地调动全体人民当家作主的热情，为国家民主的长远发展打下坚实的基础。笔者认为，采取以下三项措施是必要的、可行的和有效的。

一是由党政机关联合行动，采取一系列有效措施，促使各级政权机关认真地、切实有效地执行有关国家民主制度的宪法法律规定。应当说，有关各级政权机关组织和职权的法律制度已经比较健全了，但问题主要出在执行的环节，如果已有的法律得到不折不扣的遵守和执行，可以肯定地说，国家民主必将有一个飞跃性发展。

二是通过健全民主的具体程序和细节促进国家民主的发展。国家民主未得到长足发展，一个重要原因是法律相对粗疏，程序性、细节性的规定过于缺乏。

三是要允许并勇于和善于公开国家政权机关之间以及国家政权机关内部的冲突。民主需要冲突，常常也只有冲突才能体现民主，唤醒民主，推动民主。受中国传统文化的影响，长期以来，我们不习惯于或者尽量避免体制内的矛盾和冲突，而国家机关之间以及国家机关内部一旦发生各种矛盾和冲突，也基本是通过内部的沟通和协商解决的，难以为外界所知。在对民主的内容和意义有了更深刻的了解后，我们更应当不惧于和不回避体制内的冲突，相反，要鼓励体制内的一切民主主体，严格以宪法和法律为依据，勇于承认冲突，发现和正视冲突，妥善地处理冲突。我们不否定以内部协调的方法解决体制内冲突，但同样应当倡导将体制内的冲突公开化，并将解决冲突的过程公开化。

实际上，无论在立法还是在执法过程中，国家机关之间及其内部的各种矛盾和冲突是相当普遍的，不少事例已经被公诸媒体。宪法和立法法、监督法等法律也赋予了有关机关公开地解决各种冲突性问题的诸多手段，比如质询、罢免、撤职、撤销等。可以坚信，以宪法和法律作为解决问题的准绳，允许并公开体制内的冲突，非但不会损害国家政权机关的权威，而且会大大提高政权机关的权威，提高宪法和法律的权威，使国家民主变得生机勃勃，使全体人民都浸染于鲜活可感的国家民主中，继而习惯于并满腔热情地投身于国家民主以及基层民主的建设中。提倡和发扬体制内的冲突性民主，同样是发展国家民主的必经之路。

总之，确立重点发展国家民主的策略，对于促进宪法的有效实施，保证人民当家作主具有重要意义。

3.5 研究解决一系列重要问题，保证党对立法工作的领导

立法是实施宪法的重要方式。在很多方面，立法是实施宪法的第一步。但立法必须坚持党的领导，而党如何领导立法是贯彻实施宪法过程中急需解决的一个重大问题。党的十八大特别是十八届四中全会，对党领导立法工作提出了一系列新要求。笔者认为，落实四中全会精神，深入研究解决党领导立法工作中遇到的一系列重要问题，对于健全宪法有效实施的制度，至关重要。

改革开放以来我国立法的巨大成就，都是在党的领导下取得的。而党对立法工作的领导，又是以党中央和中央办公厅印发的三个重要文件为依据的。第一个文件是 1979 年 8 月中共中央办公厅印发的《彭真同志关于制定和修订法律、法规审批程序的请示报告》，第二个文件是 1991 年 2 月中共中央印发的《关于加强对国家立法工作领导的若干意见》，第三个文件是 2016 年 2 月中共中央印发的《关于加强党领导立法工作的意见》。这三个文件先后对党在不同历史时期如何领导立法工作，提出了一系列要求，对当代中国的立法乃至民主法制建设的全局性事业，产生了广泛深刻影响。三个文件中，特别重要的是 2016 年 2 月《关于加强党领导立法工作的意见》（以下简称《意见》）。这是对新的历史时期党如何领导立法工作规定得最详细具体的一个文件，在立法包括依法治国的整体事业中，处于牵一发而动全身的地位，对进一步加强党的领导，做好立法工作，必将产生深远影响。《意见》印发以来，得到各级党组织的有效实施，产生了积极效果。但理论和实践中，对于如何学习、领会和不折不扣地贯彻落实《意见》，仍然有不少重要问题需要研究回答。

3.5.1 党领导立法中的“党”是指什么范围的主体

立法工作必须坚持党的领导，是毫无疑问的。但是，什么范围的主体可

以叫“党”，谁可以代表党领导立法工作？长期以来，这个问题没有得到统一和明确的规范。在中央一级，哪些主体能够代表党领导立法工作，党的中央委员会、中央政治局、中央政治局常委会，当然可以代表党领导立法工作，但是，党的总书记、其他中央政治局常委、中央政治局委员等中央领导人个人，能否代表党领导立法工作？全国人大常委会以及国务院的党组能否代表党领导立法工作？在地方，立法法修改后，除了省一级的地方有立法权外，还有280多个设区的市都获得立法权，那么，一个省委书记、设区的市的市委书记以及省、市的党委常委个人能否代表党领导立法工作？还有，在中央和地方一级，党委的办公厅（室）、组织部、宣传部等工作机关能否代表党领导立法工作？以上这些都是需要明确规范的重要问题，否则，就会给党领导立法工作带来很多困境和不顺。比如，实践中，个别地方曾经出现过党委书记或者一名党委常委就可以决定是否制定一件法规的情况，甚至出现过一个省、市是否制定一件政府规章，以及这个规章规定什么样的内容，由作为省委、市委副书记的省长、市长个人决定。个别地方党委办公厅、研究室等机构及其负责人的意见还能决定立法的内容和走向。

如何界定党领导立法的主体范围，涉及对1982年宪法的理解。如前所述，这部宪法中写了党的领导，但是，“党”是指什么范围的主体，宪法并没有明确界定。主持制定这部宪法的彭真，在宪法制定后的不同场合，对这个范围的表述也不尽一致，从党中央到国营工厂的党委，都包括在内。但是，修宪时任彭真秘书的项淳一却把“党”的范围限定在党中央。他认为：“只有中央的领导才是代表党的领导，任何一个党组织或者领导人如果离开了党的路线、方针、政策，都不能代表党说话，不能说反对支部书记或者反对某个领导人就是反党”①。但是，除了党中央以外，其他的各级党组织和个人又以什么名义才能实行领导呢？项淳一的解释是：“当然，党的组织和个人在执行党的正确的路线和政策时，他是整个党的一部分，是代表党的。”② 据笔者所阅，最早将宪法中“党”的范围明确地界定为党中央的，大概就是项淳一了。但长期以来，在认识和实践中，对于究竟谁才能代表党，是存在不少模糊和混乱的认识的，关于领导立法工作的主体就是一例。

---

① 项淳一．关于学习宪法的几个问题．人大工作通讯，1995（10）．

② 同①．

实际上，即使将领导立法工作的“党”界定为党中央，也有一些问题需要研究。比如，一级党的组织及其负责人在领导立法时贯彻党中央的方针政策，能否说这个党的组织及其负责人就代表了党中央？又如，党中央的领导人常常可以代表党中央作出很多重要的政治和法律行为。但是，如果有关方面在立法中对党的方针政策的理解发生意见分歧，该领导人出面协调时，他个人的意见能否代表党中央，能否说成是党中央的意见？再如，地方立法的不少内容具有自主性和创制性，并没有党中央直接的方针政策依据，地方党的组织及其负责人对这类立法工作提出意见和主张时，能否说是在代表党？

《意见》没有从正面对党领导立法工作的主体做出明确规范，只是根据具体情况，提出了党中央、中央政治局常委会议、中央政治局会议、全国人大常委会党组、国务院党组、有立法权地方的党委以及地方党委的主要负责同志等主体，在不同立法事项中的具体领导任务和方法，但这些具体要求尚不能解决实践中出现的各种问题。比如，一些党组织和个人虽然承担一定的领导立法工作职能，但能否说这些组织和个人就代表了党？比如，一些党的组织和个人虽然没有在文件中出现，但实际在立法工作中发挥重要作用，能否说这些组织和个人是在领导立法工作？所以，谁有权代表党，如何代表党，以及在多大范围和程度上代表党领导立法工作，是需要全面和慎重研究回答的问题。

3.5.2　党领导立法工作的性质是什么

通常说，党的领导包括政治、思想和组织的领导。党对立法工作的领导当然也包括政治、思想和组织的领导。但立法是一项非常特殊的工作，党领导这项工作的特殊性在哪里呢？对于这个问题，彭真在 1979 年向中央的报告中没有直接点明，但他在具体工作中将党对立法的领导，界定为政治领导。1991 年中央《关于加强立法工作领导的意见》，对党领导立法工作的性质是这样界定的：“中央对国家立法工作主要实行政治即方针政策的领导”。这实际是彭真所持观点的延续。2016 年的《意见》也采用了类似于此的表述，即“坚持主要实行政治领导，即方针政策领导”。由此可见，按照中央一贯的意见，党对立法工作的领导，在性质上，主要是政治领导，即方针政策的领导。

将党对立法工作的领导，定性为主要实行政治领导即方针政策领导，符合党的宗旨和人民代表大会制度的要求，但仍然有几个问题需要研究回答。

第一，这种政治领导是不是必须服从。现在，实践中对党领导立法工作，有一种看法，就是人大及其常委会立什么法、什么时候立法，在一部法中规定什么内容，只要党组织及其领导人、负责人提出了意见，人大及其常委会就必须服从，认为只有这样，才能确保将党的主张上升为国家意志。但是，又有一种观点认为，党的领导，要靠它的路线方针政策的正确来实现。1982 年宪法制定时，彭真在向全国人大常委会所作的宪法修改草案的说明中，对党的领导也是强调“正确”二字的，其中一个重要内容就是：“坚持党的领导，最根本的、最主要的是靠党的思想政治领导的正确，靠党的路线、方针、政策的正确。”[①] 这就把“正确”放到出发点和落脚点的位置。应当说，彭真的这个说法是立宪的原意。现在的问题是，如果将党对立法工作的政治领导理解为必须服从，与立宪的原意显然有差距，但如果将党的领导理解为正确的方针政策的领导，那么，在党的方针政策还没有经过实践检验是否正确时，如何在实践中具体地理解和执行党对立法工作的领导，能否要求立法机关无条件地服从。

第二，如何理解方针政策。日常工作中，我们习惯说党对立法工作实行方针政策的领导，但细究下来就发现，有不少问题长期以来似乎没有引起思考重视。比如，什么叫方针政策，方针政策的条件和标准是什么？什么样的方针政策才可以做领导立法的根据，谁有权制定方针政策。党中央当然有权制定方针政策，但是，地方党委是否有权以及在什么样的范围内可以制定方针政策？党组织的工作机关能否制定方针政策？党的领导人或者党组织的负责人个人的讲话和批示能否叫方针政策？再如，如何保持方针政策的连续性和稳定性。提出这些问题，是因为实践中，党通过方针政策领导立法遇到不少困惑。比如，有的地方，省委书记、市委书记，省长、市长或者其他的党委常委讲一句话，做一个批示，党组织开会形成一个会议纪要，党委办公厅发一个文件或者与政府办公厅联合发一个文件，人大及其常委会就通过立法

① 彭真．论新时期的社会主义民主与法制建设．北京：中央文献出版社，1989：103.

的形式来落实。再比如，有的地方，根据前一届党委制定的方针政策，有关部门已经启动立法程序，但党委换届后，方针政策虽然未被否定，受重视程度却大幅下降，这样的方针政策实际就不能领导立法了。

第三，除了方针政策之外，是不是还有其他的领导，如何去理解方针政策之外的领导。这有两个问题：一是如前所述，实践中各级党的组织及其领导人或者负责人在党的方针政策之外对立法施加的影响应当受到重视并予以规范。二是党对立法工作的领导，是否包括路线的领导？我们讲党的领导，习惯称路线、方针、政策的领导，但对于立法工作，《意见》强调的是方针政策的领导，那么，是否还包括路线的领导？我们党自成立以来，坚持什么样的路线，始终是一个根本性问题，路线的冲突甚至斗争几乎从未间断。当代中国，举什么样的旗，走什么样的路，在立法领域就有十分尖锐的冲突。比如，在国家机构的组织与职权方面，是走西方国家的“三权分立”道路还是坚持人民代表大会制度；在经济制度方面，是坚持公有制为主体，还是走私有化的道路，都有过尖锐分歧。这是典型的立法路线的分歧。那么，党对立法工作的领导，能否排除路线领导？恐怕不能。路线领导是根本性的领导。

第四，一级党委特别是地方党委的方针政策，有没有正确或者不正确、合法与不合法的区分。坚持党对立法工作的领导，是不能动摇的政治原则。但如果一个地方党委的方针政策并不符合本地区的实际情况，群众认为是不正确的，并不赞成，在这种情况下，如何理解和执行党对立法工作的领导？应当建立什么样的机制来避免用群众不赞成的方针政策领导立法工作？地方党委的方针政策还有一个是否与宪法法律相抵触的问题，如果某一方针政策违背了宪法法律，而依照宪法法律的规定，地方人大及其常委会在本行政区域内又负有监督宪法法律实施的职权，这种情况下，如何来理解和贯彻党的方针政策对立法工作的领导？

3.5.3 党应当用何种方式领导立法工作

按照1979年彭真给中央的报告，党领导立法工作的方式主要有两种：一种方式叫“审批”，即“今后新草拟的和修订的法规，在提出前都由主管草拟的或负责修订的国务院或人大直属的机关，报请中央审批”。另一种方式叫“原则批准”，即主管部门“应将拟定或修订的法规要解决的主要问题和意见，请示中央原则批准”。这两种方式中，前者是指，要不要制定一部法律，事前需要报请中央“审批”；而后者是指，已经确定要制定或修改一部法律了，须将法律所解决的主要问题报请中央“原则批准”。对于要不要制定一部法律，中央把关很严，而在确定制定或修改一部法律后，中央的把关是原则性的。

所有立法实际都可分为两个大的阶段：一是立法的准备阶段，二是立项或者提出议案后的审议决定阶段。其中，准备阶段是立法的总开关。那么，党如何把好这个总开关呢？按照《意见》的要求，党中央除了直接提出宪法修改和解释的建议外，还审定立法规划计划，提出立改废释意见建议，讨论同意政治方面立法和重大经济社会方面立法等，有立法权的地方党委也要加强对本地区立法规划计划的领导，研究同意政治方面和重大经济社会方面立法。应当说，几十年来，党在领导确定要不要制定一部法时，始终从严把关，没有出过什么问题，有效地保证了国家政治、经济和社会制度的根本方面沿着中国特色社会主义道路前进。今后，确保党对立法工作的领导，坚持各级党组织对立法准备阶段的从严把关，十分必要。但是，也有几个重要问题需要研究回答：一是党组织审定或者同意要不要制定一部法，其初衷、出发点和基本原则是什么；二是审定或者同意的制度基础和理论基础是什么；三是如何从体制和机制上保证党组织的审定或者同意与有关国家机关行使立法提案权的科学衔接；四是如何避免审定或者同意的标准过严，使反映民主法治建设需求而应当尽快制定的法难以出台。

那么，一部法进入立项或者提案审议阶段之后，党应当如何领导呢？对这个问题，彭真当年的提法和做法，就是一个“原则批准”，叫“全国人大常委会通过的法案，在党内都是事先报经党中央原则批准的”[①]。“原则批准”实际是政治审查，是指党中央对法律草案所要解决的主要问题进行原则性、政治性审查，看是否符合党的路线、方针、政策，如果符合，就原则批准。经过党中央原则批准的法律草案，已代表了党的意见和主张，在此基础上，由全国人大及其常委会通过法定程序进行审议和表决后，就成为国家法律。

① 刘政，于友民，程湘清．人民代表大会工作全书．北京：中国民主法制出版社，1999：1010.

党中央对立法中主要问题的“原则批准”，一个重要特点是，不对法律草案的具体内容发号施令、一锤定音、拍板决定。中央在原则批准法律草案，包括提出宪法修正案建议后，仍然十分注意吸收各方面的意见。一个典型事例是，1982年修改宪法时，中央政治局开了八次会议讨论酝酿修改宪法。八次会议彭真都出席了，但会后，在宪法修改讨论的各种场合，他从来没有传达和透露政治局会议的讨论情况，而是鼓励大家充分发表意见。彭真为什么不传达透露中央讨论的意见呢，就是担心一传达中央的讨论情况，就可能产生一种先入为主的导向，让大家觉得，中央都有了意见，就不再发表不同意见了。

但在现在的实践中，一部法立项或者进入审议程序后，各级党组织领导的方式并不一致，缺乏统一规范。按照《意见》的要求，要把党的领导贯彻到立法全过程，党明确立法工作中的重大问题，党中央和有立法权地方的党委要讨论决定立法涉及的重大体制和重大政策调整，协调解决重大立法争议。这些领导方式和当年彭真所说的“原则批准”，已有很大差别。

应当说，《意见》提出的这些领导方式有现实针对性，十分必要，但在实践中如何把握，仍然有一些问题需要研究：一是党明确立法工作中重大问题的范围和方式是什么；二是立法中哪些具体类型的重大体制和重大政策调整，需要由党中央和有立法权地方的党委讨论决定；三是对于重大体制和重大政策调整，党内何时讨论决定，是在立法之前还是在立法过程中，是先一锤定音，还是在立法过程中出现分歧意见之后再讨论决定；四是对党内讨论决定的结果，立法机关特别是人大及其常委会是否还可以在审议中提出不同意见，如果出现了倾向性的不同意见，怎么办？如果社会上也出现倾向性不同意见，怎么办；五是党中央和有立法权地方的党委协调解决重大立法争议，这种协调是超脱性、程序性的协调，还是可以直接表明立场，对重大立法争议的具体内容拍板决定。

3.5.4 党内如何坚持民主决策集体领导

上一问题说的是党在外部对有关国家机关修改宪法、制定和修改法律法规规章的领导方式，那么，党组织在内部如何形成领导立法工作的决策呢？这是一个极为重要的前提性问题，因为只有党组织在内部形成的决策是正确的，才能保证其对立法工作领导的正确。为保证党组织在内部决策的正确，《意见》提出的总体要求是“坚持民主决策集体领导”，具体包括坚持民主集中制，遵循党内重大决策程序规定，集体研究决定立法中的重大问题等。但是，这些要求在具体落实中仍然有几个问题需要研究回答。

第一，党内民主决策集体领导的具体方式和程序是什么。这包括不少具体问题。比如，按照党内民主集中制的要求，对立法过程中的重大问题，应当遵循在民主基础上的集中和集中指导下的民主这一原则，以少数服从多数的方式作出决定，但是，少数服从多数是实行公开表决还是无记名表决？如果实行无记名表决，又如何落实集中指导下的民主？比如，一个地方党委书记对某一立法重大问题提出的意见并不正确，其他多数常委对这一问题缺乏必要的研究认识，难以表态，或者即使有不同意见，为了维护书记的权威，也不愿反对。这种情况下，又如何保证党委作出领导决策的正确？再如，按照党内民主集中制的要求，下级党委必须服从上级党委，如果下级党委与同级人大常委会在重大立法问题上的意见是一致的，但是，上级党委不同意下级党委和人大常委会的意见，而下级人大常委会是本行政区域内的国家权力机关，上级党委是否可以向下级党委下命令，要求下级党委不允许同级人大常委会制定某一部法规或者在法规中规定某一内容？

第二，党内重大决策程序与国家机关的民主决策程序是什么关系。我们强调的科学决策、民主决策，不仅适用于党内，也适用于国家机关。但是，党内的决策程序与国家机关的决策程序有哪些相同点，又有哪些根本性的不同，如何衔接？对这些问题，理论和实践中尚缺乏系统的研究回答。具体到党对重大立法问题的决策领导，就涉及党内重大决策程序与国家机关重大决策程序的比较和衔接。以重大决策征求意见为例：党的十八大以来，各级党委都在建立健全党内重大决策的征求意见制度，十八届六中全会强调，党的各级组织对重大决策和重大问题，应该采取多种方式征求党员意见。这样，对于某一重大立法问题，党委在作出领导决策前，应当先在党内征求意见。而对于立法中的重大问题，有立法权的人大及其常委会在立法过程中召开座谈会、论证会、听证会以及采取其他形式向各方面征求意见，也是必经的法定程序。党内征求党员意见，人大及其常委会向社会征求意见，两者的意见完全一致，党对立法工作的领导就是顺利的。但是，一旦党内征求意见的结果，与人大及其常委会向社会征求意见的结果不一致甚至相互冲突，这时候，如何贯彻党对立法工作的领导？再比如，一个地方党委就某一重大立法问题在党内征求意见的结果，与同级人大常委会组成人员审议过程中的多数意见不一致，这时候，又如何贯彻党委对立法工作的领导？法理基础是什么？所以，如何实现重大立法问题的党内决策程序与国家机关决策程序的比较与衔接，是应予研究的重要问题。

第三，如何看待党内决策与国家机关特别是立法机关决策中的人数比例关系。党内对重大立法问题进行决策，一般是党委常委的几个人或者十几个人进行决策，拿到党委全体会议上进行决策的问题是很少的。而人大及其常委会常常是几十人甚至几百人、上千人的审议表决，两者的决策都是民主决策，但相比下来，党内显然是少数人的决策，人大及其常委会是明显多数人的决策。在这一情况下，党领导立法工作，两个集体形成的意见主张，大多数情况下是一致的，但也有可能是不一致的，一旦发生了不一致甚至相互冲突的情形，有人对决策人数的比例提出质疑，怎么办？

第四，如何认识处理党内民主决策集体领导与发挥地方党组织主要负责人作用的关系。《意见》在强调党对立法工作实行民主决策集体领导的同时，又明确要求，有立法权地方的党委要建立健全领导立法工作责任制，党委主要负责同志要“履行领导立法工作第一责任人职责”，做到“三亲自”，即“重点立法工作亲自过问、重要立法项目亲自推进、重大立法问题亲自协调”。《意见》还提出，“其他负责同志要按照党委统一部署抓好分管领域相关重要立法事项”。

由于地方党委主要负责人是“班长”，在党委中居于关键地位，发挥关键作用，如何处理好他履行领导立法工作的第一责任人职责与党委民主决策集体领导的关系，就有一些问题需要研究。比如，党委主要负责人亲自领导三类立法工作的意见，是否应当先经党内讨论和作出决定？如果党内没有或者来不及讨论决定，党委主要负责人能否代表党委对立法工作中出现的紧急重大问题亲自过问？比如，党委主要负责人对领导立法工作的意见与党委内部其他负责人的意见不一致，怎么办？他的第一责任人的职责又如何体现？再如，由于党委主要负责人在党委中的重要地位，其他党委负责人出于各种考虑，可能不对主要负责人领导立法工作的主张发表不同意见，在这种情况下，党对立法工作的领导又如何体现民主决策集体领导的性质?

还需要进一步讨论的问题是，如何看待党委负责人包括党中央主要领导人个人在领导立法工作中的作用?这实在是一个特别重大的问题。在我国，党中央主要领导人以及地方党委主要负责人在领导立法工作中所发挥的作用，十分关键，十分重要。包括制定1982年宪法在内，几十年来从中央到地方的很多立法中，党中央主要领导人和地方党委主要负责人都发挥了重要作用。坚持党对立法工作的领导，就必须高度重视党中央主要领导人和地方党委主要负责人的作用。党的十八届六中全会明确提出："一个国家，一个政党，领导核心至关重要。"习近平总书记在党中央领导立法工作中处于核心地位，有立法权地方的党委主要负责人在领导地方立法工作中处于第一责任人地位，这是做好立法工作必须坚持的重要政治原则。也正因此，总结历史和现实，以历史唯物主义的观点方法，对党中央主要领导人和地方党委主要负责人个人在领导立法中所发挥的作用加以深入研究，具有极为重要的意义。

3.5.5　如何处理党委领导立法与人大及其常委会主导立法的关系

《意见》在强调党领导立法工作的同时，也提出要充分发挥人大及其常委会在立法工作中的主导作用。这与党的十八届四中全会精神是完全一致的。但有些观点对党委领导与人大及其常委会主导的关系提出疑问。有的提出，既然是党委领导，那么人大及其常委会还能主导吗；有的提出，既然是人大及其常委会主导，就不应当强调党委领导。这就把立法工作中的党委领导与人大及其常委会主导对立起来了，是值得高度重视的问题。

十八届四中全会提出，"把党的领导贯彻到依法治国全过程和各方面"。《意见》提出，"把党的领导贯彻到立法工作全过程"，没有提"各方面"，与四中会全会的表述有区别。这就产生两种理解：一种理解是，党委的领导应当贯彻到立法工作全过程，但并不是所有的方面，在有些方面，人大及其常委会是可以"说了算"的。另一种理解是，既然把党的领导贯彻到立法工作"全过程"，就意味着必须贯彻到"各方面"，因为"全过程"与"各方面"是不可分割的。《意见》对党委领导的重点事项与方式环节提出了不少要求，显然意图在领导立法工作中抓住重点，有所为有所不为，但在认识和实践中仍然会遇到不少具体问题。

以上所述，归结起来，是要我们研究回答党委领导立法与人大及其常委会主导立法两者之间的根本性关系问题。这包括几个具体问题：一是“领导”和“主导”的含义、特征以及具体区别是什么；二是能否说党委领导是绝对的、无条件的，人大及其常委会的主导是相对的、有条件的，人大及其常委会的主导是在坚持和服从党委领导前提下的主导；三是能否说党委领导与人大及其常委会主导的关系，是“你中有我”“我中有你”、相互交叉和吸收融合的关系；四是能否说党委领导与人大及其常委会主导是各有侧重，各有重点事项与关键环节，凡是党委领导的事项与环节，人大及其常委会就不宜主导，凡是人大及其常委会主导的事项与环节，党委也不宜干预；五是如果党委领导立法工作的意见与人大及其常委会在立法程序中的主导性意见完全一致，那么，党委领导与人大及其常委会主导就是一致的，但是，如果发生不一致的情况，怎么办。这些问题都十分关键，把它们回答清楚了，对于理直气壮地坚持党对立法工作的领导，充分发挥人大及其常委会在立法中的主导作用，有重要意义。

还有一个重要的具体问题：党委领导立法的主体与人大及其常委会主导立法的主体，分别是什么范围和什么关系？现在，不仅党委领导立法的主体不甚明确，人大及其常委会主导立法的主体也不甚明确，党委中的哪一个主体领导人大及其常委会中的哪一个主体，同样缺乏统一规范。

举一例：实践中，我们习惯于将人大的专门委员会和常委会法制工作机构组织有关部门起草法律法规草案，视为人大及其常委会主导立法的重要方面。但是，在参与起草的多个部门中，很可能有党委的办公厅、研究室、组织部、宣传部等工作机关，那么，在起草中，党委的这些机关及其工作人员能否起领导作用？如果可以起领导作用，又以什么名义和程序实行领导？这种领导是对人大及其常委会的工作机构还是对人大及其常委会这一权力机关的领导？如果党委的机关和人员在这一过程中起领导作用，还能不能说人大及其常委会在立法中发挥主导作用？

再举一例：如果地方党委主要负责人对人大常委会工作机构的立法辅助文件作出批示，然后，工作机构通过人大常委会内部的运转环节，将这一批示通过法定程序上升为地方性法规的内容。那么，党委主要负责人的这一批示，是对人大常委会工作机构的领导，还是对人大及其常委会的领导？或者是通过工作机构对人大及其常委会进行领导？而在将党委主要负责人的意见上升为法规内容的审议表决过程中，能否说人大常委会在发挥主导作用？

又举一例：如果地方人大常委会制定地方性法规时，专门就某一法规草案向同级党委办公厅征求意见，作为党委的核心工作机关，党委办公厅提出的意见，人大常委会在审议过程中是否应当接受？如果接受了，是不是党对立法工作的领导？能不能说人大常委会在立法中发挥主导作用？

类似的问题还有不少，在实践中呈现出复杂的具体情况，需要系统研究规范。

3.5.6 党领导立法工作与国家机关依法行使立法权是什么关系

《意见》提出，“党领导立法工作必须在宪法法律范围内进行，不允许随意干预甚至替代立法活动”，要“做好党领导立法工作程序与立法程序的对接，不允许以党内程序代替立法程序”。这是十分重要的内容，但实践中，当党委的主张与有关国家机关依照宪法法律的规定行使立法权发生冲突时，怎么办？

比如，在有立法权的地方人大常委会会议上，一定数量的常委会委员，依照地方组织法等法律法规赋予的职权，提出立法规划和立法计划之外的立法议案，但同级党委不同意提案，党委强调党的领导，人大常委会委员强调要依法行使职权，两者发生冲突，怎么办？这种情况下，如果人大常委会委员坚持要依法行使提案权，如何做好党领导立法工作程序与立法程序的对接？

比如，政府实行首长负责制，它的行政首长如果同时担任党组书记，制定行政法规规章时，就不存在党委与政府的冲突问题。但是，国务院有的部门党组书记和部门首长人是由两个人担任的，在这种情况下，一旦部门首长要制定规章或者在规章中规定某一内容，党组书记不同意，怎么办？

再比如，党通过人大常委会的党组领导立法工作，人大常委会党组可以通过党内民主集中制的原则对人大常委会的党员委员下命令，要求他们在审议表决过程中坚决贯彻落实党委部署，遵守政治纪律和政治规矩，确保党委的主张得以实现，但党员委员依照宪法法律规定，有独立思考和无记名投票表决的权利，在这种情况下，党的领导与宪法法律规定发生冲突，党员委员不执行党组的命令而依照宪法法律规定行使表决权，怎么办？

以上几个假设性案例是随时可能发生并已有发生的，对这类问题，需要慎重研究解决。

3.5.7 党领导立法工作的长远方向

坚持党对立法工作的领导，是实行依法治国的重要前提，是做好立法工作的根本保证，决不能动摇。总结历史可以发现，党对立法工作的领导，在不同的历史时期，有不同的方式和特点。当前甚至今后相当长一段时间内，面对错综复杂的国际国内形势和法治建设的历史与现状，我们党正在领导人民进行许多具有新的历史特点的伟大斗争，为了取得这些伟大斗争的最后胜利，坚持党在一定范围内和一定程度上，对立法工作进行掌控式、审批式、监管式的领导，十分必要。为不折不扣地贯彻落实《意见》，有关方面应尽快研究和解决党在领导立法工作中可能面临的若干重要问题。但从长远看，要坚持党对立法工作的领导，必须改善党的领导，不断推进领导方式的变革，具体有以下几个要点。

第一，党领导立法工作，要靠对国家立法事业的高瞻远瞩和远见卓识，对法所要规范的社会关系发生发展规律特别是立法必要性、适时性和适当性的准确认识把握。这是党领导立法工作的根本所在、精神所在、生命力所在，是一个很高的境界。

第二，党领导立法工作，要靠党的路线方针政策的正确。路线方针政策符合国情和实际，得到社会认同和群众拥护，正确反映了社会发展方向，再通过法定程序上升为国家意志，就是水到渠成之事。

第三，党领导立法工作，要靠党的组织及其领导成员深入实际，密切联系群众，深入了解民意，广泛集中民智，在贯彻群众路线中把握社会对立法的需求。群众路线贯彻好了，党对立法工作的领导就顺利。

第四，党领导立法工作，应当充分发挥人大及其常委会组成人员中党员代表委员的先锋模范作用。党员代表委员，在立法过程中要通过自己的思想、观点和言行，体现他们比非党员代表委员先进，进而影响非党员代表委员，让非党员代表委员自觉自愿地接受党员代表委员的立法意见和主张，而不宜简单地靠党员代表委员在人大及其常委会组成人员中占绝对多数和党内纪律约束进行投票，来实现党在立法中的主张。

第五，党领导立法工作，应当坚持有利于增强而不是削弱人大及其常委会权威的原则，在领导立法工作的过程中，坚持人民主体地位，切实充分发挥人大及其常委会的主导作用。

第六，党领导立法工作，应当依靠党内高度民主、高度科学的决策程序，只有这个决策程序比国家机关的决策程序先进发达，才能保证党委决策的结果先进于国家机关的决策结果，从而顺利实现对立法工作的领导。

第七，党领导立法工作，需要一支精通立法的内部力量。立法是政治性、专业性、理论性、实践性很强的一项复杂工作，要成功实现对立法工作的领导，担负领导立法职责的各级党委，不仅主要负责人要精通立法，还需要培养造就一支精通立法的参谋助手队伍。

第八，党领导立法工作，需要高超的政治智慧和政治艺术。要科学处理好坚持党的领导、坚持人民主体地位、发挥人大及其常委会主导作用的关系，是一件不易之事。各级党委应当总结吸取有益经验，并在实践中摸索创新，找出一套办法，既有利于加强党对立法工作的领导，又有利于在立法机关充分发扬民主，使党的领导与人大及其常委会的民主立法相辅相成、相得益彰，有效保障党的主张与人民意见一致，并通过法定程序上升为国家意志。

做好党对立法工作的领导，是一项系统、复杂的工程，只有把上述重要的前提性问题研究解决了，党对立法工作的领导才能纲举目张。把党领导立法工作的主体范围明确了，就可解决谁才可以代表党领导立法的问题；把党领导立法工作的性质明确了，就可以保证立法工作沿着正确的道路前进；把党领导立法工作的方式明确了，就可以正确处理党与国家机关在立法工作中的关系；把党内民主决策集体领导的程序明确了，就可以保证党内形成的领导决策的正确；把党领导立法与人大及其常委会主导立法的关系处理好了，就可以保证党的主张顺利通过法定程序上升为国家意志。把党领导立法与保证国家机关依法行使职权的关系处理好了，就可以保证党在宪法法律的范围内活动，做好党内法规与国家法律的衔接协调。研究解决这些问题，需要深入贯彻十八大、十九大以来党的一系列重要文件，特别是十八届六中全会精神，不断加强和改善党的领导，健全完善人民代表大会制度的政治体制。把这些重要问题研究清楚、规范清楚了，就会为进一步提升党领导立法工作的境界，实现立法领域党的领导、人民当家作主和依法治国的有机统一，从根本上保证宪法的有效实施，打下坚实的基础。

3.6　准确把握人大主导立法的界限，以立法方式实施宪法

1982年宪法颁布实施以来，宪法实施的最主要方式就是立法。可以预见，在今后相当长的时间，立法仍然是实施宪法的最主要方式。而人大立法是立法的中心，要把人大的立法工作做好，如何认识和把握人大主导立法又是关键。

党的十八届四中全会提出，健全有立法权的人大主导立法工作的体制机制，发挥人大及其常委会在立法中的主导作用。不仅如此，修改后的立法法还明确规定，全国人大及其常委会加强对立法工作组织协调，发挥在立法工作中的主导作用。这就把四中全会决定的内容法律化了。党的十九大报告再次提出，发挥人大及其常委会在立法工作中的主导作用。四中全会决定和十九大报告的精神，以及立法法的相关规定，不仅是立法工作中的一个新命题，也是人民代表大会制度政治体制中的一个新命题，需要全面准确地理解和执行。几年来，理论实践中对人大主导立法问题展开了热烈讨论，见仁见智，但其中不少关键性问题并未引起足够注意并达成共识。而对这些问题在认识和执行中一旦发生分歧和偏差，不仅会对立法工作带来损害，也会对我国根本政治制度造成损害。

3.6.1　如何理解“主导”的基本范畴和法律定位

在人民代表大会制度体制下，依照宪法法律规定，人大及其常委会在立法体制中处于核心地位，全国人大及其常委会行使国家立法权，有立法权的地方人大及其常委会行使地方立法权，人大及其常委会对法律法规的草案进行审议表决，委员长会议、主任会议、专门委员会和常委会工作机构，在立法过程中依法行使职权，可以说，在党的领导下，人大及其常委会以及委员

长会议、主任会议、专门委员会和常委会工作机构等主体在立法中发挥极其重要的作用，这是毋庸置疑的。但是，能否说这些主体在立法中发挥作用就是人大主导立法？进一步看，人大能否主导立法？如果能，又如何科学理解这一提法的含义？

可能是受掌握资料所限，据笔者查阅，从改革开放到2011年有关方面宣布中国特色社会主义法律体系形成的三十多年中，党和国家机关的各类权威文件以及领导人讲话中，并没有出现人大及其常委会在立法中发挥主导作用这一提法。这一说法是近几年才提出的。较早以权威身份公开提出这一说法的是全国人大常委会副委员长李建国。2011年11月，他在第十七次全国地方立法研讨会上的讲话中，专门用了一个标题，叫“充分发挥人大及其常委会在立法中的主导作用”，并用一个段落的内容对这一问题做阐述。① 一个月后的12月，全国人大常委会委员长会议通过的2012年常委会工作要点中，出现了发挥人大主导作用的提法②，但2013年4月委员长会议通过的2013年常委会工作要点，又没有出现这一提法。③ 这一年10月，张德江委员长在全国人大常委会立法工作会议上④，11月，王晨副委员长兼秘书长在全国地方立法研讨会上，先后提出了人大及其常委会主导立法问题，王晨还做了系统阐述。⑤ 2014年9月，在第二十次全国地方立法研讨会上的讲话中，王晨再次强调了人大及其常委会在立法中的主导作用。⑥ 此后的同年10月和2015年3月，人大主导立法先后被写进了十八届四中全会决定和立法法修正案。

与上述内容相连，还有一个信息值得注意：在2011年的地方立法研讨会上，李建国说：“我们要按照中央要求，思考如何更好地发挥人大及其常委会在立法工作中的主导作用”⑦。李建国的这句话透出三个含义：一是人大主导立法的说法，是中央的要求，也即党中央首先提出的（中央在什么情

---

① 李建国．加强和改进地方立法工作　不断完善中国特色社会主义法律体系．中国人大，2011（22）．

② 窦树华．全国人民代表大会年鉴2012年卷．北京：中国民主法制出版社，2013：195－196．

③ 同②139．

④ 同②195－196．

⑤ 同②212．

⑥ 王晨．在新起点上切实加强和改进立法工作．中国人大，2014（19）．

⑦ 同①．

况下，以什么形式提出的，笔者尚未见到公开的资料）；二是人大及其常委会实际已经在发挥主导作用，现在需要的是更好发挥这一主导作用；三是如何更好发挥人大的主导作用，是一个新课题，需要各方面共同思考。

从上面的叙述可以发现，人大主导立法提出的时间不算长，但党中央和全国人大常委会对这一问题十分重视，并将它写进四中全会决定、立法法和十九大报告。这样，发挥人大在立法中的主导作用，就成为新的历史时期加强立法工作的一个新的重要举措，对做好立法工作至关重要。但是，理论和实践中需要研究回答几个重要问题。

1. 如何把握“主导”的几个基本要素

这不仅是实践问题，还是重要的理论问题。按照新版现代汉语词典的解释，所谓“主导”，可以在动词和名词两种意义上使用。作为动词的“主导”，是指“决定并引导事物向某方面发展”，而作为名词的“主导”，是指“起主导作用的事物”①。但无论是动词还是名词意义上的主导，都有几个特点：一是在事物发展的结果出来之前，主导者对结果已经有了结论性的认知。二是在事物发展的过程中，主导者推动和引导其他参与事物发展的主体去实现自己的认知结论，其他主体是被主导者。三是主导行为的性质具有行政性、执行性，有发号施令的特点，在行为过程中会采取措施，要求甚至迫使其他主体服从它，否则它就无法发挥主导作用，实现对事物发展的预期目标。四是主导是与效率联系在一起的，而效率又与权力的集中统一行使联系在一起，没有效率和很大程度上的集权，就难以保证主导作用的实现。五是在很多情况下，主导的主体只能是个人或者有限的少数人。因为通常只有个人才能独立思考问题，形成预先结论，引导其他主体向他的方向靠拢，以保证主导作用的实现；有限少数人也基本可以保证一定程度的独立思考，较容易达成共识，但如果很多人同时对一个问题进行思考，就很难保证得出相同的结论，也就很难有一个共同的主导方向了。所以，我们习惯说行政主导，并将行政主导与首长负责制联系起来（比如，在特别行政区实行行政主导）。

从以上几个特点可以看出，如果把主导的语言含义用到国家机关行使职权的过程中，除了军事机关外，能够起主导作用的首先应当是行政机关，因

① 现代汉语词典．6版．北京：商务印书馆，2012：1699.

为法律制定后，法律的规定就是行政活动的目标，行政机关的任务是引导和推动参与行政活动的各个主体向这一目标行进，在整个行政权的行使过程中发挥主导作用。也正是为了保证这一主导作用的实现，需要在行政机关内部实行首长负责制，并在上下级之间建立领导关系的体制。但与行政机关不同，作为审判机关的人民法院就不能实现院长、庭长或者审判委员会等主体的主导，因为案件的审理应当把公正而不能把效率放在第一位，公正的结论既不是在审理之前就能得出，也不是靠院长、庭长、审判委员会集中行使权力就可以得出的，而只有经过法定的庭审程序才能查清事实，并在此基础上适用法律，得出裁判结论。所以，法院不能在案件审理之前就由院长、庭长或者审判委员会等主体预先形成裁判的结果，并由这些主体实行审判主导。

那么，人大及其常委会在立法中能否实行主导？根据上述现代汉语词典对“主导”一词的解释，如果将“主导”用到立法中，就意味着立法中的某个或者某些主体，决定并引导立法的内容向某个方向发展，在立法活动中起主导作用。进一步地说，就是在立法表决之前，立法的主导者对立法的必要性、可行性以及法律规范草案的具体内容包括表决的结果，都已经有了结论性的甚至具体准确的认知了，即它已经预知立法的结果。在这种情况下，立法活动中的主导者实际就类似于一部影视剧的导演，其任务是组织、协调、引导、推动参与立法活动的各方，去实现主导者预期的目标。稍作对比即可发现，如果以“主导”的应有之义来理解人大在立法中发挥主导作用，那么，人大主导立法似乎就类似于一名导演在导演影视剧。如果这样，很大程度上的集权和效率，必将成为人大在立法中的重要特征。这是否符合我国人民代表大会制度的基本特点和本来之义，以及立法工作的基本规律，恐怕就值得讨论。

假设以上问题得到有说服力的回答，得出人大应当也能够主导立法的结论，紧接着，还有几个关于主导的基本范畴需要讨论。

一是主导的主体是谁。基于结构安排的考虑，这个问题将在后文逐步展开论述。

二是主导的方式是什么，人大应当采取何种方式主导各类立法参与主体。比如，它能不能以及在多大程度上对被主导者进行组织协调、监督执行甚至代替它们的工作？法理依据是什么？这些问题也将在后文分别展开。

三是主导的具体环节是什么，每个环节主导的主体又是谁。笼统地讲人大主导立法，似乎没有问题，因为人大是民意代表机关，人大主导立法，从理论上讲就是人民主导立法，让法反映人民意志。但问题是，制定一件法律法规，不是人大及其常委会在一个环节、一次性就能表决通过的，更不是人大及其常委会的一个人或者少数人就能说了算的，而是要经过提案、审议和表决三个基本的法定程序，在这三个程序之外，就我国的具体情况而言，还要经过了解民意、制定立法规划计划、起草、论证、修改、协调等多个辅助性程序。可以说，制定一件法律法规，要经过复杂的、环环相因、逐步递进、既开放又相对封闭的系统性程序，而在这一复杂程序中，参与立法活动的主体众多，每个程序的参与主体又时常具有不确定性，无论如何远不止人大和它的常委会这两个主体。那么，在这个程序链中，谁能代表人大？在哪些环节代表人大？人大要不要在每一个环节中都起主导作用？如果要，又如何起主导作用？能否笼统地要求人大起主导作用？

这实在是一个有意思的问题。来自全国人大常委会的有关领导人、工作机构负责人的讲话和委员长会议的文件，最有说服力。让我们看看几份来自立法机关的讲话文件的表述。

材料一：在前述2011年的地方立法研讨会上，李建国在说到人大主导立法时，先总体强调人大及其常委会要加强立法组织协调，积极推动立法规划和立法工作计划的落实。然后他说了两个具体的主导措施：一个是在起草环节，人大有关专门委员会和常委会工作机构要积极主动介入；另一个是完善代表参与立法的工作机制，发挥代表作用。[①]

材料二：在前述2014年的地方立法研讨会上，王晨在论述人大主导立法时，先有一个总的概括，说立法要“历经立项、起草、审议、修改等四个环节”，因此要“发挥人大及其常委会在立法中的主导作用，切实加强立法工作的组织协调”。这给人的感觉是，人大要在立项、起草、审议和修改的各个环节都以加强组织协调的方式，发挥主导作用，与前述李建国的说法大体相似。但接着，他又说了三个具体的主导内容：一是要把握立法决策主导，主要是抓好项目论证，避免久议不决，妥善解决重点难点问题；二是要

① 李建国．加强和改进地方立法工作　不断完善中国特色社会主义法律体系．中国人大，2011(22).

把握立法起草主导；三是要发挥人大代表作用。①

材料三：由委员长会议通过的全国人大常委会 2016 年工作要点所说的人大主导包括：健全专门委员会和常委会工作机构起草重要法律草案机制；督促有关方面及时起草法律草案；加强立法审议；做好法律草案提请大会审议的相关工作。②

材料四：在 2016 年地方人大立法研讨会上，时任法工委主任李适时对地方人大的主导作用给予充分肯定：各地“不断加强立法工作中的组织协调，积极发挥人大在立法工作中的主导作用”。随后，他以生动的语言介绍了地方人大主导立法的几个经验：一是有的地方不断完善立项、起草、审议、表决、报批、公布、备案等不同环节的工作机制，为发挥主导作用提供保障；二是有的地方通过主导年度立法计划编制，变“等米下锅”为“点菜上桌”，把握立项和起草主导；三是有的地方建立“立项通知书”机制，向起草部门明确起草重点和要求；四是有的地方建立立法联席会议制度，对立法工作实施全程“领跑”；五是有的地方发挥代表作用，把完善常委会会议制度、审议制度与创新工作机制结合起来等。③

材料五：委员长会议通过的全国人大常委会 2017 年立法工作计划，在强调加强人大及其常委会立法工作组织协调后，要求把好立项关，科学合理安排立法进度，在起草、论证、协调、审议过程中，防止部门利益法律化和争权诿责现象，专门委员会和有关工作委员会要督促有关单位和地方制定配套法规，尊重代表主体地位，发挥代表作用。④

材料六：在 2017 年地方立法工作座谈会上，全国人大常委会法工委主任沈春耀说，立法工作主要有三个环节，一是规划立项，二是组织起草，三是人大审议，人大的主导作用，在这三个环节上，都是不可或缺的。⑤

分析上面六份材料中的提法，可以形成以下几个初步印象，并引出一些问题。

---

① 王晨．在新起点上切实加强和改进立法工作．中国人大，2014（19）．

② 全国人大常委会 2016 年工作要点．中国人大，2016（9）．

③ 李适时．不断加强和改进地方立法工作．中国人大，2016（18）．

④ 全国人大常委会 2017 年立法工作计划．中国人大，2017（8）．

⑤ 沈春耀．适应全面依法治国新形势，进一步加强和改进立法工作．法制日报，2017－09－12．

第一，无论全国人大及其常委会还是地方人大及其常委会，都把组织协调作为主导立法的重要抓手，但是，组织协调的主体又被笼统地说成人大及其常委会，而人大及其常委会作为一个合议机关能否组织协调，在哪些环节组织协调，如何组织协调，似乎未交代清楚。

第二，从立法的环节上看，人大的主导已然是全过程主导，一部法从规划立项到起草再到审议，几乎都由人大主导。如果把立法比作拍一部影视剧的话，人大真是一位名副其实的导演了。但仔细分析又可发现，除了明确专门委员会和常委会工作机构在法律法规草案起草中的主导作用外，对于其他各类立法环节中谁是主导主体，以上材料均未作清晰表述，或者干脆略去主导的主体。实际上，所谓“人大”或者“人大及其常委会”，很多时候是一个虚拟的、模糊的泛称，作为合议机关，它不可能在立法程序的每一个环节都采取集体行动，主导立法进程，如果说立法有一个主导的话，那么，在不同的环节中，这个主导的主体很可能会有所不同。所以，作为合议机关的“人大”或“人大常委会”能不能在立法活动中扮演总导演，或者干脆在很大程度上扮演一个自编、自导、自演的角色，恐怕是值得商榷的。

第三，几份材料中表述人大主导的逻辑层次不甚清晰，按理应当是先对人大主导做总的表述，紧接着表述具体的主导环节、主导主体、主导事项和主导程序，条理清楚，层次分明，但这些逻辑特点在上述材料中不甚明显。其中，几份材料在按立法过程表述立法主导的同时，又提出发挥代表作用问题，给人逻辑不顺的感觉。这可能会让人认为：在立法机关那里，关于主导环节、主导主体、主导事项和主导程序的细化问题和相关法理问题，没有得到足够重视和研究，缺乏清晰的思路。

第四，关于地方人大主导经验的一些做法和提法，是否符合人民代表大会制度的要求和立法规律，容易引人怀疑。李适时在2014年地方立法研讨会上的讲话强调，发挥人大主导作用，“在制度上，要符合坚持和完善人民代表大会制度的要求”，“在法理上，要符合立法规律，也就是要坚守法治底线”[①]。但他2016年在地方立法研讨会上介绍和肯定的一些地方主导经验，是否符合自己前一年讲话的要求，可能就会引起议论。比如，有的地方人大

① 李适时．发挥人大在立法中的主导作用．中国人大，2014（20）．

在立法中采取的“点菜上桌”行为，建立的“立项通知书”机制，甚至是对立法进行全程“领跑”的立法联席会议制度等，有没有干预和代替有关提案主体法定职权的嫌疑呢？再比如，实施这些主导行为的主体又是谁，是不是人大及其常委会？其主导行为的法律依据和法理基础是什么？如果人大对立法实行全程“领跑”和全程主导，甚至对立法程序的每一个环节都进行干预甚至包揽代替，那人大与行政机关又有什么区别？人大主导不就容易变成行政主导吗？

建议有关方面结合理论实践中提出的问题，对人大主导立法的基本要素做研究回应。

2. 如何准确理解人大主导立法的法律定位

人大主导立法是统揽性和纲举目张式的提法。单从这个表述看，如果要制定一件法律规定，人大的主导作用应当在以下三个层次进行法律定位，才能显示出其重要性：第一个层次是，属于立法活动的指导思想或者基本原则的重要内容，写在立法法第一章的“总则”中，放到立法应当坚持四项基本原则之后，依照法定权限程序和民主立法、科学立法等内容之前。第二个层次是，属于立法体制中的重要内容。比如，立法法第二章第一节的“立法权限”，在规定全国人大及其常委会制定法律的权限以及相关授权立法的同时，加上发挥人大及其常委会主导作用，作为划分立法权限的基本原则。第三个层次是，在立法程序中作出规定。比如，在立法法第二章的第二节和第三节有关全国人大及其常委会的立法程序中，分别规定两者应当以及如何发挥主导作用，在第四章关于地方性法规的一节中，规定地方人大及其常委会在立法程序中应当以及如何发挥主导作用，这样，人大及其常委会的主导作用，就成为立法程序的基本原则和内容，在法律和地方性法规的制定程序中居于重要地位。

但是，2015 年修改的立法法，并没有在以上三个层次和篇章结构中规定人大及其常委会在立法中的主导作用，而是将全国人大及其常委会的主导作用写在第二章“法律”的最后一节即第五节的“其他规定”中。什么叫“其他规定”？目前，由立法机关编写的各类立法法释义和讲话，均未对“其他规定”做出解释。总结法律中“其他规定”所规定的内容，可以发现，所谓“其他规定”，一般是指不宜规定在法律主要章节条文中的技术性、例外性、附带性、补充性、说明性、参考性的内容，从法理、逻辑和立法技术上都不适宜进入法律的正文，或者属于可写可不写的内容。现在，立法法将发挥全国人大及其常委会在立法工作中的主导作用写入“其他规定”中，实际就是在法律中对这一内容给了一个“其他性”的法律定位，如果单纯对法律文本进行分析，应当说，这个定位是不高的，甚至是很低、很不重要的，表明发挥全国人大及其常委会的主导作用，不是制定法律的基本原则，不是划分立法权限的基本原则，也不是法律制定程序中必须遵循的基本原则，甚至不是立法程序中的法定环节。

但问题是，脱离了具体法律文本，单纯强调发挥人大在立法工作中的主导作用，在认识和实践中，就很容易对这一提法做拔高理解、扩大理解，不适当地强调人大的主导作用，进而影响人大及其常委会在立法活动中依法、科学地处理与其他立法参与主体之间的关系。四中全会决定、立法法和十九大报告中提出发挥人大主导作用后，在各方的热议推进中，这种拔高和扩大理解的苗头已经显露。提法很高，法律定位却不高，又很难要求人们在法律文本的整体结构中去认识理解人大主导的实际定位，这是应当引起注意的问题。

3. 如何科学界定人大与其他立法参与主体之间的关系

这个问题实际是前两个问题的应有之义，由于其特殊重要性，这里将它单独列出来讨论。

如前所述，“人大”很多时候是个泛称。在立法活动中，它的内部还有不少参与主体，对于其内部参与主体的主导问题，笔者将在本节第三部分集中讨论。这里着重提出的是，在与外部立法参与主体的关系中，如何对人大主导立法进行定位？这些关系中，关键的恐怕有两个：一是人大主导立法与党领导立法的关系；二是人大主导立法与“一府两院”等主体在立法活动中行使职权之间的关系。

如何处理人大主导立法与党领导立法的关系，涉及我国立法制度乃至政治体制的根本。但从现有权威文件的相关表述看，这个问题的答案似乎不甚清晰。四中全会决定在连续两个段落中对这个关系做了表述。第一个段落提出，“加强党对立法工作的领导，完善党对立法工作中重大问题决策的程序”，“凡立法涉及重大体制和重大政策调整的，必须报党中央讨论决定”，

“法律制定和修改的重大问题由全国人大常委会党组向党中央报告”①。这些表述给人的基本判断是，在立法工作中真正起主导作用的是党，这是坚定不移和毫无疑问的，因为所有立法工作中的重大问题都是由党决定的。如果按照前述“主导”的基本语言含义，理论和实践中就容易产生一种认识：人大是不能主导也主导不了的。不仅如此，与四中全会决定相呼应和比之更进一步的是，2016 年《意见》又明确提出，“把党的领导贯彻到立法工作全过程”。如果说四中全会决定的表述旨在强调党对立法事项的领导的话，那么，《意见》强调的则是党对立法过程的领导，也即立法全过程都要坚持党的领导。总结这两个文件，有人可能就会提出，既然立法中的所有重大事项、立法的全过程都要贯彻党的领导，人大又如何主导？

但是，四中全会决定在紧接上述段落之后的一个段落又明确提出，“健全有立法权的人大主导立法工作的体制机制，发挥人大及其常委会在立法工作中的主导作用”②。这就可能使人产生不解：立法工作中究竟是党的领导说了算，还是人大主导说了算？既然有了党的领导，为什么还要人大主导？既然强调人大主导，为什么要强调党的领导？两者究竟是什么关系？如果沿此深究下去，就涉及对两个基本概念的理解：“领导”和“主导”是什么关系？是“领导”为大还是“主导”为大？无论对这两个用语进行多么特殊的解释，从汉语语言的基本内涵和语法要求看，四中全会决定的这些表述，如把握不好，都可能会让人产生理解上的偏差困惑。

当然，从中国政治运行的实际出发，一般人都会得出常识性结论：在党的领导与人大主导之间，无疑是党的领导为大，人大主导是在坚持党的领导前提之下的主导。但既然中央文件明确提出了人大主导立法，又容易让人产生遐想：党与人大的关系是不是有什么重大的体制变化？似乎对这些容易产生的认识偏差早有预料，全国人大常委会的一些文件或者一些领导人、工作机构负责人的讲话，在阐述人大主导立法时，几乎无一例外地首先要强调坚持党的领导。其中，李适时在 2014 年地方立法研讨会上的讲话概括得最为典型：“人大在立法中的主导作用，是在党的领导和支持下的主导作用，越

① 中共中央关于全面推进依法治国若干重大问题的决定．新华社，2014－10－24.

② 同①.

是坚持党的领导，就越能有效地发挥人大的主导作用”[①]。这些文件讲话在强调坚持党的领导后，都是从正面列举一些党的领导下人大主导立法的具体办法。比如，全国人大常委会委员长会议通过的 2017 年立法工作计划就提出，在党中央的集中统一领导下，全国人大及其常委会以及专门委员会、工作委员会要加强立法工作组织协调，安排好立法进度，防止部门利益法定化，做好法律提案等。[②]

全国人大常委会有关文件和领导人、工作机构负责人讲话中关于党领导立法和人大主导立法关系的论述，总体上是从正面阐述的，比较宏观、抽象、原则，也多为常规提法。但理论和实践中经常会出现一些尖锐的问题。比如，为什么说越是坚持党的领导，就越能发挥人大的主导作用；当人大及其常委会的意见与党委意见不一致甚至发生冲突时，怎么办；重大立法问题由党委直至党中央决定，与四中全会同时提出的党要善于通过法定程序将自己的主张上升为国家意志是什么关系；将党的领导贯彻到立法全过程，与人大依照法定程序审议通过法律法规，是什么关系；等等。建议有关方面对人大主导立法与党领导立法的关系，在理论上进行系统的有说服力的阐述，对党委领导与人大主导的原则、事项、程序，特别是遇到冲突时的解决办法，做出清晰的、可操作的规范，以消除认识偏差，在党的领导下把人大主导立法落到实处。

除了与党的领导的关系之外，强调人大主导立法，还不可避免地涉及与“一府两院”等其他立法参与主体的关系。单纯强调人大主导立法，不仅在认识上容易形成偏差，在实践中也可能影响其他立法参与主体作用的发挥，甚至可能使人大与其他主体特别是参与立法活动最多的政府之间的关系变得微妙紧张起来。分析沈春耀在 2017 年地方立法工作座谈会上的讲话即可发现，与以往有关领导人和负责人讲话的一个很大不同是，他在讲发挥人大主导作用的同时，特别提出要发挥“政府在立法工作中的重要作用”，并对政府重要作用与人大主导作用的关系做了专门阐述。[③] 这个表述对科学界定人大与其他立法参与主体特别是政府的关系，是很有必要的。

事实的确如此。即使在看上去完全由人大说了算的立法审议环节，对人

---

① 李适时．发挥人大在立法中的主导作用．中国人大，2014（20）．

② 全国人大常委会 2017 年立法工作计划．中国人大，2017（8）．

③ 沈春耀．适应全面依法治国新形势，进一步加强和改进立法工作．法制日报，2017－09－12．

大主导立法的认识也不宜绝对化。比如，在常委会审议法律案的过程中，常委会组成人员对草案中的某个重大问题有集体性认识偏差，而该问题牵涉立法的全局和方向，如不加以说明纠正，很可能会做出错误的表决。这时候，受人大之外有关部门指派，来听取意见、介绍情况和回答询问的部门工作人员，对该问题做出颠覆常委会组成人员认识的说明解释，改变了立法表决的方向。这种情况下，该工作人员称，他和他所在的部门在这部法律的审议过程中，发挥了主导作用，说他也主导了一次立法，又有什么错呢？

界定人大与其他立法参与主体的关系，关键是要充分尊重其他主体在不同立法环节中参与立法的职权。比如，宪法法律规定了“一府两院”和中央军委的立法提案权，但人大主导立法中的制定立法规划计划、起草法律草案、组织协调等方式，显然与它们的立法提案权发生了关联，一旦人大的主导与这些国家机关依法行使提案权的意见不一致甚至发生冲突，怎么办？这就需要我们回答：制定法律的提案权能否成为一项独立的职权？如果是一项独立的职权，它应当有什么样的内容？人大主导立法与提案主体依法行使提案权是什么关系？宪法法律对人大之外有关机关、组织参与立法的职权，以及职权之外应当受到必要尊重的话语权，有的规定比较零碎，有的没有明确规定，也不适宜规定。但从人大及其常委会与其他机关、组织的关系看，人大是权力机关，也应当遵循彭真当年所说的“既不失职，也不越权”的原则，给自己的权力确定科学的边界。

3.6.2　如何理解人大主导立法的背景和针对性

研究这一问题，对于准确理解和针对性地发挥人大在立法中的主导作用，至关重要。

在前述2011年全国地方立法研讨会上的讲话中，李建国说，“法律体系形成以后，当前迫切需要修改或者新制定的法律法规，大多综合性较强，往往涉及诸多方面的利益关系，涉及多个部门的工作和体制机制，立法工作难度会越来越大”，“面对新情况新问题”，要思考如何更好地发挥人大的主导作用。[①] 从李建国的这个阐述可以看出，发挥人大主导作用的背景是，在法

---

① 李建国．加强和改进地方立法工作　不断完善中国特色社会主义法律体系．中国人大，2011（22）．

律体系形成之后，多数立法综合性强，涉及多方利益关系以及多部门的工作和体制机制。应当说，李建国对这一背景的阐述是中性的，没有明确的针对部门的批评性指向。

到了 2014 年，王晨在前述第二十次全国地方立法研讨会上的讲话中，对发挥人大主导作用的背景则有两个方面的阐述。一个是，“立法是一项综合性很强的工作……需要各相关方面共同配合，也不可避免地会受到各方利益的影响”①。这与前面李建国所述的背景大体相同。而王晨所阐述的第二个背景，与发挥立法的引领推动作用发生了关联。他先对着力发挥立法引领推动作用做了相当篇幅的阐述，在随后说到人大主导作用时则强调，“充分发挥立法的引领推动作用，必然要求在党的领导下发挥好人大及其常委会在立法中的主导作用”②。这样，发挥立法引领推动作用，就成为发挥人大主导作用的重要背景和原因。

也是在这次会议上，李适时在讲话中先是提出发挥人大主导作用，“也是充分发挥立法引领和推动作用的必然要求”，紧接着，他以地方立法中存在的问题为例，阐述了发挥人大主导作用的背景和具体做法：“针对部门利益影响甚至阻碍地方立法进程，或者滥用地方立法资源等实践中存在的突出问题，各地努力从制度上加以规制，推出了不少好的做法。”③ 如果说此前李建国所说立法“涉及诸多方面的利益关系”，王晨所说“不可避免地会受到各方利益的影响”，还没有点明部门利益的话，那么，李适时则不仅明确挑出了部门利益，而且强调发挥地方人大主导作用的重要指向，就是立法中存在的严重部门利益。除了部门利益外，李适时还提出，“滥用地方立法资源等”现象，也是需要发挥人大主导作用的重要原因。什么叫滥用地方立法资源？李适时没有正面做出解释，但他所举地方的一些针对性做法似乎也给出了解释。比如，“有的加强立项主导，努力改变部门提什么人大就审什么的模式，由被动‘等米下锅’转变为‘点菜上桌’”；“有的强化立法前评估，加强立项论证，坚持‘四个不立’，即不是经济社会发展急需的不立，立法条件不具备的不立，能用党纪、政策、规章、道德解决的不立，立法针对性

① 王晨．在新起点上切实加强和改进立法工作．中国人大，2014 (19).

② 同①.

③ 李适时．发挥人大在立法中的主导作用．中国人大，2014 (20).

不强、效果不理想的不立”。此外，李适时还在讲话中提出，发挥人大主导作用，可以有效防止立法中的地方保护问题。[①]

王晨和李适时讲话一个月后，十八届四中全会召开。全会在决定中明确指出“立法工作中部门化倾向、争权诿责现象较为突出”的问题，并针对性地提出要发挥人大及其常委会在立法工作中的主导作用。[②] 针对立法中部门存在的这些问题，习近平总书记在对四中全会决定所做的说明中进一步说，“有的立法实际成了一种利益博弈，不是久拖不决，就是制定的法律法规不大管用，一些地方利用法规实行地方保护主义”，因此，为“明确立法权力边界，从体制机制和工作程序上有效防止部门利益和地方保护主义法律化”，全会决定采取的一个重要措施就是，“健全有立法权的人大主导立法工作的体制机制，发挥人大及其常委会在立法工作中的主导作用”[③]。从四中全会决定和习近平的说明可以看出，发挥人大主导作用有几个目的：一是要防止立法中的部门争利益；二是要明确立法中的权力边界，解决部门争权诿责问题；三是要解决立法的久拖不决问题；四是要防止地方保护主义法律化。

四中全会后，修改立法法很快提上议事日程，其中一个重要内容，就是加上人大在立法中发挥主导作用。2014 年年底的全国人大常委会会议在审议立法法修正案草案时，委员们对发挥人大主导立法作用也做了专门讨论。从委员们的发言看，发挥人大主导作用，目的还是防止部门利益法定化。对这一审议内容，《法制日报》报道的标题就叫“全国人大常委会委员建议防止部门争权诿责部门利益法定化，充分发挥人大立法主导作用”[④]。

立法法通过后，全国人大常委会法工委国家法室编写的立法法释义，仍然将发挥全国人大及其常委会主导作用的背景和针对性指向部门：“目前，许多法律草案由政府有关部门起草，部门主导立法的问题普遍存在，要么导致各相关部门因利益冲突而相互扯皮、推诿塞责，使得该立的法迟迟立不起来；要么由于部门主导而致使部门利益法律化。”[⑤] 不仅如此，释义还对四

① 王晨．在新起点上切实加强和改进立法工作．中国人大，2014 (19).

② 中共中央关于全面推进依法治国若干重大问题的决定．新华社，2014－10－24.

③ 习近平．关于四中全会决定的说明．新华社，2014－10－29.

④ 陈丽平．全国人大常委会委员建议防止部门争权诿责部门利益法定化，充分发挥人大立法主导作用．法制日报，2015－02－12.

⑤ 全国人大常委会法工委国家法室．中华人民共和国立法法释义．北京：法律出版社，2015：160.

中全会决定进行了解读，说发挥人大主导作用就是“针对这一状况”提出的。[①] 但细加分析即可发现，这本释义提出一个“部门主导立法的问题”，并将部门扯皮推诿、立法效率不高以及部门利益法律化当作部门主导立法的结果。如果较真起来，这些表述与四中全会决定和习近平总书记对决定的说明，在侧重点和具体的含义方面，可能还不完全一致。

总结以上这些叙述可以发现，提出人大主导立法的背景和针对性有两个特点，一是这个问题是在2010年年底中国特色社会主义法律体系形成后由有关方面正式提出的。在这个背景下，立法机关认为立法中出现了新情况新问题，立法难度加大，需要发挥人大的主导作用。二是从全国人大常委会副委员长到法工委负责人，再到党中央文件以及总书记的说明，包括常委会组成人员审议的情况，以及法工委国家法室编写的立法法释义，对提出人大发挥立法主导作用的具体背景和针对性，前后的表述并不完全一致。总体上看，有以下一些背景和针对性，而这些背景和针对性也向我们提出一些值得注意和研究解决的问题。

1. 立法的综合性很强，需要人大主导

这是上述李建国和王晨讲话强调人大主导立法的一个重要原因。为此，修改后的立法法增加规定，在全国人大及其常委会的立法中，“综合性、全局性、基础性”的重要法律草案，可以由有关的专门委员会或者常务委员会工作机构组织起草。为证明人大在这方面发挥主导作用的必要性和已经取得的成功经验，全国人大机关的《中国人大》杂志，在立法法通过后还专门登载了一篇文章，将全国人大常委会法工委牵头组织起草民法总则，作为人大主导立法的成功案例加以宣传报道。[②] 对于人大及其常委会的工作机构能否主导立法，将在后面再予述及，这里提出几个问题。

一是“综合性、全局性、基础性”的判断标准是什么。几乎每一部法律都可以说是综合性的，涉及很多部门，也几乎每一部法律都可以说涉及某一方面的全局性和基础性。所以，综合性、全局性、基础性的标准条件很难说清楚。即使说清楚了，还要回答：为什么要由专门委员会和常委会工作机构

---

① 全国人大常委会法工委国家法室．中华人民共和国立法法释义．北京：法律出版社，2015：160.

② 陈甦．人大充分发挥立法主导作用的生动典范．中国人大，2016（14）.

组织起草？比如，民法总则当然可以说是综合性、全局性、基础性的重要法律，但离这个法律规范内容最近的实际是从事民事审判工作的人民法院，为什么不可以说人民法院组织起草这部法律最合适呢？

二是什么叫“可以由”。我们注意到，立法法修正案决定的规定是，上述重要法律草案，“可以由”有关工作机构组织起草。但“可以由”的表述实际是否定了人大的主导，它的语法含义应当是，这些法律的草案主要还是由或者本来应当由其他国家机关组织起草，但也“可以由”专门委员会和常委会工作机构组织起草。而实践中，这类重要法律草案主要就是由其他国家机关组织起草的，宪法法律也没有禁止人大及其常委会的工作机构组织起草，为什么立法法修改要多此一举，加上“可以由”呢？

三是“综合性、全局性、基础性的重要法律”与宪法第 62 条和立法法第 7 条中的“基本法律”是什么关系。按照宪法的规定，基本法律应当由全国人大制定，综合性、全局性、基础性的重要法律能否等同于基本法律？如果把这些法律都视为基本法律，又强调它们的草案由专门委员会和常委会工作机构组织起草，是否合适，法理依据是什么？

2. 立法引领推动改革，需要人大主导

十八届四中全会提出“必须坚持立法先行，发挥立法的引领和推动作用”[①]。这是一个新命题。立法要引领推动什么？结合四中全会提出的立法与改革决策相衔接和重大改革于法有据的要求，特别是这几年全国人大及其常委会的立法实践，可以发现，大凡用立法引领推动的基本都是改革，特别是那些重大的改革，而且范围很大。那么，人大在引领推动改革的立法中能否发挥主导作用？如果能，又如何发挥主导作用？

由于改革本身具有很大的探索性、不确定性，既可能成功，也可能失败，而立法是十分严肃的，对于不确定的社会关系一般不能做规定，对于可能陷于失败的改革更不能鼓励，即使对改革成果有科学预见和成功把握的那些社会关系，立法也应当慎之又慎，这是维护法制统一和权威的需要，也是维护立法机关自身权威和尊重人民主体地位的需要。如果人大主导制定了引领推动改革的法律，但改革最终以失败告终，人大就会使自己陷于被动。所

① 中共中央关于全面推进依法治国若干重大问题的决定．新华社，2014－10－24.

以，在引领推动改革的立法中，如何正确认识人大主导的内涵，至关重要。对审议过程中达成广泛共识的改革举措，及时用立法推动，是一种主导。但是，对引领推动改革的主张、提案，进行冷静思考，为改革把一道关，为维护法制统一和权威把一道关，也是一种主导，甚至是更重要的主导。现在，改革在大面积铺开，过于热衷以立法方式推动改革的冲动和苗头已经显露出来，在这种背景下，强调人大这种把关式的主导，具有特别重要的意义。

第一，在把党的主张上升为国家意志的过程中，人大要把好“法定程序”这一关，在法定程序中起主导作用。改革事业是在党的领导下奋力前行的，很多改革主张，特别是那些重大改革的主张，都是由党中央提出的，如果说要把这些改革主张上升为国家法律，实际的主导者是党中央。那么，在党中央提出重大改革主张，并建议上升为国家法律的过程中，人大应当做什么？现在有一种倾向性观点，认为党中央提出什么，人大就赞成表决什么，党中央要改革，人大就迅速跟进，制定相关法律。在这种观点看来，人大的任务就是把党的主张及时地、不折不扣地上升为国家法律，并把这种做法叫做贯彻落实党中央的重大决策部署，或者叫确保将党的主张上升为国家法律。这种观点认为，这样做，就是坚持党的领导的最好体现，就是以人大主导立法的方式引领推动改革。这种认识在政治站位上无疑是正确必要的，但处理不好又容易自觉不自觉地把人大当成党的下级机关和执行机关了，不符合十八届四中全会精神，不利于党对改革事业实行正确的领导。

十八届四中全会提出的“四善于”，其中十分重要的一条，就是党要“善于”通过法定程序将自己的主张上升为国家意志。如何“善于”，是由党来回答的重大问题。但在人大一方面，党提出了改革主张，对于这种主张能不能上升为法律，在多大程度上以及什么时候上升为法律，人大的职权是：依照法定程序开展广泛的调查研究，最大限度地集中民意民智，并在这个基础上进行审议，提出各种意见，包括赞成的意见、修改的意见，也包括不赞成甚至反对的意见，最终在少数服从多数的基础上形成人大的主导性意见。这个意见既可能主导进，也可能主导停和退。党领导的人大，就应当是这样一个依照法定程序行使职权的人大，而不是一个等因奉此、不问是非地执行党的命令的人大。党可以对人大常委会的党组下命令，但不能也不会对人大这个权力机关下命令。经过了法定程序，人大形成的主导性意见可能与党的主张完全一致，这样就可以顺利制定法律。但人大的主导性意见也可能与党的主张不完全一致或者不一致，这时候，党就会很重视人大的意见，并可能研究吸收不同的意见，不断修正和完善自己的改革主张，进一步向人大提出关于改革的立法建议，人大再依法进行认真审议，如此循环，最终在改革事项的立法中，达到党的领导、人民当家作主和依法治国的有机统一。对于引领推动改革，人大在立法中发挥主导作用的着力点应当在这里。

第二，人大要为各类提案主体所提的改革议案把关。为落实四中全会关于立法引领推动和重大改革于法有据的精神，要改革，先立法，受到前所未有的重视。但各类提案主体提出的有关改革的立法议案，不可避免地存在问题。对于这些议案，人大不能随声附和、一哄而上，而应当与提案者做适当切割，为提案把关。提案者可以有冲动，甚至可以犯错误，但人大不能冲动，不能犯错误，它要着眼于党和国家各项事业发展的全局长远，对人民负责。对符合民意的改革要主导助推立法，对不符合民意的改革，要主导过滤纠正。

第三，对于重大的改革性立法，人大的委员长会议、主任会议和专门委员会等内部组织，应当尽量减少和避免提出立法议案。现在，一提人大主导立法，引领推动改革，有的观点很容易认为，人大内部的有关组织主动提出议案，就是主导立法的好方式。恐怕不能这样认为。有几个理由：一是人大之外的国家机关一般走在相关领域改革实践的前沿，对改革最敏锐，容易先发现问题、研究问题，并找到改革的路径，通过立法推动改革的动力强，积极性高，由它们提出立法议案更为合适。二是人大方面主动提改革性立法议案，如果处在实践第一线的立法参与主体的主导性意见与人大不一致，是听人大的还是听其他主体的？比如，对于由全国人大内务司法委员会向常委会提出的修改法院组织法和检察院组织法的议案，假如审判机关和检察机关实际上并不赞成，怎么办？三是委员长会议、主任会议、专门委员会是人大内部的组织机构，由它们提出改革性立法议案，立了法，最后一旦改革遇到纷争甚至陷于失败，人家就会问，你人大自己提的议案，自己审议，最后失败了，怎么办？谁来负责任？这样，最终损害的很可能是人大的权威。当然，人大的代表团或者代表和常委会委员联名提出改革的立法议案，一般不存在这个问题，因为他们的提案往往是分散的、自发的。

第四，人大在引领推动改革的立法中，要主导达成共识，而不能引起社会纷争。改革是一项大事业。有改革就必然有反对改革的不同意见，也不可避免地有因盲动而产生的改革动议。面对这样的情况，人大对于引领推动改革的立法动议，应当十分慎重，准确把握改革的脉搏，寻找改革的最大共识，对于可能存在严重分歧的改革动议，不付诸立法。人大的改革性立法，应当凝聚和代表社会共识，是多数真实意见形成的定论，而不能是严重裂痕和分歧的产物，或者为虚假多数意见所掩盖的裂痕和分歧的产物，更不能因缺乏科学预见而引起事后的纷争乃至分裂。这是人大主导改革性立法的一条十分重要的原则。从这些年的情况看，人大通过的一些改革性立法，在理论和实践中曾经遇到不少纷争，这是需要高度警惕的。

第五，人大在引领推动改革的立法中，特别要主导坚守宪法和人民代表大会制度的底线。实践中，有些改革的设想和议案，有明显违反宪法和人民代表大会制度基本要求的内容，对于这些内容，在宪法没有修改之前，人大不能以立法方式肯定下来，并引领推动相关改革。这几年，一些重大改革的授权立法，在理论和实践中曾经引起是否违宪、是否损害人民代表大会制度的争议，这同样是应当引起高度警惕的问题。

总之，在引领推动改革的立法中，人大被动一些比过于主动要好。不能主张者、动议者提出什么，人大就审议通过什么。人大不能为实现某一改革目标，在缺乏动议者的情况下，主动去寻找动议者，或者干脆自己既当动议者，又当审议和表决者。特别重要的是，人大引领推动改革的任何立法，都应当凝聚反映改革共识，守住宪法和根本政治制度的底线，这是人大主导立法应当遵循的重大政治原则和法治原则。

3. 为解决部门问题，需要人大主导

立法中的部门问题是一个老生常谈的问题。从四中全会决定和立法法修改的意图看，强调人大主导立法，一个重要指向实际就是部门在立法中存在的各种问题。对这些问题，前述 2011 年李建国的表述是立法“涉及诸多方面的利益关系，涉及多个部门的工作和体制机制”。其中，“诸多方面的利益关系”，恐怕主要是指各个部门的利益关系；“多个部门的工作和体制机制”，恐怕很大程度上是指立法中不少部门之间存在各自为政的情况，现有的体制机制又难以让部门之间自觉有效地协调合作。前述 2014 年王晨对部门问题的表述是，“需要各相关方面共同配合，也不可避免地会受到各方利益的影响”。其中，“需要各相关方面共同配合”，实际暗指各相关方面（当然主要指的就是部门）难以配合或者不配合；“不可避免地会受到各方利益的影响”，实际主要暗指的也是部门利益的影响。李建国和王晨的讲话主要着眼于全局，也许是碍于中央一级部门的面子，没有直接点明法律制定中的部门利益和部门难以配合协调的问题，而在前述 2014 年的地方立法研讨会上，李适时则直接批评了地方立法中存在的“部门利益影响甚至阻碍地方立法进程”的问题。

对于立法中的部门问题，四中全会决定的表述是“部门化倾向、争权诿责现象较为突出”，习近平总书记的说明则是，有些立法实际成了“利益博弈”，需要“明确立法权力边界，从体制机制和工作程序上有效防止部门利益”。四中全会决定中的“部门化倾向”既包括了部门争利益，也包括了部门不配合或者难以配合的问题，更值得注意的是，四中全会决定明确提出了部门争权、诿责现象，习近平总书记明确提出了部门利益问题和部门权力边界不清问题。而法工委国家法室编著的立法法释义则提出了部门起草法律草案、部门主导立法和部门利益冲突、互相扯皮和推诿塞责等问题。

以上关于立法中部门问题的这些表述不尽一致，侧重点各有不同，但主要表现为部门争利益、争权、诿责、权力边界不清、难以配合协调，核心问题实际还是部门利益问题。为克服这些问题，需要发挥人大主导作用，但这仍然有一些问题需要研究。

1. 如何看待部门利益

几十年来，我们总在批评和设法克服立法中的部门利益问题，但效果似乎并不明显，到了法律体系形成之后，部门利益问题好像还越发严重了。中国特色社会主义法律体系形成的过程中，人大在立法中能够起主导作用并已经起了主导作用，仍未能解决部门利益问题，但在法律体系形成后更好地发挥人大的主导作用，果真能解决部门利益问题吗？

对于立法中的部门利益，有以下几个问题值得关注和讨论。

一是应当承认，只要有部门就有部门利益。只是部门利益有正当的利益，也有不正当的利益，立法应当克服的是部门不正当的利益。

二是一部法的条文是不是有不正当的部门利益，在法的起草审议甚至表决过程中，有时很难看得出来，可能只有在实践中才会逐步显现。在立法中，为了避免部门利益，用一个部门来制约和替代另一个部门的工作，当然有其必要性和合理性，但过于依赖人大的主导作用，特别是依赖专门委员会和常委会工作机构发挥主导作用，在法理依据、体制依据和实际效果等方面，就值得研究了。而一部法的草案，部门还没有起草，有一方就先入为主地认为它有部门利益，或者要防止它的部门利益，因而要专门委员会和常委会工作机构来组织起草或者提前介入起草，从道理上能否讲得通？是否缺少了对部门必要的尊重？

三是人大本身也是部门，它的专门委员会和常委会工作机构更是具体的部门，那么，它们有没有自身的部门利益或者说难免有不正当的部门利益？而其他部门为争取自己的不正当利益，有没有可能向人大渗透，通过人大的部门对立法施加影响呢？

四是对于已经制定的法律法规，人大不宜过于指摘它的部门利益，因为如果这样，被指摘的部门可能就会提出，这个法律不是你人大审议通过的吗，人大为什么在审议修改时不消除部门利益，却在表决通过后来批评部门利益？

五是如果不能通过改革的手段，从体制上扼制消除滋生部门不正当利益的土壤，光靠人大在立法中发挥主导作用的一些体制机制，恐怕是治标不治本，未必能解决问题。

2. 如何看待部门争权诿责现象

部门在立法过程中所争之权、所诿之责，是科学还是不科学、必要还是不必要，应当由谁来判断取舍？人大的专门委员会和常委会工作机构是否适宜做判断的主体？部门的不少权和责边界不清，可能有立法之前宪法法律已有规定不清晰的问题，也有部门之间政治道德建设的问题，还有实践中一时难以看清和回答的问题，更有需要在改革过程中逐步解决的问题，针对这些情况，通过人大主导立法能否科学地、根本地解决问题？

3. 如何看待部门起草和部门主导立法

这里的关键问题是，部门起草法律法规草案是否必然导致部门利益。似乎未必。从部门出来的法律法规草案，主要是由部门内设机构起草的，而部门内设机构起草的草案，在经过部门负责人审查后，还要经过提案主体的审查，在提出议案后，还要经过人大及其常委会的审议、修改、表决等程序，其中的每一个环节、每一个程序，都有足够的时间空间对不正当的部门利益进行过滤和消减。以全国人大常委会制定法律为例，仅在审议阶段，就不仅有常委会会议一般至少三次的审议，还有法律委员会的统一审议以及专门委员会的参与，还要向各方面反复征求意见，解决不正当部门利益的余地，无论从时间还是空间上看，实际是很大的。

上述法工委国家法室的法律释义中还有一个说法，就是将部门起草法律草案与部门主导立法联系起来了，这容易让人觉得部门起草就导致了部门主导。实际上，部门起草法律草案与部门主导立法可能还不是一回事，无论中央还是地方的立法中，部门起草的内容被否定或者弃之不用的情况都不少见。而部门主导立法的提法是否适当，倒是值得讨论的。在立法的审议和表决中，如果人大及其常委会能充分发扬民主，把审议、修改、表决的各个环节做实，部门是不可能主导立法的。但如果在立法的各个阶段，常委会会议以及人大及其常委会工作机构不充分了解情况，或者不能切实适用法定职权，被部门牵着鼻子走，当然就真是部门主导立法了。现在，为克服部门利益，就削弱甚或取消部门起草或者组织起草一些重要法律法规草案的职权，其依据可能需要充分论证。

4. 如何看待前述立法的综合性强以及由此涉及的多部门工作和体制机制

所谓综合性强，在立法中实际是很难判断的问题，如前所述，几乎所有的法律法规都可以说综合性强，都会涉及多部门的工作和体制机制，针对这一情况，就要发挥人大的主导作用，那么，人大主导的面可能就会很宽、很不确定了。

5. 为提高立法效率、节约立法资源，需要人大主导

这方面，强调人大主导立法有两个相反的重要理由：一是部门在立法中存在利益博弈、争权诿责等问题，使该立的法立不起来，因而需要人大主导，推动应该立法的事项尽快立法；二是一些部门对不该立法的事项总想立法，滥用立法资源，因而需要人大主导，及时制止随意立法的现象。由人大发挥主导作用，提高立法效率，节约立法资源，克服这两种消极现象，无疑是必要的，但存在的问题是：立法动议主体提出议案的法定职权可能会被削弱；前述人大改变“等米下锅”做法，实行“点菜上桌”，其法律和理论依

据似乎不充分；人大审议或者表决一部法的草案之前，对于这部法该不该立、何时立，应当由谁来评估和决定，在什么时候评估和决定，法理依据是什么，需要深入研究。

6. 为防止地方保护主义，需要人大主导

地方保护主义是立法中的老话题，主要指向是地方立法。发挥地方人大在立法中的主导作用，克服地方保护主义法律化，是必要的。但需要注意的是，一些损害市场统一、破坏有序竞争、保护地方利益的地方性法规，正是由地方人大及其常委会制定的，通过立法实行地方保护，不仅地方政府及其部门有冲动，地方人大及其常委会作为本行政区域的权力机关，也不可避免地有这一冲动和倾向，在这种情况下，又如何让人大发挥主导作用，战胜自我，克服地方保护主义呢？

3.6.3 人大内部哪些主体以什么方式主导立法

笼统地强调人大主导立法，似乎理所当然，但具体到人大内部谁才能主导立法，以什么方式主导立法，恐怕就有不少问题值得讨论。

1. 主导立法各类主体的提法存在问题

这个问题前面已经提出。仔细查看各类文件的表述，就会发现对于主导立法的主体究竟是谁，需要进一步统一认识。四中全会决定在同一个段落中，先是有这样的表述："健全有立法权的人大主导立法工作的体制机制，发挥人大及其常委会在立法工作中的主导作用"[①]。这就涉及两个用语，即"人大主导"和"人大及其常委会"主导，而"人大"主导和"人大及其常委会"主导所包含的主体范围是有很大差别的。接着，对具体主导主体的表述又包括全国人大的专门委员会、全国人大常委会法制工作委员会、常委会委员，甚至延伸到立法专家顾问。李建国在 2015 年向全国人大会议所做立法法修正案草案的说明中所说的主体，不仅包括"人大""全国人大及其常委会"、全国人大的专门委员会、常委会工作机构，还特别强调要发挥全国人大代表在立法中的作用。[②] 而修改后的立法法在全国人大及其常委会主导立法的表述中，又增加了委员长会议这个主体。可见，这些权威文件甚至立

① 中共中央关于全面推进依法治国若干重大问题的决定．新华社，2014－10－24.

② 中华人民共和国立法法．北京：法律出版社，2015：56－57.

法性文件对人大内部主导的主体，表述并不一致。而在日常的学术论文、研讨会讨论以及工作交流中，对主导立法的主体究竟是谁，更是存在随意用语、似是而非甚至比较混乱的现象。

从口头表述或者广泛的意义上，人们容易形成一种认识习惯，认为人大主导、人大及其常委会主导、委员长会议主导、专门委员会主导、常委会工作机构主导，甚至代表和常委会委员主导，都可以说是人大主导，也即但凡人大内部的各类组织或者成员的主导，都是人大主导。但稍一推敲即可发现，这些认识显然存在问题。如果将人大主导和人大及其常委会主导等同起来表述，大体还能站得住，因为两者都是权力机关，常委会又是代表大会的常设机关，经常可以交换合并表述。但是，如果把委员长会议和地方人大常委会的主任会议、专门委员会、常委会工作机构甚至代表和常委会委员在立法中发挥的作用，都叫做人大主导，无论从宪法体制还是理论认识上看，恐怕都站不住，因为这实际是把这些主体与人大及其常委会等同起来了，如果用之于实践，就会产生不少负面影响。对此下文将会述及。

2. 人大及其常委会主导立法的障碍

人大主导立法，从根本上说当然是人大和它的常委会两个主体主导立法。但如果这两个主体可以主导立法，就会出现以下几个关键问题。

第一，在立法表决的结果出来之前，人大及其常委会如何预知表决结果，并将立法活动向这一结果加以引导推动？按照宪法和法律规定，立法活动至少由提出议案、审议和表决三个关键性程序组成，在这三个程序中，提出议案的主体众多，人大及其常委会的组成人员又分散于各个方面，代表委员们的观点意见在审议过程中可能各不相同，即使到了表决阶段，很多时候也各不相同。那么，在如此复杂的情况下，由个体代表委员组成的人大及其常委会，又如何预知立法结果并从一开始就对立法活动进行主导呢？

第二，按照人民代表大会制度的基本要求，人民代表大会是一个合议机关，它的常务委员会也是合议机关，两者行使职权的共同特点是，集体有权，个人无权，也即集体行使职权，一人一票，委员长或者人大常委会主任也只有一票表决权。而人大及其常委会是国家权力机关，除了由它们的组成人员进行表决形成意志之外，依照宪法法律规定，又没有任何一个组织和个人可以将自己的意志强加于它们，那么，在这样的合议机关中，如果没有进行表决，所谓立法的主导意见又从何而来？而没有主导意见，合议机关又谈何主导立法呢？

第三，人大及其常委会在立法的哪些环节能发挥主导作用？2015 年 9 月上旬，张德江委员长在广东调研强调发挥人大立法主导作用时，要求人大及其常委会“把握立项、起草、审议等关键环节”，“形成立法工作合力”[①]，也即人大及其常委会要在立法的关键环节发挥主导作用，强调的是关键环节。从前面所述全国人大常委会有关副委员长和工作机构负责人的讲话看，他们对人大及其常委会应当在哪些具体环节发挥主导作用，表述并不清晰一致。再看法工委国家法室编写的立法法释义，它说，“人大及其常委会的主导作用应当体现在法律法规的立项、起草、审议、修改、表决等各个环节”[②]，也就是说，要在各个环节发挥主导作用。这比上述张德江委员长所说关键环节的面还要宽，可以说是要主导立法的全过程了。

问题是，除了人大常委会可以用向人大提出立法议案的形式，在立法动议环节发挥主导作用外，人大和它的常委会在立法中行使职权的方式，只有审议和表决两项（当然，其中也包括修改），这样，它有什么办法在各个环节发挥主导作用呢？难道人大及其常委会还可以在立法议案提出之前先审议和表决要不要制定一部法，以及这部法应当规定什么内容，或者集体起草一部法的草案？这里想说的是，以会议形式集体行使职权的特点，决定了人大及其常委会实际很难或者不可能在立法的各个环节发挥主导作用。如果一定要强调主导作用的话，这个主导作用主要还是审议和表决。这个问题下文还将述及。

第四，人大及其常委会能否对立法工作进行组织协调？立法法第 51 条的表述是这样的：“全国人民代表大会及其常务委员会加强对立法工作的组织协调，发挥在立法工作中的主导作用”。这个规定的意思很明确，即全国人大和它的常委会通过组织协调的方式发挥主导作用。但是，什么叫组织协调？组织协调的法理依据、性质和具体方式是什么？组织协调与主导是什么关系？人大及其常委会作为集体行使职权的审议表决机构，又如何去组织协

---

① 张德江．发挥人大立法主导作用，加快形成完备的法律规范体系．中国人大，2015 (18).

② 全国人大常委会法工委国家法室．中华人民共和国立法法释义．北京：法律出版社，2015：162.

调其他立法参与主体？它们能以会议的形式现场办公进行组织协调吗？

所谓组织协调，更多是指中国共产党对别的党派和国家机关以及其他各类组织的领导方式，即通常所说的统揽全局、协调各方。比如，在司法领域，有些重大复杂疑难案件，光靠公检法机关各自行使职权，容易出现扯皮诿责争权等消极现象，就需要党委通过它的政法委员会对公检法机关进行组织协调，但即使政法委员会组织协调公检法机关，也是组织协调它们查清案件事实，更好地适用法律，而决不是从实体和程序上干预公检法机关办案，把自己的意见强加于公检法机关。所以，组织协调更多应当是超脱性的、非干预性的，不能代替、命令或者变相命令被组织协调者，不能把组织协调变成发号施令，也正因为这个原因，我们强调司法工作要坚持党的领导，但不能说党要在司法工作中发挥主导作用。但如果在立法工作中，人大及其常委会组织协调又不等同于发号施令，不能拍板定调，能说是发挥主导作用吗？具体到人大及其常委会发挥主导作用，遇到的问题是，它们在立法过程中要去组织协调哪些主体？它们与被组织协调者之间是什么关系？组织协调行为是什么性质，有什么法律效力？如果被组织协调者不执行人大及其常委会的意志，怎么办？这些问题恐怕应当从法理和我国政治制度的层面谨慎研究回答。

当然，我们知道，人大及其常委会作为一个合议机构不可能去具体地组织协调，甚至委员长会议也不会去组织协调，真正组织协调的往往是人大及其常委会的领导人个人甚至是常委会工作机构的负责人。比如，副委员长兼秘书长可能就是重要的组织协调主体。这里想说的是，法律规定人大及其常委会组织协调立法工作，如果有人较起真来，是经不住推敲的。

第五，人大常委会能否通过立法规划计划主导立法工作。现在，立法规划计划被视为人大常委会主导立法的重要抓手，但立法规划计划不是行政性的，无论人大还是它的常委会都不适宜事先审议通过一个规划或者计划，然后用来约束要求各个立法参与主体。这个问题笔者已有过论述，这里不再重复。[①] 但修改后的立法法加上了全国人大常委会通过立法规划计划主导立法工作的相关内容，这很可能会引起一系列弊端和问题。对此下文将予阐述。

---

① 刘松山．立法规划之淡化与反思．政治与法律，2014（12）．

3. 委员长会议或者主任会议主导立法需要研究的问题

委员长会议和地方人大常委会的主任会议是人大常委会的一个非常特殊的机构，对这个机构的性质、地位和职权，理论和实践中有不少需要重视和研究的问题，主导立法就是其中之一。这里着重以委员长会议为例讨论这一问题。

关于人大主导立法的主体的表述，一般文件都没有包括委员长会议，但在人大及其常委会的具体主导工作中，委员长会议的权力实际是很大的，有时甚至让人难以搞清究竟是常委会还是委员长会议在真正地主导立法。

这里主要以立法规划计划为例进行讨论。修改后的立法法规定，全国人大常委会“通过立法规划、年度立法计划等形式，加强对立法工作的统筹安排”，即在立法中发挥主导作用。按理说，常委会要通过立法规划计划安排立法工作，这个规划计划就应当由常委会审议通过。但立法法没有规定常委会审议通过，却规定“立法规划和年度立法计划由委员长会议通过”。这是不是容易给人一种错觉：真正以规划计划主导立法的是委员长会议而不是常委会？而立法法赋予委员长会议这一职权是否合适，恐怕需要讨论。

全国人大组织法是一部对委员长会议组织与职权作出系统规定的重要基本法律。这部法律在第25条规定，委员长会议的职权是处理常委会的“重要日常工作”，并明确列举了四项职权：一是决定常委会会议的会期，拟定会议议程草案；二是将向常委会提出的议案和质询案，决定交有关专门委员会审议或者提请常委会审议（当然，全国人大常委会议事规则和立法法对如何决定立法的议案还做了具体限制）；三是指导和协调专门委员会的日常工作；四是处理常委会其他重要日常工作。这里有两个问题。

第一个问题是委员长会议通过立法规划计划，是否符合全国人大组织法的这一规定？显然，全国人大组织法规定的委员长会议的职权中，没有通过立法规划计划这一项。那么，能否对这四项职权进行扩充理解，推导出有制定立法规划计划的含义呢？恐怕也很困难。比如，第一项职权中的会期显然不包括规划计划，而拟定会议议程草案，也是在法定主体提出议案之后对议案做日程安排，不包括对谁提出以及何时提出法律案进行规划计划。比如，第二项职权中对有关主体提出的议案决定交专门委员会审议或者提请常委会审议的内容，主要还是程序安排性质的，可能带有一定的规划计划的性质，但这个规划计划仍然是被动的、“等米下锅”、难以预测的，甚至不能说是规划计划，因为议案的动议权在提案主体手里，委员长会议不能对它进行规划计划。再比如，第三项指导协调专门委员会日常工作的职权，范围也局限于专门委员会，由于是指导协调，也就不能对专门委员会发号施令，要求其提不提、何时提议案，所以也谈不上对专门委员会提案进行规划计划。总体上看，委员长会议所处理的“重要日常工作”，具有明显的程序性、超脱性、协助性、被动性、临时性、服务性特点，并局限于常委会内部和专门委员会之间，显然不包括立法规划计划这样统筹立法全局的重大事项。

那么，能否将通过立法规划计划归为“其他”的重要日常工作呢？恐怕也不能，因为“其他”的事项在重要性方面肯定比不上前三项日常工作，而立法规划计划实际是立法的总开关，对是不是要立一部法律、何时审议通过一部法律，甚至由谁起草和提出法律案等事项，都要进行统筹安排，这是比全国人大组织法规定的上述重要日常工作还重要得多的工作。应当说，委员长会议通过立法规划计划，明显不符合全国人大组织法的相关规定。

第二个问题是，立法法能否做出违背全国人大组织法精神的规定？全国人大组织法是关于全国人大及其常委会包括委员长会议的组织和职权的重要基本法律，从立法精神原意上看，委员长会议不能通过立法规划计划这一统管立法全局的重大事项，也即不能通过立法规划计划的方式主导立法。但立法法是关于立法制度方面的基本法律，全国人大在修改这部法律时又规定，委员长会议有权通过立法规划计划。两部法律都是全国人大会议通过的，如何看待其中相关规定的关系？建议有关方面慎重研究回答。

但无论立法法如何规定，由委员长会议通过立法规划计划（哪怕这个规划计划也在常委会会议上审议一下），都存在不少障碍。

一是代表大会和常委会都是权力机关，委员长会议不适宜通过一个约束权力机关的立法规划计划，因为这不符合我国的政治体制。

二是委员长会议也不适宜通过一个规划计划，去约束要求其他提出法律案的主体，因为是否提案、何时提案，是宪法法律赋予提案主体的职权，委员长会议不适宜去干预。

三是委员长会议不是立法机关，也不是法定的执法机关，它通过的立法规划计划并没有法律效力，别的主体不执行也不会产生法律后果。

四是委员长会议“通过”的方式是什么，并不明确，法律既没有规定委员长会议以审议和表决方式集体行使职权，也没有规定委员长会议实行其他工作体制机制，但无论是集体行使职权还是以其他方式行使职权，委员长会议组成人员都是常委会组成人员的很少一部分，在一个投票完全平等的合议机关中，少数成员以缺乏法律规定的方式通过一项立法规划计划，再让绝大多数成员去执行，法理和制度依据是什么，就值得研究了。

五是立法规划计划所包括的内容已经远不止常委会的“重要日常工作”了，它还包括代表大会要不要立法的职权，包括其他国家机关以及人大主席团、专门委员会提出法律案的职权等，这已远超委员长会议的职权范围。

委员长会议通过立法规划计划后还有一个执行问题，也即把这个规划计划布置安排下去，要求各类主体付诸实施。这项工作由谁来做？立法法第52条的规定很有意思，叫全国人大常委会通过规划计划等形式，加强对立法工作的统筹安排。据此，统筹安排的主体就是常委会了。但实践中，常委会似乎从来没有对某一立法规划计划如何落实，作出过具体决议决定。比如，要求某一主体何时提出某一法律案，或者某个法律必须在哪个时间段内审议通过。那么，实际在对规划计划进行统筹安排的是谁？委员长会议恐怕是重要主体之一。但如果委员长会议可以统筹安排规划计划，它就不仅是规划计划的制定者，也是统筹安排的落实者了，委员长会议这样行使职权是否合适？能等同于全国人大常委会行使职权吗？

现在，我们习惯于把委员长会议通过的立法规划计划，当作常委会的立法规划计划，把委员长会议通过立法规划计划发挥主导作用说成是常委会在发挥主导作用，这些似是而非的看法说法做法，可能不仅仅是一个不准确的问题，还涉及一个常委会和委员长会议实际上的地位高低和职权大小的问题，应当引起有关方面的高度重视。

我们不否认委员长会议在立法中的重要作用，甚至在某些环节的主导作用。比如，依照法律规定，委员长会议有权提出法律案，这个提案权是一项独立的法定职权，在提案这一环节，它实际就发挥了立法的主导作用。但是，委员长会议是否适宜制定并实施立法规划计划，并以此发挥立法主导作用，而且将这一作用视为全国人大常委会的立法主导作用，就值得讨论了。委员长会议处理的常委会重要日常工作中，有不少立法工作的内容，但这些内容在多大程度上、多大范围上可以叫做主导立法的工作，恐怕也是值得讨论的。比如，很多针对议案的管控措施能不能叫主导立法？再比如，委员长会议在多大程度上能代表常委会？

委员长会议的示范作用十分重要。地方人大常委会还有一个主任会议问题，委员长会议怎么做，主任会议就会参照效仿，如果做得不好，可能就成为主任会议甚至人大常委会主任个人主导立法了。

4. 专门委员会、常委会工作机构、人大代表等主导立法的问题

按照修改后立法法的规定，在法律的制定中，发挥人大主导作用，还有几个重要内容：专门委员会、常委会工作机构提前参与法律草案起草；涉及综合性、全局性、基础性等事项的重要法律草案，可以由专门委员会和常委会工作机构组织起草；充分发挥代表作用，以及专家学者在法律起草中的作用等。但这仍然有一些问题需要研究。

1. 能不能将发挥专门委员会和常委会工作机构在立法中的作用，等同于人大主导立法

恐怕不能。一是人大及其常委会是合议机关，在人大及其常委会审议表决之前，无论专门委员会还是常委会工作机构，都并不知道表决结果，因此，它们在立法中所做的工作，都不能代表人大及其常委会。二是专门委员会和常委会工作机构所做的具体立法工作，包括起草的法律草案和提出的立法意见等，在立法过程中本身还要接受常委会的审议、辨别和取舍，未必就会被人大及其常委会会议所接受，所以，在表决之前它们所发挥的作用无论多大，恐怕都不能说是人大及其常委会的主导作用。三是专门委员会依照法律规定有提出法律案的职权，这可以说是在立法的一个环节起一定的主导作用，但这个主导仍然是专门委员会的主导，而不是人大及其常委会的主导，因为它提出的法律案还要经过委员长会议的过滤，并经过人大及其常委会的审议和表决，并不代表人大及其常委会的意志。

当然，如果获得人大及其常委会的授权，专门委员会和常委会工作机构在立法工作中可以代表人大及其常委会发挥授权范围内的主导作用。比如，立法法规定，常委会工作机构按照常委会的要求，督促立法规划计划的落实。这种情况下，如果说工作机构按照常委会要求督促立法规划计划的落实是一种主导的话，这种主导可以说是常委会的主导。

专门委员会和常委会工作机构是人大及其常委会的工作机构，它们与国务院的部门不同，部门是国务院的组成部分，部门依法行使职权就是国务院在行使职权，但专门委员会不是人大的组成部分，常委会工作机构也不是常委会的组成部分，它们只是人大及其常委会的参谋助手，为人大及其常委会行使职权提供工作服务，它们行使职权不等于人大及其常委会行使职权，除非获得专门的授权。而就获得授权来说，国务院实行首长负责制，部门获得总理的同意即可代表国务院，也比较容易做到；但人大及其常委会是合议机关，专门委员会和常委会工作机构要获得合议机关的授权同意并非易事，所以要代表合议机关也并非易事。

建立健全体制机制，充分发挥专门委员会和常委会工作机构在立法中的积极作用，为人大主导立法创造条件，是必要的，但应当避免将这种积极作用的发挥等同于人大主导立法。

2. 如何看待专门委员会在一定意义上的主导作用

专门委员会的组成人员虽然是人大代表，但专门委员会的性质仍然是人大的工作机构，也是常委会的工作机构。对于专门委员会的职责，制定1982年宪法时，胡乔木曾专门有一个说明。他说，专门委员会“大体上应该做些什么事？我们设想，应该主要的是进行调查研究，征求各方面的意见，便于人大和人大常委会制定法律或者其他的决议”。“这是它的主要的作用。这些专门委员会不是任何形式的权力机关，它只是人大和人大常委会的助手。”[①] 从这里可以看出，按照立宪的初衷，专门委员会主要应当做调查研究，全面收集各方面意见，为人大及其常委会决策提供参考。即使提出自己的意见，也应当以收集的意见为基础，而不是脱离各方面意见，以主导为己任，偏重于表述专门委员会的倾向性意见，也只有这样，它才能为人大及其常委会提供全面的决策参考。宪法规定专门委员会在全国人大及其常委会的领导下，研究、审议和拟定议案，宗旨在这里。

有意思的是，1982年宪法并没有规定全国人大的专门委员会可以提出议案，只是同时通过的全国人大组织法规定了专门委员会可以提出议案，而宪法却明确规定，全国人大代表和常委会委员有权提出议案。要知道，提出

---

① 胡乔木文集：第2卷．北京：人民出版社，1993：514.

法律的议案是主导立法的重要环节，相比之下似乎可以发现，通过提出议案主导立法的倒更应当是人大及其常委会的组成人员，而不是专门委员会，但实践中的情况似乎正好相反，建议有关方面对专门委员会在立法中的职责做进一步研究。比如，专门委员会提出法律案的道理是什么，专门委员会在调查研究、收集意见和提出法律议案之间，更应当把工作重点放在哪里？比如，某专门委员会拟定一项议案，是不是意味着此议案就一定要由该专门委员会提出？拟定议案和提出议案是什么关系？再如，专门委员会提出的议案是不是应当有所侧重，结合专门委员会设立的初衷，它主要应当提出立法方面的议案还是监督方面的议案？等等。

3. 如何看待专门委员会和常委会工作机构组织起草或者直接起草法律草案

为克服部门利益，设想由专门委员会或者常委会工作机构组织起草或者直接起草法律草案，认为这就是人大主导立法或者有利于人大主导立法，初衷是好的，但会遇到一些问题。

一是如果把组织起草或者直接起草就视为人大主导立法或者认为这样做有利于人大主导立法，那么，起草的这个草案在常委会会议上一旦被否定，怎么办？这种情况下，有人说，你不是人大主导立法吗，怎么你牵头起草（或者直接起草）的法律草案被人大自己否定了？为加强人大主导，现在有一种强调专门委员会和常委会工作机构组织起草的倾向，特别是强调综合性、全局性、基础性的重要法律草案，由这两类机构组织起草。但组织起草是一把双刃剑，对它所面临的复杂问题，应当有足够估计。实践中，为突出人大主导，有的地方人大的专门委员会，对由政府部门起草更为合适的本区域综合性、全局性、基础性的法规草案，主动牵头组织起草，数易其稿，但草案在征求意见和常委会审议的过程中，因饱受非议而迟迟不能出台，最后非但未能起到主导作用，反倒影响了专门委员会的权威。

二是如前所述，不宜将起草法律草案与部门利益、部门主导等同起来，只要是起草者，都有可能被利益所渗透，专门委员会和常委会工作机构也不是天衣无缝，而且，专门委员会组成人员很多就是从部门转岗过来的，与部门有千丝万缕的联系。又如前述，专门委员会和常委会工作机构也是一个部门，也不可避免地有自己在立法中的利益，不要说专门委员会和常委会工作机构，即使是专家参与起草，也不可避免地会带有复杂的自身利益和部门利益倾向。为克服部门利益就把起草权从部门那里拿过来，能否从根子上解决问题，恐怕需要研究。

三是起草法律草案与该法律案的提案权是什么关系？此问题前面已提出。从道理上讲，谁提案、谁起草，应当站得住，可以说，起草本身就是提案主体的一项职权。当然，提案主体可以委托其他主体起草法律草案。但如果提案主体坚持自己起草法律草案，而专门委员会和常委会工作机构认为这样会导致部门利益，从部门那里争来起草权，自己组织起草或者直接起草，最终出来的草案与部门的意图不相符，相关提案主体不予提案，或者消极抵制提案，怎么办？建议有关方面对法律草案的起草与提案权之间的关系加强研究。

四是应当重视专门委员会和常委会工作机构的起草力量。任何一部法律所涉及的面都有很强的特殊性、专业性，但专门委员会的力量是有限的，常委会工作机构比如法制工作委员会，其工作人员长期主要学习、研究法律，其他方面的专业力量既有局限，又缺乏实践经验，能否适应起草诸多重要法律草案的需要？

五是为防止克服部门利益，专门委员会和常委会工作机构除了在起草这一环节参与外，其他还有哪些环节可以发挥作用？是不是广泛征求意见，加强调研，为人大及其常委会审议法律草案提供全方位的意见，可能更有利于发挥人大主导作用？

4. 人大代表应当以什么方式主导立法

为体现全国人大代表在立法中的主体地位，立法法修改时增加了有关规定。比如，规定常委会工作机构编制立法规划计划时认真研究代表议案和建议，常委会审议法律案要邀请代表列席，征求代表意见并向代表反馈情况，专门委员会和常委会工作机构立法调研时要邀请代表参加。但仔细分析这些规定，总让人不自觉地产生几个疑虑。

（1）代表究竟是权力机关的主体还是客体？代表本身是权力机关组成人员，常委会工作机构是为代表服务的，但编制立法规划计划时，代表提出的议案建议却要交工作机构“认真研究”。也就是说，这个议案建议行不行，判断权还是在工作机构那里。

（2）常委会是由代表大会选举产生的，但它审议法律案时，代表只能受邀列席，提出的意见只能得到反馈的份儿。

（3）专门委员会和工作机构本身是为代表服务的，但它们立法调研时，被邀请参加似乎成了代表的待遇。

立法法的以上这些规定，初衷当然是发挥代表主体作用，但是不是又容易给人一种感觉：在立法工作中，代表实际成了常委会、专门委员会和常委会工作机构的行政相对人甚至下级人员，或者比一般社会公众稍有特权的人？

以上所述实际向我们提出一个问题：在立法中发挥代表主导作用的关键点是什么？这恐怕还要回到宪法的规定。代表大会开会时，全体代表的权力是清楚的，就是审议和表决，但部分代表的作用如何体现？如前所述，宪法没有规定专门委员会的提案权，却专门规定了代表提出议案的权力，这当然包括提出法律案的权力。在立法程序中，提案权是一项独立的、主动的职权，代表通过提案推动立法，就是在主导立法。但立法法修改的内容，实际将代表放在一个被动的位置，一个仅限于向常委会、专门委员会和常委会工作机构提出意见的位置，这个位置更多地恐怕是客体而非主体的位置，很难说是在独立地主导立法。在代表大会闭会期间，对于立法，代表当然可以广泛参与，表达意见，但其主要任务似乎是应当为提出法律案做精心准备。但在我国，国家对代表不配备个人参谋助手，专门委员会和常委会工作机构是代表大会的集体参谋助手，当然也有服务于代表个人的职责，它们既然有能力组织起草或者直接起草法律草案，为什么就不能帮助或者协助代表起草法律草案，推动部分代表在会议上提出一个优质的法律议案并进入审议和表决程序以发挥立法主导作用呢？

不仅是代表，常委会委员也有这个问题。代表委员通过提出法律案主导立法，是宪法赋予的重要职权，专门委员会和常委会工作机构在立法中适当转变工作理念和服务重心，将协助代表委员起草法律案作为重要职责，起草后再由代表委员在代表大会和常委会会议上提出法律案，很可能是创新人大主导立法工作体制机制的新抓手和新亮点，也有利于专门委员会和常委会工作机构依照宪法法律的规定进行自我定位。

3.6.4　小结与建议

从上面的分析可以看出，人大主导立法是一个新提法，对促进民主立法具有重要意义。但是，如何科学理解把握这个提法，还有不少问题需要研究。对“主导”这一用语的含义和相关范畴作什么样的理解，直接关系到人大在立法中如何进行自我定位。按照我国的政治体制，特别是宪法、立法法等法律确立的立法体制和立法程序的要求，强调人大主导立法是必要的，但要妥善处理人大主导立法与党领导立法的关系，以及人大主导立法与其他主体依法参与立法的关系，不宜将委员长会议、主任会议、专门委员会和常委会工作机构等主体在立法中发挥积极作用与人大主导立法等同起来。理解人大主导立法，需要考察这一提法出现的背景和针对性，研究针对不同事项的主导应当把握什么样的界限。总之，发挥人大在立法中的主导作用，需要找准人大主导的宪法法律定位，加强相关研究，避免对人大主导立法的各种误识和分歧。为此，笔者提出一些建议。

第一，建议对各类立法参与主体发挥作用的提法进行规范清理。现在，对各类立法参与主体在立法中的地位作用表述比较多，内容含义又不甚清晰，容易产生理解执行的偏差。比如，“坚持党对立法工作的领导”，“发挥人大在立法中的主导作用”，“发挥人大的决定性作用”，“发挥代表和常委会委员的主体作用”，“发挥政府在立法中的重要作用”，“发挥政府在立法中的基础作用”等，不一而足。这些地位作用的提法，本身含义很难说有清晰的界限，看上去、听上去都很重要、很关键，在不同的环境中又被不断变化使用，不要说社会公众和各级人大及其常委会组成人员，即使是长期从事立法理论研究和实际工作的专业人士，恐怕也未必能把这些说法的区别搞清楚。建议有关方面在公文中对这类提法删繁就简，统一规范。

第二，建议将“主导”这一用语与汉语语言的基本含义和语法要求尽量对接起来。政治法律方面的官方用语，应当十分严谨准确，符合汉语的常规要求。立法语言有一些特殊性，但也只有在找不到更合适语言表述的情况下，才可以适当脱离语言常规，赋予法律语言一些特殊的含义。“主导”一词的汉语内涵与人大行使职权的特点明显不相符，建议有关方面要么对这一用语做适当界定，要么逐渐减少使用，要么在适当时候更换用语。

第三，建议对党领导立法与人大主导立法中可能遇到和已经遇到的各类问题进行研究规范。在提人大主导立法的同时，不宜只笼统地强调坚持党的领导是前提，而要直面问题，全面梳理和研究规范党领导立法与人大主导立法可能面临的矛盾。实践中，这方面的问题不少，处理不好既影响党领导立法，也不利于人大主导立法。

第四，建议对人大主导立法究竟要解决什么问题、能够解决什么问题，以及可能带来的负面影响，进行深入研究。如前所述，从已有的官方文件和人大常委会领导人、工作机构负责人讲话来看，人大主导立法的提法存在针对性不甚明确和不甚统一的情况，或者即使比较明确又会面临争议甚至带来其他负面影响的情况。比较典型的是，人大以主导立法的方式引领推动改革，在理论和实践中已经引起不少争议，强调通过人大主导立法来克服立法中的部门利益，也面临争议和矛盾。建议有关方面对这类问题予以重视研究。

第五，建议科学认识各个立法参与主体在立法中与民意的关系。现在，强调人大主导立法，实际有一个重要的理论假设和制度假设，认为人大是民意机关，代表人民意志，所以它应当主导立法。但不能忘记，依照宪法的规定，政府、法院、检察院这些重要的立法参与主体名称中也有“人民”二字，它们在不同的侧面也代表了人民的意志，在立法活动中它们也是代表民意的。强调人大代表民意无可厚非，但不能给人一个误识，把人大想成民意的独占机关和垄断机关。人大也是一个国家机关，基于制度设计的考虑，让它在立法中代表民意行使审议和表决的职权，并不等于它就是民意的唯一代表机关，其他的立法参与主体在不同的立法环节中，也从不同的侧面代表和反映民意。这是一个应当引起重视的认识问题。

第六，建议将人大主导立法的关键放在审议和表决两个环节上。除了人大常委会向代表大会提出立法案之外，人大及其常委会在立法中真正能够集体行使职权的实际只有审议和表决两个环节，作为合议机关的人大主导，只能是这两个环节的主导。把审议民主和表决民主发挥好了，人大的主导作用就实现了。所以，人大能不能主导立法，主导立法的质量如何，从根本上说，取决于审议和表决的质量，健全人大审议民主和表决民主的体制机制，是保证人大主导立法的根本手段。

第七，建议对委员长会议和主任会议在立法中的性质、地位和职权，做研究和规范。这个问题涉及委员长会议和主任会议整体性职权的行使。实践中，委员长会议和主任会议行使的权力似乎已远超全国人大组织法、地方组织法等法律的规定，如何看待这个问题？是不是应该修改全国人大组织法等相关法律？建议研究考虑。而在立法中，与委员长会议、主任会议密切相关的，还有委员长和副委员长兼秘书长、主任和副主任兼秘书长这几个人大常委会的重要职务，也需要加以研究规范，因为他们的权力也很大，又缺乏系统明确的法律规定。

第八，专门委员会、常委会工作机构在人大主导立法中当有何为？似乎还是应当围绕参谋和助手的法律定位，充分发挥作用，比如加强调研，采取多种方式了解各方意见，向人大及其常委会提出研究意见建议，而不宜强化提出立法议案和组织起草法律法规草案的职权，因为这可能带来许多弊端。如果有组织起草法律法规草案的条件资源，就转过来帮助代表委员起草，由代表委员依法行使提案权，不就很好吗？

3.7 衔接协调党内法规与国家法律，保证权力机关依法行使职权

权力机关能否依法行使各项职权，是宪法能否得到有效实施的关键问题。但权力机关依法行使职权，又涉及一个党的领导问题，而党的领导又是依据党内法规开展的，所以，在权力机关实施宪法的过程中，就遇到一个党内法规与国家法律关系的重大问题。这个问题也与前面所述党领导立法工作密切相关，以下的论述当然也包含了党对立法工作的领导，但侧重点有两个：一是党内法规与国家法律的关系；二是权力机关依法行使职权的整体局面，而非行使某项具体职权。

在我国，既要坚持党的领导，又要实行人民代表大会制度这个根本政治制度。党组织通过党内法规形成并向权力机关提出自己的主张，权力机关又要依据国家法律进行审议表决，这就不可避免地会发生党内法规与国家法律的冲突。这个问题一直以来没有认识、解决好，对它展开充分的讨论研究，对于科学部署党的十八届四中全会提出的“三统一”“四善于”，实现党对权力机关的有效领导，有效实施宪法，具有特别重要、紧迫的理论与实践意义。

3.7.1　“党大还是法大”“权大还是法大”背后的真问题

在长期的政治与法律实践中，党组织及其领导干部与权力机关之间，一直存在一种十分敏感、似是而非的张力。这个张力的突出表现，就是所谓“党大还是法大”的问题。

“党大还是法大”，在20世纪80年代就提出来了，而且集中体现在权力机关行使职权的领域。那时候，地方权力机关在行使任免权的过程中，出现了代表委员能否对党委提出的国家机关组成人员人选投反对票的问题。一种观点认为，对党委提名的人选如果不满意，就有权依照宪法法律的规定投反对票；但另一种观点认为，对党委提名的人选投反对票，就是反对党的领导。这就引出一个质疑：究竟“党大还是法大”？与此同时，一些地方党组织及其领导干部违反宪法法律，凌驾于宪法法律之上的做法偶有发生，这就使得“党大还是法大”的矛盾变得日益尖锐，并逐渐成为一个带有普遍性的问题，至今没有得到妥善解决。

“党大还是法大”是一个口语化的提法，但它的准确性是很值得研究的。就像习近平总书记所批评的那样，是一个“含糊其辞、语焉不详”，没有“明确予以回答”的提法。[①]“党大还是法大”中的“法”，当然是国家法律，但是，与“法”相对应的“党”究竟是指什么？是指党中央还是其他各级党的组织？是指党的中央领导人还是省委书记、县委书记等地方领导人，甚至是企业、农村的党支部书记？或者是其他的什么？

客观地说，在各级党组织领导权力机关行使职权的过程中，“党”很大程度上是被理解为上述各级党组织或者领导干部的。针对这一理解，习近平总书记尖锐地指出：“‘党大还是法大’是一个政治陷阱，是一个伪命题。”[②]在这个基础上，他进一步揭示了这一伪命题背后的东西：“如果说‘党大还是法大’是一个伪命题，那么对各级党政组织、各级领导干部来说，权大还是法大则是一个真命题。”[③]习近平总书记点到了问题的要害。实际上，权大还是法大始终是国家和社会治理中困扰我们的一大难题，各级党组织领导

① 中共中央文献研究室．习近平关于全面依法治国论述摘编．北京：中央文献出版社，2015：34.

② 同①.

③ 同①37.

权力机关行使职权的过程中，这个难题同样突出。但长期以来，认识和实践中，对这一问题笼统进行批评者多，回避讨论者多，而深入研究应对者并不多。

“党大还是法大”这个伪命题的背后，是权大还是法大的真命题，那么，权大还是法大的背后又是什么呢？实际是党内法规与国家法律的关系问题。

各级党组织向权力机关推荐国家机关组成人员人选，提出主张，都是先在党内酝酿形成的，而党内酝酿形成人选和主张的程序，是按照《中国共产党党章》等党内法规的规定进行的，是在执行党内法规确立的党内民主集中制具体规定的基础上形成的。所以，党的组织向权力机关提出的国家机关组成人员人选和各种主张，实际是执行党内法规的结果，是贯彻党内民主集中制的结果。这样，从表面上看，权力机关组成人员行使职权时面对的是党组织或者领导干部提出的人选或者主张，实质上，他们面对的是党内法规贯彻落实的结果，摆在他们面前的既有国家法律的规定，又有党内法规形成的结果。是以国家法律为依据行使职权，还是照单接受党内法规形成的结果呢？如何认识处理国家法律和党内法规的关系？

3.7.2 权力机关组成人员投票表决的依据

对于党内法规酝酿形成的结果，权力机关投票表决时，有以下几个问题值得讨论。

1. 权力机关对党内法规形成的结果应否照单全收

有的观点可能会认为，权力机关组成人员照单全收，就是服从党的领导，实现了党内法规和国家法律的有效衔接。但需要注意的是，各级党组织将执行党内法规的结果提请权力机关审议表决时，权力机关又面临以下问题。

一是这个党内法规的内容本身是否科学先进，是否反映了党内法规所应当遵循的党建的基本规律和要求。如果党内法规的内容本身就不科学完善，党组织依据这个法规形成的人选和主张，权力机关是否应当照单接受？这个问题我们缺乏应有的研究和认识。

二是党内法规与国家法律的地位效力究竟孰高孰低？这是一个相当复杂的问题，长期以来也没有得到应有重视和研究。1990 年，中共中央颁布了

《中国共产党党内法规制定程序暂行条例》。到 2012 年，党中央才正式印发了《中国共产党党内法规制定条例》。总体上看，党内法规制定的主体、民主程序、规范的对象内容，以及制定的数量经验和成熟程度等，与国家法律相比，有很大差别。在这种情况下，是否可以要求权力机关对党组织依据党内法规形成的结果，不加分析地照单全收？这个问题，下文将继续述及。

三是权力机关直接面对的不是党内法规本身，而是党组织执行党内法规的结果。这个结果，既可能是正确执行党内法规的结果，也可能是错误甚至歪曲执行党内法规的结果。实践中，一些领导干部凌驾于党内法规之上，出现把个人意志当作党内法规执行结果的情况。在这种情况下，权力机关对这一结果是应当一律投赞成票，还是用法律的规定来检验它？

2. 权力机关组成人员中的党员能否投反对票

权力机关组成人员是由共产党员和其他党派以及无党派人士组成的，共产党员在数量上当然占了绝对多数。对党组织提出的人选和主张，党员代表委员如果一律投赞成票，党的主张顺利上升为权力机关的意志，党内法规的内容及其执行结果就与国家法律衔接上了。但是，一旦他们不同意党组织提出的人选和主张怎么办？这时候，在他们身上，有关规定党员纪律的党内法规与国家法律就发生了冲突。一方面，按照党内法规，他们应当服从党纪，对党组织提出的人选和主张投赞成票。但另一方面，他们又代表人民，接受选民监督，应当依据宪法和法律规定行使职权。在这种情况下，党员代表委员能否投反对票？这是一个需要在认识上达成共识、在制度上作出明确规范的重大问题。

从宪法和法律的规定看，权力机关组成人员中的党员，是可以投反对票的，也即党员可以用“反水”的方式，违反有关党内法规，不守党纪。实践中，这样的情况也并不少见。党员违反了党内法规，党组织当然可以用党纪对他们进行处分。但是这种处分又面临两个问题：一是上文所说的党内法规与国家法律冲突时，应当服从谁？这个问题留待下文回答。二是这个处分必须以投票表决的公开为前提，因为只有投票公开，才能查出某个党员是否投了反对票。而目前情况下，各级权力机关基本实行无记名表决，计票人员无法查清，即使技术上可以查清，法律和有关纪律也不允许查清某个代表委员包括党员代表委员，是否投了反对票。所以，权力机关投票表决的机制、技术以及有关法律和内部纪律的规定，也使得党组织无法对权力机关组成人员中党内成员的“反水”进行查证和处分。

那么，一旦权力机关投票公开，是否意味着党组织就可以对“反水”的党员代表委员进行纪律处分呢？在国外，代议机关组成人员的投票行为通常必须公开，公开是原则，不公开是例外，目的是接受选民的监督。但我国的情况比较特殊，长期以来，人们认为秘密投票才有利于发扬民主。殊不知，代议机关的投票，秘密未必民主，公开未必落后。而现在有关法律关于权力机关对不同事项投票表决方式的规定，并不完善。实践中，投票基本是无记名的，这实际上阻碍了选民对代表行使职权的了解和监督。从长远看，将权力机关组成人员的投票，根据不同情形予以公开，是接受选民监督、健全完善人民代表大会制度的必然趋势。但是，一旦公开，对于党组织提出的人选和主张，党员代表委员的投票又出现了困境，即他们的投票结果，在接受广大选民监督的同时，也要接受党组织的监督。如果党组织提出的人选和主张，与国家法律发生了冲突，他们是执行党的纪律还是国家法律，是向党组织负责还是向选民负责呢？这实在是一个重大复杂的问题，应当引起有关方面高度重视，尽早研究规范。

3. 为什么说权力机关行使职权时国家法律的效力高于党内法规

实际上，以上论述就是要求我们从根本上回答，在权力机关行使职权的过程中，如果党内法规与国家法律发生了冲突，权力机关组成人员究竟应当服从哪一个？答案是，应当服从国家法律。其原因如下。

第一，这是宪法法律和党章等党内法规的要求。根据宪法第 5 条的规定，各政党都必须遵守宪法法律，任何组织或者个人都不得有超越宪法法律的特权。党章在总纲中规定：“党必须在宪法和法律的范围内活动”。《党内法规制定条例》第 7 条也规定，制定党内法规应当遵循的重要原则是，“遵守党必须在宪法和法律范围内活动的规定”。由此可见，国家法律的效力是高于党内法规的，各级党组织制定党内法规，一个重要前提和原则就是，它的内容不得违背宪法和法律，否则，就应当根据党内法规制定条例等党内法规的规定，被审查清理甚至归于无效。

第二，国家法律既是全党的主张，又是全国人民意志的体现，是全党和全国人民意志的统一。根据党内法规制定条例的规定，党的中央组织以及中央纪委、中央各部门和省一级党委，都有权制定党内法规。在这种情况下，党的中央组织制定的党内法规代表了全党的意志，但没有通过法定程序上升为全国人民的意志，所以，其法律效力是低于国家法律的。至于某个党的中央部门或者省级地方党委制定的党内法规，其法律效力就更应当低于国家法律了。

对这个问题，彭真在上世纪七八十年代就有深刻论述。那时候，除了党章之外，党内法规不甚健全，党内“家长制”作风、“一言堂”的现象也不少，一些党组织及其负责人不认真执行党章以及其他党内法规的民主集中制规定，向权力机关提出人选和主张时，给人的印象就是国家机关组成人员人选和有关主张与党内法规无关，都是党组织及其负责人的意见。所以，党内法规与国家法律的关系，就被误认为是党组织及其负责人与国家法律的关系，党组织及负责人很大程度上成了党的代名词，因而人们习惯性地问：究竟“党大还是法大”？

在1979年七个重要法律公布不久后的全国公检法工作会议上，有人就提出：“是法大，还是哪一位首长、哪一级地方党委大”？彭真说：“我看，法大。”为什么说法大？他举了七个重要法律的例子，说：“这次公布的七个法，草案是经过中共中央政治局原则批准，是经过全国人大常委会提请全国人民代表大会原则通过的，它是代表党和全国人民的意志和利益的。有谁比党中央还大，比全国人民代表大会还大呢？”① 彭真是在说，法律既是党中央的意志，也是全国人大及其常委会的意志；除此之外，还有什么样的规范、有什么样的组织和个人的意志，比党中央和全国人大及其常委会共同意志的效力还高呢？到了1980年4月，彭真在省级人大常委会负责人会议上又强调：“我们的法律是党和国家的方针、政策的定型化。法律是党领导制定的，但是必须经过全国人民代表大会或者全国人大常委会审议通过。”② 这就是说，法律本身就是党领导制定的，即使是党内法规所规定的党和国家的方针政策，要上升为国家法律，也必须经过国家权力机关审议通过。由此可见，国家法律的地位和效力高于党内法规，是没有疑问的。

在当时，对于如何处理好坚持党的领导与发挥权力机关作用之间的关

① 彭真．论新时期的社会主义民主与法制建设．北京：中央文献出版社，1989：22.

② 同①62.

系，实践和认识中已经产生一些矛盾困惑。其中，有三个问题很尖锐。

一是权力机关中的党员是否可以不服从法律。彭真说，党员必须服从法律，因为“党员服从法律，就是服从党的领导，就是服从全国人民”。“不论哪级党委，更不论哪个负责人，如果他的意见与法律不一致，那是他个人的意见。谁都得服从法律。”①

二是对党组织提名的人选，权力机关是否必须通过。在1986年6月27日的省级人大常委会负责人会议上，彭真说：“大家反映，在用人问题上，常常发生一些问题，谁提出来了，你没有通过，他非要通过不行，等等。我看，问题不在于是谁提的，而是用人以什么为标准。”如何确定这个标准呢？彭真说：“任人唯贤是我们党的方针”，“你有权提这个人，但大家认为不够贤，缺点比较多，不赞成，怎么办？不赞成当然不能通过，你能强迫我举手？”“至于如何决定，那要依法办事，依法该由谁决定就由谁决定。”② 彭真的这些话表明，在用人问题上，党组织提名后，还是要由权力机关依照法律的规定作出决定，任何组织和个人都不得强迫通过。

三是如何正确认识党政负责人之间的所谓大小高低。对于党内法规、国家法律以及两者之间的关系，缺乏正确的认识，在实践中处理不好，很快就带来一个党委、人大、政府及其负责人个人之间权力地位大小高低的疑问。也是在上述1986年的省级人大常委会负责人会议上，针对这个问题，彭真明确说：“到底是党委书记大，还是人大常委会主任大，还是省长、市长、县长大。我们不搞这一套。”那么，如何认识这些党政负责人之间的所谓大小高低？彭真说：“我们是靠制度办事，党和国家都是按民主集中制办事，党内按党规、党法，国家按宪法法律。”③ 彭真的这些话点到了问题的要害，如果在两个方面都靠制度办事，就不存在党政负责人之间的所谓大小高低问题。相反，如果党委书记不遵守党内法规，不贯彻党内民主集中制，他个人的意见和主张就可能代替党委的意见和主张，在党委里头，他就会被认为最“大”，甚至被认为等同于党。如果他还不能正确认识党内法规与国家法律的关系，要求权力机关、行政机关无条件地服从他，那么，他就会被认为比人

① 彭真．论新时期的社会主义民主与法制建设．北京：中央文献出版社，1989：62.

② 同①329－330.

③ 同①329.

大常委会主任“大”，比省长、市长、县长“大”，进而形成党大于法的错误认识。所以，党内按党法党规办事，国家机关按照宪法法律办事，对于理顺党政关系，消除“党大还是法大”之类的错误认识，是十分关键的。

彭真不仅是社会主义法制的主要奠基人，实际也是人民代表大会制度的主要奠基人和开创者，他的这些论述至今仍有很强的针对性和现实指导意义。

第三，各级党组织尊重和支持权力机关依照法律规定行使职权，是党中央的一贯要求。对这个问题，党中央的态度从来都很明确坚决：党必须尊重和支持权力机关依法行使职权。1980年10月25日，邓小平在同胡乔木、邓力群谈话时，就强调说：“党的工作核心，是支持和领导人民当家作主。”“党的组织不是政府，不是国家权力机关，要认真考虑党在整个国家社会生活中的地位，党的机关、国家机关怎么改革这些问题。”[①] 十一届三中全会之后，一些党组织及其负责人干预权力机关行使职权，人事任免领域的问题最突出。针对这种情况，1983年9月8日，中央组织部专门下发《关于任免国家机关和其他行政领导职务必须按照法律程序和有关规定办理的通知》，1984年4月26日，党中央又专门下发了《关于任免国家机关领导人员必须严格依照法律程序办理的通知》。从名称就可以看出这两个通知的精神。党中央的这个精神几十年来都没有变。十八届四中全会则更是花了很多笔墨强调各级党组织和领导干部必须带头遵守宪法法律，依法办事。

3.7.3　党内法规与国家法律衔接的关节点

国家法律的效力高于党内法规，党又必须成功实现对权力机关的领导。如何实现这一目标？根本上是要实现党内法规与国家法律的有效衔接。

1. 党对权力机关的领导，本质上是党内法规对国家法律的领导

如前所述，长期以来，我们忽视了这个根本性问题。很多情况下，党组织及其领导干部以组织和个人的强势姿态出现在权力机关面前，要求权力机关组成人员服从党组织提出的人选和主张，这就容易掩盖或者使人忽视党对国家权力机关领导的本质。需要特别注意，在党内，离开了党内法规，党的

---

① 中共中央文献研究室．邓小平年谱（1975—1997）：上．北京：中央文献出版社，2007：684－685.

任何组织和领导提出的人选和主张，就会缺乏基本的根据和约束，成为无源之水，无本之木。这在党的建设中，是不应当允许的。所以，从源头和本质上看，党对权力机关的领导，是党内法规对国家法律的领导。在党内，在党领导权力机关的日常工作和观念中，树立和形成这一基本认识，十分必要。只有这样，党领导权力机关才能找到抓手和立足点，并在此基础上进一步寻找党内法规和国家法律之间的衔接点。

2. 党内法规是实现国家法律的工具和手段

党内法规与国家法律的关系究竟是什么？站在不同的角度可以有不同理解。这个问题长期以来没有引起足够的重视和讨论。在抽象的意义上可以说，党内法规与国家法律的本质具有一致性，比如，实现人民当家作主就是这种一致性的体现。但在党对权力机关的具体领导中，两者显然有很大区别。除了前面所说国家法律的效力高于党内法规外，还有重要的一条，即党内法规是实现国家法律的工具和手段。党领导权力机关制定法律，党也领导权力机关执行法律，用什么来领导呢？用党内法规。国家法律的要求是，权力机关组成人员将最合适的人选任命为国家政权机关的领导人员，将最大多数人民的意愿上升为国家意志。党内法规应当适应这一要求，为党组织的酝酿决策规定特定的内容和程序，以保证向权力机关推荐出最合适的人选，提出正确的路线方针政策，所以，在这一意义上讲，党内法规是实现国家法律的工具和手段，舍此无他。

3. 质量和执行力是党内法规衔接国家法律的关节点

有的观点可能会提出，既然国家法律的效力高于党内法规，党内法规又如何能够领导国家法律，成为实现国家法律的工具手段呢？这就涉及党内法规的质量和执行力了。党内法规的内容本身是先进的、高质量的，党组织严格依据党内法规进行决策，向权力机关推荐最合适的国家机关领导人员，提出正确的路线方针政策，权力机关组成人员就会依照法律规定的程序，将党组织推荐的人选确定为国家政权机关的领导人员，将党组织的主张上升为权力机关的意志。所以，党内法规对国家法律的领导，是靠它的质量和执行力来实现的。

十八届四中全会提出，要注重党内法规同国家法律的衔接。对这个衔接，从不同方面可以作不同的理解，而在党领导权力机关的问题上，这个衔接点就是党内法规的质量和执行力。党内法规质量不高，或者得不到认真执行，依据党内法规形成的人选和主张，在权力机关依照法律规定审议表决时，就会遇到困难和冲突。可以说，在权力机关行使职权的过程中，党内法规的质量和执行力，是党内法规衔接国家法律的关节点，是党领导权力机关的生命线。

2012年，党中央关于印发《党内法规制定条例》的通知已经提出，党内法规的质量关系到党科学执政、民主执政、依法执政的水平，要从全局和战略的高度来重视它。但是，如何提高党内法规质量，并不折不扣地加以执行，仍然是一个大课题，需要深入研究。这个问题解决了，所谓“党大还是法大”的错误认识、“权大还是法大”的消极现象才会逐步消除。可以说，党内法规的质量和执行力，是检验党是否“善于”领导权力机关的根本性标准。

4. 要避免将党内法规中的党纪与国家法律对立起来的看法

现在，认识和实践中有一种将权力机关中党员代表委员严格遵守党内法规与遵守国家法律对立起来的看法。这种看法认为，对于党组织提出的人选和主张，党员代表委员，既要服从党内法规的纪律要求，又要依照法律行使职权，两个要求是对立的、不可调和的。实践中这样的情况不在少数，当党员代表委员不赞成党组织提出的人选和主张时，党的纪律要求和法律的规定时常让他们无所适从。如何解决这种无所适从？有的观点索性说，十八届四中全会提出“党规党纪严于国家法律”，就是要求一旦党员代表委员不赞成党组织提出的人选和主张时，也必须用最严格的党纪约束自己，无条件地执行党组织的要求。

一个更深刻的问题是：党纪的目的是什么？从不同的角度看，对党纪的目的可能会得出不同的结论。但是，在党纪与国家法律的关系中，党纪的根本目的就是用最严格的纪律约束党员，要求他们遵守国家法律，而决非可以将法律弃之一边，无条件地服从党纪；也即党纪的目的，是让党员严格遵守执行法律，而非对抗法律。对十八届四中全会有关“党规党纪严于国家法律”的理解不能断章取义。这个提法，是专门强调“党的各级组织和党员干部不仅要模范遵守国家法律”，而且要“以更高标准严格要求自己”，“坚决同违法乱纪行为作斗争”的。按照这个精神，党规党纪严于国家法律，在权力机关组成人员行使职权的过程中，是要求广大党员代表委员不仅模范遵守国家法律，而且以更高标准严格要求自己，坚决同违法乱纪行为作斗争。所以，要避免将党内法规中的党纪与国家法律对立起来的看法。

5. 应当十分重视权力机关组成人员的自身政治建设

对于党组织提出的人选和主张，权力机关组成人员在行使表决权的实践中，存在一些消极现象：一是无条件地听命于党组织，党组织推荐谁，提出什么主张，不加思考分析地一概赞成，从不反对。有的甚至事不关己，高高挂起；二是不严肃对待投票表决，凭一时兴致，胡乱表决，或者不按表决器，甚至在选举过程中违背常识、常理，另选他人；三是专门与党组织唱“对台戏”，凡是党组织提出的人选和主张，一概反对或者弃权；四是阳奉阴违，事先在与党的有关部门协商谈话过程中，对党组织提出的人选和主张都说“好好好”，但在投票表决时完全变卦。这些消极现象阻滞了党内法规与国家法律的有效衔接。

造成以上消极现象有很复杂的原因。比如，一些党组织和领导干部在酝酿人选和提出主张的过程中，不遵守党内民主集中制的基本要求，不认真听取权力机关组成人员的意见，甚至以党管干部的强势姿态威慑权力机关组成人员，使他们产生这样或者那样的负面心理。比如，各级权力机关普遍实行秘密表决，也使得权力机关组成人员的投票行为不能公开，受不到应有的监督。消除上述消极现象，除了要不断改善党的领导、改革和完善权力机关的投票方式外，也应当十分重视权力机关组成人员自身的政治建设。

实践中，我们很强调权力机关组成人员的法治素养，但对他们自身的政治建设未能给予足够重视。国外的议员不少都是政治家，我国权力机关组成人员也应具有政治家的素养，因为他们行使职权，有法律性，更有政治性，政治素养对其依法行使职权有重要影响，重视他们的政治建设，对促进权力机关行使职权中党内法规与国家法律的有效衔接，具有重要意义。

政治建设有丰富内容。比如，权力机关组成人员应当讲大局，既包括党和国家的大局，也包括一个地方、一个局部的大局。他们应当在大局中考虑党组织提出的人选和主张，从大局出发，依照法律规定行使职权。比如，他们应当了解熟悉党的路线方针政策，以及整个党和国家的政治格局、政治形势等。这是依照法律规定行使职权的重要前提。

有两个问题应当特别予以重视研究：一是政治责任建设。权力机关组成人员投下的每一票，都应当从崇高的政治责任出发，没有政治责任，就会失去投票的严肃性。权力机关组成人员的政治责任是什么？如何落实？应当深入研究应对。二是政治诚信建设。既包括党内的政治诚信，也包括党外的政治诚信。党组织提出人选和主张，应当充分发扬党内民主，听取权力机关组成人员中党内成员的意见；同时，党员代表委员，应当对党组织言行一致，忠诚老实，不搞阳奉阴违。党组织提出人选和主张，应当与权力机关组成人员中的党外人士特别是民主党派人士进行协商，但党外人士特别是民主党派人士也应当对党组织讲政治诚信，协商过程中同意了党组织的意见，投票表决时就不能食言，不能阳奉阴违，否则就违背共产党与民主党派之间长期共存、互相监督、肝胆相照、荣辱与共的基本方针了。如何落实投票表决中的政治诚信，也是一个很值得重视研究的问题。总之，加强权力机关组成人员自身的政治建设，对于实现党内法规与国家法律的有效衔接，保证宪法实施，也具有重要意义。

总体上看，科学认识党内法规与国家法律的关系，不断提升党内法规的质量与执行力，做好党内法规与国家法律的衔接协调，保证权力机关依法行使职权，是健全宪法实施制度的关键性措施。

3.8 回顾彭真思想论述，应对解决党领导政法工作重大挑战

政法工作或者主要地说，就是审判、检察工作，是实施宪法的重要方面。审判机关、检察机关如何依照宪法规定独立行使职权，是相当长一段时间在理论和实践中没有得到很好解决的问题，直接影响了宪法的有效实施。

新中国成立以来，我国的各级政法机关都是在党的领导下行使职权的。但是，对于党的领导与政法机关依法行使职权的关系，理论中，一直存在认识上的分歧和曲折，实践中，有时候处理得好，有时候处理得不好，甚至会出现违背党的宗旨和宪法法律的做法。现在，如何妥善处理这一关系，又成为摆在各级党委和政法机关面前的一个重大问题。彭真是我国社会主义法制建设的主要奠基人，在新中国成立后长达半个多世纪的时间里，他直接负责

和领导政法工作，始终不渝地强调政法工作必须坚持党的领导，并对党领导政法机关开展工作提出了一系列重要的思想和观点。回顾重温彭真的思想观点，对于在新的历史时期妥善处理党的领导与政法机关依法独立行使职权，应对解决党领导政法工作的重大挑战，落实宪法关于司法独立的相关规定，具有十分重要的指导和启示意义。

3.8.1 政法机关为什么必须坚持党的领导

在我国，共产党领导人民建立新政权后，组建了以公、检、法三机关（包括国家安全机关）为组织的国家机器，长期以来被统称为"政法机关"。政法机关开展工作的一条根本指导思想就是，必须坚持党的领导。为什么必须坚持党的领导呢？彭真提出了以下重要观点。

1. 因为政法机关是人民民主专政的工具

新中国成立以后，我国的国家性质分别被称为无产阶级专政或者人民民主专政，叫法不同，但两者的实际内容是一样的，就像彭真在 1982 年宪法修改草案的报告中所说的"我国的人民民主专政实质就是无产阶级专政"①。按照马克思、恩格斯、列宁和毛泽东的国家学说和无产阶级专政理论，在无产阶级专政的国家，必须组织相应的国家机器，对人民实行民主，对敌人实行专政，政法机关就是这一国家机器的重要组成部分，而共产党又是无产阶级的先锋队和领导者，所以，政法机关必须坚持党的领导。

彭真关于党领导政法机关的思想是与马克思主义国家学说和无产阶级专政理论一脉相承的。他十分强调政法机关的武器和工具性。但是，对于政法机关是不是或者能不能成为无产阶级专政的工具，在新中国成立不久就产生了认识上的分歧，特别是在 1950 年代中期，这种分歧达到了尖锐冲突的地步。针对这种情况，彭真在 1957 年 9 月 19 日的全国高级法院院长和司法厅局长会议上讲话时，批评了怀疑政法机关是不是专政武器的现象，强调："政法各机关是人民民主专政的武器"②。"文化大革命"中，政法机关被彻底破坏，完全丧失了专政武器的职能。1980 年 1 月，在恢复和重建政法机关的基础上，中央决定成立政法委员会，由彭真担任书记，统一领导政法工

① 彭真．论新时期的社会主义民主与法制建设．北京：中央文献出版社，1989：146.

② 彭真年谱：第 3 卷．北京：中央文献出版社，2012：258.

作。2月6日，他在中央政法委员会第一次会议上开头讲的就是政法机关的专政武器问题："我向中央领导同志讲过，政法机关是专政机关，要巩固人民民主专政，政法机关是个武器"①。一个月后的3月15日，彭真在中央政法委员会会议上讲话时又强调："政法机关是无产阶级专政的武器"②。到了1987年前后，社会上出现了要搞"多元化"、反对党的领导的思潮，针对这个大的背景，彭真在当年3月31日召开的全国政法工作座谈会上要求，对于重大问题，政法机关除了要有马列主义、毛泽东思想这个"火眼金睛"外，还要有人民民主专政这个"金箍棒"，"对付这个妖怪，那个妖怪"③。由谁来用"金箍棒"对付各种妖怪呢？彭真提出，政法部门责无旁贷，因为政法部门"是人民民主专政的一个重要工具"④。彭真反复强调这种工具和武器性质，进一步得出的结论就是，政法机关"必须坚持党的领导"⑤，"政法队伍在政治上、思想上、组织上必须纯洁"，"要忠于党"⑥。阅读彭真的历次相关讲话即可发现，他总是将政法机关的工具性质与坚持党的领导作为因果关系来加以阐述的。

为什么说政法机关是专政的工具，就必须坚持党的领导呢？对这个问题，彭真在1951年9月17日，全国第四次公安工作会议上的讲话中，就用无产阶级专政理论做了回答：因为"共同纲领写着国家是无产阶级领导的"，而"共产党是无产阶级的先锋队，是无产阶级的最高组织形式"⑦。这就是彭真所秉持的政法机关必须坚持党的领导的根本依据。1958年8月16日，彭真在全国公安、检察和司法会议上讲话时，又说："无产阶级专政必须坚持党的领导"，"有人承认无产阶级领导，但不承认党的领导"，"共产党是无产阶级的先锋队，代表无产阶级实行领导，这是马列主义的基本道理"⑧。针对当时质疑和否定党领导政法机关的思想倾向，彭真直白地说："许多同

---

① 彭真．论新中国的政法工作．北京：中央文献出版社，1992：216.

② 同①219.

③ 同①420－421.

④ 同①423.

⑤ 同①421－423.

⑥ 同①288.

⑦ 同①52－53.

⑧ 同①124.

志犯错误就是在这个问题上，总要另搞一套，有个人打算，不听党的领导。”[①]

今天，针对党领导政法工作，理论和实践中都存在分歧甚至冲突。实际上，有一种观点始终是或明或暗地存在的，即：不应当再提政法机关坚持党的领导了，或者说司法工作应当只服从法律，不服从党的领导了。有观点则倾向于取消党的政法委员会（当然，取消政法委员会不等于就要取消党的领导，因为政法委员会只是党委的一个机构）。[②] 但是，重温彭真的上述论述，就使我们不能不面对一个前提性的严峻问题，即：只有在改变或者放弃我们长期以来奉行的马克思主义国家学说和无产阶级专政理论，直至改变宪法确立的国家性质后，恐怕才有条件来讨论政法机关要不要党的领导的问题。

2. 这是由法律的阶级性决定的

与上述无产阶级专政理论和国家学说密切相连，彭真还认为，政法机关坚持党的领导，是由法律的阶级性决定的。对这个问题，他也是从新中国成立之初就开始进行明确的阐述。

新中国成立后，共产党领导新的人民政权面临的一个重要问题，就是如何对待旧的法统。马克思主义法律观的基本原理是，法律是国家和阶级社会的特殊现象，是统治阶级意志的体现，具有强烈的阶级性。以马克思主义的这一基本原理为指导，彭真在新中国成立后迅速领导了对旧法统的改造工作。他认为，无产阶级专政国家的法律只能是无产阶级意志的反映，而不能是资产阶级意志的反映，是两个阶级意志不可调和的产物，因此，必须改造旧的法统。但是，在新中国成立之初新旧法统更替之际，否认法律的阶级性的观点还有一定市场。针对这种情况，彭真在1952年6月24日的政法干部训练会议上，严厉批评了“有些人以为法律是超阶级的”现象。他用马克思主义的法律观来阐述自己的观点：“世界上没有无阶级的国家，也没有超阶级的法律。”“法律分明是反映统治阶级意志的，这些人却把法律说成是什么‘全民意志’，这根本不符合实际。”他还说：“农民与地主，工人与资本家，人民大众与反革命分子、帝国主义之间，有什么共同意志呢？哪里有什么‘全民意志’！

---

① 彭真．论新中国的政法工作．北京：中央文献出版社，1992：124.

② 周永坤．论党委政法委之改革．法学，2012（5）.

它不过是资产阶级用来模糊法律的阶级性，欺骗人民群众的鬼话。”[①]

既然无产阶级国家的法律是无产阶级和广大人民意志的反映，那么，它必须也只能在无产阶级政党的领导下执行。但上世纪 50 年代中期，在司法实践中有一种思想，认为法律不应当成为哪个阶级的专政武器，应当由全民共同使用，因而司法也应当绝对独立，不能服从某个政党包括共产党的领导。针对这一倾向，彭真不仅在前述 1957 年 9 月 19 日的高级法院院长会议上，批评了否认政法机关“是哪个阶级的专政武器上有右倾情绪”的现象，在随后 10 月 8 日的党的八届三中全会上，又尖锐地提出，当前的根本问题是，“政法机关该不该沦为无产阶级和资产阶级共同使用的武器?”“我们决不能把法律同无产阶级对立起来”，因此，政法机关也决不能不要党的领导。[②]

彭真关于无产阶级法律的强烈阶级性以及政法机关必须坚持党的领导的观点，在新中国成立后阶级矛盾尖锐的历史时期，无疑具有强大的说服力。那么，当阶级斗争不再是我国社会的主要矛盾后，又如何看待这个问题呢?1979 年 9 月 16 日，彭真在全国公安局长会议上专门讲到阶级和专政的问题。他说：“剥削阶级作为阶级在我国是消灭了，但还有残余”，“斗争是长期的”。“只要还有剥削阶级残余，还有特务间谍，还有反革命，还有杀人放火等等，就不能没有专政。”[③] 所以，“公安机关要密切依靠党的领导”[④]。可见，彭真认为，在剥削阶级作为一个阶级消灭后，它的残余还存在，各种刑事犯罪还存在，所以，我国法律的阶级属性以及针对各种刑事犯罪的专政属性并没有改变，政法机关还要坚持党的领导。

如何看待法律的阶级性，是几十年来争论的老问题，今天似乎仍然没有形成共识。而彭真关于法律的阶级性与党的领导这一逻辑关系的论述，实际上代表了几十年来我国政治生活中，主张政法机关坚持党的领导的基本理论依据。所以，要讨论政法机关是否必须坚持党的领导这一问题，还是必须先解决一个前提，即：是否承认法律的阶级性这个根本属性。

---

① 彭真．论新中国的政法工作．北京：中央文献出版社，1992：71.

② 彭真年谱：第 3 卷．北京：中央文献出版社，2012：264.

③ 同①185.

④ 同①187.

3. 没有党的领导，政法工作是会出乱子的

这实在是一个重大而又现实的问题。翻看彭真建国后在不同场合的数十次关于政法工作的讲话，就会发现，他屡屡强调，在中国，离开了共产党的领导，政法工作是会出乱子、犯大错误的。为什么这么说呢？原因如下。

第一，政法机关是刀把子，掌握着生杀予夺的大权。早在1954年6月9日的第六次全国公安会议上，彭真就提出这个问题："我们司法机关的干部掌握生杀予夺的大权，如果不放在党的领导之下，一定要出乱子，犯大错误。"[①] 1979年10月13日，彭真在全国法制宣传班第一期结业典礼上讲话时又说，公、检、法三机关"是党和人民的刀把子"，因此，"必须保持纯洁的党性，坚强的党性"，坚决服从党的领导。[②] 1981年5月21、22日，彭真在五大城市治安座谈会上讲话时再次强调："政法机关是专政机关，掌握生杀大权，更要置于各级党委的领导之下。"[③]

第二，政法机关的工作涉及牵连全局的方针政策等问题。1962年11月12日，彭真在全国政法工作会议上讲话时提出，公、检、法三机关在工作中会遇到"方针问题，政策问题，牵连全局的问题，一定时候的打击方向等重大问题，或者三个机关解决不了的问题"，对于这些问题，"党委要管"，"哪一个机关脱离了党委领导，就不会把工作办好，是要出乱子的"[④]。"如果政法机关不了解政治的全局，经济的全局，不从全局出发，孤立地办案子，就容易犯错误。如果没有党的统一的思想、政治指导，工作就不容易搞好。"[⑤] 此后，他在不同场合的讲话中又多次提到这个问题。

第三，政法机关处理的问题都是矛盾的刀刃上的，不能发生偏差。1982年6月4日，彭真在同四川省政法各部门负责人座谈时强调，政法机关"处理的问题是在矛盾的刀刃上的，如果发生偏差，就会出大问题"[⑥]。为此，他专门举了正反两方面的例子：如果对"严重危害社会治安的刑事犯罪手软了，就是对人民的残酷"，相反，"如果把送一两盒烟的也统统作为行贿判

① 彭真．论新中国的政法工作．北京：中央文献出版社，1992：100.

② 同①194.

③ 同①90.

④ 同①142.

⑤ 同①142.

⑥ 同①279.

刑，那要抓多少人啊?”“因此，政法队伍在政治上决不能含糊，一定要坚持四项基本原则”，“要坚持党性”[①]。

第四，历史的经验教训表明，政法工作特别是其中的公安工作，只有坚持党的领导，才可以保证少犯错误，少出问题。在前述 1954 年的第六次全国公安会议上，彭真就说，“公安机关历来强调党的领导，所以错误就发生得较少”。“检察机关、法院要和公安机关一样，一切党员、党的组织都要严格地置于各级党委的领导之下”[②]。而在前述 1981 年五大城市治安座谈会上，彭真又强调，政法工作，“特别是公安工作，什么时候向党委保密、封锁，或者只向党委反映片面情况，脱离党委领导，就要出乱子”[③]。1982 年 10 月 4 日，彭真在中央政法委员会扩大会议上讲话时再次强调“我联系政法工作多年，最重要的一条经验是，政法各部门，特别是公安部门，任何时候对重大问题都要如实向中央反映、报告请示，特别是有争论的重大问题，如果对中央隐瞒、封锁情况，就一定会出乱子。”[④]

3.8.2 党如何领导政法机关开展工作

在长期的实践与思考中，彭真对党如何领导政法机关开展工作，提出了以下重要观点。

1. 党对政法工作的领导，根本的是政治领导

刘复之在论述彭真指导政法工作的政策思想时，记录了一段历史细节：彭真同志复出后，急着找出列宁《论粮食税》一文。彭真同志看后说：“在这篇文章里，列宁讲‘无产阶级专政就是无产阶级对政治的领导’。无产阶级专政并非仅指镇压，不是只动武，是表现在对政治的领导。”[⑤] 从刘复之的这段记述可以看出，彭真对无产阶级专政的理解，是与列宁的思想一脉相承的，即无产阶级专政不仅表现为对敌对力量的镇压，更表现为无产阶级通过自己的政党实现对政治的领导。这正是彭真领导政法工作的政策思想。

---

① 彭真．论新中国的政法工作．北京：中央文献出版社，1992：279.

② 同①100.

③ 同①90.

④ 同①201.

⑤ 刘复之．彭真指导政法工作的政策思想//彭真生平思想研究．北京：中央文献出版社，2008：165.

那么，什么是政治的领导？党又如何对政法机关行实现政治领导呢？彭真认为，政治领导，实际就是路线、方针、政策和措施的领导。早在前述1951年的全国第四次公安工作会议上，他就提出："党的领导是方针、政策的领导，具体工作由政府部门、公安机关做。"①

此后，在领导政法工作的几十年历程中，彭真也始终强调，党要对政法机关实行路线、方针、政策的领导，"政法各部门在思想上、政治上、组织上应该站在执行中央方针、政策和措施的前列"②。

而在对政法工作的政治领导中，彭真特别重视的又是政策的领导。他认为，实施政治领导，必须通过党的政策，党的政策是实现政治领导的体现，它本身也是政治领导的重要内容。③ 顾昂然在记录彭真1982年3月底的修宪活动时，有这样的片段：彭真说，"无产阶级专政用了这么多年，有各种含义、解释，有发展，但最根本的还是列宁说的，无产阶级专政就是无产阶级对政策的领导"④。由此可见彭真对政策领导的倚重。

那么，党如何对政法机关实行政策领导？彭真提出，形势决定政策。1980年2月1日，他在广东省和广州市的公检法汇报会上对这个问题做了生动全面的阐述。彭真在讲话的开头就说："形势决定任务、方针、政策，这是讲政治。""法律是政治的一部分。所以，司法工作也是一样，总要考虑、照顾当前的形势"⑤。当时，正是社会治安形势比较严峻、刑事犯罪猖獗的时候，彭真联系实际，分析了形势和政策的关系。他说："现在，形势如何，上海有'控江路事件'，广州有'滨江路事件'。在这种形势下，四平八稳，慢慢腾腾，用主要力量处理过去的积案，还是集中力量打击现行严重刑事犯罪，并且稳准及时地加以处理？我看，要抓最紧急的，狠狠打击杀人、放火、抢劫、强奸等严重危害社会治安的现行犯。""这是形势的需要。"⑥ 他又说："对刑事犯罪分子的处理，是从快还是从慢？要从快，不能慢慢腾腾。

① 彭真．论新中国的政法工作．北京：中央文献出版社，1992：52-53.

② 同①219.

③ 彭真生平思想研究．北京：中央文献出版社，2008：165.

④ 参见顾昂然笔记．

⑤ 同①212.

⑥ 同①212.

不然，就不能及时起到惩罚犯罪分子和教育群众的作用，并会引起群众不满。”[①] 在说了“从快”打击刑事犯罪的形势和政策后，彭真还说了“从重”的问题：“当前，对严重危害社会治安的刑事犯罪分子的处理，是从轻还是从重？当然要从重。不信你去问问干部和群众。”[②] “如果社会秩序很好，案件很少，一般说来处理可以从轻。可是目前形势并非如此，社会秩序不好，‘控江路事件’、‘滨江路事件’等就是明证，所以要从重处理。”[③]

在彭真上述“从重从快”的刑事政策指导下，1980 年代初期，政法机关开展了“严打”活动。但是，在“严打”全面开始后，为防止执法过程中的头脑发热和错抓错判，彭真很快又在不同场合反复强调，“严打”要加一个“准”字。[④] 这就形成了后来广为流传的“稳、准、狠”的“严打”刑事政策。

彭真关于党通过形势决定政策来领导政法机关的思想，是马克思主义无产阶级专政理论在政法工作中的具体运用，相当精辟、深刻。纵观彭真领导政法工作的几十年，可以发现，他主要就是在不同的时期，根据当时的形势确立政策，来领导政法机关开展工作。刘复之对彭真这一政策领导的方式做了较全面的总结：包括解放后“初进城时坚决粉碎旧政权，建立新政权”，“发现‘宽大无边’时提出纠正右的偏向”，“转入经济建设时期健全法制和人民民主制度”，“随着形势变化采取更为宽大的政策”，“坚持正确处理两类不同性质的矛盾”，“刑事犯罪活动猖獗时整顿社会治安”等。[⑤] 从刘复之的总结可以看出，彭真的这一领导艺术不仅卓有成效，而且他也用实践证明了，党根据形势对政法机关实行政策领导，是十分必要的。

2. 关键是要加强党的自身建设，在政法工作中坚持走群众路线

彭真历来认为，党对政法机关的领导，十分重要的一条，就是要领导政法机关加强自身的党性建设，“关键是把党建设好”，克服政法机关的各种消极不良现象，使之坚定不移地忠于党和人民。[⑥] 那么，党领导政法机关加强

---

① 彭真．论新中国的政法工作．北京：中央文献出版社，1992：213.

② 同①212.

③ 同①213.

④ 彭真传：第 4 卷．北京：中央文献出版社，2012：1424－1427.

⑤ 彭真生平思想研究．北京：中央文献出版社，2008：165－172.

⑥ 同①447.

自身建设的标准是什么呢？是党章和宪法。1986年3月2日，彭真在全国政法工作会议上讲话时强调，“尤其政法队伍的思想要统一”，“怎么统一？拿什么作根本标准？我看，党员要统一于党章和宪法，公民要统一于宪法。这是国家定了的”[①]。为什么要统一于党章和宪法呢？因为“大家以党章、宪法为根本标准统一起来”，“政法战线的各项工作就会比较好办了”[②]。也就是说，政法机关只有这样加强自身建设，才能严肃、正确地执行法律。

彭真认为，党领导政法机关加强党性建设，要特别注重在工作中坚持党的群众路线。早在前述1954年6月9日的全国公安会议上，他就批评审判工作中脱离群众的现象：“现在，我们有一些法院的审判员，有官僚主义作风，坐在屋子里‘老爷坐大堂’式地问案，脱离群众，这不好。”[③] 1987年3月31日，彭真在全国政法工作座谈会上讲话时又说：“党的领导、专门工作与群众路线相结合，是政法工作的优良传统。”“专门机关在党的领导下，与群众结合，就威力无穷，也能避免或者少出乱子。我们过去是这样做的，现在和将来还要这样做。”[④] 但实践中，政法机关对群众路线的贯彻，有时是有曲折的。到了1990年3月5日，彭真在全国政法工作会议上讲话时，就忧心忡忡地说：“群众路线是我们一切工作的根本路线”，在政法工作中，“我总感到，这些年群众路线削弱了”，“这是一个很大的问题”[⑤]。

3. 领导就是要支持政法机关依法办案

彭真反对将党的领导与政法机关独立行使职权对立起来。他认为，党的领导与政法机关依法独立行使职权是完全一致的，党的领导绝不是要干扰、阻碍，而是要坚决支持政法机关依法独立行使职权。早在1954年11月21日的检察业务会议上，彭真就提出，“党的领导并不影响独立审判”[⑥]。1980年2月1日，在广东省和广州市的公、检、法汇报会上，他又说：“党委领导是不是会影响法院独立审判、检察院独立行使职权？不会。”[⑦] 为什么这

---

① 彭真．论新中国的政法工作．北京：中央文献出版社，1992：410.

② 同①412.

③ 同①101.

④ 同①424.

⑤ 同①448.

⑥ 同①114.

⑦ 同①214.

样说呢？因为“法律是党领导制定的”，“党委领导也是领导正确执行法律”[①]。

针对实践中不理解党的领导与司法机关依法办案的一致性，甚至将司法机关要求服从法律指责为向党闹独立性的错误认识，彭真在1979年7月27日的公、检、法座谈会上进行了严肃批评：“两院独立行使职权，这不是黄火青、江华同志要求的，也不是法院、检察院哪个同志要求的，而是党中央、全国人民代表大会、全国人民赋予他们的庄严的职责。这是很重的担子。”[②] 他还说：“规定两院独立行使职权”，“这并不是新的东西，而是以毛泽东为首的中共中央和全国人民代表大会早在一九五四年制定我国第一部宪法和法院组织法、检察院组织法时就明确规定了的，是我们的一贯主张。”[③] 彭真进一步说：“服从法律，就是服从党中央的领导和国家最高权力机关的决定，也就是服从全国人民。”“它就是从法律方面保证全国各族人民的团结和国家的统一，决不是什么‘以法抗党’，‘向党闹独立性’。”[④]

还是在1979年制定刑事诉讼法的时候，彭真就主张和酝酿取消党委审批案件的制度，但有人担心这样会削弱党的领导。针对这种担心，他在前述7月27日的公、检、法座谈会上说，“党委不批案件，是不是否定或者削弱党的领导？不，决不是这样。”相反，要加强党委的领导，“特别要领导和支持两院独立行使职权”，检查、督促他们“正确执行法律，严格依法办事”[⑤]。不到两个月后的9月1日，彭真在中央党校发表演讲时，又严厉批评了以党的领导为由怀着各种动机去干预办案的现象：“什么人情，什么这个关系，那个关系，都不行”，“没有这一条，就没有社会主义法制”，“如果一个法院谁都可以指挥它，一个书记说这个人应该判死刑就判死刑，那个人应该抓起来就抓起来，那还行呀！”[⑥] 彭真还明确地提出：“领导就要按照法律来领导”，“使法院完全根据事实、按照法律判决”[⑦]。

---

① 彭真．论新中国的政法工作．北京：中央文献出版社，1992：214.
② 同①178.
③ 同①177.
④ 同①178.
⑤ 同①179.
⑥ 彭真年谱：第5卷．北京：中央文献出版社，2012：32.
⑦ 同⑥33.

彭真的这一思想在一周后（9月9日）中共中央发出的《关于坚决保证刑法、刑事诉讼法切实实施的指示》（即取消党委审批案件制度的中央64号文件）中，得到了集中体现。这个文件是由彭真参与组织酝酿起草的。它指出："加强党对司法工作的领导，最重要的一条，就是切实保证法律的实施，充分发挥司法机关的作用"。"国家法律是党领导制定的，司法机关是党领导建立的，任何人不尊重法律和司法机关的职权，这首先就是损坏党的领导和党的威信。""党委和司法机关各有专职，不能互相代替，不应互相混淆。""认为服从党的领导就可以违背法律规定的思想是极端错误的，必须坚决纠正。""党对司法工作的领导，主要是方针、政策的领导。各级党委要坚决改变过去那种以党代政、以言代法，不按法律规定办事，包揽司法行政事务的习惯和做法。"[①]

今天，重读彭真的上述讲话和几十年前这份凝聚了他重要思想观点的中央64号文件，仍能体会到其振聋发聩的意义。

4. 党委对极少数特殊案件的过问只限于政策指导和组织协调

党既然领导政法工作，就不可避免地要过问具体案件。那么，什么样的案件由党委过问？对这个问题，彭真在不同的时期通过不同的方式阐述了自己的观点。

在前述1957年9月19日的高级法院院长、司法厅局长会议上，他提出，"要报请党委审批的案件只是一些重大政治案件，而不是一切案件"[②]。在前述1979年7月27日的公、检、法会上，彭真说："对于有的重大复杂的案件，党纪、政纪和刑事责任纠缠在一起的案件"，党委是可以过问的。[③]"此外，如果党委发现冤、假、错案，就是一般案件，也必须责成和督促司法机关复查办理。"[④] 前述1979年由彭真参与组织起草的中央64号文件要求，"对县级以上干部和知名人士等违法犯罪案件"中，只有"极少数特殊重大情况"的必须向上级请示。[⑤] 在前述1980年2月1日的广州会议上，彭

---

① 彭真年谱：第5卷．北京：中央文献出版社，2012：34.

② 彭真年谱：第3卷．北京：中央文献出版社，2012：258.

③ 彭真．论新中国的政法工作．北京：中央文献出版社，1992：178.

④ 同③179.

⑤ 同①.

真说，“至于一个个的具体案件”，只是“有些特殊的要党委过问”[①]。1985年9月26日，在同中央政法委、国家安全部、公安部几位负责人谈话时，彭真说：“不是说每一件琐碎事都要请示报告，而是说重大、复杂的问题，一定要事前请示报告。”[②] 1986年3月2日，在全国政法工作会议上讲话时，彭真提出，“打击严重经济犯罪比打击严重刑事犯罪要复杂得多，不但要严肃地执行法律，还往往牵涉到党纪、政纪以至军纪，牵涉到不正之风，牵涉到党政军民各个方面”，所以，政法工作“更要强调依靠党的领导”[③]。

从上述彭真的历次讲话可以看出，按照他的观点，党委过问的案件主要限于以下几类：一是一些重大的政治案件；二是党纪、政纪、军纪、不正之风和刑事责任纠缠在一起的案件；三是极少数具有特殊重大情况的国家公职人员和知名人士违法犯罪案件；四是党委发现的冤、假、错案。

为什么这些案件要由党委过问呢？彭真解释了三个理由：（1）政法工作有时涉及复杂的斗争，“特别是对敌人的复杂斗争”，所以，“重大、复杂的问题”，“依靠党的领导，向党请示汇报，这一条非常重要”[④]。（2）政法工作中经常会遇到不同的意见和方案。“在一个问题上，常常会有不同意见。”“不同的意见，不同的方案，都应当反映，向中央报告，以便中央决策和及时给以指示。”[⑤]（3）有些案件需要多部门的协调合作，离不开党的领导。这个问题下文将继续涉及。

那么，党委又如何过问案件呢？彭真认为，手段无非是两个：一是政策指导，二是组织协调。对于政策指导，彭真是这样说的：“党委不管审批具体案件，但对方针政策要管，必须管”[⑥]。对此，彭真之子傅洋回忆说，彭真曾多次谈到，对于政法工作，“我只管一万，不管万一。不能事无巨细都管”[⑦]。在担任中央政法委员会书记时，“我负责协调政法政策，不是批具体案子。那时我只批过××儿子的一件事。我批的是，不能因为是××儿子就

---

① 彭真．论新中国的政法工作．北京：中央文献出版社，1992：214.

② 同①390.

③ 同①405.

④ 同①390－391.

⑤ 同①390.

⑥ 同①187.

⑦ 傅洋．父亲引领我和共和国法治一起成长．法制日报，2009－07－07.

放纵，也不能因为是××儿子就重判。那也是政策问题，不是批具体案子”①。

除政策指导外，彭真认为，党委还可以用组织协调的方式过问案件。实践中，组织协调主要是通过党的政法委员会进行的。不久前，王汉斌在向《南方周末》记者回忆设立中央政法委的初衷时，对彭真的态度有这样的阐述：“原来彭真同志成立政法委的时候是没有办事机构的，就是一个协调机构，并不发号施令。”“政法委就是协调公检法的工作，彭真同志在政法委的时候，它起的是协调作用。”“彭真不让用领导，就说协调。”②

那么，组织协调是不是就可以由政法委与公、检、法联合办案呢？王汉斌回忆说，彭真任中央政法委书记时，就反对这种做法，“当时的原则也是不赞成联合办案，规定也是不赞成联合办案，文件都有了，都写着不要联合办案”③。

既然不允许搞联合办案，为什么又要搞组织协调呢？彭真认为，有一些案件，“特别是大案、要案，要把事实搞清楚，光靠政法部门是不行的，需要在党委领导下，党政军民各个部门通力合作”④。“同是一个案子，一个事实，一个法律，一个政策，一个党的领导，为什么不能协作配合，特别是协作共同弄清、核实犯罪事实、情节？”⑤“重要的问题，重大疑难的案子，牵连到这里那里，事关重大，一定要主动向党委请示报告”，经过党委的协调后，“才能更好地依法处理问题”⑥。彭真的这些论述表明，党委或党的政法委员会对政法机关的组织协调，宗旨就是，弄清案件事实和情节，妥善处理好事关重大的牵连性问题，为司法机关更好办案打下基础，而不是去干预办案，更不意味着可以要求公、检、法机关在案件办理的实体和程序上服从党委的意图，甚至用党委的意志代替、干预法律。

由此看来，现在一些将组织协调搞成联合办案的做法，或者要求政法机关在案件办理程序，甚至实体方面执行政法委意见的做法，恐怕就与彭真所

---

① 傅洋．父亲引领我和共和国法治一起成长．法制日报，2009－07－07.

② 赵蕾．人大要认真追究违宪的行为——专访全国人大原副委员长王汉斌．南方周末，2013－04－18.

③ 同②.

④ 彭真．论新中国的政法工作．北京：中央文献出版社，1992：405.

⑤ 同④259.

⑥ 同④425.

要求的党委过问案件的方式和宗旨大相径庭了。

3.8.3　对两部宪法中独立审判条款的阐述

现在，司法机关独立行使职权，特别是人民法院的审判独立是司法改革理论和实践中的热门话题。不少观点认为，1982 年宪法中的审判独立条款规定，相比于 1954 年宪法中“人民法院独立进行审判，只服从法律”的规定，是一个退步。因此，要求修改 1982 年宪法，恢复 1954 年宪法的规定。为什么会有这种动议呢？因为这种意见以为，1954 年宪法中的审判独立，是绝对的独立，即人民法院的审判只服从法律，其他任何组织和个人都不得干预，未言之意是，党的领导也被排除在外。

但是，翻看相关史料，特别是翻看彭真对 1954 年宪法的解释，就会发现，情况根本不是这样。彭真在毛泽东的领导下，直接参与了 1954 年宪法的制定。这年 6 月 9 日，即宪法通过的三个多月前（9 月 20 日宪法通过），他就在前述第六次全国公安会议上，对宪法中的政法机关独立行使职权做了阐述。他说，“最近宪法就要公布了”，宪法将规定“检察机关实行垂直领导”，“法院是依法独立审判”，“但这决不是说，检察机关和法院的负责党员、党的组织可以不受党委的领导”；相反，“正因为检察机关实行垂直领导，法院独立审判，就更加需要党的领导，加强向党委的请示报告制度”①。这里，彭真很清楚地提出，在将要通过的宪法中，检察机关和法院的独立不是绝对的，两机关的党员、党组织都必须接受党委的领导。

岂止是党的领导限制了两机关的独立性。在两机关中，彭真还特别针对性地说到了法院，阐述了制约法院独立的其他一系列因素。他说：“法院并不是绝对的独立，服从法律没有问题，但又要在很多方面受监督，除受检察机关的监督外，还有陪审员，审判员受陪审员监督，陪审员又受群众监督（判错了群众不答应）。”② “还有一个辩护制度，也是对审判员的一种监督”，“再加上原告被告对于判决不服可以上诉，上级法院的审判监督等等”，“所有这些，就使法院的独立审判成为有一定条件管着的一种独立

① 彭真．论新中国的政法工作．北京：中央文献出版社，1992：98－100.

② 同①101.

审判”[①]。

不仅如此，宪法通过后两个月，即1954年11月21日，彭真在全国检察业务会议上又特别强调：“法院实行独立审判”，“不是不要党的领导”[②]。除了党的领导外，彭真还进一步提出人大及其常委会对法院的监督问题：“法院要向本级人民代表大会和它的常委会负责并报告工作”，“所以说法院并不是什么特权机关”[③]。

在1957年9月19日的高级人民法院院长、司法厅局长会议上，彭真又一次强调，政法各机关“必须接受共产党的领导”，“严格服从党的领导，就是服从党中央和地方各级党委的领导”，“我国宪法规定人民法院独立进行审判，是指具体地判案，独立地进行工作，不是‘司法独立’，更不是‘审判员独立’、‘法官独立’”[④]。

至此，彭真对1954年宪法中法院独立审判问题的阐述，可谓酣畅淋漓了。从他的这些阐述可以明白无误地发现，1954年宪法中的法院独立审判是受到极其严格的限制的，它不仅不能独立于党的领导，还不能独立于人大、检察机关以及其他方方面面的监督。

那么，1982年宪法的规定是不是有什么改变呢？没有。从此前彭真主持制定的几部法律就可以感受到1954年宪法的延伸。1979年，彭真领导制定了七部重要法律，其中，有三部涉及党的领导与法院等三机关独立行使职权的关系问题，即法院组织法、检察院组织法和刑事诉讼法。值得注意的是，这次修改的法院组织法重申了1954年宪法和法院组织法中法院“独立进行审判，只服从法律”的规定，但是，检察院组织法在规定检察机关独立行使检察权的同时，却增加了“不受其他行政机关、团体和个人的干涉”的规定。彭真在关于七个法律草案的说明中也提到这个问题，但他在刑诉法草案的说明中又提出，公、检、法三机关“是在党的领导下，遵照宪法、刑法和其他法律的规定”，“实行分工协作和互相制约”[⑤]。从彭真的这个说明可

① 彭真．论新中国的政法工作．北京：中央文献出版社，1992：101.

② 同①114.

③ 同①112.

④ 彭真年谱：第3卷．北京：中央文献出版社，2012：258.

⑤ 彭真．论新时期的社会主义民主与法制建设．北京：中央文献出版社，1992：8.

以看出，虽然两个组织法的表述不尽一致，但 1954 年宪法体制下的党与审判机关、检察机关的领导关系没有改变。

到了 1981 年，彭真在领导宪法讨论的同时，又直接主持了民事诉讼法的制定。如何看待法院独立行使审判权，是讨论宪法和民事诉讼法中争议很大的问题。有关部门起草的民诉法草案第七条曾这样规定："人民法院独立进行审判，只服从法律，其他任何机关、团体和个人都不得干涉或施加影响"[①]。据此，党的领导当然也被排除在外。

4 月 14 日，彭真在听取民事诉讼法起草情况的汇报时，专门就这个问题提出意见。他说："这样规定，有几个问题需要考虑。""第一，要不要党的领导？刑诉法的说明中讲了在党的领导下，公、检、法互相配合，互相制约。"[②] 除了党的领导外，彭真还提出："法院是向人大和人大常委会负责并报告工作。人大和人大常委会可不可能干涉，可不可能施加影响？对法院审判的任何重大问题都'不得干涉或施加影响'吗？例如，对林彪、江青反革命集团的审判，全国人大常委会'不得干涉或施加影响'吗？否则就是违法吗？不是。全国人大常委会决定成立特别检察厅、特别法庭进行起诉、审判，这也是一种干涉。"[③] 彭真还说到了公安、检察机关对法院的制约："公、检、法分工负责，互相配合，互相制约。检察院对法院的判决不同意，可以提出抗诉。制约也是一种干涉。"[④]

一个月后，在前述 5 月下旬的五大城市治安座谈会上，彭真又说："有人提出，法院独立审判，只服从法律，任何机关、团体、个人不得干涉和施加影响。""这样讲，还要不要受党的领导？还要不要对人民代表大会及其常委会负责？公、检、法互相制约，也是一种干涉，不允许吗？工、青、妇对审判发表意见，也是影响，这都不行？甚至审判员个人都要独立，不受审判委员会、院长、庭长的领导，只能他一个人说了算，那怎么行呢？"[⑤]

彭真提的这些意见，与他对 1954 年宪法中法院独立审判的阐述是一脉

① 彭真．论新中国的政法工作．北京：中央文献出版社，1992：259.

② 同①.

③ 同①.

④ 同①.

⑤ 同①.

相承的。1982 年 3 月通过的民事诉讼法（试行）规定，“人民法院依照法律规定对民事案件独立进行审判，不受行政机关、社会团体和个人的干涉”，延伸的还是 1954 年宪法的基本精神。

彭真关于法院独立行使审判权的上述认识，随后就体现在 1982 年宪法中。这部宪法将 1954 年宪法中人民法院“独立进行审判，只服从法律”的规定，改为“依照法律规定独立行使审判权，不受行政机关、社会团体和个人的干涉”，只是在表述方式上略有差异而已，或者说，明确了不得干涉法院审判的主体，但是，在党的领导包括人大及其常委会和公安、检察机关的监督制约方面，与 1954 年宪法的精神是完全一致的。对这个问题，王汉斌在前述接受《南方周末》记者采访时也有过清晰的表述。他说，两部宪法中的独立审判条款，“意思是一样的，但 1982 年宪法用语比较准确”，“可能语气强烈些”[①]。

由此看来，现在要求修改 1982 年宪法，将其中的审判独立条款恢复到 1954 年宪法的提法，以改变党领导政法机关的体制，完全是对 1954 年宪法立宪原意的不了解或者误解。

3.8.4　小结

彭真关于党与政法机关关系的思想观点，实际也是建国后直到现在我们国家处理党的领导与政法机关之间关系的基本指导思想。系统地考察他的思想脉络，对于回顾历史，认清现实，务实、理性地讨论党的领导与政法机关的关系，是很有必要的。

当然，彭真关于政法机关为什么必须坚持党的领导的论述，是在特定的历史时期、特定的政治和理论背景下提出的。我们承认，应当用与时俱进而非静止的眼光，对彭真这一重要历史人物的思想观点进行分析和评判，但是，又更应当看到，对于政法机关是否必须坚持党的领导这个重大问题，在提出否定性的观点之前，首先必须严肃地思考和论证两个前提性问题：一是在今天的形势下，应当如何看待人民民主专政或者无产阶级专政的基本理论？如何看待法的阶级性理论？二是果真取消了党对政法机关的领导，中国

---

① 赵蕾．人大要认真追究违宪的行为——专访全国人大原副委员长王汉斌．南方周末，2013－04－18.

的司法将会出现怎样的局面？有没有可能像彭真所担忧的那样，会出乱子和犯大错误？

彭真关于党特别是党的政法委如何领导政法机关的观点，是发人深省的。其中，党的领导是政治领导和政策领导，党应当领导政法机关加强自身建设、贯彻群众路线的思想观点，无疑是党的领导的要义。他的关于在必要时党过问案件而又不代替、干预和包办司法机关办案的思想，精辟又重要，但是，具体实行起来又需有高超的政治水平、法律水平和领导艺术。政法机关必须坚持党的领导，但是，党如何成功地做到过问案件又不干涉司法机关独立行使职权，这就是作为领导者的党急需回答的严峻问题了。

宪法明确规定审判机关、检察机关独立行使职权，但是，中国的司法背景与国外有很大区别，完全以国外的司法体制和原理作为标准来衡量中国的司法体制，特别是讨论和处理党的领导与司法机关的关系，恐怕很难科学地解决中国的问题。彭真这方面的基本思想观点是从中国的实际出发提出的，今天看来，对于科学认识处理党领导政法工作的诸多重大挑战性问题，健全宪法关于司法独立的制度性规定，有效实施宪法，仍有很强的现实意义。

3.9　坚持根本政治制度，推进地方司法机关人事权改革

十八届三中全会关于地方法院、检察院人财物统一管理的构想，是健全宪法实施制度的重大改革，也是关系到司法职权的性质与人民代表大会制度基本内容的重大司法改革。笔者认为，对这一问题有加以深入研究的必要。

3.9.1　改革的设想与理论依据

十八届三中全会《关于全面深化改革若干重大问题的决定》对推进司法改革提出一系列规划。其中，一个具有重大体制变革意义的内容，就是要"推动省以下地方法院、检察院人财物统一管理"[①]。为什么要推动省以下地方法院、检察院人财物的统一管理？三中全会决定给出的理由是"确保依法

① 《中共中央关于全面深化改革若干重大问题的决定》辅导读本．北京：人民出版社，2013：33.

独立公正行使审判权和检察权”，“保证国家法律统一正确实施”①。习近平总书记在对若干重大决定的说明中也专门提到这一点。② 三中全会决定和习近平总书记说明中，关于推动地方法院、检察院实行人财物统一管理的理由，是站在宏观角度阐述的。更具体地说，推动人财物统一管理，目的就是要排除地方各种因素对法院、检察院的干预，即通常所说的，使司法活动去“地方化”，保证宪法规定的司法独立职权的实现。这已成为当前司法改革的基本共识。

如何从法理上具体论证这一去“地方化”的司法改革措施呢？三中全会结束不久，中央政治局委员、中央政法委员会书记孟建柱发表了一篇关于司法改革的重要文章。他在文章中说了这样一段话：“我国是单一制国家，司法职权是中央事权。考虑到我国将长期处于社会主义初级阶段的基本国情，将司法机关的人财物完全由中央统一管理，尚有一定困难。应该本着循序渐进的原则，逐步改革司法管理体制，先将省以下地方人民法院、人民检察院人财物由省一级统一管理。地方各级人民法院、人民检察院和专门人民法院、人民检察院的经费由省级财政统筹，中央财政保障部分经费。”③ 孟建柱的这段话，是从法理上论证为什么要实行地方法、检两机关人财物统一管理的。根据他提出的观点，司法职权具有中央事权的性质，据此，司法机关的人财物理应由中央统一管理，但由于现在条件不具备，只能逐步改革，先实现由省一级统一管理，待将来条件成熟时再由中央统一管理。

此后，为学习贯彻习近平总书记在中央政法工作会议上的重要讲话精神，《人民日报》专门发表一篇评论员文章，题目就叫《中国的司法权从根本上说是中央事权》。文章进一步从法理上论证推动省以下法院、检察院人财物统一管理的理由：“我国是单一制国家，司法权从根本上说是中央事权。各地法院不是地方的法院，而是国家设在地方代表国家行使审判权的法院。”④ 这篇文章进一步论证了司法职权的中央性。

直接将审判权、检察权定性为中央事权，在理论和实践两方面，都属于

① 《中共中央关于全面深化改革若干重大问题的决定》辅导读本．北京：人民出版社，2013：33.

② 同①79.

③ 孟建柱．深化司法体制改革．人民日报，2013-11-25.

④ 中国的司法权从根本上说是中央事权．人民日报，2014-01-22.

重要创新。就目前所见，无论宪法法律还是党内文件、党和国家领导人讲话以及全国人大及其常委会的有关决议决定，此前都不曾公开使用过这样的表述。为克服法院、检察院在司法活动中的“地方化”倾向，从这一角度考察司法职权的性质，既是重要的尝试，也具有重要的意义。上述孟建柱和《人民日报》评论员的文章，站在特定的角度，将司法职权定性为中央事权，在很大程度上揭示了我国司法职权的特点和规律。而这两篇文章也提示我们，关于司法职权是否属于中央事权的定性，在人财物统一管理的改革中，实际位于理论的制高点，把这一问题研究和回答清楚了，对于人财物能否统一管理和如何统一管理，就会有清晰的思路。

由省一级统一管理地方法院、检察院的人财物，在具体操作上涉及两个问题。

一是统一管理财、物，实际就是统一管理法院、检察院的财政开支。这个财政开支是由中央负担还是由中央与地方共同负担，不是根本性问题，说地方法院、检察院的财物由于受制于同级政府包括其他党政机关，影响了司法公正，那么，将这个控制权上收，是容易解决的，也不存在难以逾越的宪法法律障碍。

二是统一管理人，即统一管理地方法院、检察院的组成人员。这是十分关键的问题。其实，早在 2004 年修改宪法时，一些专家和部门就建议，改变各级人民法院由同级人大产生的体制，最高法院和高级法院的组成人员由全国人大产生，基层法院和中级法院的组成人员由省一级人大产生。① 经过十来年的酝酿，类似设想已经成为司法改革中人事管理的重要走向。但是，这一改革设想又可能改变人民代表大会制度的基本内容，是一个需要十分审慎、充分论证的问题。

由上述可以发现，实行地方法院、检察院人财物统一管理，需要充分研究和回答两个重大问题：一是司法职权的属性，即其与中央事权的关系；二是如何认识和妥善处理其中的人事权统一管理与人民代表大会制度的关系。这里试图就这两个重大问题阐述一些观点，以期起到抛砖引玉之效。

---

① 2003 年一些中央部门和法学专家对修改宪法的意见。

3.9.2 司法职权与“中央事权”的关系

这些年来，中央与地方的关系，是理论和实践中十分关注、讨论也比较集中的重要问题。所谓人权、财权、事权等哪个职权应当归中央，哪个职权应当归地方，都存在广泛的争议。但值得注意的是，在讨论这些问题时，各方面对一些基础性概念缺乏系统的共识性研究。拿其中的事权来说，什么叫事权，事权的结构是什么，确定事权的依据和原则是什么，就罕有精细的阐述。而何谓中央事权，迄今为止，则未见有一篇展开深度论证的文章。[①] 就目前查阅所及，也未见有一部工具书将“中央事权”列为一个词条予以解释。这说明，我们经常提及的“中央事权”，是一个内涵与外延都需要展开严谨论证的用语。

我们认为，认识中央事权至少应从两个方面入手：一是何谓“中央”？权威正统的《辞海》从不同角度对“中央”的含义做了解释。其中，与国家有关的含义，是指最高国家权力机构。[②] 按照最新版《现代汉语词典》的解释，中央是与“地方”相对而言的，特指国家政权或政治团体的最高领导机构。比如，党中央、团中央、中央政府。[③] 这样看，所谓“中央”，其基本特点是指国家机关或者政党、社会团体中的最高领导机构。而就国家机构而言，对其中的最高权力机构或者领导机构又可以作狭义和广义的理解。从我国宪法体制的设计看，狭义的最高国家权力机构或者领导机构应当仅限于全国人民代表大会。但从广义上看，其所指应当是国家机构体系中处于顶层的国家机关，范围大体包括全国人大及其常委会、国家主席、国务院、中央军事委员会、最高法院和最高检察院。这些国家机关均属中央一级国家机关，在某一方面均可以代表“中央”。拿最高法院和最高检察院来说，它们行使的审判权和检察权就是代表“中央”的。

研究中央事权的第二个入手处是，何谓“事权”？所谓事权，通常是与

---

① 几年前，刘剑文教授发表了一篇《事权划分法治化的中国路径》［中国社会科学，2017（2）］，从财税改革的角度讨论了不同层级政府间的事权划分，但并未就中央与地方普遍性的事权划分特别是中央与地方司法职权的划分问题展开讨论。

② 夏征农．辞海．上海：上海辞书出版社，1990：1583.

③ 现代汉语词典．6版．北京：商务印书馆，2012：1686.

财权相对而言的。按照刘文华教授的说法，事权和财权的概念是中国财政理论所特有的，是计划经济体制的产物。在这一背景下，事权是指政府管理国营（有）企业、事业的职权，应当与获得财权的大小一致起来。① 有意思的是，我们翻遍各类政治法律类工具书，竟未发现有关“事权”的条目，可见相关研究之匮乏。而在各类语言类工具书中，仅有《现代汉语词典》开列了该条目。按照这个权威词典的解释，事权是指处理事情的权力或者职权，特指各级政府对所属国有企业事业单位行使的行政管理权力。② 这个解释实际也是将事权限定为政府对国有企业事业单位的行政管理职权，确有计划经济的色彩，显然不能涵盖现在我们所讨论的各类事权的范围。但由此出发，并加以基本的语义分析即可发现，国家机构范畴内的所谓事权，既指“事”，也指“权”，是某一国家机关处理某一领域事项的职权。

那么，何谓中央事权呢？有两个基本特点应当不可缺少：第一，它所涉及的“事”，必须是中央之事。所谓中央之事，应当是指具有全国性影响和意义的大事。如果是地方的“事”，那么，这个事也必须具有全国性的影响和意义，才能成为中央的事。第二，这件事，必须只能由中央即具体的中央机关来处理，由其他任何地方的机关来处理都不适宜，也就是说，处理这个事的职权只能属于中央。在这个基础上，我们对司法职权与中央事权的关系进行分析，恐怕需要注意以下几个重要问题。

1. 司法职权的“中央性”

将司法职权界定于中央事权，或者说司法职权具有中央性特点，应当主要基于以下三个考虑。

（1）有关司法职权的事项，属于中央的专属立法权。

司法职权的中央性，首先应当是指有关司法职权的事项，属于中央的专属立法权。按照宪法的规定，中央事权既包括立法方面的，也包括行政和审判、检察方面的中央事权，但首先应当是立法方面的。立法方面的中央事权，是相对于地方而言的，指某些事项只能由全国人大及其常委会制定法律，或者由国务院制定行政法规，地方不得立法。而具体到司法职权上，根据立法法的规定，有关法院、检察院组织和职权的事项以及诉讼制度的事

---

① 刘文华．也论事权与财权的统一．法学研究，2008（1）．

② 现代汉语词典．6版．北京：商务印书馆，2012：1188．

项，只能由全国人大及其常委会制定法律，并且不得授权国务院制定行政法规，也就是说，有关司法职权的事项属于全国人大及其常委会的专属立法权，是完全意义上的中央事权，地方不得染指。

这方面有一个典型案例。上海市人大常委会2000年在起草《上海市制定地方性法规条例》的草案时，其主任会议认为，地方组织法没有规定地方法院、检察院可以向本级人大及其常委会提出议案，但也没有规定不可以提出议案。考虑到两院可以就贯彻国家司法、法律制度的某些具体实施问题向市人大常委会提出地方立法案，且上海市过去通过的常委会制定地方性法规程序的规定，曾规定两院可以提出地方性法规案。因此，拟在制定地方性法规条例草案中保留规定，市法院、检察院可以向市人大及其常委会提出在市人大及其常委会职权范围内的议案，但不知这样规定是否违法。上海市人大常委会法工委在这一年的10月13日专门向全国人大常委会法工委提出法律询问。两个月后的12月28日，法工委作出的答复是："地方组织法关于提案主体的规定中没有人民法院、人民检察院，因为诉讼制度属于全国人大及其常委会的专属立法权，这方面的事项地方人民法院、人民检察院不需要提出地方性法规案。因此，他们不能作为提案主体。"① 这个法律询问答复清楚地说明，有关司法职权的事项，属于只能由全国人大及其常委会制定法律的事项，是绝对的中央事权。

考察司法制度属于全国人大及其常委会专属立法权的这一特点，对于准确理解前述孟建柱文章中关于司法职权属于中央事权的论述，是十分必要的。它说明，在司法改革中实行人财物统一管理，首先要考虑立法权限的中央性，即有关人财物统一管理的事项，只能由全国人大及其常委会制定法律进行规范。

(2) 司法职权中央性的根本特征，是体现全国人民的意志。

从1954年的宪法、法院组织法、检察院组织法到1979年的法院组织法、检察院组织法，再到1982年宪法，对于各级法院、检察院行使职权的依据，虽然表述方式上有差异（比如，1954年宪法表述为"只服从法律"，1982年宪法表述为"依照法律规定"），但一个共同的、一以贯之的特点是，

① 乔晓阳，张春生．《中华人民共和国地方各级人民代表大会和地方各级人民政府组织法》释义及问题解答．北京：中国民主法制出版社，2002：137－138.

法院、检察院行使职权的依据，只能是全国人大及其常委会制定的法律。

为什么要求两院以法律为依据行使职权呢？这是与它们能否独立行使职权密切相关的重大问题。新中国成立以后，对于如何认识两院服从法律独立行使职权，与接受党的领导和其他国家机关监督制约的关系，理论和实践中始终有尖锐分歧。到了1979年修改法院组织法、检察院组织法和酝酿修改宪法时，这一问题又凸显出来了。有的观点将两院服从法律与接受党的领导和其他方面的监督对立起来，甚至认为服从法律就是“以法抗党”。对这个问题，彭真在1979年年底的全国检察工作座谈会、高级法院和军事法院院长会议上讲话时，做了针对性的回应。他说，两院服从法律，独立行使职权，“这不是黄火青、江华同志要求的，也不是法院、检察院哪个同志要求的，而是党中央、全国人民代表大会、全国人民赋予他们的庄严的职责”①。对于两院为什么要服从法律，彭真进一步做了精辟阐述：“服从法律，就是服从党中央的领导和国家最高权力机关的决定，也就是服从全国人民。它就是从法制方面保证全国各族人民的团结和国家的统一，决不是什么‘以法抗党’，‘向党闹独立性’。”②

彭真的以上论述，虽然针对的是两院独立行使职权的错误认识，但却从正面深刻地揭示了司法职权的根本特征，即：执行全国人大及其常委会制定的法律，从法制上保证各族人民的团结和国家的统一。这样做，就是执行全国人民的意志，就是服从中央的领导。这恐怕才是司法职权最大的中央性。1982年宪法第126条、第131条关于法院、检察院依照法律规定独立行使职权的规定，反映的正是司法职权的这一特点。笔者觉得，只有从彭真所阐述的司法职权的这一根本特征出发，才能准确认识、理解前述孟建柱和《人民日报》评论员文章关于司法职权属于中央事权的论述。

（3）司法机关处理具有全国性影响和意义的案件，属于行使中央事权。

如前所述，中央事权的基本结构包括“事”和“权”两个部分。考察法院、检察院行使的职权是否属于中央事权，也须由这两方面展开：一是该案件是否具有全国性的影响和意义；二是依照法律的规定，该案件是否只能由代表中央的最高审判机关、最高检察机关来处理，或者由两个最高机关授

① 彭真．论新中国的政法工作．北京：中央文献出版社，1992：177．

② 同①178．

权、指定地方审判机关、检察机关处理。所以，通常说来，最高法院、最高检察院直接处理或者授权、指定处理案件，即为行使司法职权中的中央事权。而一个更典型的案例，是 1980 年对林彪、江青犯罪集团案件的审理。“鉴于林彪、江青反革命集团案件是特别重大案件，根据最高人民法院和最高人民检察院的建议”，这一年的 9 月 29 日，全国人大常委会专门作出了成立最高人民检察院特别检察厅和最高人民法院特别法庭起诉、审判两个犯罪集团案件主犯的决定。[①] 这两个案件是具有全国影响的重大案件，是中央的大事，就需要全国人大常委会组织特别检察厅、特别法庭来起诉、审判两个犯罪集团的主犯。对这两个犯罪集团的司法处理是典型的中央事权，也是新中国成立以来处理规格最高的中央事权。

2. 司法职权的非“中央性”

在考察司法职权的中央性的同时，还需要注意它的非中央性因素。

(1) 司法权形成之历史与理论，似乎并不支撑它的中央性。

提起中央，人们无疑会想起全部或者某一领域的国家最高权力，也就是集权。但有意思的是，司法权形成的历史与理论，似乎天然就与“中央”、与集权构成强烈的对抗。对这个问题，“三权分立”的始祖孟德斯鸠有相当独到的论述。在他看来，司法权的实质就是同类人对自己的裁判，是反对国家权力干预的。为了说明这一观点，他从古罗马司法权的形成与运用开始，做了相当繁密的考证。

孟德斯鸠引用了古罗马时期西塞罗的一句经典之语：“我们的祖先不但不愿意未经当事人同意的人担任法官审理有关公民名誉的案件，而且就连最微小的金钱案件也是如此。”[②] 这说明，古罗马的先人对于如何解决发生在自己身上的纠纷，首先信任和求助的并不是某种国家权力，而是自己同意的同类人中的某一第三方。孟德斯鸠考证发现，在古罗马，大裁判官每年都会造一份名单或表册，列出他所选定的担任法官职务的人员。每一个案件的当事人，就从这个名单或者表册中选出一定名额的法官审理纠纷。这种做法在英国得到了延续。他认为，“这对于自由是很有利的，因为大裁判官所选定

① 尹中卿．全国人民代表大会及其常务委员会大事记（1954—2004）．北京：中国民主法制出版社，2005：237－238．

② 孟德斯鸠．论法的精神：上．张雁深，译．北京：商务印书馆，1997：179．

的法官都是经过当事人同意的”，今天，在英国的诉讼中，“人们在极多的场合可以申请法官回避，这和罗马这个习惯差不多”①。孟德斯鸠在这里揭示了现代诉讼中回避制度的源头。当事人有权在诉讼中申请回避，就表明了一种对国家权力的既有安排的不信任和不服从。

孟德斯鸠还发现，在古罗马，最初由代表中央权力的国王们掌握刑事案件的审判权，后来执政官继承了这一权力。但是，执政官既掌握军事权力又不通过司法程序行使审判权的行为，被认为“与其说是裁判，毋宁说是暴力行为”。在这种情况下，便产生了一部叫“瓦烈利法”的法律。“这项法律许可把危害公民生命的一切命令提请人民公断。执政官们除了依据民意外，再也不能对一个罗马公民宣告死刑了。”② 而十二铜表法则明确规定，“凡涉及一个公民的生死问题时，只能在人民大会上作出决定”③。孟德斯鸠的这一考证，对于认识司法权的非中央性、非集权性，至关重要。它有力地说明，在古罗马时期，人们对代表中央权力的国王和执政官是不信任的，对于涉及剥夺生命的刑事审判权这一重要权力，人们宁可交给自己的全体同类，也不肯交给代表中央的国王或者执政官行使。

当然，适用法律毕竟是复杂的专业，非普通的同类人所能胜任，于是职业法官应运而生了。职业法官代表了国家权力，但人们对这一国家权力仍然不放心，于是由人民制约国家权力的陪审制度产生了。布莱克斯东 1758 年在牛津大学演讲时就自豪地说，由陪审团来审理案件是英国法律的光荣，“除非他的 12 个邻居或与他地位平等的人一致同意，否则他的财产、自由，或人身不受侵犯”④。

美国制宪的先驱们在设计联邦国家权力体制时，为了保证司法机关这个与立法和行政机关相比最弱势的机关，能够制衡强势的另两方，就设想了法官长期任职和高薪制的办法来保证他们的独立。⑤ 但即使这样，人们还是不信任这个代表国家来行使审判权的法院，还是要通过陪审制度来向国家机关

① 孟德斯鸠．论法的精神：上．张雁深，译．北京：商务印书馆，1997：179.

② 同①180.

③ 同①181.

④ 丹宁勋爵．法律的未来．刘庸安，张文镇，译．北京：法律出版社，1999：40.

⑤ 汉密尔顿，等．联邦党人文集．程逢如，等译．北京：商务印书馆，1997：390.

“掺沙子”，就像贡斯当所说的：“如果没有陪审团制度去辅助不可罢免的法官，仅有法官的不可罢免，是不足以保护他有权保护的无辜者的”①。

在美国，陪审团被视为法院制度的基石。陪审团的权力甚至超过了法院这个国家审判机关的权力。更让人惊叹的是，它竟然有一种“使法律归为无效”的权力。也就是说，被告虽然触犯了刑法，事实和证据都清楚，依法应当定罪，但是，陪审团却可以无视法律而判决被告无罪。而且，在刑事案件中，如果陪审团一旦置法律于不顾而判决被告无罪，法官还必须服从陪审团的这个无罪判决。② 由此可见美国人对于同类人中陪审员的倚重以及对代表国家权力的法官之不信任达到了何种程度。

当然，以上所述的是资产阶级国家司法权对国家权力特别是中央国家权力的不信任。那么，马克思主义的经典理论是如何看待司法权的中央性这一问题的呢？胡玉鸿教授在研究马克思、恩格斯有关司法独立理论的过程中，对这个问题做了清晰的梳理。从他的研究可以发现，在反对司法权的国家性特别是中央性这个重大问题上，恩格斯的观点与上述资产阶级司法权理论竟然惊人的一致，并且有更为深刻独到的见解。

恩格斯明确提出，司法权是“国民的直接所有物”，在这个基础上，他特别指出，司法权不应当同中央发生关系，而应当属于人民，属于陪审法庭。③ 为什么这么说呢？恩格斯认为，国民通过陪审员来实现这一权力的历史就证明了这一点。这与前述资产阶级司法权形成的历史与理论是一致的。但恩格斯更从中央的性质与市民社会的特征两个角度对这一观点展开了阐述。恩格斯认为，国家为了正常运转，就必须把某些权力集中起来，每个国家都存在一个权力集中的中央，但集权式中央的管辖范围和行使职权之对象，应当限于那些具有普遍意义的事情。这些具有普遍意义的事情需要通过立法权来制定规则，通过行政权实行普遍性的社会管理，所以，在恩格斯看来，所谓中央的权力应当是指立法权和行政权。④ 那么，如何看待司法权

① 贡斯当．古代人的自由与现代人的自由．阎克文，等译．北京：商务印书馆，1999：211.

② 宋冰．程序、正义与现代化——外国法学家在华演讲录．北京：中国政法大学出版社，1998：415.

③ 胡玉鸿．马克思、恩格斯论司法独立．法学研究，2002（1）.

④ 同③.

呢？恩格斯认为，司法活动所涉及的是公民个体之间的权利和义务争执，是市民社会中这个或那个人的事情，因此，司法权属于市民社会，是一种社会自治的权力，应当由人民直接来掌管，而不需要国家或者中央的集权。① 恩格斯关于司法权与中央权力关系的以上论述，是相当深刻的。也正是基于这一思想，马克思、恩格斯都主张法官必须由人民直接选举，对人民负责，受人民监督。而列宁也强调说，“人民的代表参加法庭，毫无疑问是民主的开端”，“我们应该自己来进行审判，公民应该普遍参加法庭和国家管理”②。

当然，将司法权完全归于民间和社会，是不现实的，人类政治的实践表明，每一个国家都设置了代表国家权力的专门司法机关。但是，这些司法机关从本质上说都不是以“中央”或者集权为宗旨、为特点的，如果说一定要有一个中央的话，那么，司法机关的中央就是法律，是对法律的服从，也即对反映全体人民意志的行为规则的服从，这正如马克思所说的，“法官除了法律就没有别的上司”③。但是，法官服从法律，强调的是法官和司法机关对中央意志的服从性，而非法官和司法机关本身的中央性或者集权性，更不意味着法官的任免权就应当属于中央，因为法官的任免权属于中央显然并非法官必然服从法律的充分条件。前述法官特别是陪审法官产生的历史以及审判权的民间性理论，都说明了这个基本道理，对我们今天如何认识司法职权与中央的关系，具有重要的借鉴意义。

这里需要特别提出的是，以上所述的司法权和司法机关，实际指的就是审判权和审判机关，并没有包括检察机关。在国外，检察权的内容与普遍的行政权虽然有所区别，但其性质是被归为行政权的，不属于司法权的一部分。但在中国，检察权一般被认为属于司法权的一部分，检察机关相应地也被与审判机关一起归入司法机关体系中。那么，如何看待检察权的中央性呢？

还是在1979年修改人民检察院组织法的时候，最高人民检察院6月14日起草了一份关于检察院组织法修正案草案的说明。在这份说明中，最高检

① 胡玉鸿．马克思、恩格斯论司法独立．法学研究，2002（1）．

② 全国人大常委会办公厅研究室，中国社会科学院法学研究所．马克思、恩格斯、列宁、斯大林论法．北京：法律出版社，1986：132．

③ 同②120．

察院做了这样一个引人注目的表述："检察权是国家权力的一种，属于中央权力"①。这是我们所见唯一一份给检察权的中央性进行定性的文件表述。当然，这个文件只是一个内部的说明，并没有公开发表。为什么将检察权定性为中央权力呢？这是因为受苏联检察制度的影响。最高检察院在说明中说："列宁坚决主张检察机关实行垂直领导的原则，决定中央检察机关'受中央组织局，中央政治局和中央监察委员会这三个党机关最密切的监督，同它们保持最直接的联系，而这三个党机关是反对地方影响和个人影响的最可靠的保证。'"② 根据列宁这一检察监督的思想，苏联各级地方检察机关的人事任免权都是由中央控制的。受列宁这一思想的影响，我国1954年人民检察院组织法所规定的检察机关领导体制，也是垂直领导体制，这在人事任免上的体现就是，地方各级检察机关组成人员都集中在中央，即全国人大常委会和最高人民检察院。可以说，按照1954年检察院组织法的这一设计，检察权就是名副其实的中央权力。

但是，到了1979年修改人民检察院组织法，检察机关的这一垂直领导体制被改为双重领导体制，检察权属于中央权力的说法实际上被改变了。因为实践证明，即使沿用列宁关于检察权属于中央权力的说法，或者将它作为中国的一种理论假设，也不符合中国的实际，在实践中也行不通。这个问题，后文将继续述及。所以，如果说检察权属于中央权力，也只是1954年检察院组织法的反映，而现在的情况已经今非昔比了。

（2）司法职权行使过程中的"事"与"权"，绝大多数非中央之"事"与"权"。

如前所述，中央事权的基本结构包括"事"和"权"两个部分。考察司法职权是否属于中央事权，也须由这两方面展开。一方面，要看审判权和检察权所针对的"事"，是否属于中央之事。实际上，这些"事"，就是发生在全国各地的大大小小的各类案件，能不能说它们都是中央的"事"？能不能说都具有全国性的影响和意义？恐怕不能。另一方面，要看审判权和检察权中所运用的"权"，是否属于中央之权。各级法院、检察院的职权，能不能说都是中央的"权"？恐怕也不宜简单地这么说。否则，一个县区的基层法

① 全国人大常委会法工委1979年人民检察院组织法修改档案.

② 同①.

院甚至由它派出的人民法庭处理每个案件时，都声称是在代表中央行使职权，这就会违背常识，成为笑话。实际上，发生在全国的各类大小案件，并非必须也没有必要由中央机关或者以中央的名义来处理，因为地方的各级法院、检察院都有能力也在经常性地处理这类案件。现在，如果把全国各地大大小小、千奇百怪的案件，都当作中央的“事”，都需要以中央的名义，由中央一级机关或者其他代表中央的机关予以处理，那中央的事就太多了，中央一级的法院、检察院恐怕就不堪重负，也没有精力去处理有全国影响的大案了。

(3) 有关立法和司法实践都表明，法院和检察院实际行使了地方的事权。

按照宪法和地方组织法的规定，地方各级人民代表大会和人民政府是地方的国家机关，地方人大及其常委会代表了本行政区域人民的意志，对本行政区域的地方事务做出决议决定，同级政府是人大及其常委会的执行机关。也就是说，地方人大及其常委会、地方政府行使对地方事务的管理职权即地方事权。

那么，地方的法院、检察院有没有行使属于地方事权范围的职权呢？答案是肯定的。根据行政诉讼法的规定，人民法院审理行政案件时，要依照地方性法规，参照规章。而在民事诉讼中，地方性法规、政府规章更是被法院大量适用。地方性法规、地方政府规章的很多内容，就是地方权力机关和行政机关对地方事务做出的规范。地方权力机关对地方事务做出规定后，地方政府执行权力机关的意志，地方政府通过规章对地方性事务做出规定并付诸实施，都是处理地方事务的方式。地方法院、检察院处理发生在本行政区域的案件时，适用地方性法规，参照规章，就是在执行地方权力机关、地方政府的意志，也是处理本地方事务的一种方式。所以，从这个角度看，地方法院、检察院实际是行使地方事权的重要主体（只是按照宪法体制，它们适用的地方性法规、政府规章不得与法律相抵触），怎么能说它们行使的职权只能属于中央事权呢？

3. 容易将宪法文本中司法职权误读为中央事权的两个关节点

1982年宪法对法院、检察院的有关组织与职权，做了特殊规定，但这些规定有时候并没有得到完整、准确的理解。在司法职权的中央性方面，宪法文本中的以下两个关节点，就容易使我们将司法职权误读为中央事权。

(1) 宪法没有将人民法院和人民检察院纳入地方国家机关的体系，容易使人误以为这两个机关就是中央机关，行使的职权属于中央事权。

要将审判权和检察权定性为中央的事权，比较正常的逻辑推理是，法院和检察院不属于地方的法院和检察院，而是国家的法院和检察院，因而它们的职权就属于中央事权。

认为各地法院不是地方的法院，是国家设在地方代表国家行使审判权的法院，可能主要是基于对1982年宪法篇章结构的理解。1982年宪法在第三章国家机构的设计和规定中，对国家机构做了三个分类。第一个分类是中央一级的国家机关，包括全国人民代表大会、国家主席、国务院、国家中央军事委员会，每个国家机关单列一节予以规定，共四节；随后，宪法将地方各级人民代表大会和各级人民政府、民族自治地方的自治机关各单列一节予以规定，即第五、第六节。这个设计表明，地方国家机关只有两类，即地方各级人民代表大会和人民政府，包括民族自治地方的各级人民代表大会和人民政府；再随后，宪法将人民法院和人民检察院单列为最后一节即第七节予以规定。从这个规定看，各级人民法院和人民检察院显然不属于地方国家机关体系，但能不能说它们就属于中央的国家机关体系呢？可能也不适宜，如果它们是中央的国家机关，为什么不排在中央军事委员会一节之后、地方人民代表大会和人民政府一节之前？特别是最高人民法院和最高人民检察院，本来是中央机关，但却没有位列中央一级国家机关之序。那么，能不能说各级地方法院和检察院都是中央的派出机关呢？显然也不能，因为不仅宪法，连法律也根本没有这样的设计。还有，能不能说地方法院和检察院行使的职权是中央某个机关比如全国人大及其常委会的授权呢？也不能，因为事实上没有任何这样的授权，而两类地方机关的职权恰恰是宪法和法律明确规定和赋予的。

所以，从宪法有关地方法院和检察院既不是中央一级司法机关，也不是中央一级司法机关的派出机关的这一结构设计，更没有获得某个中央机关的授权这些具体情况来看，将地方法院和检察院行使的职权定性为中央事权，还存在一些困难，因为如前所述，所谓中央事权，一个基本要求就是，行使这一事权的主体自身就必须是中央机关，或者中央机关的派出机关，或者获得中央机关的授权。

那么，说地方法院不是地方的法院，是国家设在地方代表国家行使审判权的法院，有没有错呢？当然没有错。因为地方法院确实是国家设在地方的法院，宪法和相关法律对设立地方法院的程序都有明确规定。宪法第 123 条也明确规定："人民法院是国家的审判机关"，这当然是指各级人民法院都是国家的而不是地方的审判机关。

但需要注意的是，理解宪法的这个规定有一个立足点问题。宪法强调人民法院是国家的审判机关，其立足点是，人民法院代表国家行使审判权，但是，代表国家行使审判权并不意味着这个审判权就一定是中央事权。代表国家行使某项职权与该项职权是否属于中央事权，有时候是两码事。其原因如下。

第一，任何一个国家都是由不同的地方组成的，不管这种组成的方式是单一制、联邦制或者其他，所谓中央与地方很难说就有绝对分明的界线，这种情况在中国更为明显，因为自新中国成立以来，如何科学处理中央与地方关系，一直是一个难题。1982 年宪法虽然对中央与地方的关系做了大体规定，但实践中，很难说这个关系就处理得科学妥善，因为不少矛盾都比较突出，很多事权在中央与地方的归属方面，很难说就是非此即彼的关系。

第二，从宪法的规定看，即使是地方的国家机关，它们在处理地方事务时，也有代表国家的一方面。据我们粗略统计，宪法文本中共有 110 多处使用了"国家"二字，它们的含义没有例外地是指统一的中华人民共和国。那么，地方的政权机关与"国家"是什么关系呢？宪法第 96 条规定，"地方各级人民代表大会是地方国家权力机关"，第 105 条规定，地方各级人民政府是"地方各级国家行政机关"。这两个规定实际揭示了地方权力机关和行政机关性质的双重性：一是地方权力机关和行政机关都属于统一国家的机关，行使国家的职能，分别接受最高国家权力机关的监督和最高行政机关的领导；二是地方权力机关和行政机关又具有地方的属性，代表、执行地方人民的意志和利益，管理地方事务，所以，它们又是行使地方事权的机关。这说明，即使是地方的权力机关和行政机关，也具有国家性，是国家的代表，在处理地方事务时，它们既代表地方的意志，也代表国家意志，但却不能因此说它们行使的职权都属于中央事权。

第三，比较典型的是，中国的行政机关上下级实行领导关系，这就决定了地方的任何事务都可以由最高行政机关国务院来处理（当然，国务院不会随意去处理)，国务院处理应当由地方处理的具体事务时，当然是代表国家或者中央在行使职权，但你能说国务院处理的该项事务就属于中央事权吗?恐怕不能。

以上只是想说明，一个机关代表国家行使职权并不能与该项职权属于中央事权画等号。所以，法院、检察院代表国家行使司法职权也未必就能与司法职权属于中央事权画等号。那么，代表国家究竟是什么含义呢?实际就是代表国家的法律，即国家的法制统一。这个问题在紧接着的下文中再分析。

(2) 宪法第126条、第131条有关“依照法律规定”独立行使职权的规定，也容易使人将法院、检察院行使的职权误读为中央事权。

将法院、检察院行使的职权定性为中央事权，除了基于对上述宪法关于国家机构篇章结构设计的理解外，可能还有一个出发点，即基于对宪法第126条和第131条有关人民法院、人民检察院依照法律规定独立行使审判权和检察权的理解。这种观点可能会提出，法院、检察院依照法律规定独立行使审判权和检察权，就说明它们的职权属于中央事权，因为法律是全国人大及其常委会制度的。这其实也是一种误解。其原因如下。

第一，如前所述，这一规定所表明的是法院、检察院行使职权的根本特点，而不是该职权的归属或属性。法院、检察院以维护法制统一作为根本手段来行使职权，并不等同于司法职权就属于中央事权。因为依照法律规定行使职权，维护法制统一，并非只限于对中央机关提出的要求，并非只有中央机关才有条件、有能力做到，也并非只对法院、检察院提出的要求，各级国家机关包括地方的权力机关和行政机关，都必须遵守法律，维护国家法制统一，也都有条件、有能力认真执行法律。

第二，依照法律规定行使审判权和检察权，所指的仅是这两个职权行使的依据，而不是这两个职权本身的归属和属性。在中国，各级党政机关行使职权有不同的依据，宪法把法院、检察院行使职权的依据限定于法律的层面，有两个目的：一是法律为两机关独立行使职权提供保障；二是两机关处理所有案件的根本或最终依据只能是法律，即使是党的领导、人大监督，也是要领导和监督法院、检察院严格以法律为依据处理案件。[①] 依照法律规定

---

① 许安标，刘松山．中华人民共和国宪法通释．2版．北京：中国民主法制出版社，2004：344-345.

行使职权，就是用全国人大及其常委会制定的法律做根本标准衡量一切案件，目的就是维护法制统一。但是，用全国人大及其常委会的法律来衡量案件，并不等于它们行使的这一职权就是中央事权。

3.9.3　人事权统一管理与人民代表大会制度之关系

如前所述，司法改革中实行人财物统一管理，十分关键的内容之一是如何实行人事任免的统一管理。在对该事项进行制度设计时，需要充分考虑它与人民代表大会制度的基本关系。

按照宪法和相关法律的规定，在县一级以上的行政区划内设立的法院、检察院，其组成人员由本行政区域内的人民代表大会及其常务委员会产生或者任命，对人大及其常委会负责，向它报告工作，受它监督。也就是说，地方各级法院、检察院的组成人员是由同级人大及其常委会管理的。这是现行宪法体制确立的人民代表大会制度的基本内容。现在，要把法院、检察院的人事权统一到省一级管理，是一个重大改革，对进一步保证司法公正必然具有重要意义。进行这项改革，首先涉及一个大面积修改宪法和法律、改变人民代表大会制度基本内容的问题。修改宪法和法律当然可以，因为有关地方法院、检察院组织的事项，本身就是全国人大及其常委会设计并以宪法和法律规定下来的，如需要改变原有的组织体制，只要全国人大及其常委会再一次行使立法权即可以实现了。

当然，在改革人民代表大会制度这一基本内容之前，我们还可以从多方面进一步展开论证和权衡，以确保改革的稳妥与正确。主张将地方法院、检察院的人事任免权上收到省一级，甚至将来上收到中央一级，有充分的理由，业内也基本形成了共识，这些理由构成了改革的正面论据。同时，马克思主义哲学的基本理论也告诉我们，要达到对一个事物的科学认识，必须充分考虑各种不同的因素，不仅要注意正面的因素，也要注意反面的因素，有时候还需要特别注意反面的因素。而任何一项改革，特别是重大的改革，都可能涉及正反两方面的因素。党的最近几次代表大会都提出要实行科学决策、民主决策。习近平总书记在对十八届三中全会若干重大改革问题的说明中更是强调："我们讲胆子要大、步子要稳，其中步子要稳就是要统筹考虑、全面论证、科学决策。”[1] 就连前述《人民日报》评论员文章在将审判权定性为中央事权，强调要推进地方法院、检察院人财物统一管理的同时，也坦承“这项改革涉及面广、难度大，要深入研究论证”[2]。我们认为，法院、检察院改革中的人事任免权上收，就属于一个“胆子要大、步子要稳”，“要统筹考虑、全面论证、科学决策”，特别是“要深入研究论证”的重大改革，在考虑了改变现有人事任免体制的必要性和理由的同时，还可以进一步论证一下不支撑这一改革的因素。

改变现状，首先必须考察和了解历史，因为现实总是历史的延续。要改革现行法院、检察院人事管理制度的现状，当然也必须了解这一制度的历史，特别是这一制度设计的初衷。

新中国成立以后，中国共产党很快领导建立了地方各级法院和检察院。追溯历史可以发现，地方法院、检察院在建立之初，其人事任免权就是由本行政区划内的地方权力机关来管理的。1951 年，由中央人民政府委员会制定的《人民法院暂行组织条例》明确规定，各级人民法院是人民政府的组成部分，受同级人民政府委员会的领导和监督。那时候，还没有由普选产生的人民代表大会，各级地方人民政府委员会实际上代行了人民代表大会的部分职权，也就是说，地方法院的组成人员是由代行人民代表大会职权的地方人民政府委员会产生的。为什么要采取这种产生方式呢？对这个问题，中央人民政府法制委员会代理主任委员许德珩的说明是，“在组织制度上，人民法院是人民政府的组成部分，它对人民政府委员会和上级法院负责并报告工作”，“同时在工作上又表现来自人民、属于人民和对人民负责，二者是完全一致的”[3]。这说明，地方法院组成人员的人事权由地方政权机关管理，是当时组织制度的重要特点，也体现了法院“来自人民、属于人民和对人民负责”的精神。

也是 1951 年，中央人民政府委员会在通过人民法院暂行组织条例的同时，还通过了《地方人民检察署通则》。按照这部法律的规定，地方人民检察署也是同级人民政府的组成部分，其人事权也是由代行权力机关职权的地

---

① 中国共产党第十八届中央委员会第三次全体会议文件汇编．北京：人民出版社，2013：115.

② 中国的司法权从根本上说是中央事权．人民日报，2014－01－22.

③ 刘政，于友民，程湘清．人民代表大会工作全书．北京：中国民主法制出版社，1999：224.

方人民政府委员会管理。为什么要采取将人事权交给地方管理的组织体制呢？最高人民检察署副检察长李六如在对这部法律所做的说明中解释了三个理由。第一个理由是我国过去曾经是半封建半殖民地的社会，“各地情况悬殊不一，地区辽阔，交通不便”，而各级人民检察署还不健全，因此，“暂时还只能在中央统一的政策方针下，授权于地方人民政府，使其发挥机动性与积极性”；李六如解释的第二个理由是“我们人民民主政权的发展过程，是由地方而中央”；第三个理由是“关于当地的一些具体问题，地方政权领导强，经验多，易于指导处理”①。李六如这里解释的第一、第三个理由都是具体的现实问题，容易理解，而他的第二个理由则是十分引人深思的，因为他提出一个我国民主政权由地方而中央的发展过程问题，进一步地说，他是提出了一个中央权力的来源问题。遗憾的是，对这个问题他没有进一步展开，但这并不影响我们对检察院人事任免权的分析。按照他的这一理由，可以得出的基本结论就是，民主政权的发展是先有地方，后有中央的，所以，地方检察机关人事权就应当由地方管理，这也体现了对地方政权形成历史的尊重。

到了 1954 年，人民代表大会制度正式建立。在这个背景下，1954 年的地方组织法和法院组织法都规定，地方各级法院的组成人员分别由同级人民代表大会或者人民委员会任免。这时候的人民委员会实际代行了今天的地方人大常委会的职权，因为 1954 年，地方只设立了各级人民代表大会，没有设立相应的常务委员会。也就是说，这时候，地方法院的人事权是沿用了 1951 年的做法，仍然是由地方权力机关管理的。

但是，如前面第二部分所述，由于受列宁检察权属于中央权力的影响，1954 年的人民检察院组织法模仿了苏联检察机关的垂直领导体制，将地方检察机关的人事任免权全部交由中央管理。根据这部法律第 21 条的规定，省一级检察院的检察长、副检察长、检察员和检察委员会委员，由最高检察院提请全国人大常委会批准任免，省一级检察院分院以及县一级、地市州一级检察院的组成人员，均由省一级检察院提请最高检察院批准任免。

而 1979 年修改人民检察院组织法时，对检察机关领导体制的一个重大改革，就是将 1954 年设计的垂直领导体制改为双重领导体制，即地方检察

① 刘政，于友民，程湘清．人民代表大会工作全书．北京：中国民主法制出版社，1999：228.

机关的人事权不仅要受上级检察机关直至全国人大常委会和最高检察院的管理，还要受地方同级人大及其常委会管理。对这个改革，彭真在给中央的报告中是这样说明的："当时苏联是由总检察长负责，下级检察长由总检察长任命。我们则规定，地方检察长由地方民主选举产生，同时又须报上级检察长转报该级人大常委会批准。"[①] 当然，这里的受上级管理在一定程度上实行了向中央的倾斜，即加强了中央对省一级检察机关人事权的管理，正如彭真在给中央的说明中所说的："特别规定省、市、自治区的检察长、副检察长、检察委员会委员，在地方选举产生或任命以后，都要报经最高人民检察院检察长提请全国人大常委会批准任命。"[②]

为什么要做这样一个分散中央权力、赋予地方人事管理权的改革呢？前述 1979 年最高检察院在检察院组织法修改说明中给出的理由是："由于我国的情况和苏联不同，从建立农村革命根据地到取得全国政权，地方工作有比较好的群众基础和坚强的领导，所以实行双重领导的原则是适合我国国情的。"[③] 这里，最高检察院又一次提出一个"从建立农村革命根据地到取得全国政权"的问题，与前面 1951 年李六如所提出的我国民主政权由地方到中央的发展过程，发生了连接，这无疑再一次体现了对地方政权形成历史的承认与尊重。

由上述检察机关人事任免权的这一历史变化可以发现，1951 年，地方检察机关的人事权是由地方管理的，1954 年由于学习苏联做法，我们将地方检察机关人事权全部交由中央管理。但实践证明，这个做法不符合中国的实际，所以，1979 年，又将中央的这一权力分散一部分给地方。如果现在再改革，将地方检察院甚至进一步将地方法院的人事权集中上收到省一级，将来再收归中央，这是不是可能又恢复到 1954 年的做法，而且将法院的人事管理也与检察院一致起来呢？我们认为，这是一个需要进一步审慎权衡与思考的重大问题。

思考还不应止于此。考察地方法院、检察院人事管理权的历史与初衷，还需要与党的十一届三中全会公报和 1979 年地方组织法的修改联系起来。

---

① 彭真传：第 4 卷．北京：中央文献出版社，2012：1324.

② 同①.

③ 1979 年人民检察院组织法修改档案．

十一届三中全会公报在提出“必须有充分的民主”“保障人民民主”“使民主制度化、法律化”的同时，又提出“检察机关和司法机关要保障应有的独立性”[①]。那么，地方法院、检察院的独立性与地方权力机关管理它的人事权是不是矛盾甚至对立的呢？应当说不是。二者非但不矛盾，而且，由地方权力机关管理两院的人事权，正是扩大地方民主、监督两院依法独立行使职权的需要。

十一届三中全会刚刚结束，1979 年全国人大就修改地方组织法，在县级以上地方各级人民代表大会设立常务委员会。在地方组织法修改之前，两院的组成人员是由“文化大革命”中产生的所谓“革命委员会”任命的，而革委会是个将权力机关和行政机关职能集于一身的不伦不类的政权机关，由它来管理两院的人事权就很难保证司法的应有独立性。1979 年 5 月 3 日，彭真在同工作人员谈地方组织法的修改时明确说：“现在，院长、检察长是由本级人民代表大会选举产生的，而副院长、审判员、副检察长、检察员是由本级革委会任免的，这如何能依法独立行使职权不受行政机关干涉?”[②] 所以，修改地方组织法的一个重要内容，就是取消革委会，设立地方人大常委会。那么，设立地方人大常委会的目的是什么？彭真在强调“从法理上讲，要使政府一切工作人员受到人民监督”的同时，还专门强调了地方法院、检察院人事权与扩大民主的关系。他说：“法院副院长、审判员、副检察长、检察员可以由地方人大常委会任免。这样，符合中央扩大民主，法院、检察院保持独立性的精神。”[③]

4 天后的 5 月 17 日，彭真就取消“革命委员会”和县级以上地方人大设立常委会问题，在给中共中央所写的报告中正式提出：“县级以上地方各级人民代表大会设置常务委员会有利于扩大人民民主，健全社会主义法制”，“可以任免法院副院长、审判庭长、副庭长、审判委员会委员和副检察长、检察员、检察委员会委员等”[④]。“它更便于司法机关‘独立进行审判，只服从法律’和‘保持应有的独立性’”，“还可以接待人民群众对一些有关本地

① 中共中央文献研究室．三中全会以来重要文献选编：上．北京：人民出版社，1982：10－11.

② 彭真年谱：第 5 卷．北京：中央文献出版社，2012：13.

③ 同②14.

④ 彭真传：第 4 卷．北京：中央文献出版社，2012：1308.

区政府或司法机关工作问题中的申诉事项"[①]。这个报告说明，法院、检察组成人员由同级人大及其常委会任免，是扩大人民民主的需要，非但不妨碍司法独立，而是有利于保持司法独立的。邓小平、胡耀邦都批示同意了彭真的这个报告。[②]

1980 年 4 月 18 日，彭真在各省、自治区、直辖市人大常委会负责人座谈会上讲话又一次谈到了地方人大及其常委会管理两院人事权的问题。他说："要全国九亿人民自己管理国家，自己掌握命运。要把权力放在九亿人民手里。怎么搞?" 五届全国人大二次会议制定了地方组织法、法院组织法和检察院组织法，"就是为了这个目的"[③]。"法院院长由本级人民代表大会选举，副院长、庭长、审判委员会委员、审判员由本级人大常委会任免，不仅最高人民法院，地方各级人民法院也一样，都是由本级人民代表大会选举或人大常委会任命。""这样，九亿人民就把国家命运掌握在自己手里。在这种制度下，林彪、'四人帮'一类阴谋家、野心家想篡夺国家的领导权就比较困难了。"[④] 这里，彭真很明确地把地方权力机关管理同级法院、检察院的人事权，上升到事关九亿人民"把国家命运掌握在自己手里"、防止"阴谋家、野心家篡夺国家的领导权"的高度，这是总结"文化大革命"的深刻教训得出的结论，是十分引人深思的。

1981 年 4 月 20 日，中共中央还专门发出通知，将彭真上述 1980 年 4 月 18 日的讲话（连同他 1981 年 3 月 7 日在省级人大常委会座谈会上的另一篇讲话），作为关于加强地方人大常委会建设和工作的重要文件，转发各地方和中央各部门，并在批语中强调指出："县级以上地方各级人大设立常委会，是我国地方政权组织的一项重要改革。按照地方组织法的规定，把地方各级人大常委会的工作做好，对健全我国社会主义民主和社会主义法制，加强地方各级政权建设有十分重要的意义。"[⑤] 这说明，彭真上述讲话的精神，就是中共中央的精神。也是在这个背景下，1982 年宪法进一步确立了由同级

① 彭真传：第 4 卷．北京：中央文献出版社，2012：1308.

② 同①1309.

③ 彭真．论新时期的社会主义民主与法制建设．北京：中央文献出版社，1989：57.

④ 同③59.

⑤ 尹中卿．全国人民代表大会及其常务委员会大事记（1954—2004)．北京：中国民主法制出版社，2005：241 - 242.

人民代表大会和它的常委会管理地方法院、检察院人事权的制度，一直沿用至今。

笔者认为，现在要改革地方法院、检察院的人事管理制度，对这个制度形成的历史和初衷加以考察研究，是十分必要的。地方法院、检察院处理案件时的确受到本地方的一些不适当干预，也不能排除人大及其常委会的一些干预因素，但我们需要回答的是，由同级人大及其常委会管理两院的人事权，究竟是不是导致两院不能独立行使职权的根本原因？如果不是，它在妨碍两院独立行使职权的各种因素中所占的比重又有多大？我们有没有做过这样的实证分析？将两院的人事管理权上收，果真能解决地方司法不独立的问题吗？

除了考察上述历史与初衷外，要改革地方法院、检察院的人事管理制度，还需考察人民代表大会制度的基本结构。在我国，人民代表大会制度在中央的基本结构是，以全国人大及其常委会为核心，组织起包括最高法院和最高检察院在内的中央国家机关体系；在地方的基本结构是，以县一级以上行政区划为基本单位，组织起以地方各级人大及其常委会为核心的包括地方法院和检察院在内的地方国家机关体系，只是在乡镇这一基层行政区划内，人民代表大会只组织起政府，不设立法院、检察院。如果将法院、检察院的人事权上收到省一级，实际就意味着区县市一级的人民代表大会只能组织本级政府，在本行政区域要么不设法院、检察院，即使设置法院、检察院，也不属于人民代表大会组织和管理之下的国家机关了，这是不是等于从地方人民代表大会制度的组织形式中抠去了两个重要国家机关呢？这恐怕是一个值得深思的重大问题。

实行地方法院、检察院人事统一管理，还遇到一个重要问题，就是如何落实宪法第 99 条的规定。根据这一条的规定，地方各级人民代表大会在本行政区域内，负有保证法律遵守和执行的职责。地方人民代表大会如何在本行政区域内保证法律的遵守和执行呢？一个最基本的方法就是，由它来组织起地方政府，以及地方法院和检察院，叫做地方的“一府两院”，并让它们对同级人民代表大会负责并报告工作，接受人民代表大会监督。所谓向同级人民代表大会负责并报告工作，以及接受监督，都是以地方人民代表大会掌握同级法院、检察院人事管理权为前提的。如果把地方法院、检察院的人事权全部或者部分地从同级人民代表大会手中拿走了，拿到省一级甚至中央一级，就可能会出现三种情况：一是在本级人民代表大会管辖的行政区划内，不设法院、检察院，在这个区划内发生的所有案件纠纷，是否按照法律的规定得到处理，本地方人民代表大会无权过问；二是即使在本行政区域内设置法院、检察院，但由于人民代表大会对两机关无人事任免权，而省级甚至中央对它们的任免权和监督权又鞭长莫及，那么，两机关在本行政区划内即使不遵守执行法律，同级人民代表大会也无可奈何；三是在本行政区划内设置法院、检察院，但人民代表大会对两机关只有部分人事权（比如，没有任免权，只有监督权），但是，这部分权力也不足以保证两机关切实遵守执行法律。可以清楚地预见，只要把地方法院、检察院的人事权从同级人民代表大会手中拿走，宪法赋予地方人民代表大会在本行政区域内保证法律遵守执行的重大职责，在审判、检察两个重要领域就难以落实。

以上所述，还是要归结到一点，即：改革法院、检察院人事权的管理方式，需要面对的根本性问题是，如何处理好与各个地方亿万人民当家作主的基本关系。宪法第2条规定："国家的一切权力属于人民"，"人民行使权力的机关是全国人民代表大会和地方各级人民代表大会"，这是宪法和人民代表大会制度的精神所在。这个规定表明，各个地方的人民，以宪法确立的行政区划为单位，在本行政区划内通过自己选出的人民代表大会行使权力，是当家作主、管理本地方事务的根本途径。将每个地方法院、检察院的人事权都上收到省一级甚至中央，是容易的事情。但还要注意到，每一个案件仍然发生在地方的各个行政区划内，对它的审判、检察，也基本要在本行政区划或者上一级行政区划内进行，案件的处理结果必然要在本行政区划内发生影响，对于与当地人民息息相关的如此重要的事项，该行政区划内的人民以及它的人民代表大会却无权过问起诉、审理和监督这些案件的检察院、法院的组成人员之任免，这就可能会产生一个疑问：能不能说人民是在通过地方人民代表大会充分行使当家作主权利？

值得注意的是，十八届三中全会提出实行地方法院、检察院人事权统一管理后，对于统一管理的准确含义和具体管理方式，有关方面在较长一段时间内并未给出权威解释。实际上，也可以说，这个问题引起了理论和实践中的一些不同看法和争议。为落实三中全会的这一决定，中央司法体制改革领导小组办公室负责人曾经接受《法制日报》记者专访，在强调推动省以下地方法院、检察院人财物统一管理深远意义的同时，首次明确了对人的统一管理的具体内容，主要是建立法官、检察官统一由省级提名、管理并按法定程序任免的机制。[①] 随后，最高法院司法改革领导小组办公室主任贺小荣又对统一管理做了进一步解释：配合省以下法院人事统管改革，推动在省一级设立法官遴选委员会，从专业角度提出法官人选，由组织人事、纪检监察部门在政治素养、廉洁自律等方面考察把关，人大依照法律程序任免。贺小荣还提出，省以下地方法院人事权统一管理，只是依托省一级的制度平台统筹管理，并不是系统内部的“垂直管理”；上级法院对下级法院仍是监督指导关系，不是领导关系。[②] 从以上的媒体报道可以看出，地方法院、检察院人事权统一管理目前体现的特点是：第一，暂时没有改变宪法和法律对人民代表大会产生同级法院、检察院组成人员的体制；第二，人事权统一管理的第一步，主要是法官、检察官提名权的统一管理；第三，在省一级设立法官遴选委员会，并不改变法院上下级的监督指导关系。

但是，仔细分析上述司法体制改革领导小组办公室负责人透露出来的这些信息，就会发现，三中全会决定中提出的人事权统一管理，这个统一管理的全面、具体和准确的含义究竟是什么，似乎还不清楚。现在，准备在省一级设立一个法官的遴选委员会，改变一下法官的提名权，只能说是统一管理的一个部分，而远不能说就是实现了“统一管理”。

姑且不论由省级统一管理是不是真的不会从实质上使法院上下级的关系由监督指导关系变为领导关系，这里进一步思考和关注的是，地方人民代表大会在“统一管理”的改革中究竟应当扮演何种角色，处于什么样的地位？

按照现在的设计，法官、检察官由省一级统一提名，统一管理，人大任免的法定程序似乎没有改变。但是，问题很快就突显出来了。按照现行法律体系的设计，地方法官、检察官的提名权由同级法院院长、检察院检察长行使，同级人大常委会根据他们的提名进行审议，决定是否任免。现在，把这个提名权拿到省一级，就意味着一个县级人大常委会将要对省一级机构的提名，进行审议并决定是否任免。那么，县级人大常委会有权否决省一级的提名吗？依照

① 法制日报，2014-06-15（2）.

② 法制日报，2014-07-10（5）.

宪法和法律的规定，在法官、检察官的人事任免中，人大及其常委会是实实在在的权力机关，不是一个只履行法律手续的橡皮图章。但是，按照现在的预设和实践中的一些试验试点做法，地方法官、检察官的专业能力、政治素养、廉洁自律等，都由省一级法官、检察官的遴选委员会和组织人事、纪检监察部门来选择、审查和判断，在省一级提名后，地方的人大常委会所做的工作只是依照法律程序任免一下而已。这就可能会引起一些尖锐的问题。

一是对一个基层法官、检察官各方面的情况，究竟是本行政区域的权力机关全体组成人员更了解，还是一个无论距离还是层级都隔得很远的省级遴选委员会更了解？

二是如果基层人大常委会对法官、检察的了解、判断，与省一级统管机构发生了冲突，究竟以谁的判断为准？按照法律规定，基层人大常委会不仅从程序上也从实体上掌握了对同级法官、检察的任免权，如果基层人大常委会坚持以自己的了解和判断为依据，不断地甚至大面积地否决省级的提名人选，那么，省一级统管机构的权威如何树立？更严重的是，如果允许基层权力机关否决省级统管机构的提名，将会引起我国政权机关上下之间法律关系和政治伦理方面的一系列混乱。但是，如果省一级统管机构考察提名了，就要求基层人大常委会依照法律程序任免，基层人大常委会为充分体现对上级统管机构的尊重，一律予以任免，那么，基层人大常委会不是真的就成了只履行法律手续的橡皮图章吗？

三是地方法官、检察官的任免能不能由省一级统一提名？法官、检察官的提名权究竟应当属于谁，是一个十分重大的问题。提名是任免的提前。根据宪法和法律的规定，提名权是人民代表大会制度体制下组织国家机构体系的关键环节，是与行政区划相适应和相联系的，也就是说，国家机关组成人员的提名权，总体上是以本行政区划为单位，以同级人民代表大会为核心来行使的。在这个背景下，人民代表大会要组织本级国家机关体系，提名权和任免权只有由同一行政区划内的国家机关行使，才能保证该行政区划内的地方人民代表大会的核心地位。现在，要改变法律的规定，把地方法官、检察官的提名权从本行政区划内拿走，需要十分慎重，因为它使一级人民代表大会在行使任免权时，面对的却是一个上级机构的提名，这就很可能改变权力机关以行政区划为单位进行社会治理的基本结构。更值得关注的是，类似省一级法官、检察官遴选委员会这样的统管机构，是由各部门和专家组成的机构，这样的机构不是法定的国家机关，没有法律地位，也很难赋予其适当的法律地位，不能行使提名权。即使它不实际行使提名权，只做提名前的各种实质审查工作，审查后由省级法院、检察院或者交由基层法院、检察院去提名，这些做法是否具有充分的法理基础，也是值得认真讨论的。

四是提名权、任免权和监督权的关系如何处理？按照现行的宪法体制，地方法官、检察官的提名权由本级法院院长、检察院检察长行使，同级人大常委会对法官、检察官的任免和监督权是实实在在的，人大常委会的权力和责任是相互连接、互为因果的。但是，现在把提名权上收到省一级，实际就使基层人大常委会的权力和责任发生了分离，并很可能导致以上所述的两种极端情况。一种情况是，基层人大常委会以行使法律规定的职权为由头，大面积否决省级机构的提名人选。它所持的难以驳倒的理由是：任免权和监督权不可分离，要我监督法官、检察官依法独立行使职权，对法官、检察官的能力和素质必须以我的判断为标准，我要实实在在地行使法律赋予的任免权！另一种情况是，对于省级提名的人选，基层人大常委会照单全收，只履行法律手续，但是，此后就从实质上放弃对同级法官、检察官的监督。它所持的难以驳倒的理由是：人选是你省级提名的呀，既然你们提名，那么，监督也由你们省级统管机构去负责吧！

由上述可见，有关方面现在已经提出并着手在一些地方开展试点的类似省级统一提名的人事统管方式，仍然涉及人民代表大会制度的诸多重大问题，需要反复讨论，审慎进行。就像前述中央司法体制改革领导小组办公室负责人所说的，省级统管是对司法管理体制的重大改革，情况复杂，需要进行试点、积累经验后再逐步推开。[①] 我们期待着，在维护人民代表大会制度这一根本政治制度的前提下，有关方面能够用足够的智慧和方法，找出一条地方法院、检察院人事权统一管理的路子。

3.9.4　小结

十八届三中全会关于地方法院、检察院人财物统一管理的改革设想，是

① 法制日报，2014-06-15（2）.

司法改革中的重大事项，也是落实宪法的重大举措。深入分析司法职权的中央性特点以及地方法院、检察院人事权统一管理与人民代表大会制度的关系，对于准确理解孟建柱的重要文章，保证改革人事权管理方式的稳妥与正确，具有十分重要的意义。研究司法职权的中央性，不仅需要从司法的普遍性规律出发，还应当从中国法院、检察院职权的历史发展与国情特点出发，才能得出比较符合中国实际的结论。而实行地方法院、检察院人事权统一管理这一改革，需要审慎考虑改革与维护宪法权威的关系，特别是要考虑改革与人民代表大会制度的基本关系。人民代表大会制度是宪法确立的根本政治制度，法院、检察院制度是人民代表大会制度中十分重要的两根支柱，对这两个重要制度的改革设想和设计，都只能有利于加强而不能削弱人民代表大会制度，有利于维护而不能损害人民代表大会制度，这是司法改革应当坚持的基本政治方向和重大政治原则。只有这样，才能充分落实十八届三中全会关于坚持人民主体地位，推动人民代表大会制度理论与实践创新，发挥人民代表大会制度根本政治制度作用的基本精神。

3.10 科学认识监督与支持的关系，以加强人大监督支持党的领导

我们讲人大的监督，是一党领导和执政下的人大监督，它和西方多党制背景之下议会对政府的监督究竟有什么区别呢？这个问题没有得到充分研究和明确回答。其中，人大对政府的监督跟西方议会对政府的监督也有很大的区别。西方的监督是以多党制为前提，是在野党对执政党的监督，是为了把执政党控制的政府拿下来，轮流坐庄。我们人大对政府的监督，不是要把政府推倒，也不是要让执政党下来，让在野党上去，但为什么我们的监督就很难开展，建议对这个问题加强研究。

要把人大监督工作做实做好，关键是如何认识人大的监督和支持的关系。

九届全国人大的时候，李鹏委员长强调，监督也是一种支持。后来吴邦国委员长和张德江委员长也强调，监督和支持是一致的，是统一的。李克强总理说，人大要在监督中支持，在支持中监督。他们的讲法都很好、很重

要。但是，要把这个“监督也是支持”理解透，还是有一些问题需要我们研究。比如，既然监督是对“一府两院”的支持，为什么这项工作开展起来很不容易？如果是支持，并和“一府两院”形成合力，那么，“一府两院”应当巴不得人大进行监督，持欢迎和期待的态度才对，但现实不完全是这样。

这里有几个问题值得探讨。

一是作为一项具体地行使职权的行为，人大的监督能不能同时指向两个相反的方向？比如监督是向东的，同时又说它在向西，是支持，好像不太好说，理解有一些困惑。

二是监督是对具体的违法、错误行为或者现象的监督，支持是对合法正确的行为和现象的支持，如果把对一个违法错误的行为和现象进行监督也称为支持，逻辑上可能会产生混乱。人们会问：支持的是正确的，怎么能支持错误的呢。

三是如果是支持，就不能也不会给对方带来不利的后果。而监督一旦发现问题，从法律上是要承担后果的。发现对方有问题，却故意不追究他的责任，不让他承担法律后果，这才是一种支持。因此，如果说监督是对监督对象的一种支持的话，监督之后发现问题，人大就不好追究责任。因为一追究责任，就显然不是支持。而不能追究责任，这种监督恐怕就没有效果，是空的。

四是人大和“一府两院”的关系，能不能不太恰当又比较形象地比作父母和子女的关系？这两个关系的性质好像还不太相同。父母生了孩子，让他写作业，他不做作业，父母对他进行监督，甚至惩罚他，这个监督无论多厉害，可以肯定是对孩子的支持，是没有问题的。但是，这个支持是有前提的，就是父母不能把孩子开除出去，断绝与子女的关系，因为父母与子女的关系是不可选择替代的，孩子不能换一个来替代。因此可以说，父母对孩子的监督是百分之一百的支持。也正是因为这个情况，父母就敢于监督。但是人大就不行了，人大看到“一府两院”在工作中存在严重问题，从法律程序上讲，是可以换人的，可以不要这个“孩子”，再换一个孩子。也就是说，人大对“一府两院”进行监督，如果较起真来，是可以让他们的负责人丢饭碗、可以换“孩子”的。所以，对于具体的被监督的人来说，这种监督不可能是支持。而更重要的问题是，人大撤换“一府两院”负责人，还涉及党管干部的问题，因为人大不能完全管干部。人大对政府的这种监督，如果说是支持的话，恐怕和父母与孩子的这种监督和支持的关系还有很大的不同，有很多复杂的因素。这是一个需要研究的大问题。

怎么来理解监督是一种支持?

一方面，监督是支持，恐怕是哲学意义上的东西，是从更高的思维方法，是从辩证法的角度看问题的，类似于一个概念性的东西。但人大行使监督职权的任何行为，首先是具体的，是一个在宪法法律层面进行操作的行为，因此，在理解的时候不宜把监督是支持这个概念性质的东西和具体的监督行为放在一起，否则，就类似于在哲学上把马的概念和一匹白马放在一起，容易得出白马非马的错误认识一样。

另一方面，对于“一府两院”而言，监督是一种支持，实际上是对一种抽象的行政权、审判权和检察权的支持，因为没有人大的监督，这几种国家权力就有可能违背它存在的初衷，可能腐烂变质。人大对“一府两院”的监督，如果上升到这个高度，就是对行政权、审判权、检察权的运行是否符合宪法法律的监督，是对这些国家权力的普遍意义的支持。但是，对于“一府两院”的组成人员以及他们具体的工作，人大的监督就是挑毛病、找碴子，不是支持他们，因为只有把他们的问题找出来，才能促使他们保证几项国家权力的健康行使。如果把对他们的具体监督说是成支持的话，恐怕不太好办，因为如果发现问题很严重的话，人大就不能保证他们继续在“一府两院”组成人员这个位置上了。所以，监督是一种支持，是对整个行政权、审判权和检察权符合宪法和法律的抽象要求，而不是对“一府两院”组成人员的支持。

那么，监督究竟是对谁的支持?恐怕应当树立这样的认识：人大的监督最根本的是对党的支持，是对党的领导的支持，这是问题的根本所在，命脉所在。这有以下理由。

一是最需要人大支持的是党，因为党领导人民制定了宪法和法律，如果“一府两院”不认真执行，又没有人大的监督，党的主张和党的领导就落空了。

二是人大的监督工作是在党的领导下进行的，是贯彻落实党委的决策部署。按照十九大的精神，人大要在党的领导下担负起宪法法律赋予的重要职责，如果它不认真监督，党的领导就会落空。

三是人大监督“一府两院”认真执行宪法和法律，而宪法和法律体现的正是党的主张，因此监督“一府两院”认真执行宪法和法律，从根本上说是在认真执行党的主张，是对党的最有力的支持。

四是只有把人大的监督从根本上看成是对党的领导的支持，人大的监督才真正会有权威，“一府两院”也才会提高政治站位，自觉接受人大监督，把接受人大监督视为接受党的领导的重要和具体的体现。

五是政府的首长都是由同级党委副书记接任，“两院”的工作也要接受同级党委及其政法委的领导，如果人大的监督不能被视为对党的领导的支持，就容易产生一种错误的认识，认为人大监督党委提名的“一府两院”组成人员，就是在与党委作对，是在拆党委的台，这样，一些党委负责人就会消极对待，不支持甚至阻碍人大的监督。

六是在一党领导下，不存在轮流执政，人大不是在野党，它的监督工作不是与党的领导作对，相反党领导人民制定的宪法和法律，执行得越好，党的领导执政地位就越巩固，所以，人大的监督越有力度、越到位，越是有利于巩固党的领导和执政地位。这样看来，我们越是强调党的集中统一领导，人大越是要依照十九大的精神，担负起宪法和法律赋予的监督职责，从一个重要的侧面加强监督，才能保证党的领导的实现。

对于人大的监督，周恩来总理1956年在上海市第一次党代会上讲话时，说我们人大对政府的监督是允许唱“对台戏”的，但我们唱的是社会主义的“对台戏”。后来彭真同志说，人大监督，“方针不是唱‘对台戏’，但也不是等因奉此、不问是非的‘橡皮图章’。方针是实事求是，以人民利益为根据，以宪法、法律为准绳，是就是，非就非。对的，就支持；错的，就否定，就纠正”。现在的形势是，党的领导是中国特色社会主义最本质的特征，必须坚持和加强党对一切工作的领导，党中央是大脑和中枢，具有一锤定音、定于一尊的权威。在这个背景之下，人大和“一府两院”的关系，从法律程序来看，后者是由人大产生，但是真正的领导决定力量还是党中央和各级党委，所以人大与“一府两院”的关系，既不类似于前面所说的父母与子女的关系，也不同于西方的“三权分立”关系，人大与“一府两院”都是在党中央和各级党委的统一领导下，从不同的侧面履行宪法和法律赋予的职责。在履职中，人大的监督虽然方针不是唱“对台戏”，但是，从工作方法上看，可以有对抗性、制衡性的特点，可以用周总理当年的形象说法，叫社会主义的“对台戏”。

总体上看，只有把人大的监督上升到是对党的领导的支持这样的高度，人大的监督工作才能有效开展起来，才会有声有色，党的领导执政地位才会得到巩固和加强。

在科学认识监督与支持的关系后，还可以再进一步研究和改进人大监督的方式以及不少相关因素。这里有不少问题，举几个例子。先说述职评议和工作评议。原来人大在实践中创造了述职评议的监督方法，后来监督法把述职评议改为工作评议，意在强调评议工作，尽量避免评议人。述职评议和工作评议有什么区别？可以再研究。工作都是人做的，人也是人大任命的，评议工作当然要涉及人，两个评议方式似乎不应当有根本性的区别。但人大对于法院、检察院的监督，恐怕主要应当侧重于对人的监督，尽量不去管具体案件，比如只要发现法官、检察官与当事人在一起吃喝娱乐，即可以撤销其职务。这是与对政府的监督的重要区别。人大对政府的监督，既要监督事，也要监督人，但法院、检察院工作具有特殊的专业性，人大应当以监督人为主，尽量避免介入案件。

现在，设立了监察委员会，但人大对监察委员会的监督，是一个大的问题。按照监察法的规定以及有关部门对这部法律的释义，人大不能一概地对监察委员会进行监督，因为同级党委的领导和监督是第一位的。但是，监察委员会能不能监督人大？这是个重大问题。按照监察法的规定，它实际是有这个空间的。比如，由于人大及其常委会的组成人员都是公职人员，监察委员会的监察工作首先要讲政治，所以，监察委员对人大的监督是有很大拓展和想象空间的。比如，在特定情形下，监察委员会可以对人大的投票表决进行监督，可以要求人大及其常委会组成人员按照什么样的结果进行表决。这个空间是有的，当然也会出现值得研究的问题。

3.11 改变人大工作重点，将法律监督摆到突出位置

宪法能否得到有效实施，关键在于法律能否得到有效实施。采取各种措施加强对法律实施的监督，特别是转变权力机关的工作重点，加强各级权力机关对法律实施的经常性监督，是保证宪法实施的关键性措施。

回顾新时期民主法治建设近四十年的历程，可以发现，我国法律的制

定、法律的实施以及对法律实施的监督，经过了一个不平衡的发展过程。1978年，党的十一届三中全会提出，从现在起，应当把立法工作摆到全国人大及其常委会的重要议程上来。这个提法旨在解决“有法可依”的问题。此后相当长一段时间，立法工作实际成为国家法治建设的重点。但人们很快注意到，法律虽然制定了，在实施中却遇到不少问题，有法不依、执法不严、违法不究的现象比较严重。为解决这一问题，全国人大常委会决定加强对法律实施情况的监督，并对执法检查问题作出了专门的决定，但监督效果不够理想。经过十多年的立法工作后，在七届全国人大期间，全国人大常委会进一步提出，要把监督工作放在同立法工作同等重要的位置，加强人大及其常委会对“一府两院”法律实施情况的监督，但迄今为止，特别是制定监督法并实施了十来年，效果仍然不够理想。造成这种情况的原因比较复杂，但人大及其常委会对法律实施的监督形式不够丰富，监督工作没有经常化、具体化，没有将法律实施的情况与“一府两院”负责人的责任结合起来监督，是很重要的原因。

为保障法律的有效实施，全国人大及其常委会可以率先转变工作重点，在不影响立法工作的情况下，将监督工作作为当前和今后相当长一段时间的重点任务，并将法律实施的监督作为监督工作的重中之重。全国人大及其常委会将监督法律实施的工作经常化、具体化，特别是要将法律实施情况与“一府两院”组成人员的具体责任联系起来，并把监督法中的一些刚性监督措施运用起来。与此同时，地方人大及其常委会也应当相应地转变工作重点，将主要精力用来监督“一府两院”对法律的遵守和执行情况。只有权力机关的监督真正到位，“一府两院”对法律的实施才会有力度，宪法的有效实施才会有保障。

3.12　改变党政领导人、负责人工作方式，突出宪法法律重要性

这是应当引起足够重视的问题。

建议党中央、国务院针对性规定一项制度：各级党组织、人民政府，特别是党组织和人民政府的领导人、负责人，应当紧紧围绕宪法和法律而不是

离开宪法和法律，开展日常工作，特别是开展那些重要的日常工作。

长期以来，社会上有一种错觉，即执行法律的机关只有审判机关、检察机关以及基层的行政执法部门，党的组织及其领导人、负责人，各级人民政府及其领导人、负责人，乃至层级较高的政府部门及其领导人、负责人，所开展的工作多半与宪法和法律无关。造成这种错觉的重要原因是，这些党的组织和行政机关及其领导人、负责人，在发表讲话、做出批示、制定政策、规定措施，以及视察、调研等日常工作中，要么游离于宪法和法律的规定之外，要么即使是执行宪法和法律的行为，通常也不表明其所行使职权的宪法和法律依据，不说明其执行的是何种法律的规定。实践中，一些党组织的负责人除了在党的代表大会或者委员会会议等特定场合和宪法纪念日等特定时间，强调一下党要在宪法和法律的范围内活动，党要依法执政、依宪执政外，在其他的日常工作中对于宪法和法律可能经年只字不提；一些行政机关的负责人，除了在获得权力机关任命时向权力机关组成人员表态要严格执行宪法和法律或者进行一下宪法宣誓外，在其他的日常工作中对于宪法和法律几乎也是经年只字不提。

由于党的组织、行政机关及其领导人、负责人的活动通常占据了各类媒体报道的主要部分和关键部分，他们的活动如果不体现宪法和法律的内容，长此以往，就很容易给社会造成一种错觉，即宪法和法律没有发挥作用，党的组织、行政机关及其领导人、负责人的日常工作完全是宪法和法律之外自我创造的工作，更由于各级地方党的组织和人民政府的负责人动辄发表讲话，并通过媒体报道，强调和宣传他们的讲话，特别容易造成言大于法、权大于法甚至以言代法、以权压法的不良倾向。党的组织、行政机关及其领导人、负责人日常工作中忽视宪法和法律的这些情况，直接影响了宪法的有效实施，是值得高度重视的问题。

改变党组织和行政机关特别是它们的领导人、负责人的工作方式，突出地表明他们的日常工作是执行宪法和法律的行为，对于树立宪法权威，保障宪法的有效实施，十分关键。这有两方面的重要内容。

一方面，各级党的组织及其领导人、负责人在日常工作中要始终表明和强调其在依宪执政、依法执政。他们主要和核心的任务，就是在宪法和法律的范围内开展工作，依照宪法和法律的规定行使公权力。在没有宪法和法律或者宪法和法律不健全的情况下，党可以通过制定路线、方针、政策来开展各项工作，在以宪法为核心的国家法律体系已经形成的情况下，全党的主要任务和核心工作，就是不折不扣地带头遵守、执行宪法和法律，并领导和推动各级国家政权机关以及全体公民遵守、执行宪法和法律，而不是在宪法和法律之外开展工作。因为在党的主张已经由权力机关通过法定程序上升为国家的宪法和法律后，党接下来的工作就是通过不懈努力，使自己上升为国家意志的主张贯彻实施于丰富的社会实践中。为保证宪法法律得到严格的贯彻实施，特别是为了向全社会示范贯彻实施宪法法律的重要性，各级党组织的领导人、负责人，应当以身作则、率先垂范，向全社会表明自己开展的主要和核心的工作就是认真实施宪法法律和领导实施宪法法律。为此，党的组织及其领导人、负责人在日常工作中应当努力做到以下几方面：一是要不断地向各级政权机关和全社会强调实施宪法和法律的重要性；二是主要和经常性地围绕贯彻实施宪法和法律去开展各项工作；三是在开展工作时要明确该项工作的宪法和法律依据或者贯彻宪法和法律中的某个具体规定。

有人可能会提出，党的组织及其领导人、负责人从事的是党务活动，制定的是党的路线、方针和政策，因此，其日常工作完全可以离开宪法和法律。党的各级组织依照党章的规定开展各项工作，是理所当然的，但这些工作应当在党的组织内部进行，不适宜不加分析地向全社会公开宣传，更不应当因此而冲淡认真实施宪法和法律的主题。事实上，在我们国家，制定党的路线、方针、政策，主要应当是党中央及其领导人的任务，地方各级党的组织及其负责人的主要任务仍然是领导实施宪法法律，即使他们要开展党务活动，这种活动也不适宜过多通过新闻媒体向社会公开宣传。党的路线、方针、政策的调研、酝酿、草拟过程，总体上说不必以新闻的形式向社会公开宣传，在成熟的时候由党中央或者其领导人或者党的全国性代表大会向全社会公开就可以了。这样，全党就可以向社会表明，其日常工作特别是其最为重视的工作，就是实施宪法和法律，这对保证宪法实施，促进依法治国事业具有重要意义。

另一方面，行政机关及其领导人、负责人应当改变工作方式，采取措施，表明其进行的工作主要是在执行宪法法律。长期以来，媒体报道给公众的普遍性印象是，各级行政机关及其领导人、负责人，特别是较高层级的行政机关及其领导人、负责人开展工作的主要方式，就是召开会议、发表讲话、制定政策、作出批示、调研视察、出场会见等，而这些工作基本与法律没有什么直接关系。这种情况极易给公众造成一种错觉，即行政机关及其领导人、负责人没有执行法律，而是在法律之外开展工作。实际上，不少行政机关及其领导人、负责人的日常工作也的确是偏离了法律的轨道。这些情况直接影响了宪法法律的实施。为此，我们建议，各级行政机关及其领导人、负责人应当大幅度地减少日常工作中与实施宪法法律无关的内容。如果要开展与宪法法律无关的工作，除非特别重要的事项，一般就不应当通过媒体予以报道。而媒体应当突出报道的是，行政机关及其领导人、负责人日常行使职权的宪法法律依据以及其所处理的具体事项是执行宪法法律的何种具体规定。长此以往，各级行政机关及全社会认真实施宪法法律，必将蔚成风气。

3.13 有条件地开展宪法解释，适时建立宪法解释制度

要有效实施宪法，就离不开对宪法的解释。宪法规定了全国人大常委会行使解释宪法的职权，实践中，也不乏需要解释宪法的情形。但几十年来，全国人大常委会尚没有像进行法律解释一样，针对宪法的某一内容进行专门的解释。这有很多复杂的原因，但根本原因还是宪法解释可能会遇到一系列复杂棘手的问题。

理论中，学者们一直呼吁建立宪法解释制度，完善宪法解释程序。开展宪法解释，是先对宪法解释程序进行专门的立法，还是探索性地、有条件地先进行一些宪法解释，在积累了一些宪法解释经验之后再开展立法，建立宪法解释制度？这是一个需要研究的重要问题。

笔者觉得，设计宪法解释制度本身并不难，难的是要考虑宪法解释的条件、宪法解释的内容、提起宪法解释的主体，以及宪法解释应当遵循的原则。设计宪法解释程序时必须考虑这些因素。

比如，是不是只有出现重大的政治危机或者社会纷争时，全国人大常委会才能进行宪法解释？总体上看，宪法解释应当少一些，尽量先通过法律解释解决问题，能够通过法律解释解决问题的就不必进行宪法解释。

比如，宪法中的哪些内容可以进行解释？宪法序言中的内容能否解释，如何解释？类似人民民主专政的国家性质、四项基本原则、国家的根本任务和基本制度以及序言中的一系列方针政策性规定，能否解释，又如何解释？宪法总纲以及其他具体条款的内容是不是均可以解释？

比如，宪法解释与宪法修改是什么关系？从现在至今后相当长的时间内，我们都将处于全面深化改革的历史时期，而全面深化改革的不少措施方法，可能与宪法的规定产生不甚一致，所以，修改宪法的诉求可能会比较多。在这样的历史背景下，可否将宪法的已有规定作为改革必须遵循的底线，同时，扩大宪法的适应性和包容性，将改革中遇到的不少问题用宪法解释的方式予以解决，从而避免频繁修改宪法的现象？

比如，谁才能提起宪法解释？普通公民或者国家机关以及其他社会组织在提起宪法解释时有没有区别？特别值得注意的是，民主党派、政治协商会议的部分组成人员能不能提起宪法解释？因为一旦他们提起了宪法解释，就具有了很强的政治意义，极易引起全社会的关注。

比如，宪法解释应当遵循什么原则？西方国家的宪法解释历史较长，也积累了符合本国的经验，是否可以一概地把它们的经验拿来？我国的宪法解释尚没有足够经验，总体上看，应当遵循立宪原意，把握政治情形，同时考虑社会发展变迁对宪法造成的影响。

宪法解释是一件大事，实际与宪法监督密切关联，很大程度上就是一种宪法监督，要一下子全面开展宪法解释或者针对宪法解释进行全面的制度性立法，可能会面临一系列实质性的问题和困境。这方面，有两种方案。

一个方案是，先制定专门的宪法解释法或者宪法解释程序法，一次性解决宪法解释的所有问题，把这项工作全面推开。但这可能有很大难度，会碰到一系列敏感复杂的实际问题，因为在立法时问题就会被提出来，无法解决就立不了法。

另一个方案是，先不急于制定专门的宪法解释法或者宪法解释程序法，而是有条件地、针对性地、探索性地针对一些个案，由全国人大常委会作出宪法解释。在积累了一些经验，有了足够解决问题的条件后再专门进行立法。我们倾向于采取第二方案。这样，可以从实际情况出发，由易到难，先由全国人大常委会选择性地开展一些宪法解释，把问题提出来，工作开展起来，在条件成熟时再建立相对完善的制度，对促进宪法的实施可能会更好一些。

3.14 设置跨行政区划法院检察院，需十分慎重

随着司法改革的不断推进，设置跨行政区划法院检察院问题，已被提上议事日程。修改宪法之前，有的观点提出，是否要修改宪法设置这类法院检察院。宪法没有作相应修改。宪法修改之后，如何通过制定和修改相关法律，来设置这类法院检察院，以及这类机关与人民代表大会制度的关系，又受到关注讨论。笔者觉得，是否有必要以及如何设置跨行政区划法院检察院，是涉及我国宪法体制的大事，是有必要认真研究，十分慎重。

3.14.1 跨行政区划法院检察院的说法是否科学，值得研究

现在，有一个新说法，叫跨行政区划的人民法院和人民检察院。但仔细捉摸下来，这个说法是不是准确，就值得研究。按照宪法和法院组织法、检察院组织法、地方组织法以及几个诉讼法等法律的规定，我国的各级法院和检察院本身就是跨行政区划设立的，县区一级的法院检察院是跨乡镇一级行政区划设立的，地市一级的中级法院和检察院是跨县区一级行政区划设立的，省一级高级法院和检察院是跨地市一级行政区划设立的，最高法院和最高检察院是跨省一级行政区划设立的，是全国最大的跨行政区划法院和检察院。也就是说，现有各级法院检察院本身就是跨行政区划设立的，是宪法法律规定的名副其实的跨行政区划法院检察院，为什么还要提出一个跨行政区划法院检察院的新说法呢？建议有关方面对这个说法是否准确，是否符合宪法法律的规定，加以研究。

党的十八届三中全会提出，“探索设立与行政区划适当分离的司法管辖制度”。与行政区划适当分离的司法管辖制度，同跨行政区划设法院检察院还不是一回事，因为不设置打破原有行政区划的跨区划法院检察院，司法管辖与行政区划也可以适当分离。但十八届四中全会决定提出，“探索设立跨行政区划的人民法院和人民检察院，办理跨地区案件”，这就明确提出一个跨行政区划的法院检察院问题。当然，四中全会提出的跨行政区划法院检察

院，与前面所述宪法法律中的已经跨行政区划设立的各级法院检察院还不是一回事，但如果不对四中全会的这个说法做清晰界定，特别是将这个说法与现有各级法院检察院的行政区划特点加以区分的话，在理论实践中就可能出现一些意见分歧，甚至可能引起对跨行政区划理解方面的混乱，建议有关方面对这个问题加以研究。

与跨行政区划法院检察院相连，还有一个说法，叫跨行政区划案件。最高法院在第四个五年改革纲要中就提出了一类案件，叫“跨行政区划的案件”。什么叫跨行政区划的案件？按照现有的司法管辖制度，很多案件从发生的那一刻起，依据宪法关于行政区划的规定和几大诉讼法关于审判管辖的规定，就已经是跨行政区划的案件了，那么，最高法院在这个改革纲要中所说的跨行政区划的案件，与宪法法律已有规定中的跨行政区划的案件有什么区别呢？有无必要在原有跨行政区划案件之外，再提出一种新的跨行政区划案件的说法？

3.14.2　建议对是否必须设跨区划法院检察院，加以研究

现在，有关方面对跨行政区划设法院检察院十分重视，并在积极论证和推进，最高法院设立了好几个巡回法庭，一些地方也已探索设立了跨行政区划性质的法院。比如，有的地方就将原来的铁路运输法院加以改造，设立了新的法院，也即跨行政区划的法院。

但注意分析有关权威文件的表述可以发现，是不是必须设立跨行政区划的法院检察院，明显是有讨论余地的。比如，上述十八届三中全会、四中全会对是否要设这类特殊法院检察院，所用的表述是“探索设立”，而中央深改组第七次会议所用的也是“探索设立”，最高法院在第四个五年改革纲要中对跨行政区划法院使用的也还是“探索设立”四个字。以上这些表述是不是可以说明，从党中央到中央深改组，再到最高法院，对是否必须设立一种新型的跨行政区划法院检察院，都是十分慎重的，没有十足的把握，没有把话说满说定，而是把着眼点放在“探索”二字上。也就是说，在探索中发现问题，也可以停止改革实践，不设这类法院检察院。建议有关方面准确理解文件的表述及其精神，在探索实践和论证过程中，一旦发现设立这类法院检察院存在不少问题和障碍，就及时停止，并向中央报告。

3.14.3 建议对跨区划设法院检察院能解决什么问题，加以研究

现在，有关方面提出要设立跨行政区划法院检察院，主要理由就是，要在诉讼比如行政诉讼程序中，排除地方因素的干扰。换句话说，就是要通过设立这类法院检察院，在司法活动中去地方化。但这个理由无论在理论还是实践中，似乎都受到不少怀疑。长期以来，导致司法不公的根本性原因，究竟是法院的地方化还是其内部的行政化，或者还有其他的重要原因，似乎没有研究回答清楚。建议有关方面对影响法院审理案件公正性的各种因素进行分类实证研究，最好拿出全面、具体的数据说话，找出最关键的原因，以便在改革的设计中对症下药。设法院检察院是涉及国家政权体制变化的一件大事，不能说有地方因素干预案件审理，就得出法院审理中的地方化结论，进而要求跨原来的行政区划再设法院检察院。

实际上，随着网络信息时代的来临，加上交通日趋发达，干预案件公正审理的因素恐怕日趋复杂化了，利用行政区划设置法院检察院，来排除案件审理中的地方干扰，已经是传统办法，其作用恐怕越来越有限。举个例子：我们即使在海南的三沙和新疆的阿勒泰之间、在西藏的阿里和黑龙江的漠河之间，设一个跨行政区划法院，也未必能避免干扰，因为几千里之外的一个短信或微信就能介入案件审理了。所以，在信息和社会关系十分发达的时代，设什么样的跨行政区划法院检察院，作用恐怕都有限。

现在，司法监督制度在不断加强完善，排除案件干扰、保证司法公正的各类法律制度以及党纪政纪都有了。而且，监察法已经制定，各地都设立了监察委员会，这个机构对保证各级法院公正司法十分关键，仅把监察权充分行使起来，干预案件审理的地方因素恐怕就能基本消除。所以，能够把现有制度用好用足解决问题，就不宜再跨行政区划设法院检察院。

3.14.4 跨区划设法院检察院的理论基础是什么，需要慎重研究

跨行政区划设法院检察院，需要做基础性的理论阐述，说出道理来。这里面我们当然可以说出不少的理由。其中，有两个恐怕是基础性的：一是为了维护司法公正，需要跨行政区划设法院检察院；二是司法职权的特殊性质，需要我们设立这样的法院检察院。但这两个理由能不能站得住，是不是

很充分，恐怕是有很大讨论余地的。

笔者认为，为了维护司法公正，就跨区划设法院检察院，实际是在为司法不公找外因，把司法不公归于外在因素的影响。外因当然不可否认，但按照马克思主义哲学的基本原理，内因才是事物发展的决定性因素，这个原理大概也适用于司法不公。具体到一个案件的审理，导致司法不公的外因，恐怕也只有通过内因才能起作用。这样，要不要跨区划设法院，包括整体性的司法改革，有一个十分重要的认识基点，就是要从内因还是外因出发来研究和解决问题。如何认识内因和外因的关系，很关键。建议有关方面从马克思主义哲学的基本原理出发，在对导致司法不公的内外因进行深入研究的基础上，再看看要不要跨区划设法院检察院。

为什么要跨行政区划设法院检察院？恐怕还有一个十分重要的认识基础，就是认为司法职权在性质上属于中央事权。以这个理论为基础，就会认为，即使宪法确立了以行政区划为基础的地方治理结构，但由于法院检察院不属于地方的法院检察院，为了排除地方的干扰，就可以打破以行政区划为基础设立地方政权机关的宪法体制，在地方政权体制之外再跨行政区划设法院检察院；跨一级区划，司法职权的层级就高一层，越跨越高，最后跨到最高法院最高检察院，由最高法院最高检察院说了算。需要注意的是，这种口子一开，跨区划，就具有很大的灵活性、可变性，处理得不好，甚至难免会产生随意性，因为反正司法职权属于中央事权，地方无权干预，所以，怎么跨区划，跨哪里的区划，跨哪一层级的区划，基本都可以由法院检察院自己决定解决，或者由它们提出动议，某一级人大及其常委会作出一个决定就行了，而这个人大及其常委会与法院检察院就不必是一个行政区划的。

现在最高法院在东西南北中设立了五六个巡回法庭，从理论基础上看，恐怕就是认为司法职权属于中央事权，因而最高法院可以在几个省级行政区划之间设跨区划的巡回法庭，行使中央性质的审判权。所以，有的观点就提出，中国现在实际有六七个最高法院。可以肯定地说，如果从司法职权在性质上属于中央事权这个理论出发，在全国范围内，法院检察院是完全可以不遵循宪法法律关于以行政区划为基础设置政权机关的规定，想怎么设就怎么设，想怎么跨就怎么跨，都是有很大空间和灵活性的。这可是一件值得注意的大事。

与跨区划设法院检察院相联系，司法改革中还有一个重大问题，就是以司法职权属于中央事权为理论基础，地方法院检察院正在设立法官检察官遴选委员会，推进人事权统一管理。这实际是超越行政区划的制约，把人事权逐步上收。有一种设想，认为现在条件不成熟，将来条件成熟了，全国的法官检察官都应当由中央来任免，因为司法职权属于中央事权。而且，在法院检察院组织法等法律的修改中，有关法官检察的遴选制度，都已基本确定要写进法律中，前述跨行政区划设法院检察院的设想，也已成为修改法律时的一种考虑。

在我国，司法职权特别是审判权的性质究竟是什么？

这实在是一个牵一发而动全身的特别重大的问题。前几年，《人民日报》发表评论员文章，强调司法职权属于中央事权。提出这一观点十分重要。但对于这个重大理论问题，笔者认为，可以也应当进一步论证和加以丰富，并写了一篇《地方法院检察院人事权统一管理中的两个重大问题》[法治研究，2014 (8)] 加以阐述。

从我国的宪法体制看，司法职权的中央性，最根本的恐怕应当有三条：一是有关司法职权的事项，属于中央即全国人大及其常委会的专属立法权。二是各级法院检察院必须“依照法律规定”独立行使职权。这个“法律”是党中央和全国人民意志的集中体现，法院检察院执行法律，就是执行党中央和全国人民的意志。这是具体案件处理中司法职权中央性的根本特点。三是涉及全国性的重大案件，由最高法院、最高检察院乃至全国人大及其常委会来解决，这也是个案处理中司法职权的中央性特点之一。

但是，从其他方面看，能否将司法职权的性质归为中央事权？这里面有很多问题恐怕应当引起足够重视和认真讨论。比如，各地法官检察官执行的是全国人大及其常委会这个中央机关制定的法律，是不是意味着他们就必须由全国人大及其常委会任免？是不是在全国人大及其常委会任命全部法官检察官条件不成熟的情况下，就可以由省一级有关部门遴选任命？地方人大及其常委会任命的法官检察官就不能保证执行中央的意志吗？比如，宪法没有把地方法院和检察院放到地方政权机关这一节中规定，但能否就此得出结论，说法院检察院就不是地方的政权机关，而是中央的审判检察机关？比如，全国绝大多数的案件都发生在地方，也是由地方各级法院检察院处理的，但一个基层法院法官处理一个案件时，能不能说他是在行使中央事权？再比如，一个行政区划内人民代表大会产生的人民法院，大量适用该级人大及其常委会制定的地方性法规和同级政府制定的规章，解决本行政区域内的各类纠纷，所行使的是明明确确、实实在在的地方事权，又如何再说它们也是在行使中央事权？等等。

这里想说的是，司法职权的性质是特别重大的理论问题，也是重大政治和宪法法律问题，把这个问题认识清楚了，对于要不要跨区划设法院检察院至关重要。已有的资料表明，无论是孟德斯鸠这样的资产阶级法学家，还是马克思主义的经典作家（比如恩格斯），似乎都明确提出：司法职权形成的历史与理论，并不支持它的中央性，相反，民间性和社会性倒是它的重要特点。根据胡玉鸿教授的考证，恩格斯更是明确提出，“司法权是国民的所有物”，不应当同中央发生关系，而应当属于人民，属于陪审法庭。①

对司法职权本质上是否属于中央事权的认识，是决定司法改革走向乃至我国宪法体制和人民代表大会制度成败得失的特别重大问题，建议有关方面对这个问题予以特别再特别的重视，在已有重大认识成果的基础上，进一步组织力量，开拓研究，丰富充实司法职权属于中央事权的理论成果，全面揭示中国特色司法职权的性质特征，为要不要跨区划设法院检察院以及司法改革中的很多重大措施奠定坚实的理论基础。

这里还想提出的是，按照现行体制，我国法院上下级是法律监督关系，没有领导关系，但如果以司法职权属于中央事权为理论基础进行包括设置跨行政区划法院之类的司法改革，实行人财物统一管理，那么，法院的上下级关系最终就很可能变成实实在在的领导关系。而检察院上下级本就是领导关系，要知道，法院检察院是国家十分重要的暴力机器，如果这两个机关的人财物（当然包括暴力机器方面的装备与组织力量）都独立地由中央一级统管，并封闭运行，长此以往，可是一件不得了的大事，建议有关方面着眼长远，在司法改革过程中对此问题予以高度关注。

① 胡玉鸿．马克思、恩格斯论司法独立．法学研究，2002（1）．

3.14.5 建议对跨区划设法院检察院与人民代表大会制度的关系，慎重研究

这个问题实际已经引起一些专家学者和实际部门的重视。

按照宪法的规定，现行国家治理模式的一个基本特点，就是以行政区划为基础，在不同的行政区划内，由人民选出人民代表大会，再由人民代表大会产生“一府两院”，加上刚刚设立的监察委员会，在中央还有国家主席和中央军事委员会。在这个组织体制下，法院检察院的产生，都必须以行政区划为单位和基础，以本行政区域的人民代表大会为源头。

一个区域的人民代表大会产生法院检察院，就是让两机关来处理本行政区域的各类纠纷，行使本行政区域的地方事权，实现本行政区域人民当家作主权利的。

在我国，行政区划是保证人民当家作主的基本单元、基本结构和基本依托，离开了行政区划，人民代表大会就不好成立，就不能保证人民在本行政区域内行使当家作主权利。通过行政区划来组织政权机关，也是保证中央集中统一领导和发挥地方主动性、积极性的有效治理模式，这已被新中国成立以来几十年的实践证明是正确的。相反，不以行政区划为基础和依托，组织国家政权机关，上级就很难管理下级，中央就很难管理地方。

那么，为解决本行政区域不能解决的问题，政权机关能不能脱离行政区划而设立？这方面，宪法的基本精神是，通过纵向跨区划的方式解决问题。比如，一个案件在县级行政区域内解决不了，不能保证司法公正，就由管辖县级行政区域的地市一级法院检察院处理，如果在地市一级还处理不了，就由管辖地市的省一级法院检察院处理，这个上级法院检察院本身就是跨下级区划的法院检察院。不仅法院检察院是这样，各级人大政府包括党委的组织管辖，实际也是这样一个体制。只有实行这样的纵向跨区划体制，才能保证中央有条不紊地实行对全国的统一领导，否则就会乱套的。

当然，纵向跨区划管理中也不可避免地会出现一些问题。但为了解决这一情形下的问题，可以有多种具体方式。比如，几大诉讼程序法都对案件管辖作出特殊规定，就是有效的方式。但如果为解决纵向跨区划管理中可能出现的问题而横向设置国家政权机关，就应当十分谨慎了。因为这会出现很多

复杂的问题。其中，很重要的一条，就是难以处理好与人民代表大会制度的关系。比如，为了避免上海市松江区和浙江省嘉兴市的地方干扰，就在松江和嘉兴之间设立一个跨行政区划的法院检察院，有人就会提出，是不是要在松江区和嘉兴市之间成立一个人大及其常委会？不然谁能管得了这个法院检察院？

还有一个问题：上一级人民代表大会能否离开本行政区划，在下一级行政区划内横向设立法院检察院？比如，河北省的人民代表大会能否决定在该省的两个以上县或者两个以上设区的市之间，决定设立跨区划的法院检察院？这个问题我们缺乏应有研究。

但从人民代表大会制度的基本含义出发，在产生国家政权机关这方面，河北省的人大是河北省这个行政区划内的权力机关，它是代表河北省全体人民行使权力的，因而它所产生的应当是河北省一级的政权机关，如果它再在省以下的县市之间动辄设立法院检察院这样的政权机关，显然就干预了这些县市的权力机关代表本区域人民行使权力了。也正是因为这个道理，即使全国人大及其常委会，对于一个省级行政区划内的事项，也不能随便干预。

宪法和地方组织法都规定，地方各级人民代表大会负有保证宪法法律在本行政区域内遵守和执行的职责，但是，如果一个行政区划内有一个不由本行政区域人民代表大会产生的跨区划法院检察院，这个法院检察院处理的又是该行政区划内的案件，那么，该行政区划的人民代表大会实际就管不住本区域内的法院检察院这两个重要国家机关了，以行政区划为基础的人民当家作主就出现了很大空隙，这不仅有违宪之嫌，也会出现很多难以预料的问题。

为探索设立跨行政区划法院，最高法院在全国设立了好几个巡回法庭，但这个巡回法庭却不是传统意义上的流动的法庭，而是固定某地的最高法院的派出机构，是实际意义上的跨行政区划法院，分片管辖审理几个省级行政区划内的案件，其判决就是最高法院的判决。这就向人民代表大会制度提出了不少问题。

第一，这种实质上跨几个省级行政区划的法院（巡回法庭），却既不是由几个省级人大及其常委会联合产生的，也不是由全国人大及其常委会产生的，而是由最高法院派出的，那么，在人民代表大会制度的体制下，最高法院用派出巡回法庭的名义方式，产生跨行政区划的法院，也即由一个法院产生另一个法院，是否合适？

第二，巡回法庭这种跨行政区划的法院不由人大及其常委会产生，与其没有直接关系，但全国人大常委会任命它的庭长和副庭长，是否有越权之嫌？

第三，这个巡回法庭在说法上，属于最高法院的下属机构，但它与最高法院的分院有什么区别？与最高法院实际上的下级法院又有什么区别？如何解释它与最高法院之间关系的性质？如果再与检察院类比，这个巡回法庭与最高法院的关系，同最高检察院地方分院与最高检察院的关系在性质上又有什么区别？

第四，全国人大及其常委会是全国所有省级行政区划共同组织起来的全国人大及其常委会，只能产生和面对一个最高审判权，并将行使这个最高审判权的地点设在宪法规定的首都北京。而现在，最高法院设了六个固定的巡回法庭，加上它自己就有七个最高法院，行使七个最高审判权，这是否符合宪法规定和人民代表大会制度的基本精神？

第五，假如这种跨几个省级行政区划的法院不由最高法院派出设立，能由几个省的人大及其常委会共同设置吗？如果不能，而是由全国人大常委会设立，那么，全国人大常委会是不是有分解最高审判权或者干预某几个省级行政区划诉讼事务的嫌疑？

第六，最高法院设立巡回法庭，是不是在实质上行使了全国人大及其常委会关于诉讼制度和有关国家机关组织与职权的专属立法权？

以上只是提出一些问题，这里想说的是，如果跨区划设法院检察院，必然会对人民代表大会制度的治理模式提出很多疑问，甚至带来冲击，应当十分慎重。

3.14.6　不能将跨区划法院与专门法院等同起来

在设跨区划法院的研究中，有的观点觉得跨区划法院是一种专门人民法院。这是个值得研究的问题。笔者认为，不能将跨区划法院与专门法院等同起来。这有以下几个问题。

一是设专门法院针对的是案件本身的专门性。比如，设海事法院，是因为海事案件具有专业性、涉外性等特点；设知识产权法院，是因为知识产权案件具有很强的专业性；而设军事法院，是因为军事案件与军队因素有密切关系，有非常特殊的专门性。但是，跨区划法院所审理的案件是不是有特殊的专门性？这个专门性体现在什么地方？恐怕就不太好说。

有的观点说，跨区划法院受理的复杂疑难案件或者是行政案件。但是，复杂疑难案件中复杂疑难的特点，不是案件的专门性，因为任何类型的案件都可能有复杂疑难的因素。而如果把行政案件说成具有专门性，那么，这种跨区划法院不就成了行政法院吗？这可是涉及法院体制变革的重大问题了，恐怕不能随意设立。

二是设专门法院，目的是解决案件本身的专门问题，法院性质是由案件本身的因素决定，但跨区划法院目的是要排除案件以外因素的干扰，是因为外在因素要设立法院。如果因为地方因素干扰就要设跨区划法院，那么，干扰案件的除了地方因素之外，还有其他许多因素，是不是针对每一种干扰因素都可以设立一种特殊的法院？那样恐怕就乱套了。

三是专门法院对案件审理的结果并不预设怀疑，但设跨区划法院的前提，就是对司法结果预设怀疑，因为对在原区划处理的结果不信任才要求设跨区划法院。跨区划法院追求的是案件处理结果的公正，这个目标应当通过完善审级制度或者其他方式来实现，而不宜为了追求司法公正而专门设立一种法院。实际上，任何类型的法院都有一个审判不公的问题，除了最高法院的终审裁判被假设为公正之外，其他没有一个法院在设立之前就以审判结果的公正为前提的，怎么可以对审判结果预设怀疑而专门设置一种特殊的专门法院呢？如果能够确认跨区划法院可以排除地方因素而保证审理结果的公正，那么，这个跨区划的法院不就可以实行进一审终审，成为实际上的最高法院了吗？

3.14.7　建议对法院和检察院的跨区划问题做区别对待

现在，司法体制改革中有一种倾向，就是把法院和检察院总是连带捆绑在一起考虑，甚至让人有相互攀比进行改革的印象。比如，法院要搞人民陪审员制度，检察院就跟着建立人民监督员制度，实际上，法院实行陪审制度是必须的，但检察院是否要搞人民监督员？恐怕未必。

笔者认为，有无必要跨区划设法院，是大可讨论的，不设可能更好一些。但加强检察院的组织力量，健全其设置，倒有实际需要。这有几个主要原因。

一是在现在的政权体制中，检察院的组织和力量已经明显偏于弱小，特别是监察委员会设立后，检察院的不少职能被监察委员会拿走了。为保证国家政权机关的彼此平衡，特别是保证法院和检察院之间必要的平衡与制约，加强检察院的组织和职权，倒是十分必要的。

二是检察院上下级本身就是领导关系，在不设跨区划检察院的情况下，实际上可以在不同的行政区划之间由上级检察院建立必要的检察院分院。但法院上下级是法律监督关系，设过多的跨区划组织，处理不好，容易使法院上下级之间逐步演变成领导关系。如果法院上下级之间实际上变成一种领导关系，那么，审判公正恐怕就真的很危险了。现在搞的人事权统一管理有没有可能导致使法院上下级之间事实上变成领导关系，就值得高度重视。

三是为解决地方干预案件审理的问题，可以用带有跨区划性质的检察院分院来加强对法院审理的监督，也即案件审判不跨区划，但法律监督跨区划。

3.14.8 其他几个值得注意的问题

1. 建议考虑是否有利于坚持和加强党对政法机关的领导。东西南北中，党政军民学，党是领导一切的。政法机关是刀把子，更必须保证党的绝对和集中统一领导。现在，各级党委的设置是与行政区划以及行政区划中的政权机关相配套相一致的，以行政区划为单位设置党委，也有利于实现党对国家政权机关的领导。但是，打破行政区划，在横向的行政区划之间设置法院检察院，可能会给党对政法机关的领导带来诸多不便甚至困难。比如，在北京的大兴和河北的廊坊之间设立跨区划的法院检察院，由哪一级党委及其政法委来领导这两个机关？这个问题建议有关方面慎重研究。

2. 建议考虑精简机构这个重要的宪法原则。宪法规定，一切国家机关都要实行精简的原则。不久前，党中央专门作出了深化党和国家机构改革的决定，采取了许多重要措施，改革党和国家机构。改革党和国家机构的一个重要初衷，就是精简合并有关党政机关的职能。现在，研究探索跨区划设立法院检察院，也应当以精简机构为重要原则，并与中央深化党和国家机构的精神相一致，能不设就不设。

3. 建议谨慎设置法院检察院这类国家暴力机器。法院检察院是国家暴力机器的重要组成部分，任何一个国家，设立这样的暴力机器，在组织和职权上都应当坚持越少越好、越简单越好的基本原则。这类国家机关如果在层级和组织上设置得很复杂，彼此之间的职权关系也很复杂，在特定的历史条件下，如果处理不好，就有可能演变成影响执政党和国家安全的负面因素。具体到跨区划法院检察院的设置上，笔者认为，目前我国的法院检察院组织已经相当庞大，能不设就尽量不要再设了，不到万不得已的情况，就不设。这是应当引起足够重视的问题。

四

健全宪法监督制度之若干设想

在中国，确立什么样的宪法监督制度，是涉及国家政治体制命脉的大事，也是决定依法治国事业成败得失的大事。1982 年宪法对宪法监督制度虽然做了规定，但这个规定还是初步的、粗疏的，在实践中远未发挥应有作用。三十多年来，在法治建设的理论与实践中，大概没有什么命题比宪法监督更令人关注、更令人纠结、更让方方面面不遗余力地讨论和做制度设计的了。

党的十八大以来，如何进一步健全宪法监督制度，又受到了前所未有的关注。习近平总书记和党中央对解决这一问题更是给予特别重视，提出明确要求。2012 年，习近平总书记在纪念宪法公布施行 30 周年大会上讲话时提出，全国人大及其常委会和国家有关监督机关要“健全监督机制和程序，坚决纠正违宪违法行为。地方各级人大及其常委会要依法行使职权，保证宪法和法律在本行政区域内得到遵守和执行”①。2013 年，十八届三中会全会提出，要“进一步健全宪法实施监督机制和程序，把全面贯彻实施宪法提高到一个新水平”②。2014 年，十八届四中全会进一步提出，要“完善全国人大及其常委会宪法监督制度”③。

上述习近平总书记的讲话和十八届三中全会、四中全会的有关决定，是我们遵循宪法体制，从中国的实际出发，具体构想和设计宪法监督制度的重

① 习近平．在首都各界纪念现行宪法公布施行 30 周年大会上的讲话．人民日报，2012－12－04.

② 中共中央关于全面深化改革若干重大问题的决定．人民日报，2013－11－18.

③ 中共中央关于全面推进依法治国若干重大问题的决定．人民日报，2014－10－29.

要政治依据。

4.1 健全宪法监督制度需要考虑的重要因素

世界上没有整齐划一、放之四海的宪法监督制度。任何一个国家的宪法监督制度，总是植根于本国的土壤，取决于本国历史和现实的特殊背景。只有在本国成功了，才能为他国欣赏借鉴；只有本国的，才是世界的。健全我国的宪法监督制度，也不能背离这个规律，那就是，应当站在党和国家工作全局的高度，站在依法治国整体事业的高度，从总体上考虑人民代表大会制度的政治体制、党政关系以及其他因素与宪法监督的关系。

4.1.1 把党的领导作为制度建设的首要背景来考虑

三十多年来，有关健全我国宪法监督制度的论证设计可谓汗牛充栋，见仁见智。有的观点主张设立平行于全国人大常委会的宪法委员会或者宪法法院，专事宪法监督，有的主张由普通法院监督宪法实施，有的主张将宪法监督权绝对地掌握于全国人大及其常委会手中，等等，不一而足。从不同的角度或者侧面看，每一个制度设计的观点建议，都有其相对的合理性，也正因为此，一些持论者甚至对自己的观点表现出异乎寻常的坚韧和执著。但是，如果站在党和国家工作的全局，特别是站在依法治国整体事业的高度，就会发现，理论和实践中关于宪法监督制度的各种设想，很大程度上，很多时候，都有意无意地忽视了中国共产党的领导与宪法监督的关系，忽视了党的领导这个宪法监督的最大背景。离开了这个背景，孤立地站在某一国家机关的角度来进行制度设计，其可行性也就可想而知了。可以说，这么多年来，我们关于宪法监督的种种设想，未能取得成功，根本的原因就是对党的领导缺乏充分的考虑，甚至将党的领导与宪法监督人为地割裂开来了。

1982 年宪法没有将党的领导写入国家机构一章，在规定全国人大及其常委会监督宪法实施的同时，更没有将党的领导与宪法监督直接联系起来。1999 年的宪法修改，在将依法治国基本方略写入宪法时，也没有点明党的领导在依法治国中的地位与作用。所以，从宪法的明文规定中，很难直接看出党的领导与宪法监督的关系，更看不出全国人大及其常委会监督宪法实施需要接受党的领导的明确含义。相反，宪法第5条明确规定，各政党都必须遵守宪法，一切违反宪法的行为，必须予以追究。这倒很容易让人误以为，全国人大及其常委会监督宪法实施，是一项完全独立、自足的宪法职权，可以离开党的领导，甚至可以简单地、不加分析地直接监督党的违宪行为了。

但是，实践是对问题最好的回答。长期以来，从全国人大及其常委会到地方各级人大及其常委会，都是在党中央和地方各级党委的领导下开展工作的。不仅如此，现在，全国人大常委会党组还专门向中央政治局常委会汇报工作。中央政治局常委会会议认为，坚持党中央对全国人大常委会包括“一府两院”的集中统一领导，是一条根本的政治规矩，中央政治局常委会听取全国人大常委会党组汇报工作，是保证党中央集中统一领导的制度性安排。[①] 而实践中，全国人大常委会又是在全国人大常委会党组的直接领导下开展工作的。设想一下，在这一体制下，全国人大及其常委会开展宪法监督，能够离开党的领导吗？

宪法虽然没有点明党的领导在依法治国中的地位作用，但是，党的十五大报告关于依法治国含义的阐述，就明确提出，依法治国是在党的领导下的进行的。此后，党中央又提出，要实行党的领导、人民当家作主和依法治国的有机统一。这些论述，实际都表明，作为依法治国的核心内容之一，对宪法实施情况的监督，也必须在党的领导下进行。而党的十八届四中全会更是明确提出，党的领导“是社会主义法治最根本的保证”，要“把党的领导贯彻到依法治国全过程和各方面”[②]。这就十分清楚地表明，作为实行法治根本性手段的宪法监督，必须在党的领导下进行。

基于上述，我们在进行宪法监督制度的设计时，需要考虑的首要问题是，这个制度必须有利于贯彻和实现党的领导，保证宪法监督在党的领导下进行。离开了党的领导来讨论全国人大及其常委会的宪法监督制度，或者在国家机构的层面设计其他类型的宪法监督制度，都是孤立无助、寸步难行、没有前途的。这是健全中国宪法监督制度最大的政治背景，最大的政治实际，最大的政治原则，舍此无他。

但是，党在领导宪法监督的同时，自身又必须在宪法的范围内活动，必

① 新华社，2015-01-16.

② 中共中央关于全面推进依法治国若干重大问题的决定．人民日报，2014-10-29.

须接受宪法监督。党在宪法范围内活动，自觉接受宪法监督，不仅是宪法的明文规定，也是党章的明确要求。所以，健全宪法监督制度，又必须考虑如何对党，确切地说，是如何对党的组织和个人违反宪法的行为进行监督。如果宪法监督制度不能对党的组织和个人的违宪行为进行有效监督，那么，一些党的组织和个人就有凌驾于宪法之上的危险，这个制度就不可能全面发挥作用，宪法监督和依宪治国，就很难真正实施。

健全宪法监督制度，既要保证党对宪法监督的领导，使党的领导和执政地位不因为宪法监督而受到损害和动摇，又要保证党自身接受宪法的监督，使党在宪法的范围内活动，维护宪法权威，这是一件相当不易的事，又是我们无法回避，必须审慎研究应对的重大问题。十八届四中全会决定提出，"党的领导和社会主义法治是一致的"①。这是一句内涵相当丰富的表述。在健全宪法监督制度的具体设计中，这句话的基本精神体现就是，坚持党对宪法监督的领导，与对党自身实施有效的宪法监督，是一致的。因此，这个"一致性"，是我们设计制度的出发点和落脚点，要科学地、缜密地体现在宪法监督的基本原则、具体职权分配和程序设计中。制度设计的重点难点就在这里。

4.1.2　考虑人民代表大会制度的政治体制

我国的政治体制有两根主线，一是党与国家政权机关之间的关系，二是政权机关内部各国家机关之间的关系，而宪法监督制度与这两根主线都密切相关。设计这个制度，除了考虑党的领导这一因素外，还必须从国家政权机关本身的体制方面考虑。这个体制就是人民代表大会制度。几十年来，宪法监督制度之所以不能完善起来，很重要的一个原因就是，人民代表大会制度的政治体制没有得到应有重视。

人民代表大会制度的政治体制，一个根本性特点就是，有一个最高国家权力机关全国人民代表大会，和它的常设机关全国人大常委会。全国人大及其常委会集中掌握国家最高权力，居于其他国家机关之上，在国家机关体系中处于核心地位。所以，从国家机构的层面看，设计宪法监督制度的底线，

① 中共中央关于全面推进依法治国若干重大问题的决定，人民日报，2014-10-29.

就是要保证全国人大及其常委会在宪法监督中处于核心地位，具有“最后说了算”的权力。当然，真正“最后说了算”的，是全国人大。以往的各种观点建议，诸如类似设立独立的宪法委员会或者专门的宪法法院，甚至由普通法院进行宪法监督的设想，从根子上说，都是因为背离了人民代表大会制度的这个基本要求，说得严重一点，就是有将最高国家权力一分为二的倾向，所以，没有也不可能成形。宪法监督制度是人民代表大会制度中牵一发而动全身的制度，对这一制度的任何设想与设计，都必须符合而不得违背人民代表大会制度的政治体制，这是重要的国家政权机关体制背景。

4.1.3 考虑与宪法监督相关的几个基本范畴

1. 考虑违宪和违法的关系问题

什么是违宪？什么是违法？违宪和违法是什么关系？解决了这个基本认识问题，才可以设计具体的可操作的宪法监督制度。

广义上说，所有的违法行为，都可以归为违宪，但如果这样，对什么是违宪的认识，就会陷于泛泛而论，据此设计宪法监督制度后，宪法监督和法律监督就难以区分，宪法监督的机关就不堪重负，而真正严重的违宪行为可能会被忽视和疏于处理，其危害性得不到警惕。所以，对违宪行为还是做狭义的界定为好，可从三方面进行。

一是以是否直接执行宪法而定。直接执行宪法而无其他法律法规可依的，就可能违宪。凡是直接执行法律法规而违反该法律法规规定的，一律归为违法。

二是以能否通过普通的违法处理程序加以解决而定。宪法监督的程序与处理违法行为的程序有很大区别，应当把那些通过普通的违法处理程序仍然不能解决的违法行为，归为违宪，其他的皆视为违法。这样，可以大幅减少宪法监督的范围。

三是一些极端的违法行为应归为违宪。比如，湖南省、辽宁省的人大代表选举中出现大面积贿选，贿选行为违反了选举法，也违反了宪法，但由于涉及面广，性质极严重，影响极恶劣，构成了对宪法权威的挑战，所以，应当归为违宪。比如，一个县的党委和人大常委会违背宪法和地方组织法的规定，擅自在乡镇设立人大常委会，性质和后果十分严重，就属于违宪行为。

再比如，一个省高级法院违背宪法、立法法和法院组织法等法律的规定，擅自批准在开发区或者软件园之类的区域设立一级人民法院，既严重违反了立法法、地方组织法等法律，也违反了宪法，并造成恶劣后果，当然也可以通过违法处理的程序加以解决，但由于该行为具有了挑战宪法权威的严重影响，就应当视为违宪。将类似的违法行为上升到违宪的高度予以处理，有利于维护和捍卫宪法的权威尊严。

总体上看，对违宪行为做上述狭义的界定，既可以大幅缩小违宪行为的范围，又可以突出对一些挑战宪法权威的极端违法行为进行监督。

将违宪行为限于较小的范围后，对违宪行为本身是不是也可以做进一步的区分呢？比如，按照违宪主体层级的不同或者影响程度的不同，区分为特别严重的违宪、严重的违宪、一般的违宪，或者类似彭真在 20 世纪 80 年代提出的大违宪、中违宪、小违宪的种类。有了这样的分类，不同性质、不同程度的违宪行为就可以由不同层级和类别的宪法监督机关处理。

在上述基础上进一步设计宪法监督制度，目标就明确，针对性就强，不同的宪法监督机关就可以有不同的监督指向，整个宪法监督体制就可以有条不紊，疏而不漏。

2. 考虑谁可能成为违宪主体这个重大背景

制度是为谁设计的？制度的设计总是针对特定的人和特定的事，宪法监督制度尤其如此。

西方法治国家奉行分权制衡，其政党与国家机关的关系，国家机关彼此间的关系，都体现了这一原则，并由此形成各自的特点。总体上看，它们没有一个永久性的领导党和执政党，也实际上不存在一个最高的不可碰触的国家机关，所以，在设计宪法监督制度时，不必首先考虑谁可能成为违宪的主体。在这些国家，宪法监督机关在政治体制中的地位可能并非最显赫，但却能够以铁面无私的姿态处理一切违宪行为，谁违宪了都不是什么敏感问题，即使对总统、国会和总理的违宪行为进行监督，也不会引起多大的政治震荡。

但中国政治的传统和现实，与西方法治国家大不相同，中国共产党是领导党和执政党，国家机关体系中又有一个最高国家权力机关和它的常设机关，因而设计我们的宪法监督制度首先需要考虑的恐怕是，谁可能成为违宪的主体，制度必须针对违宪主体而定。比如，党的组织和领导人违宪了怎么监督？一些重要的国家机关及其领导人违宪了怎么监督？这就是设计制度必须考虑的问题。

考察几十年来理论和实践中关于宪法监督制度的讨论即可发现，我们对这个制度的各种设计基本是孤立的、抽象的，没有将制度与具体的违宪主体结合起来。是论者疏忽了违宪主体与宪法监督制度的关系，还是刻意回避了对这一关系的讨论呢？进一步考察还可以发现，在数以千计的宪法监督论著中，专门就违宪主体展开研究的也相当少见，而对中国各种可能的违宪主体具体列明并予以讨论的著述，则几近未有闻见。这是十分不正常的学术现象。

对违宪主体与宪法监督制度的关系以及违宪主体本身研究的匮乏，可能有多种原因，但很重要的一条恐怕是，一些观点觉得，违宪主体属于学术中的所谓禁区和敏感问题，不敢讨论。一碰到这些问题，有人就产生踩雷爆炸的恐惧，不敢想，也不去想，更不敢展开公开的研究讨论。

我们党领导制定了现行宪法，宪法又明确规定，任何政党、国家机关和个人都不得违反宪法，一切违反宪法的行为都必须予以追究。党章和三十多年来党内的一系列重要文件，特别是十八大以来的党内重大决定和习近平总书记的重要讲话，更是明确要求，各级党的组织和党员个人都必须在宪法和法律的范围内活动。这些情况都清楚表明，我们党自身都要求自己的一切组织和成员不得违宪，违反宪法的行为必须受到追究，那么，在违宪主体问题上，又有什么禁区，又有什么敏感问题不能讨论呢？

而设计宪法监督制度，就必须考虑谁可能成为违宪主体，在中国的国情下，特别需要考虑各级党的组织和领导人以及中央一级重要国家机关及其领导人成为违宪主体的情况，并对其他各种可能的违宪主体进行通盘考虑，在这个基础上形成的宪法监督制度，才是立足于中国实际的、有针对性的。总体上看，必须考虑以下违宪主体。

（1）全国人大及其常委会会不会违宪？在人民代表大会制度的体制下，全国人大既修改宪法又解释宪法，所以，一个重要的制度假设是，它不存在违宪问题。但是，不能排除全国人大常委会出现违宪的可能性。事实上，拿全国人大常委会制定的有些法律来说，如果认真研究，就不能排除违宪的嫌疑。全国人大常委会作出的一些决议、决定，是否完全符合宪法的规定，也是可以进一步研究的。

(2) 国家主席直接依据宪法的规定行使诸多职权，因而可能违宪。

(3) 国务院会不会违宪？有很大的可能。就拿宪法第 89 条的规定来看，国务院有权根据宪法，规定行政措施，制定行政法规，发布决定和命令。这就意味着，国务院有权直接依据宪法赋予的职权作出自己的行政行为，因而可能成为违宪的主体。

(4) 国家的中央军事委员会以及中央军委主席直接依据宪法的规定行使职权，可能违宪。

(5) 地方国家权力机关和行政机关会不会违宪？有可能。比如，宪法第 27 条规定，一切国家机关实行精简的原则，地方组织法对此既没有重复规定，也没有做进一步的具体规定，但如果一个地方人大常委会设十几个副主任，一个县政府设十几个副县长，就是违宪。比如，宪法第 107 条规定，省一级人民政府决定乡镇一级的建置和行政区域划分，据此，省级政府直执行宪法的这一规定，就可能违宪。

(6) 人民法院、人民检察院会不会违宪？依据宪法的规定，两机关依照法律规定独立行使职权，直接执行的是法律，均不存在违宪问题。但是，如果两机关发生前述挑战宪法权威的违法行为，应当归为违宪。

(7) 全国政协包括地方的各级政协会不会违宪？有可能。政协虽然不是国家机关，但属于类似国家机关的重要政治组织，行使统一战线的政治职能，离宪法很近，它作出的政治决议或者采取的其他政治行动，就可能违宪。

(8) 包括中国共产党在内的各个政党，都是可能违宪的主体，值得深加注意和研究，而且，不能仅仅将目光盯住中国共产党，对民主党派的违宪问题也不能忽视。

(9) 社会团体会不会违宪？有可能。特别是一些带有党政机关性质的社会团体，有可能违宪。比如，工会、共青团、妇联以及各类学会、协会等，都可能违宪。

(10) 国有企业、高校科研机构等事业单位以及其他履行公共管理职能的组织，都可能违宪。比如，大型国有企业有可能违反宪法确立的经济制度，高等院校可能违反宪法序言的某些内容，类似证监会、银监会这样的组织可能制定违宪的规章等。

（11）从中央到地方的党政机关领导人或者负责人，都可能成为重要的违宪主体。

（12）一般说来，公民个人以及并不履行公共管理职能的企业、事业组织不会成为违宪主体，至少在中国，最紧迫的不是把这些主体纳入违宪和宪法监督的范围。

设计具体的宪法监督制度时，必须十分严密地考虑上述各类主体可能发生的违宪情况，针对不同的主体，设计不同的制度规范。

3. 需要考虑政党及其领导人的违宪责任问题

什么是违宪责任？从理论上看，对这个问题的研究尚不够深入。但是，宪法和有关国家机关的组织法、监督法等法律对国家机关及其组成人员违反宪法应当承担的各种后果，包括具体的制裁措施，已经做了比较全面的规定，也基本可行。所以，在针对国家机关及其组成人员设计宪法监督制度时，违宪责任问题基本不是障碍了。

需要进一步考虑的是，政党及其领导人以及其他方面的组织和领导人违宪了，应当承担什么责任，还有政党领导人担任国家机关和其他组织领导人时，如何承担违宪责任？这类违宪责任应当由党内法规还是宪法法律制度来规定，可以进一步研究。解决了这个问题，完善针对领导人个人的宪法监督制度就有了好的基础。

4.1.4 理性看待违宪以及宪法监督带来的影响

长期以来，我们对宪法存在两种互相矛盾的态度。一方面，不断强调宪法的根本大法地位，强调维护宪法的权威尊严，并从正面宣称，一切政党、国家机关和其他社会组织以及任何个人都不得违反宪法，一切违反宪法的行为都必须予以追究；而另一方面，已有的宪法监督制度不仅比较粗疏，也没有发挥应有作用。健全宪法监督制度的计划和设想，几十年来总在不断的酝酿讨论中，但定型的方案至今未能出炉。对一些明显的违宪行为，特别是党政机关的违宪行为，要么疏于处理，要么通过内部沟通协调的方式处理，而极少大张旗鼓地公开处理和报道。可以说，在对宪法重要性的强调和宪法监督的制度建设与实践方面，出现了明显的两张皮现象。

为什么会出现上述情况？一个重要原因是，我们有意无意地把宪法推上了神坛，并由此把违宪之事看得太大、看得太重、看得太吓人了，甚至如上所述，把重要党政机关及其领导人的违宪问题以及对他们的宪法监督看成不敢讨论、不敢碰触的禁区，这恐怕是宪法监督制度迟迟未能健全的重要因素。这个认识和观念实在要不得。

理性看待违宪以及宪法监督带来的影响，十分必要。宪法虽然重要、神圣，但宪法不是圣经，不是不可碰触的天条，它也是法，也是一种国家治理的规则。只要进行国家治理，就不可避免地会发生违宪。违宪也不是违背什么圣经天条，更不是什么大逆不道。在我们国家，党的任何组织、除了全国人民代表大会之外的任何国家机关，都不是宪法的代表和化身，党和国家机关的任何领导人、负责人也都不是神，不存在违宪的一丝可能。相反，正是由于重要的党政机关及其领导人、负责人离宪法近，经常直接执行宪法的规定，违宪的可能性就大，特别是党中央、全国人大常委会、国家主席、国务院、中央军事委员会等重要党政机关和及其领导人，因为经常性地理解和直接执行宪法的具体规定，违宪的概率就更大。即使这些重要主体发生了违宪问题，也是依宪治国进程中的正常现象，而不是什么天崩地塌之事。任何组织、任何个人违宪了，与违法了一样，受到宪法监督，纠正了不就很好吗？不重视和警惕重要党政机关及其领导人、负责人的违宪和对他们的宪法监督，就会损害宪法的权威。但把他们的违宪和对他们的宪法监督视为禁区和敏感问题，拒绝和恐惧于讨论，就必然自设屏障，不敢进一步讨论设计宪法监督制度的具体方案，即使主观设计出的方案，也会脱离实际，不能解决问题。

因此，健全宪法监督制度的重要前提是，解放思想，突破观念，对违宪和宪法监督问题持理性态度，既要强调宪法的重要性、权威性，又要把宪法看成普通的法律，既要重视违宪和宪法监督的复杂性、敏感性，又要把违宪和宪法监督看成依宪治国进程中的正常现象，特别是既要防止那些重要党政机关及其领导人发生违宪行为，一旦发生就要严格监督，又要把这些重要主体的违宪和对他们的监督视为依宪治国进程中的正常现象，只有这样，我们对健全宪法监督制度的讨论设计才是可以期待的。

4.2 建议设立党中央的宪法监督委员会

十八届三中全会后不久，中共中央设立了中央国家安全委员会（简称国家安全委员会）。国家安全委员会是中共中央关于国家安全工作的决策和议事协调机构，向中央政治局和中央政治局常委会负责，对国家安全工作进行集中统一领导，统筹协调涉及国家安全的重大事项和重要工作。国家安全委员会主席由中共中央总书记习近平担任，副主席由相关政治局常委担任，下设常务委员和委员若干名。国家安全委员会设立后，即进入高效运转状态，国家安全工作的方方面面取得了卓有成效的进展。

设立国家安全委员会给我们的启发是，能不能参照这一做法设立一个中央宪法监督委员会呢？笔者认为，是完全可以也是十分必要的。那就是，设立一个中共中央宪法监督委员会（简称中央宪法监督委员会），隶属于中共中央，是中共中央关于宪法监督的决策和议事协调机构，统一领导和协调宪法监督的重大事项和重要工作，直接向中央政治局和政治局常委会负责。中央宪法监督委员会的主席由中共中央总书记担任，副主席由全国人大常委会委员长、国务院总理、全国政协主席、中央纪律检查委员会书记等重要方面的党政领导人担任，下设委员若干名，并设立办公室或者秘书处之类的具体办事机构。

设立中央宪法监督委员会的理由如下。

第一，依法治国、依宪治国是在党中央的领导下进行的，而宪法监督是依法治国、依宪治国的关键环节，是命根子，因此必须在党中央的领导下进行。设立中央宪法监督委员会，对于保证党中央统一部署和具体领导宪法监督，推进依宪治国，意义十分重大。

第二，我们一直强调，党领导人民制定宪法和法律，党也领导人民遵守宪法和法律，设立中央宪法监督委员会，是党在领导人民制定宪法后进一步领导人民遵守宪法的具体方式和重要保证。

第三，在我国的政治背景下，党中央在国家和社会生活中处于统揽全局、协调各方的地位，是国家各项工作的领导核心。全国人大及其常委会是最高国家权力机关及其常设机关，但它们只在国家机关体系中处于核心地位和最高地位，并非在整个国家的政治体制中处于核心和最高地位。而违宪的主体相当广泛，对违宪行为的监督也涉及方方面面，违宪不仅是具体的法律问题，还时常涉及重大政治问题，由全国人大及其常委会统揽宪法监督问题，显然难以做到，只有党中央才有足够的政治权威、政治资源和政治力量，对宪法监督的重大方针政策和具体的步骤事项做出部署、安排和协调，设立党中央的宪法监督委员会，可以保证这一任务的有效完成。

第四，宪法虽然规定全国人大及其常委会监督宪法实施，但是，从宪法和法律规定的具体制度看，全国人大及其常委会只对由它产生的国家机关及其组成人员进行具体的宪法监督。而实践中，违宪的主体却远不止国家机关及其组成人员，中国共产党的组织及其领导人和负责人、民主党派的组织及其领导人和负责人、政治协商会议这一统一战线组织以及其他重要的社会团体、事业单位等，都可能成为违宪的主体。一旦这些主体违宪了，全国人大及其常委会对他们进行宪法监督，实际是缺乏宪法和法律依据的。所以，由党中央成立一个宪法监督委员会，对宪法监督进行统一领导协调，十分必要。即使将来的立法规定，全国人大及其常委会可以对更为广泛的主体实行宪法监督，党的中央宪法监督委员会在宪法监督中仍然不可缺位，仍然会发挥核心和主导作用。

第五，十八届四中全会提出，要“健全党领导依法治国的制度和工作机制，完善保证党确定依法治国方针政策和决策部署的工作机制和程序”，“加强对全面推进依法治国统一领导、统一部署、统筹协调”①。设立中央宪法监督委员会，就是对四中全会这一决定的具体落实，是健全党领导依法治国工作制度和工作机制的重要举措。宪法监督是一个牵涉面非常广，涉及问题重大的全局性法治事项，没有党中央从工作制度和工作机制上进行统一领导、统一部署、统筹协调，是很难开展起来的，三十多年来的实践充分证明了这一点。

第六，宪法虽然规定全国人大及其常委会监督宪法的实施，但是，全国人大及其常委会行使这一重要职权，也离不开党的领导，设立党中央的宪法监督委员会，有利于全国人大及其常委会在党的领导下积极行使宪法监督

① 中共中央关于全面推进依法治国若干重大问题的决定．人民日报，2014－10－29.

职权。

第七，党章和党内一系列重要文件反复强调，党必须在宪法的范围内活动，但是，党一旦不在宪法的范围内活动，特别是党违背了宪法，怎么办？这个问题几十年来我们没有从制度方面做正面的具体规范，也没有从实践上予以全面解决。在中国，党是领导党和执政党，可能违背宪法又最难以受到监督的就是党的组织及其领导人和负责人。统筹现有的政治和法律资源可以发现，除了党自身下决心对自己的组织及其领导人和负责人进行宪法监督外，其他就很难有一个国家机关或者别的组织能够对党进行有效的宪法监督了。设立中央宪法监督委员会，就可以从根本上解决这个问题，由党中央的宪法监督委员会对党的组织和个人的违宪行为进行监督，是党进行自我监督的好形式。

第八，宪法监督实际涉及政治体制改革的根本性问题，在政治体制改革没有到位前，要讨论人大及其常委会特别是全国人大及其常委会进行全面的宪法监督问题，条件还不成熟。所以，设立党内的宪法监督委员会是必要的。

中央宪法监督委员会可以具有以下职能：(1) 对宪法实施和监督制定全国性的方针政策，确定宪法实施和监督的目标、任务。(2) 单独或者配合党内相关部门，制定中国共产党各级组织和领导人执行宪法、遵守宪法的纪律规范，以及进行党内宪法监督的具体规范。(3) 采取措施，敦促、提醒党的各级组织和领导人严格遵守宪法、维护宪法权威，对党的各级组织和领导人执行宪法、遵守宪法的情况进行监督检查。(4) 与全国人大及其常委会对违宪的重大事项进行沟通协调，形成宪法监督的具体方案。(5) 与国务院、中央军事委员会、全国政协、各民主党派和全国性社会团体、重要事业单位等组织就解决违宪问题的具体事项，进行组织协调、沟通协商。(6) 向全国人大及其常委会提出有关宪法监督制度的立法建议。(7) 对宪法监督中涉及宪法解释的具体问题，与全国人大常委会进行沟通协商，并提出具体建议。(8) 对地方党委的宪法监督问题进行统一领导。

在宪法监督中，全国人大常委会应当与中央宪法监督委员会紧密配合，通力协作，在必要时应作出宪法解释，为中央宪法监督委员会开展工作提供法律支持。

4.3　全国人大及其常委会的宪法监督职权

健全宪法监督制度需要一个过程，甚至是较长的过程，但是，宪法监督不能等待。在完备的宪法监督制度建立之前，应当在较宽广的范围内，将宪法监督实施起来。实施宪法监督，关键是要解决监督的职权划分问题。只有对职权做科学的划分，监督才能有条不紊。而科学的职权划分很难一步到位，在完备的宪法监督制度建立之前，主要应当以宪法和法律的已有规定为依据，由各类监督主体依法行使监督职权，同时，积极采取一些探索性、试验性、过渡性措施，解决宪法和法律规定未能解决的宪法监督问题，并为今后统一的制度立法积累经验。

宪法规定，全国人大及其常委会监督宪法的实施，但这并不是说宪法监督只能由全国人大及其常委会垄断。目前情况下，指望通过一个专门机构来解决所有违宪问题，并不现实。对于违宪问题，任何人、任何组织都有权予以监督。但是，在整个国家机关的监督体系中，全国人大及其常委会处于核心地位，是宪法监督的最高机关。

按照宪法确立的人民代表大会制度，以及宪法和相关法律的具体规定，全国人大及其常委会行使的宪法监督职权，主要是针对由它们产生的国家机关及其组成人员的。

4.3.1　全国人民代表大会的宪法监督职权

宪法第 62 条规定，全国人民代表大会监督宪法的实施。全国人大是最高国家权力机关，根据宪法的相关规定，它的宪法监督职权可以分为以下三类。

1. 对有关国家机关组成人员的违宪行为进行监督

宪法规定，全国人大选举并有权罢免国家主席、副主席；选举并有权罢免全国人大常委会委员长、副委员长、秘书长、委员；决定并有权罢免国务院总理、副总理、国务委员、各部部长、各委员会主任、审计长、秘书长；选举、决定并有权罢免中央军事委员会主席和中央军事委员会其他组成人员；选举并有权罢免最高人民法院院长、最高人民检察院检察长。

全国人大有权选举、决定和罢免的上述重要国家机关组成人员，所处的位置均十分关键，经常直接执行宪法的具体规定，发生违宪的概率也相对较大，因此，一旦他们发生了违宪行为，全国人大就有权予监督。由宪法的规定可见，全国人大在人事方面行使的宪法监督职权十分重大、广泛。

2. 对有关国家机关的违宪行为进行监督

根据宪法和有关法律的规定，全国人大有权改变或者撤销全国人大常委会不适当的决定，因此，一旦全国人大常委会的决定违宪了，全国人大有权予以监督。国务院、最高人民法院、最高人民检察院都向全国人大负责并报告工作，因此，全国人大有权对"一府两院"工作中的违宪行为进行监督。

3. 应当由全国人大监督的其他违宪事项

宪法规定，全国人大还可以行使应当由最高国家权力机关行使的其他职权。据此，除了宪法明确规定全国人大行使宪法监督职权的事项外，对于其他应当由全国人大监督的违宪事项，全国人大也有权监督。

4.3.2 全国人大常委会的宪法监督职权

全国人大常委会是全国人大的常设机关，根据宪法和立法法、监督法等法律的规定，它的宪法监督职权大致也可以分为以下三类。

1. 对有关国家机关组成人员的违宪行为进行监督

根据宪法的规定，全国人大常委会在全国人大闭会期间，根据国务院总理的提名，可以决定部长一级官员和国务院秘书长的人选；根据中央军事委员会主席的提名，可以决定中央军委其他组成人员的人选；根据最高人民法院院长和最高人民检察院检察长的提名，可以任免两院其他组成人员。全国人大常委会行使的上述人事决定和任免权，就包含了对提名人选是否具有违宪行为的审查监督权。但是，与前述全国人大行使的人事权相比，可以发现，对"一府两院"和中央军事委员会组成人员的宪法监督职权，主要地、甚至是绝对地掌握在全国人大而不是它的常委会手中，由此也可以得出一个基本结论，即：全国人大行使宪法监督职权的重点，应当放在由它产生的国家机关组成人员身上。

当然，全国人大常委会毕竟是全国人大的常设机关，它对中央一级国家机关组成人员的宪法监督职权仍然有广泛的空间。比如，它可以灵活地运用询问、质询、特定问题调查等方法开展监督，可以对应当由全国人大进行罢免的重要人员的违宪问题进行预先调查，并向全国人大会议提出进行监督的具体议案。

2. 对有关国家机关的违宪行为进行监督

根据宪法和立法法、监督法等法律的规定，全国人大常委会对国家机关违宪行为的监督，既包括对中央国家机关违宪行为的监督，也包括对地方国家机关违宪行为的监督。对中央国家机关的监督主要是听取专项工作报告、执法检查、对法规和其他规范性文件进行备案审查、特定问题调查等。对地方国家机关的监督主要是对地方性法规等是否符合宪法，以备案审查的方式进行监督。与全国人大相比，全国人大常委会宪法监督职权的重点应放在国家机关上。

3. 由全国人大授予的其他宪法监督的职权

比如，全国人大可以将应当由它进行宪法监督的职权授予全国人大常委会行使。

4.3.3　有全国性影响的地方重大违宪案件应当由全国人大及其常委会监督

以上所述全国人大及其常委会的宪法监督职权，主要针对的是中央一级由全国人大及其常委会产生的国家机关及其组成人员，以及对地方性法规的宪法监督。但是，中国是一个单一制大国，违宪问题不仅会在中央一级国家机关及其组成人员身上发生，在地方，也可能发生违宪案件。中央一级国家机关组成人员的违宪也并非都要上升到全国人大及其常委会处理的层面，一些中违宪、小违宪行为在中央国家机关内部就可以监督纠正了，只有到了比较严重的程度，才必须由全国人大及其常委会来监督。而发生在地方的违宪案件，也不都是小违宪，也可能具有恶劣影响的重大违宪案件。比如，前不久湖南、辽宁发生的大面积贿选案件，就是影响恶劣的严重违宪案件，在全国人大常委会的直接监督干预下才得以纠正。对于那些发生在地方的产生全国性恶劣影响的严重违宪案件，应当由全国人大常委会直接监督，而对于影响特别恶劣、后果极其严重的地方违宪案件，在必要时，也可以由全国人大直接监督。当然，全国人大及其常委会进行这类宪法监督时，应当与中央宪法监督委员会沟通协调。

以上所述全国人大及其常委会宪法监督职权的划分，均是以宪法和已有法律的规定为依据的，有关未来立法中对全国人大和它的常委会之间宪法监督职权的进一步划分，将在后文继续述及。

4.4 地方人大及其常委会的宪法监督职权

地方人大及其常委会在宪法监督中发挥应有作用甚至是十分重要的作用，是一个很值得关注和研究的课题，这里多花些笔墨对此问题予以展开。

4.4.1 地方人大及其常委会保证宪法实施没有引起应有重视

宪法规定，全国人大及其常委会监督宪法的实施，但理论和实践中长期就有一种误识，认为只有全国人大及其常委会才具有宪法监督职权。实际情况并非如此。宪法第 99 条还规定，地方各级人民代表大会在本行政区域内保证宪法的遵守和执行，地方组织法第 44 条规定，地方各级人大常委会在本行政区域内保证宪法的遵守和执行，由此可见，地方各级人大及其常委会在本行政区域内也具有宪法监督的职权。但是，这一重要命题长期被忽视了，我们没有认识到，充分发挥地方人大及其常委会的宪法监督作用，对于保证宪法实施具有重要的基础意义。

实践中，宪法在地方的实施中存在诸多令人不安的现象，至少有以下问题值得注意。

一是个别地方党政领导干部的宪法意识相当薄弱。

二是宪法监督的一项重要工作，是要求地方的各级立法、各种规范都不得与上位法抵触，但长期以来，地方立法中下位法抵触上位法的现象时有发生。

三是一些地方违背宪法和法律进行国家机关改革、甚至乱设国家机关的情况时有发生。

四是地方在选举工作中违背宪法和法律的现象不少见。比如，根据地方组织法的规定，地方“一府两院”正职领导人原则上实行差额选举，只有例外的情况下才可以实行等额选举，但实践中等额选举已俨然成为“原则”，差额选举几乎闻所未闻。比如，地方选举中的贿选现象就很需警惕。

但地方人大及其常委会没有针对上述现象发挥应有作用。

宪法在序言中规定，全国各族人民、一切国家机关和武装力量、各政党和各社会团体、各企业事业组织，都负有"保证宪法实施的职责"。宪法序言的这一表述是政治意义的要求和宣称。将保证宪法实施落实到宪法和法律的具体条文后，从体制意义上看，我国保证宪法实施的主体有两类：第一类是全国人大及其常委会。根据宪法的规定，全国人大及其常委会以"监督宪法的实施"的方式来保证宪法实施。第二类就是地方各级人大及其常委会。根据前述宪法第 99 条和地方组织法第 44 条的规定，再加上地方组织法第 8 条、第 9 条的规定，地方各级人大及其常委会在本行政区域内对于保证宪法的遵守和执行，都负有重要职责。这一职责的根本性表现就是宪法监督，对此下文将述及。但是，在理论上，很少有人对宪法和地方组织法的这些规定进行全面和准确的阐述，更很少有人对地方人大及其常委会监督宪法实施的体制展开背景研究。而在地方人大及其常委会的实践中，监督宪法实施的工作几乎没有开展起来。地方人大及其常委会的工作部门普遍认为，地方权力机关执行的都是法律、行政法规以及上级人大及其常委会通过的地方性法规和决议，并不直接执行宪法，又哪里谈得上监督宪法实施，又如何监督宪法的实施呢?

4.4.2　地方人大及其常委会监督宪法实施的制度基础

这里有必要对地方权力机关监督宪法实施的制度设计作简要的回顾。1954 年宪法和地方组织法秉承马克思关于一切政治权力集中于人民代议机关之手的理论，规定只有全国人民代表大会才能监督宪法的实施，全国人大常委会没有这个权力，地方各级人民代表大会也只能在本行政区域内保证法律、法令的遵守和执行，而没有保证宪法遵守和执行的职权。十一届三中全会后，加强民主法制建设，特别是保证宪法在各地方的统一实施，成为一项紧迫任务，因此，1979 年的五届全国人大二次会议在修改 1954 年地方组织法时增加了一条规定，即地方各级人民代表大会在本行政区域内保证宪法的遵守和执行。这一规定很快被写进了 1982 年宪法，成为一项重要的宪法规定。

为加强人民代表大会制度建设，1979 年五届全国人大二次会议还修改宪法，决定在县级以上地方各级人民代表大会设立常务委员会，但由于地方人大常委会处于初创阶段，1979 年的地方组织法和 1982 年宪法都没有规定其保证宪法实施的职权。经过 8 年的实践后，由地方各级人大和它的常委会共同保证宪法的实施已成为维护法制统一、加强民主法制建设的必然要求，因此，1986 年全国人大常委会在修改地方组织法时增加了一项新的规定：地方各级人大常委会在本行政区域内保证宪法的遵守和执行。至此，地方各级人大和它的常委会共同保证宪法的实施，已成为宪法和法律的明确规定。

值得注意的是，地方组织法在列举地方各级人大及其常委会的各项职权时，都是将在本行政区域内保证宪法（还包括法律、行政法规和上级人大及其常委会的决议）的遵守和执行作为第一项职权予以规定的。这说明，在地方人大及其常委会行使的各项职权中，保证宪法的实施是第一位的任务，是核心的和最重要的任务。还值得注意的是，地方组织法在将保证宪法实施规定为地方人大及其常委会的第一项职权后，又规定了十多项其他的具体职权，其中不少职权实际是从不同方面保证宪法实施的具体措施。这样一种立法的方式从通常的汉语语法上看，似乎存在一些逻辑上的不顺，但从法律意义上看，它却是一种特别的强调，即强调保证宪法的实施是地方人大及其常委会行使各项职权的精神和原则，地方人大及其常委会开展的各项工作都要以保证宪法的实施为目标和归宿。

这里需要进一步回答的是，在确立全国人大及其常委会监督宪法实施的体制后，宪法和地方组织法为什么还要规定地方人大及其常委会保证宪法的实施，并将保证宪法实施置于地方权力机关各项职权中如此重要的位置呢？恐怕主要有以下原因。

1. 宪法在地方的实施与在中央的实施具有同等的重要性

宪法不仅要在中央实施，也要在地方实施。没有各地方对宪法的实施，宪法在中央的实施以及实行依法治国，就会失去基础，说宪法是根本大法也是空的。可以说，宪法在地方的实施与在中央的实施，具有同等的地位和重要性，保证宪法在各地方的实施是保证宪法在中央实施的基础。在人民代表大会制度体制下，这一职权显然应当由地方各级人大及其常委会来行使，并成为地方人大及其常委会首要的和核心的职权。

2. 由地方人大及其常委会保证宪法实施，是因为宪法不仅反映了全国人民的意志，也反映了各地方的人民的意志

宪法是由全国人民代表大会通过的，全国人大常委会是全国人大的常设机关，保证宪法的实施当然是全国人大及其常委会的重要职责。需要指出的是，全国人大及其常委会的组成人员，都是由地方各级权力机关选举产生的，由全国人民代表大会通过的宪法是由各地方、各行政区域人民的意志汇集和凝聚而成的。全国人大及其常委会是代表全国人民意志的机关，地方各级人大及其常委会是代表本行政区域人民意志的机关，而宪法规定的内容，是全国人大及其常委会与地方各级人大及其常委会所代表的共同的民意，是各级权力机关的共同意志。所以，保证宪法的实施，不仅是全国人民的要求，也是各地方的人民的要求，是全国人大及其常委会与地方各级人大及其常委会的共同职责。

3. 由地方人大及其常委会监督宪法的实施，是因为宪法是维系上下级人大及其常委会关系的根本性纽带

我国实行人民代表大会制度和单一制的国家结构形式，在这个背景下，全国人大是最高国家权力机关，全国人大及其常委会在国家权力体系中处于核心和领导地位，地方各级政权机关服从中央的统一领导，但又要充分发挥地方的主动性和积极性。如何才能保证这一国家体制健康和有效地运行呢？根本的措施就是用宪法来统一各级国家机关的活动，统一国家的法制。而用宪法来统一国家机关活动和国家法制的最合适的途径，就是将全国人大及其常委会与地方人大及其常委会，上级人大及其常委会与下级人大及其常委会之间的关系确立为监督与被监督的关系，它们之间实行监督的根本标准就是宪法。[①] 确立这样一个体制的好处是，虽然各地方都有特殊的地方性事务需要由本级人大及其常委会处理，但是，在宪法实施的问题上，任何地方都没有特殊性，各级地方人大及其常委会都必须一体遵循宪法，保证宪法在本行政区域得到统一的遵守和执行。也只有这样，以权力机关为核心的人民代表大会制度才能落实，法制统一和国家的统一才有保障。

---

① 彭真．论新时期的社会主义民主与法制建设．北京：中央文献出版社，1989：231.

4. 地方人大及其常委会保证宪法的实施，也是由地方人大及其常委会的性质以及它们在地方国家机关体系中的地位决定的

地方人大及其常委会是本行政区域的民意机关和权力机关，宪法的内容是它所代表的地方民意的反映，它当然要以身作则地遵守和执行宪法，并号召和带领本行政区域的人民遵守宪法。同时，地方的“一府两院”由地方人大及其常委会产生，对它负责，受它监督。在地方国家机关体系中，地方人大及其常委会处于核心和领导地位，由它来保证其他国家机关及其领导人遵守和执行宪法，最有权威，最稳定和可靠，是保证宪法在本行政区域得到统一实施的最好措施。当然，宪法和有关法律的具体条文没有规定地方的“一府两院”行使保证宪法实施的职权，并不是说明“一府两院”就不负有保证宪法实施的职责。如前所述，宪法序言就明确要求，全国各族人民、一切国家机关（当然就包含了地方国家机关及其领导人）都应当遵守和执行宪法，负有保证宪法实施的职责，不得违背宪法，并接受地方人大及其常委会对其行为是否符合宪法的统一监督。

4.4.3 宪法监督是地方人大及其常委会保证宪法实施的最重要方式

那么，地方人大及其常委会如何保证宪法的实施呢？

1. 地方人大及其常委会保证宪法实施中的“保证”具有特定含义

所谓“保证”，其现代汉语意义的含义是，确保按照要求和标准做到。[①]将这一含义用在宪法和地方组织法有关地方人大及其常委会保证宪法实施的规定上，就可以这样理解：地方人大及其常委会要确保宪法的要求和标准在本行政区域得到遵守和执行。应当说，保证宪法的实施，是全国人大及其常委会在制定宪法和修改地方组织法时，对地方人大及其常委会提出的要求，这个要求其实既是一种政治的要求，也是一种法律的要求。

研究“保证”的含义，需要将其与通常所说的监督宪法实施中的“监督”一词予以区别。所谓“监督”，其现代汉语的基本含义是检查、察看和督促的意思，它强调的是监督者具有高于被监督者的权威，拥有监督他人的职权，并且可以作为监督参照物的代表。[②] 比如，按照这一含义，全国人大

① 现代汉语词典. 北京：商务印书馆，1998：46.

② 辞海. 上海：上海辞书出版社，1989：1903.

及其常委会监督宪法的实施，是指全国人大及其常委会的地位高于被监督主体，可以作为宪法的代表（享有修改或者解释宪法的权力就是证明），有权督促其他主体遵守和执行宪法，审查和纠正其他主体的违宪行为。与监督宪法实施相比，保证宪法实施的含义更为广泛，监督宪法实施是保证宪法实施的应有之义。全国人大及其常委会监督宪法实施，就是保证宪法实施的重要措施，但根据宪法的规定，全国人大及其常委会必须在宪法的范围内活动，积极履行宪法赋予的各项职权，带头并号召全体人民遵守宪法，以及采取其他措施保证宪法实施，也是不言而喻的。

那么，地方人大及其常委会保证宪法实施，是否包括监督宪法实施的内容呢？如上所述，依据监督的含义，以及由于在地方国家机关体系中所处的核心地位，地方人大及其常委会当然有权对其他地方国家机关违背宪法的行为进行监督，因为如果无权对发生在地方的各种违宪行为进行监督纠正，地方人大及其常委会保证宪法实施的职权就是空的。当然，这种监督宪法实施的法律效力可以另当别论。这个问题下文将专门述及。

总体看来，地方人大及其常委会保证宪法的实施主要有四种方式。第一种方式是，自身带头崇尚宪法和遵守宪法，督促其他国家机关特别是这些国家机关的负责人崇尚和遵守宪法，并宣传、号召和带领本行政区域的人民崇尚和遵守宪法。第二种方式是，主动积极地履行宪法赋予的各项职权，并督促其他国家机关认真履行宪法赋予的各项职权。当然，随着法制的不断健全和完善，地方各级人大及其常委会在日常工作中行使职权的直接依据，已经主要是根据宪法具体化了的法律、行政法规和上级人大及其常委会作出的决议，而不需要直接依据宪法行使职权了。第三种方式是，在本行政区域内维护法制的统一。第四种方式是，监督和纠正发生在本行政区域内的违反宪法的行为。其中，后两种方式是保证宪法实施的最重要的内容，也是下文要着重阐述的问题。

2. 地方人大及其常委会保证宪法实施的首要方式，是维护法制统一

一个国家宪法得到有效实施的根本标准是，以宪法为核心的法制统一得到切实的维护。法制统一要求一切法律制度都统一于宪法，一切国家机关、其他组织或者个人都在宪法的范围内活动，不得有超越宪法的特权。地方人大及其常委会保证宪法实施的首要任务，就是在本行政区域内维护法制的统

一。由于地方人大及其常委会以及其他国家机关主要的是依据法律、行政法规和上级人大及其常委会的决议开展日常工作，所以，它维护法制统一的主要工作，就是保证法律、行政法规和上级人大及其常委会的决议在本行政区域得到有效的遵守和执行。具体说来，就是地方人大及其常委会首先要保证自身制定的地方性法规，作出的决议、决定和命令不得与法律、行政法规以及上级人大及其常委会的决议相抵触。同时，它还要督促其他国家机关根据法律、行政法规和上级人大及其常委会作出的决议行使职权，并依法纠正有关国家机关及其负责人的各类违法行为。

由于较少地直接依据宪法行使职权，地方人大及其常委会日常工作中维护法制统一的最重要和最经常的标准应当是法律。在没有法律作依据的时候，其标准是行政法规。在没有法律和行政法规作依据的时候，其标准是上级人大及其常委会制定的地方性法规和作出的其他决议。但是，最重要和最经常的标准还是法律。这样，地方人大及其常委会维护以法律为标准的法制统一，就直接和经常地保证了宪法在本行政区域内的有效实施。

3. 除了维护法制统一外，地方人大及其常委会还有一项重要的职权，就是监督和纠正发生在本行政区域内的直接违反宪法的行为

现在需要回答的是，地方有没有违宪案件，地方人大及其常委会有没有违宪审查权或者宪法监督的职权。

但是，违法行为与违宪行为的上述区别也不是绝对的，在一些特殊情况下，违法行为实际上也就是违宪行为。当一个行为，特别是那些国家机关及其领导人、负责人或者政党及其领导人、负责人的行为严重违反了法律，同时也违背了宪法，造成严重的后果，虽然也可以通过违法处理的程序予以处理，但由于该违法行为具有了挑战宪法权威和尊严的恶劣影响，所以，就应当视为违宪行为。比如，一个省级地方的高级人民法院竟然批复在本行政区域的某个经济开发区设立人民法院，或者一个基层人民法院的院长竟然撤销法院组织法明确规定的各类审判庭，自己另设一套审判机构，就既是典型的违背立法法、法院组织法等法律的行为，又是对宪法第 129 条有关人民法院的组织只能由法律规定的公然挑战。还有前面所述的严重贿选行为，也是违反选举法、地方组织法等法律和挑战宪法权威的行为。类似这样的极端违法行为已演变成为挑战宪法权威的违宪行为。

那么，地方有没有直接违反宪法的情况发生呢？肯定有。主要有三种情况。

一是宪法对某一事项有明确的规定，全国人大及其常委会或者国务院不需要依据宪法的这一规定制定法律或者行政法规，这时候，地方国家机关就应当直接执行宪法的规定。比如，宪法第107条规定，省、直辖市的人民政府决定乡、民族乡、镇的建置和区域划分。这一规定的内容明确，无须制定法律、行政法规，省、直辖市的人民政府决定有关乡镇建置和区域的划分，就应直接依据宪法的这一规定进行。而执行宪法的这一规定，就可能出现违宪的情况。

二是宪法有了规定，相关法律没有进一步规定或者重复规定，地方国家机关需要直接执行宪法。比如，宪法第27条规定，一切国家机关实行精简的原则，但地方组织法既没有重复规定宪法的这一内容，也没有对地方国家机关如何实行精简的原则作出进一步的规定。这时候，地方国家机关在配备组成人员的数量时就要直接执行宪法的上述规定。如果一个地方的人大常委会设了三十多个副主任，或者一个县人民政府设了十多个副县长，就显然违反了宪法有关一切国家机关实行精简原则的规定。

三是宪法对某一事项作出了规定，依据宪法规定应当制定法律或者行政法规，但尚没有制定法律或者行政法规，地方国家机关就需要直接执行宪法。比如，宪法第9条规定，矿藏、水流、森林、山岭、草原、荒地、滩涂等自然资源属于国家所有，由法律规定属于集体所有的森林和山岭、草原、荒地、滩涂除外。而在法律尚没有对属于集体所有的森林和山岭、草原、荒地、滩涂作出规定时，这些自然资源所在地的地方国家机关应当直接执行宪法的上述规定。如果某国家机关在法律没有规定的情况下，擅自将上述自然资源规定为集体所有，或者事实上使之成为集体所有，就直接违宪了。

上述情况表明，地方国家机关既可能发生那些由极端违法行为演变成的违宪行为，也可能发生由于直接执行宪法而出现的违宪行为。既然地方有这样那样的违宪情况发生，那么，地方人大及其常委会监督和纠正各种违宪行为就责无旁贷了。如果单纯地从宪法第62条和第67条的规定出发，认为只有全国人大及其常委会才能监督宪法实施，地方人大及其常委会就无权监督宪法实施，是对宪法规定的片面理解。

4.4.4 地方人大及其常委会与全国人大及其常委会监督违宪行为的区别

一方面，地方人大及其常委会与全国人大及其常委会在处理违宪问题的范围和影响方面存在区别。对于全国人大及其常委会与地方人大及其常委会在处理违宪行为方面的分工问题，担任过 1982 年宪法修改委员会秘书处副秘书长的张友渔在 1983 年 7 月 4 日中央举办的各省、市、自治区政法领导干部宪法轮训班的辅导报告中曾专门做过解释。他说，对于违宪问题，“全国性的由全国人大常委会来管，地方性的，由地方人大常委会来管”[①]。应当说，张友渔的这个解释反映了宪法的原意。即：地方人大及其常委会所处理的违反宪法的案件，应当是本地方的案件，而全国人大及其常委会处理的违宪案件，主要应当是发生在中央国家机关的案件，以及其他在全国有重大影响的案件。如果地方违反宪法的案件具有了全国性的重大影响，在必要的时候，全国人大及其常委会当然也可以介入处理。按照这样一个管辖范围来处理问题，就可以使绝大多数违反宪法的行为在地方、在基层得到纠正和处理，就会使宪法的实施在地方具有良好的基础和保障，而全国人大及其常委会就可以腾出精力集中处理那些重大的违宪问题。在这一意义上，地方人大及其常委会保证宪法实施，实际上对全国人大及其常委会监督宪法实施起到了重要的协助作用。

另一方面，地方人大及其常委会与全国人大及其常委会处理违宪问题的法律效力并不相同。认识这一问题先要对宪法第 62 条和第 67 条规定的初衷作一个说明。宪法的这两个条文规定，全国人大及其常委会监督宪法的实施。有的观点据此认为，宪法的这两条规定是明确地排除了其他国家机关监督宪法实施的权力，宪法监督权只能由全国人大及其常委会享有。[②] 这一认识至少没有全面地理解宪法第 62 条和第 67 条的规定，以及我国宪法监督制度的精神。其实，在宪法监督制度问题上，宪法的基本初衷是，任何组织和

---

① 当然，政党违反宪法的案件是否应当包括在其中，是需要进一步研究的问题。

② 对于地方权力机关有没有宪法监督的权力，在上个世纪 80 年代曾有过争论。一种倾向性的观点认为，我国宪法没有赋予也不应当赋予地方人大及其常委会宪法监督权。王叔文．我国宪法实施中的几个认识问题．中国社会科学院研究生院学报，1988（5）；吴撷英，李志勇，王瑞鹤．论中国的宪法诉讼制度．中国法学，1989（5）.

个人对违反宪法的行为都有监督的职责，这是前述宪法序言中有关保证宪法实施要求的十分明确的含义。而宪法之所以明确规定全国人大及其常委会监督宪法实施，主要是从人民代表大会制度体制、法制统一和法律效力这三个角度出发的，即：从人民代表大会制度的体制出发，只有全国人大及其常委会才能作为宪法的最高代表，对违反宪法的行为行使最高监督权；从法制统一的要求出发，只有全国人大及其常委会才拥有宪法解释权，对一种行为是否违背宪法作出最终判定；从法律效力而言，只有全国人大及其常委会对一种行为是否违背宪法作出的判定和处理，才具有最高和最终的法律效力。实际上，三者可以归结为一点，即：在宪法监督问题上，全国人大及其常委会行使最高和最终的权力，其作出的处理具有最高法律效力，而不是说除了全国人大及其常委会以外，其他的任何组织和个人对违宪行为就只能袖手旁观，不能监督、不能管了，这不符合宪法的初衷，也不符合我国宪法监督的实际需要。

这个问题，可以再看看上述张友渔在各省、市、自治区政法领导干部宪法轮训班的辅导报告中的专门解释。他说，地方人大及其常委会有权撤销本级人民政府或者下级人大及其常委会不适当的决议、决定和命令，这些不适当的决议、决定和命令中当然包括违宪的东西，但是，对于这些决议、决定和命令，“是不是违宪，最后决定权属于全国人大常委会”①。张友渔的这个解释很清楚地说明，地方人大及其常委会有权对违背宪法的行为进行监督，但是，如果被监督机关或者其他的有关主体对一种行为是否违背宪法与行使监督权的地方人大及其常委会发生争议，最后对该行为是否违宪的决定权则属于全国人大常委会。也就是说，地方人大及其常委会对违宪行为具有监督权，但这一监督权不具有最终的法律效力。这样就可以得出一个基本结论：与全国人大及其常委会监督宪法的实施相比，地方人大及其常委会监督宪法实施的权力同样十分重要，但这一监督并不是一项终极性的权力，不具有最终的法律效力。实际上，地方人大及其常委会对违宪行为的监督也不能具有最终的法律效力，如果每个地方都可以对宪法进行独立的最终的解释，宪法的统一实施就可能受到破坏。

---

① 张友渔文选：下．北京：法律出版社，1997：276.

4.4.5 地方人大及其常委会监督宪法实施需要处理的几个关系

地方人大及其常委会做好监督宪法实施的工作，有以下几个问题值得注意。

1. 应当将监督宪法实施的重心放在国家机关及其负责人的身上

如前所述，地方人大及其常委会保证宪法实施最重要的两项工作，是切实地维护以法律为标准的法制统一，及时果断地监督纠正那些直接违反宪法的行为。这两项工作是地方保证宪法实施中的两个“牛耳”。而地方人大及其常委会在执住这两个“牛耳”时，应当把工作重点放在那些国家机关特别是国家机关的负责人身上。对这一问题，张友渔在上述1982年宪法轮训班的辅导报告中曾有专门的强调。他说，地方人大及其常委会对于发生在地方的违宪问题，当然要管。但是，“这个管，主要是管国家机关或者国家机关主要负责人的违宪行为，不是事无巨细大小都管，特别是不管一般人的违法行为”，如果一般的违法行为“要人大常委会来管，它哪里管得过来，也无法管，它只能管重大的事情”[①]。张友渔的这个解释反映了宪法监督制度设计的初衷，它很清楚地说明，地方人大及其常委会在监督宪法实施的工作中，应当把重点放在国家机关及其负责人的身上，把地方国家机关及其负责人管好了，宪法在各地方的实施就有了基础和保障。

2. 应当妥善处理好与地方党委的关系

地方人大及其常委会对违宪问题进行监督纠正，面临的首要问题是，如何处理好与地方党委的关系。因为一些违宪问题的发生，很可能介入了党的组织和领导干部的因素，而对违宪问题的处理，又与党的领导发生了复杂和敏感的关系，所以，如何处理好与地方党委的关系，直接决定了地方人大及其常委会监督宪法实施的力度和效果。从现实的体制看，地方人大及其常委会在监督宪法实施的过程中，应当积极争取党委的支持和领导，遇到重要问题及时与党委沟通，努力将党的领导与保证宪法实施的工作统一起来。根据宪法的规定，党也必须带头遵守宪法，自觉在宪法和法律的范围内活动。地方人大及其常委会在党委领导下开展宪法监督工作时，可以与党委共同探索

① 张友渔文选：下．北京：法律出版社，1997：276.

建立对地方党的组织和领导干部违背宪法、破坏法制统一行为的监督和纠正机制。对地方党的组织和领导人的违宪监督工作进行有益探索，如果取得经验甚或突破性进展，将具有十分重要的理论与现实意义。①

3. 保持与上级人大及其常委会直至全国人大及其常委会的联系与沟通

一个地方国家机关的违宪违法行为，往往并不是一项孤立的行为，上级机关的支持甚至撑腰，很可能是下级机关违宪的重要背景。比如，一些地方法院搞的违宪违法的司法改革，一些地方政府采取的违宪违法的措施，常常既有本级国家机关的原因，也有上级国家机关的背景。在这一情况下，同级人大及其常委会很难对同级法院或者政府的违宪违法行为进行监督纠正，而通过与上级人大及其常委会进行联系沟通，则有利于问题的解决，一些重大的问题则必须请示全国人大及其常委会才能解决。

4. 注意与其他国家机关的沟通，采取适当的工作策略和方法，把监督工作做在事前、事中，尽量避免事后的冲突式监督

在我国，国家机关行使职权的一个重要特点，就是注重彼此之间的沟通、协商和合作，倾向于将矛盾和冲突化解于事前和事中，尽力避免事后的冲突。这是我国与西方国家政治文化上存在的很大的不同。地方人大及其常委会宪法监督工作中很重要的部分，就是对其他国家机关及其负责人维护法制统一、遵守和执行宪法的情况进行监督纠正，这就不可避免地要与其他国家机关及其负责人发生“冲突”。而实际上，国家机关之间的冲突，特别是人大及其常委会与其他国家机关公开发生的冲突，既不符合我们的政治传统，也很可能会带来一些敏感和复杂的问题。因此，地方人大及其常委会应当在工作策略和方法上下功夫，以柔性而非刚性的方式保证宪法的实施。比如，对其他国家机关所从事的涉及法制统一、宪法遵守和执行的工作，可以提前或者同步介入，发现违法违宪的苗头或者问题时，事先提出监督意见，与相关国家机关及其负责人进行沟通，努力在事前和事中解决问题，尽量减少或者避免事后因为监督而发生的公开冲突。

① 对于党的组织、领导人以及党的文件能否成为宪法监督的对象，在上个世纪 80 年代中期曾有过热烈的讨论。曾恒，钟明．论人大常委会对党组织的监督．法学季刊，1987 (1)；吴文泰．关于人大及其常委会可不可以监督共产党组织的问题的初步探讨；蔡定剑．试论人大及其常委会监督的对象和内容//论人大及其常委会的监督权．北京：法律出版社，1988.

4.4.6 几条建议

如前所述，地方人大及其常委会是我国人民代表大会制度结构中的基础性部分，是地方国家政权机关体系的核心，在监督宪法实施、维护宪法权威中具有重要作用，应当十分重视地方人大及其常委会对宪法监督职权的运用。为此，我们提出以下几条建议。

1. 在全国人大及其常委会尚不能充分行使宪法监督职权的情况下，应当让地方人大及其常委会在宪法监督中扮演重要角色

这个问题长期以来没有受到足够重视。在政治体制改革没有到位前，鉴于全国人大及其常委会在国家政治格局中的实际位置，不要说承担起所有宪法监督任务力不能及，即使对由它们产生的中央国家机关及其组成人员全面进行宪法监督，也存在诸多实际困难。实践中，不少违宪问题发生在地方和基层，把地方的违宪问题监督好了，就在很大程度上减少了全国的违宪问题，也会对监督中央一级的违宪问题积累经验，打下基础。所以，从策略上看，可以将宪法监督的重点先放在地方，深入研究和健全地方人大及其常委会的宪法监督制度，充分发挥地方人大及其常委会在宪法监督中的作用。

2. 地方人大及其常委会宪法监督的对象

按照宪法和地方组织法等法律的规定，地方人大及其常委会的宪法监督职权，主要指由它们产生的地方国家机关及其组成人员。对于地方国家机关及其组成人员以外的组织或者个人的违宪行为，地方人大及其常委会当然也应当有权监督，但是，如何监督，是一个需要进一步研究并予以制度规范的问题。

3. 地方人大及其常委会宪法监督的范围

这个范围应当主要限于地方国家机关在直接执行宪法时发生的违宪行为。大体有三种情况。一是宪法对某一事项有明确的规定，全国人大及其常委会或者国务院不需要依据宪法的这一规定制定法律或者行政法规，这时候，地方国家机关直接执行宪法规定时出现的违宪行为。二是宪法有了规定，相关法律没有进一步规定或者重复规定，地方国家机关直接执行宪法时发生的违宪行为。三是宪法对某一事项作出了规定，依据宪法规定应当制定

法律或者行政法规，尚没有制定法律或者行政法规，地方国家机关直接执行宪法时发生的违宪行为。

如果地方有关国家机关及其负责人的行为在违法的同时也违宪了，挑战了宪法权威，在本行政区域产生严重影响但尚未产生全国性恶劣影响的，地方人大及其常委会可以将该行为视为违宪行为予以监督处理。

4. 地方人大及其常委会进行宪法监督时应与有关方面保持沟通协商

地方人大及其常委会开展宪法监督时，应自觉接受同级地方党委的领导，积极争取党委的支持，并注意与上级人大常委会直至全国人大常委会保持联系与沟通，努力做到事前、事中监督，减少事后监督。在事后监督中，凡遇到重大问题，应当注意保持与方方面面的沟通协商。只有这样，地方的宪法监督工作才会顺利开展，并取得实效。

5. 地方人大及其常委会的宪法监督不具有最终的法律效力

发挥地方人大及其常委会在宪法监督中的作用，并不意味着它的监督就具有最终法律效力。为了维护法制统一，特别是保证宪法的统一理解和遵循，宪法监督的最高效力应当属于全国人大及其常委会。是否可以设立一种机制，即：地方人大及其常委会对某一主体的违宪行为进行监督，该主体如接受监督，即视为监督发生法律效力。但是，如果被监督的主体对地方人大及其常委会的监督不服，可以向上级人大常委会上诉，直至上诉到全国人大常委会。地方人大及其常委会的宪法监督一旦与全国人大常委会的监督发生冲突，必须以后者的监督结果为准，即全国人大常委会的监督具有最终的法律效力。当然，全国人大如果认为其常委会的监督不适当，可以撤销。

在统一的宪法监督制度建立之前，地方人大及其常委会可以先制定地方性法规，对本行政区域宪法监督的职权划分与操作程序做出具体规定。

4.5　建议授权人民法院行使部分宪法监督职权

长期以来，法学理论中有一种观点，就是主张人民法院承担起宪法监督的职责。在有关宪法监督的讨论中，一种主要的观点叫做“宪法司法化”或者“宪法诉讼”，其核心观点就是要求人民法院在审理案件时直接适用宪法，或者要求在人民法院直接设立一个宪法审判庭，专司宪法审查。实践中，也有人就直接到法院去提起宪法诉讼。

但是，根据人民代表大会制度的政治体制，以及宪法和立法法、监督法等法律的规定，人民法院不能依据宪法审理具体案件，不能搞宪法诉讼或者宪法司法化。也就是说，在现行体制下，由法院来适用宪法进行宪法监督存在重大的制度障碍。

人民法院能否行使宪法监督职权是一个重大问题，长期以来缺乏从体制背景方面的充分阐述和回应。虽然笔者主张全国人大及其常委会以授权的方式赋予人民法院以一定范围的宪法监督职权，但这里仍然有必要多用笔墨对法院进行全面宪法监督的体制性障碍做详细阐述。

4.5.1　人民法院审理案件的依据是法律而不是宪法

宪法第 131 条规定："人民法院依照法律规定独立行使审判权，不受行政机关、社会团体和个人的干涉。"这里的"法律"二字不仅是指人民法院依照法律规定的权限和程序去行使审判权，同时还意味着人民法院对各类案件进行实体审理时的最终依据是法律而不是其他。[①] 这就明确地将宪法排除在人民法院的适用范围之外。

这里有必要对宪法第 131 条有关人民法院审判依据的问题展开分析和讨论。

准确理解人民法院的审判依据问题，必须追溯到 1954 年宪法。1954 年宪法明确规定，人民法院独立行使审判权，"只服从法律"。那么，这里的"法律"是什么含义呢？

在 1954 年宪法中，"宪法""法律""法令"等规范存在重要区别，不可混同。其中，宪法是由全国人民代表大会制定的。不仅如此，全国人民代表大会还是行使国家立法权的唯一机关，除宪法之外，它制定的规范叫"法律"。全国人大常委会只能解释全国人大制定的"法律"。它所制定的规范叫"法令"，而不能叫"法律"。只是到了 1982 年宪法修改时，根据宪法的明确规定，全国人大常委会制定的规范才可被称为"法律"了。

---

① 虽然行政诉讼法规定人民法院还可以依据行政法规和地方性法规审理案件，但是，这有一个重要的前提，即行政法规或者地方性法规不得违背法律，它与人民法院以法律作为最终的审判依据并不矛盾。

1954年宪法之所以对宪法、法律、法令这些规范的制定主体作出明确的区分，根本原因是由人民代表大会制度的体制决定的。在这个体制下，国务院、人民法院和人民检察院分别从不同的方面，以不同的方式执行全国人民代表大会的意志。其中，人民法院以处理案件的方式执行全国人大的意志，即“独立进行审判，只服从法律”。人民法院服从法律，就是执行全国人民的意志。这里的“法律”是明确地不包括宪法的。这在当时的宪法起草委员会内部是不存在争议的共识。事实上，在1954年宪法制定过程中，也曾经有人建议将宪法草案中人民法院“只服从法律”的规定，修改为“只服从宪法和法律”①。但这个建议没有被采纳。

1954年宪法关于人民法院审理案件所服从“法律”的范围中不包括宪法，当时在人民法院内部是一个明确的共识。各级人民法院在案件审理中也是严格执行这个规定的。1955年7月30日，最高人民法院在给新疆高级人民法院关于在刑事判决中不宜援引宪法作论罪科刑的依据的复函中明确指出，同意新疆高级人民法院的意见，在刑事判决中，宪法不宜作为论罪科刑的依据。最高人民法院批复宪法不宜作为刑事判决依据的理由是：“中华人民共和国宪法是我们国家的根本大法，也是一切法律的‘母法’。刘少奇委员长在关于中华人民共和国宪法草案的报告中指出：‘它在我们国家生活的最重要的问题上，规定了什么样的事是合法的，或者是法定必须执行的，又规定了什么样的事是非法的，必须禁止的。’对刑事方面，它并不规定如何论罪科刑的问题”②。最高人民法院的这个批复理由表明：第一，宪法是根本大法，是法律的母法，即与法律是不同层级的规范，人民法院不可以超越法律的层级适用宪法。第二，宪法规定的内容都是涉及国家生活的最重要的问题，对于具体的社会关系包括刑事法律关系方面的问题，它不去规定。第三，总结上述两点，可以得出的结论是，人民法院是处理具体社会关系包括刑事法律关系的机关，而这些具体的社会关系是由全国人大在宪法之下以法律形式作出规定的，所以，人民法院的审判依据当然是法律而不是宪法。第四，可以进一步得出的推论是，对于涉及国家生活中最重要问题的社会关系的处理，也不是可以由人民法院进行的。应当说，最高人民法院的这个批复

① 韩大元．1954年宪法与新中国宪政．长沙：湖南人民出版社，2004：380.

② 梁国庆．新中国司法解释大全．北京：中国检察出版社，1990：420-421.

符合1954年宪法的原意。理论中，有的观点为使宪法可以“司法化”能自圆其说，要么绕过最高人民法院1955年的这一批复，要么认为，最高人民法院的这一批复只说明人民法院在刑事案件审判中不应当以宪法为判决依据，而没有排除在民事或者行政等其他案件的审理中以宪法为判决依据。这些说法力图使法院在宪法监督中发挥作用，初衷是好的，但与当时的实际情况不相符。

虽然1954年宪法规定人民法院审判案件只服从法律，但那时的法律显然不完备，要法院在审理案件中完全以法律为依据，实际上做不到。所以，在法院的实际审理中，除了法律之外，党的政策以及法官个人在实践中积累的经验，都发挥了重要作用。时任最高人民法院院长的谢觉哉在1959年6月8日北京片法院系统座谈会上专门就审判问题作了讲话。在谈到法院判案依据时，他说：“我们现在的判案一般也是有法可依的，当然还不够。这就需要依靠我们不断地积累经验。”① 当然，谢觉哉在这里没有明确说要把法官的经验作为审判依据。但是，他明确提出，除了法律之外，“‘判’是根据党的政策方针，在一定的法律范围内考虑量刑幅度”，“在搞清事实的基础上，依靠党的政策和法律来判是第二步”②。显然，谢觉哉是在强调，除了法律之外，党的政策也应当是判案的依据。但值得注意的是，谢觉哉始终没有说除了法律之外人民法院可以依据宪法来审判案件。为什么谢觉哉不提出这个问题呢？因为他很清楚，宪法和法律不是一个层级的规则，早在1954年9月，谢觉哉在《内务部通讯》上发表《人人要遵守法律》的文章，其中就将宪法和法律的这一重要区别说得很清楚：“宪法是一切法律的根本，一切法律都必须根据与发展宪法上的规定而不可有丝毫的违背。”③ 在这个背景下，宪法显然不是可以由人民法院用来作为判案根据的。

那么，1982年宪法第131条中“法律”的含义是什么？

1982年宪法有关人民法院审判依据的规定与1954年宪法相比有一个重要变化，就是将“人民法院独立行使审判权，只服从法律”的规定，改为：“人民法院依照法律规定独立行使审判权，不受行政机关、社会团体和个人

① 王定国，等．谢觉哉论民主与法制．北京：法律出版社，1996：223.

② 同①.

③ 同①214－215.

的干涉。”两部宪法在有关人民法院的审判依据的规定中，都有“法律”二字。现在的问题是，这个“法律”的含义有没有变化呢？或者进一步说，这里的“法律”是否包括宪法或者其他如行政法规、地方性法规甚至规章呢？有的观点可能会提出，宪法序言中有这样的表述：“本宪法以法律的形式确认了中国各族人民奋斗的成果，规定了国家的根本制度和根本任务，是国家的根本法，具有最高的法律效力。”这个表述中两次使用了“法律”二字，就表明宪法也是法律，进而认为，宪法第131条人民法院的审判依据中的“法律”也包括“宪法”。有的观点可能还会提出，行政诉讼法第63条中还规定：“人民法院审理行政案件，以法律和行政法规、地方性法规为依据。”所以，宪法第131条中的“法律”还包括行政法规和地方性法规。关于人民法院的审判依据为什么不能是行政法规和地方性法规，以及行政诉讼法第63条规定的历史背景，有人已做过阐述。[①] 这里需要着重讨论的是，宪法第131条中的“法律”为什么不包括宪法。

1982年宪法修改的基础是1954年宪法。为什么修改宪法要以1954年宪法为基础呢？因为当时各种修改意见相持不下，甚至有意见要求在中国搞“三权分立”。针对这种情况，彭真提出修改宪法必须以1954年宪法为基础，这个意见得到了邓小平和中央的支持。而以1954年宪法为基础，最根本的就是以人民代表大会制度的政治体制为基础，不搞“三权分立”或者其他体制，人民法院仍然是全国人大的执行机关，而不是与之平起平坐、分庭抗礼的机关。在这个背景下，全国人大、全国人大常委会、国务院、中央军委、人民法院、人民检察院等国家机关所制定和适用的规范仍然存在严格的区分。就全国人大及其常委会而言，与1954年宪法所不同的仅是，全国人大常委会也有权制定“法律”了。这样，现行宪法第131条中“法律”实际的范围就是全国人大及其常委会制定的“基本法律”或者“法律”，而不包括宪法或者其他的规范。事实上，在1982年修改宪法的过程中，对“法”“基本法律”“法律”“行政法规”“规章”“决定”“命令”等规范的用语都是经过慎重研究的，以使不同规范的名称与它的制定和适用主体都有严格的对应关系，而不可以张冠李戴，混乱使用。查阅1982年宪法修改档案，即可发

① 刘松山．人民法院的审判依据．政法论坛，2006（4）．

现一个典型的例子，当时宪法修改委员会秘书处曾在草案中提出，“全国人民代表大会和全国人民代表大会常务委员会通过的除了法律以外的决定、决议统称法令，法令具有同法律同等的约束力”。后来，这一款又被删去了。这是因为行使国家立法权的全国人大及其常委会通过的决定和决议，当然具有与法律同等的约束力，所以不必再使用“法令”这个概念。

准确理解宪法第131条中“法律”的含义，十分重要。虽然我国宪法在序言中有“本法以法律的形式”“具有最高的法律效力”的表述，但是，宪法第131条“人民法院依照法律规定独立行使审判权”这一规定中，“法律”二字是指不包括宪法在内的狭义的法律。对宪法第131条中“法律”一词只能作狭义理解，这在立法法的制定过程中也得到证明。2000年制定立法法时遇到的一个重要问题是，如何确定全国人大及其常委会的专属立法权。当时，全国人大常委会法工委曾对宪法中“由法律规定”“依照法律规定”“以法律”“依照法律”等表述方式进行专门的统计，整理出《宪法规定应制定法律的情况》的立法简报，结果发现，宪法共有四十多处类似的规定。这样，凡是宪法中涉及“法律”二字的事项，都属于全国人大及其常委会的专属立法权，在立法法中得到了进一步归类确认。其中，涉及人民法院的有两条，即第129条（人民法院的组织由法律规定）和第131条。这两条中的“法律”二字均特指全国人大及其常委会制定的法律，而不包括宪法或者其他规范。

现在需要进一步回答的是，宪法第131条为什么规定人民法院只能以“法律”而不能以宪法为依据行使审判权呢？除了上述人民代表大会制度体制下人民法院是全国人大及其常委会的执行机关这一重要因素外，还有两个重要原因。

第一，人民法院只能依照“法律”的规定行使审判权，是由我国单一制的国家结构形式决定的。作为单一制国家，我国不存在中央与地方的分权。依据民主集中制原则，中央与地方的关系是，地方服从中央，保证中央的统一领导，同时又要充分发挥地方的主动性和积极性。这反映在法律、地方性法规以下的规范性文件的制定上，就是全国人大及其常委会行使国家立法权，其制定的法律是仅次于宪法的重要位阶，地方性法规以下的各级规范性文件的制定都应当以法律为依据，是法律的逐步具体化，是执行法律的形式，不得与法律相抵触。这反映在人民法院对法律、地方性法规以下的规范性文件的适用上，就是全国人大及其常委会制定的法律是最高的适用标准，人民法院对地方性法规以下的规范性文件的适用都不得与法律相抵触。所以说从纵向关系上看，各级人民法院审理和判决案件的根本依据应当是全国人大及其常委会制定的法律。

第二，人民法院只能适用法律而不能适用宪法，是基于维护法制统一的需要。在我国，维护国家法制统一的制度设计有两个层次：一是在宪法的层面上维护法制统一，一切法律、法规、决定、命令都不得违背宪法，宪法是维护法制统一的最后准绳。这一维护法制统一的职权由全国人大及其常委会行使。二是在法律的层面上维护法制的统一，即法律以下的一切法规、规章、决定、命令等规范性文件或者具体的行为都不得与法律相抵触。行使这一职权的主体包括全国人大及其常委会、人民法院和人民检察院。其中，全国人大及其常委会主要是通过立法监督，保证有关国家机关的立法行为或者其他行为不与法律相抵触。而人民法院的职责则是通过处理具体案件的方式，维护国家法制的统一。如果法院可以适用宪法，就意味着在宪法的层面上它有权与全国人大及其常委会平起平坐，共同维护法制的统一，而这显然不符合人民代表大会制度的初衷。

那么，宪法第 131 条中“人民法院依照法律规定独立行使审判权”的“依照法律规定”是什么含义呢?

第一层含义是，法律为人民法院独立行使审判权提供保障。为人民法院独立行使审判权提供保障的主要是人民法院组织法和刑事诉讼法等诉讼程序方面的法律。这些法律对人民法院独立行使审判权的规定又是从两方面进行的。一是重申和强调宪法有关独立审判权的规定，并进一步规定各个诉讼领域内人民法院的独立审判权。比如，人民法院组织法第 4 条重申了本条宪法的规定，即“人民法院依照法律规定独立行使审判权，不受行政机关、社会团体和个人的干涉”。刑事诉讼法第 5 条规定：“人民法院依照法律规定独立行使审判权，人民检察院依照法律规定独立行使检察权，不受行政机关、社会团体和个人的干涉。”民事诉讼法第 6 条第 2 款规定：“人民法院依照法律规定对民事案件独立进行审判，不受行政机关、社会团体和个人的干涉。”行政诉讼法第 3 条则规定：“人民法院依法对行政案件独立行使审判权，不受行政机关、社会团体和个人的干涉。”二是明确规定人民法院审理和判决案件的具体组织和程序，从组织和程序上保障人民法院审判活动的独立性。比如，几个诉讼法都规定，各级人民法院审判一审、二审案件时以及在审判监督程序中组成合议庭和独任审判的情形，以及进行审判活动的具体程序，规定了人民法院在审判活动中与人民检察院和当事人、辩护人、证人等之间的关系，为人民法院独立行使审判权提供了程序上的保障。

“依照法律规定”的第二层含义，就是人民法院在审判活动中，必须严格以事实为根据，以法律为准绳，不受外界力量的非法干预。这方面的法律就是指全国人大及其常委会制定的实体方面的法律。人民法院审理和判决案件的目标就是在程序公正的前提下，得出实体方面的结论，追求实体方面的公正。而在司法实践中，行政机关、社会团体和个人对人民法院处理案件最经常和最严重的就是进行实体方面的干预，所以，人民法院在审判活动中，如果不能从实体方面依照法律、服从法律，它的审判权的独立行使就是空的。

总结以上的分析可以作出概括，人民法院审理各类案件的最终依据是法律而不是宪法，这包括两方面的含义。

一方面，人民法院应当适用法律审理案件。这是由人民代表大会制度的性质决定的。在人民代表大会制度的体制下，全国人民代表大会作为最高国家权力机关，统一行使国家权力。全国人大及其常委会居于国家政权体制的核心地位，行使国家立法权，通过制定法律来规范、领导国家和社会生活的各个方面。为保证国家法律的贯彻实施，从中央到地方的各级权力机关都产生它的执行机构，叫“一府两院”，它们从不同的方面以不同的方式来执行法律。其中，人民法院的职责就是，以审判的方式来适用法律解决各种社会纠纷，维护国家法制统一。国家法制的统一有两个层面，一是统一于宪法，二是统一于法律，最终统一于宪法。人民法院的职责就是以审判活动专司法制统一于法律的工作。

另一方面，人民法院只能适用法律而不能适用宪法审理案件。这同样是由人民代表大会制度的性质和体制决定的。人民法院行使审判权的依据止于法律，不得涉及宪法。宪法作为根本大法，是全体人民当家作主的基础和保障，是国家法制统一的基础和保障，也是国家统一的基础和保障。监督和确保宪法的统一实施，是一项事关全体人民当家作主、事关法制统一和国家统一的十分重大的权力，因此，它必须由全国人大及其常委会行使，这是最高国家权力机关能够始终统一行使国家权力、领导国家和社会发展方向的极其重要的保障。

4.5.2 人民法院没有宪法解释权

没有宪法解释权也是人民法院不能依据宪法审理案件的重要原因。有的人认为没有宪法解释权不是不可逾越的鸿沟，可以赋予人民法院宪法解释权以使其具有适用宪法的权力。这一设想当然不能绝对排除它的合理性和现实可行性。但是，总体上看，人民法院不能具有宪法解释权是由人民代表大会制度的性质决定的。在人民代表大会制度下，全国人大及其常委会的宪法解释权包括法律解释权①，是保证其始终能够行使国家最高权力的需要，这是我们与“三权分立”体制的一个重要区别。实践中，全国人大及其常委会的许多重要决策都是通过宪法解释来实现的。② 如果人民法院像对法律具有应用解释的权力一样，对宪法也一概地有应用解释的权力，就意味着它可以依照自己的意志理解宪法，并进一步意味着它可以与最高国家权力机关平起平坐、分庭抗礼了。这不是人民代表大会制度的本来内容。因此，对于人民法院是否可以有宪法解释权，不是不可以讨论，但它的前提是，不得损害人民代表大会制度的政治体制。

4.5.3 在政权体制中，人民法院不具有适用宪法审理重大案件的权威

根据宪法和地方组织法有关国家机构的规定，在政权体制的架构中，国家机构的先后排名顺序是：人民代表大会、人民代表大会常务委员会、人民政府，宪法在国家机构一章的最后一节对人民法院和人民检察院作出规定，地方组织法对人民法院和人民检察院没有作出规定。在中央一级，宪法对有

---

① 宪法虽然规定全国人大常委会解释宪法，但这并不意味着解释宪法的权力专属于全国人大常委会，全国人大是有权解释宪法的当然机构，因为全国人大常委会是全国人大的常设机构，它的权力包括解释宪法的权力本身就来源于全国人大。所以，不存在全国人大不能解释宪法的问题。同样的道理，全国人大对法律也有当然的解释权。

② 许安标，刘松山．中华人民共和国宪法通释．北京：中国法制出版社，2002：196，197.

关国家机构的先后规定是：全国人民代表大会、国家主席、国务院、中央军事委员会。宪法和地方组织法关于国家机构先后顺序的规定，实际反映了各个国家机构在国家政治生活中的地位。而在国家实际的政治生活中，同一层级各个国家机构、党的领导人以及政协方面领导人的排名顺序一般是：党的领导人、人大常委会的领导人、人民政府的首长、人民政协的领导人、人民法院的领导人、人民检察院的领导人。这个排名顺序基本反映了人民法院在国家政治生活中的地位。而违宪行为通常都发生在国家机构以及政党和国家机构的领导人、负责人身上，在这样的政治地位架构中，由人民法院来对政治地位高于它的机构和领导人、负责人进行宪法监督，显然是不切实际的。而且在人民代表大会制度的体制下，人民法院这个机构及其组成人员本身就是由人民代表大会产生，对人民代表大会负责，向人民代表大会报告工作，受人民代表大会监督的，在这样的体制中，人民法院怎么有权去审查人大及其常委会的行为是否违宪呢？再者，中国共产党是国家的领导党和执政党，人民法院在依据法律行使审判权的同时，还必须接受党的领导，人民法院对政党行为的合宪性进行审查，在政治上也是不可能的。所以，总体上可以得出一个基本结论，在现行的政治体制下，人民法院不具有适用宪法审理各类案件特别是审理那些重大案件的权威。

4.5.4 在国家和社会生活中，人民法院并不是各种纠纷的最终裁判者，由它来解决全部的违宪问题并不合适

在西方有一句名言：司法是社会公正的最后一道防线。这句名言在“三权分立”的国家是适用的。但是，在我们国家恐怕不能说司法是社会公正的最后一道防线。因为人民法院只是解决社会纠纷的一个重要机构或者一个方面，而不是解决各种社会纠纷的万能机构和最终裁判者。实际上，我们有很多问题特别是一些重大的问题都是通过作为执政党的共产党和人大及其常委会来解决的，通过政治协商和民主监督来解决的，它们解决一些特殊问题的权威都是高于人民法院的。而违宪问题一般都是重大问题，如果一下子由人民法院来解决全部的违宪问题，恐怕与我们的传统做法和现行的相关制度很不相符。实践中，人民法院所能解决的也只是法律以下的问题，是普通的法律纠纷问题。

4.5.5 法官素质现状以及司法活动中存在的个别腐败现象与法院进行宪法监督的要求不相符

适用宪法、实施违宪审查应当具备什么样的条件、遵循什么的程序等问题我们目前并没有研究清楚，但可以肯定的是，适用宪法是比适用法律更为重大、更为复杂、更为严肃的事情，对法官的业务素质和职业道德具有更高的要求。而从目前的情况来看，我国法官的业务素质还需要有一个逐步提高的过程，司法改革的一个重要目标就是在推进法官的专业化、精英化，这需要一个很长的过程。在此之前，他们要理解和驾驭复杂的宪法问题会力不从心，因为违宪问题不仅是法律问题，而且常常是复杂的政治问题。同时，当前还存在个别的司法腐败现象，法院审判公正与效率的目标没有完全达到。法院的职责是把严格依法审判的工作做好，如果法院处理法律问题都还没有得到社会的普遍认同，再让它来处理所有的违宪问题，人们有理由担心，那可能会出现比违宪问题更大的问题。

4.5.6 建议有条件地授权人民法院行使部分宪法监督职权

但是，以上所述的一些体制障碍以及其他原因，并不意味着人民法院在宪法监督中就一律无所作为。那么，人民法院有没有出路进行宪法监督？我们觉得，应当有。但有几个前提：一是须获得全国人大及其常委会的专门授权；二是人民法院只能行使部分宪法监督的职权；三是法院行使宪法监督职权不得损害人民代表大会制度的政治体制。

在全国人大及其常委会尚不具备条件全面开展宪法监督，地方人大及其常委会进行宪法监督经验不足，也不可能处理所有违宪案件的情况下，可以在特定范围内授权最高人民法院和省一级高级人民法院，对一些有宪法规定却缺乏法律法规的进一步规定、地方人大及其常委会又难以处理的并不严重的违宪案件，进行处理，以填补全国人大及其常委会与地方人大及其常委会在宪法监督中的一些空白地带。提出这一建议，有以下理由。

第一，人民法院作为人民代表大会制度体制下的重要国家机关，与其他国家机关一样，也有职责保证宪法的遵守和执行，维护宪法权威尊严。可以说，由人民法院行使部分宪法监督职权，是宪法的题中之意。

第二，人民法院虽然无权解释宪法，并以宪法为依据裁判案件，但是，在案件审理中，法院并非与宪法绝缘，它只有将法律置于以宪法为核心的整个法律体系中，才能对法律的具体条文做出准确的解释和适用，而要做到这一点，必须准确把握宪法。

第三，一个行为，一个法的规范或者文件，是不是违宪，常常只有在具体案件中才能引起注意，而法院的职责就是处理具体案件，在案件的处理中准确理解和适用法律条文，所以，在处理案件的经验和对法条的理解运用方面，人民法院均具有独特优势，这个优势用到宪法监督方面，并不逊色于其他国家机关。

第四，我们对宪法监督权置于谁的手中之所以十分慎重，是因为宪法中的很多规定政治性强，与国家政权体制密切相关。但宪法中也有些条文的政治性并不强，与国家政治制度没有多少直接关联。比如，公民的劳动权、休息权、受教育权、获得社会帮助权等具体权利，以及基层群众自治中的一些具体规定，就属于这一类。在这些方面，一个国家机关的具体行为，一个法的规范或者文件是不是违反宪法的规定，交由法院去理解和做出裁判，一般不会出现政治偏差。

第五，实践中有两种情况：一是完善以宪法为核心的法律体系需要一个长期的过程，有些事项宪法有规定，但一时难以由法律或者法规做进一步规定；二是宪法规定的有些事项制定法律法规的必要性并不大。这两种情况就使得有些具体案件的处理需要直接适用宪法，而对这些案件中的违宪行为由人大及其常委会上升到宪法监督的高度予以处理又属不必，这时候，交由法院处理是较为适宜的。

为谨慎起见，可以由最高人民法院向全国人大及其常委会提出授权的请求，内容包括法院进行宪法监督的具体事项和范围等，在这个基础上，由全国人大或者全国人大常委会作出具体的授权决定，授权最高人民法院以及省、自治区、直辖市高级人民法院行使部分宪法监督职权。可包括以下事项。

（1）明确法院在宪法监督中适用宪法内容的具体范围。

（2）明确规定，法院对违宪问题的处理如果发生争议，涉嫌违宪的主体可以逐级上诉，最终的裁判权仍然在全国人大常委会手中。

这样，法院实际只享有部分宪法监督职权。

（3）可以规定，允许法院在适用法律处理案件时，对法律的某一条款是否符合宪法作出判断。

如果法院认为该条款与宪法相抵触，最高人民法院有权向全国人大常委会提出审查要求，常委会一般应当启动审查程序并作出回应。如果对常委会的回应不服，最高法院还可以向全国人大会议提出审查的建议或者议案。

（4）可以规定，人民法院审理案件，遇有除法律条款违宪之外的重大违宪问题时，应当由最高人民法院向全国人大常委会提出违宪审查建议，甚至可以直接向全国人民代表大会提出违宪审查的建议和议案。

全国人大及其常委会授权最高人民法院以及省一级高级人民法院行使部分宪法监督职权，既可以调动人民法院在宪法监督中的积极性，减轻和分流人大及其常委会宪法监督的压力，也可以为将来进一步健全宪法监督制度积累经验。

4.6 慎重处理党派、政协、社会团体和企业事业单位的违宪问题

在比较完善的宪法监督制度确立之前，需要重视一些特殊主体的违宪问题，并确定一个法律制度健全之前的过渡时期的宪法监督办法。

第一，先设立党中央的宪法监督委员会。

设立中央宪法监督委员会，可以把宪法监督的各项工作统一领导开展起来，特别是领导解决有关国家机关解决起来缺乏具体宪法法律依据的违宪问题。

第二，谁来处理中国共产党的组织及其领导人和负责人的违宪问题？

这是宪法监督中最大的难点，也是必须解决的问题。有以下要点值得注意。

（1）原则上，对党的违宪行为与国家机关的违宪行为应当分开处理，因为党的组织及其领导人和负责人并不由人大及其常委会产生，由人大及其常委会直接对党的组织及其领导人和负责人进行宪法监督，缺少具体的制度支撑，也尚未有成熟的理论支撑。这个处理办法是由中国的具体情况特别是政治实际决定的，因为在其他国家和地区，对于政党的违宪问题，完全可以由

专门宪法监督机关予以处理，这在理论上也不成问题。

（2）在政治体制改革不到位的情况下，由全国人大及其常委会对党的中央一级机关及其领导人和负责人进行宪法监督，并不适宜。遇有党的中央一级机关及其领导人和负责人的违宪行为，全国人大常委会可与中央宪法监督委员会沟通，交由后者处理，这样可以避免全国人大常委会与党中央的正面冲突，以及由此引起的政治震荡。

（3）对于地方省一级党委及其负责人的严重违宪行为，地方同级与上级人大常委会以及全国人大常委会均有权过问，并可交由党中央的宪法监督委员会处理。地方发生的其他违宪行为，可以由地方人大常委会和地方党委处理。

（4）党纪严于国法，党章以及其他党内法规是比宪法要求更高的党纪，党的组织和领导人违背宪法，首先是违背了党内法规，要先在党内按照党章和其他党内法规来处理。如果党的领导人还担任国家机关的领导职务，那么，在党内处理后，再由人大及其常委会按照法律程序予以处理。

第三，谁来处理政协的违宪问题？

在新的宪法监督制度确立之前，全国政协的违宪问题只能由党中央的宪法监督委员会来处理。

第四，谁来处理各民主党派的违宪问题？

从目前情况看，恐怕也只能由党中央的宪法监督委员会处理，因为各民主党派都要接受中国共产党的领导。

第五，谁来处理并非由人大及其常委会产生的政府下属的国有企业、办事机构、直属机构以及其他具有公共管理职能的组织及其负责人的违宪行为？

对于这些组织及其负责人的违宪行为，中央一级的恐怕还是由全国人大常委会与国务院沟通后，由国务院直接处理，地方一级的由地方人大常委会与同级政府沟通后，由政府直接处理。

第六，谁来处理各类社会团体及其负责人的违宪行为？

有一些社会团体的重要性甚至超过了政府组织，对它们的违宪问题需要引起重视。在中央层面，对于一些重要的社会团体，比如全国总工会、共青团中央、全国妇联、中国法学会等的违宪行为，恐怕需由全国人大常委会与中央宪法监督委员会沟通后，交由后者处理比较适宜，其余社会团体的违宪问题可以交由具体登记管理的政府部门处理。

第七，谁来处理高等院校、科研院所之类的事业单位的违宪问题?

其中，高等院校、科研院所等思想学术性机构是非常特殊的事业单位，与宪法有很密切的关联，对它们发生的违宪问题需要特别慎重处理。原则是，既要维护宪法权威，又不能动辄上纲上线，不适当地干预文化学术自由。总体上看，对这类主体的违宪问题，性质一般的可交由教育行政部门或者党的宣传部门处理。但是，对一些引起舆论普遍关注的严重违宪事件，应当直接交由中央宪法监督委员会处理。

以上所述是对一些特殊主体宪法监督职权的划分，是过渡时期的措施，至于宪法监督制度全面立法后，如何处理上述特殊主体的违宪问题，将在下一部分继续述及。

五

充分实施宪法监督的条件、可能遇到的问题及策略步骤

十八届四中全会决定在强调健全宪法监督制度、加强宪法监督的同时，重点指出了一项宪法监督的具体措施，即："加强备案审查制度和能力建设，把所有规范性文件纳入备案审查范围，依法撤销和纠正违宪违法的规范性文件"。此外，十八届四中全会决定对其他的宪法监督措施没有具体列出，也没有提出全面实施宪法监督的步骤和时间表。这从另一方面说明，要实施全面的宪法监督还有不少重大问题需要观察研究，需要审慎应对，需要一个过程。

但是，需要一个过程不等于停滞不前。习近平总书记在关于四中全会决定的说明中说了这样一段话："法治权威能不能树立起来，首先要看宪法有没有权威"，"必须把宣传和树立宪法权威作为全面推进依法治国的重大事项来抓紧抓好，切实在宪法实施和宪法监督上下功夫"。从习近平总书记的这段话，可以清晰地体味到急切地通过宪法监督来树立宪法权威的殷忧之情。

因此，我们必须以时不我待的心情，以坚韧不拔的意志精神来推动宪法监督。同时，又要以理性务实的态度，蹄急而步稳地走好宪法监督之路。在这一过程中，需要审慎研究考虑和应对一系列重大问题。

5.1 充分实施宪法监督的条件

在中国，宪法监督是一个老生常谈又常谈常新的问题。法学研究的几乎

每一个领域，各类社会科学乃至全社会，长期以来对这个问题都给予了分外关注。1982 年宪法确立了宪法监督的基本制度。但实践中，这一制度没有完全发挥作用。关键原因是充分实施宪法监督的条件还不具备，或者至少不完全具备。

为什么这么说？因为这涉及宪法监督究竟是要监督谁的重大问题。首先要监督的是长期作为领导党和执政党的中国共产党。有的人总觉得这是一个讨论研究的禁区，不敢去碰触。实际上，我们党自身都没有把这个问题当作什么禁区。党领导制定的现行宪法第 5 条明确规定，一切政党都必须遵守宪法，一切违反宪法的行为，必须予以追究。这里的政党，当然首先包括中国共产党。中国共产党党章也明确要求党必须在宪法和法律的范围内活动。

十八届四中全会决定更是提出，“把党领导人民制定和实施宪法法律同党坚持在宪法法律范围内活动统一起来”，并反复强调：“任何组织和个人都必须尊重宪法法律权威，都必须在宪法法律范围内活动，都必须按照宪法法律行使权力或权利、履行职责和义务，都不得有超越宪法法律的特权”，“必须切实维护国家法制统一、尊严、权威，切实保证宪法法律有效实施”，“全国各族人民、一切国家机关和武装力量、各政党和各社会团体、各企业事业组织都必须以宪法为根本的活动准则，并且负有维护宪法尊严、保证宪法实施的职责”，“一切违反宪法的行为都必须予以追究和纠正”。这清楚地表明：中国共产党也必须在宪法范围内活动，党也必须接受宪法监督，党如果违反宪法，也必须予以追究和纠正。四中全会决定以如此大的篇幅强调党必须接受宪法监督，已远远超过了宪法的规定，这在党内历史上所有文件包括党的领导人讲话中，也是从未有过的。

但更应注意的是，宪法监督必须在党的领导下进行。这是实施宪法监督必须坚持的重要指导思想。而既要保证党的领导，又要充分实施宪法监督，就应当具备以下几个重要条件。

5.1.1　党的执政方式和执政能力总体上已达到和超过宪法的要求，经得住宪法审查

从人类政党政治和法治发展的规律来看，对于领导党和执政党而言，宪

法和法律只是一个对该党的最低要求，是一个底线。这个规律同样适用于中国共产党。实行依法治国，中国共产党作为长期的领导党和执政党，要立于不败之地，一个重大的前提就是：它自身在国家政权机关之外的组织和活动，需要达到和超过宪法的要求，基本不存在违宪的情况；它通过国家政权机关进行执政的方式和自身的执政能力，总体上需要达到和超过宪法的要求，也基本不存在违宪的情况。如果做到这两条，党自身就经得住宪法审查，打铁者自身硬，就有利于领导宪法监督。但是，如果党自身还存在不少违宪违法甚至严重违宪的情况，一旦实施宪法监督，可能会使党陷于被动，甚至不排除出现政治上的不稳定。

5.1.2 党通过自己的先进性，在全国各族人民中享有崇高威信，人民自觉自愿地拥护党、跟从党

要求一个政党永远不犯错误、绝对不出现违反宪法的情况，是不切实际的。但是，在一个有十几亿人口的大国，要求作为领导党和执政党的中国共产党，万一发生了违宪行为，甚至出现数量不少、性质比较严重的违宪行为，依然能够平稳地、有效地领导国家不断前进，就有一个重要前提，即：中国共产党要在全国各族人民中享有崇高威信，人民自觉、自愿地拥护党、跟从党。党的这种威信来自哪里？来自它的先进性。这一点，在革命战争时期，中国共产党做到了。在那一时期，党所以能由小到大，由弱到强，最终领导革命取得胜利，不是没有犯过错误，而是党即使犯了错误，也由于它代表了先进的力量和方向，依然在人民中享有崇高威信，得到人民拥护。延安时期，陕甘宁边区的政权建设实行“三三制”原则，中国共产党在政权组织中只占三分之一的人数，却能够成功领导政权建设，正是因为党制定了正确的路线方针政策，充分发挥了党员的先锋模范作用，深入贯彻了党的群众路线。一言以蔽之，因为党具有充分的先进性，享有广泛、崇高的威信，得到政权建设中另外三分之二力量的拥护。这种情况下，即使党偶尔犯了错误，甚至出现了个别违宪的情况，也无损于它的领导权威。

今天，我们实施宪法监督，面临的仍然是这个问题。那就是，党必须通过自己的先进性，得到全体人民的广泛拥护和支持。宪法监督应当是实现这

一目标之后的事情。习近平总书记领导的党中央正在向这个目标迈进，人民充满期待。在这种情况下，即使党出现个别违宪情况，甚至偶尔出现一定范围和一定程度的严重违宪情况，也仍然会得到人民拥护，无损于党的领导和执政地位。但是，如果党自身存在各种消极腐败现象和执政能力较低的严重问题，尚需不断提高自身的先进性，在这种情况下对党实施宪法监督，则可能损害党的威信和执政权威。

5.1.3　政治体制改革到位

宪法监督实际涉及国家政治体制的命脉，最终要回答的根本性问题是，党与国家政权机关之间，以及国家政权机关彼此之间，究竟是什么关系。宪法监督制度几十年来没有得到充分实施，关键就是政治体制改革没有到位。上世纪 80 年代中期，要求加强人大监督（很大程度上就是宪法监督）的呼声就很强。面对各方面持续的呼吁，担任全国人大常委会委员长的彭真曾意味深长地说，在党的领导体制包括政治体制改革还不到位的情况下，要全面讨论人大工作的问题（当然首先是监督问题），条件还不具备。[①] 而宪法监督则是人大监督的根本所在，在整个国家政权体制中牵一发而动全身。宪法监督的每一步，都与政治体制的设计与改革休戚相关。具体地说，在党和国家政权机关的关系方面，它直接涉及作为宪法监督机关的全国人大及其常委会，能不能监督中国共产党和各民主党派，监督的具体内容和方式是什么，监督到什么程度，一旦实行监督，可能出现什么样的政治和法律结果；在国家政权机关彼此之间，它直接涉及的是全国人大及其常委会能不能监督以及如何监督由它产生的各国家机关及其领导人员，一旦实施监督，可能出现什么样的政治和法律结果。这一切，都涉及政治体制设计的重大理念和具体改革步骤，而诸如此类的一系列重大问题，无论从理论还是实践上看，迄今为止，各方面显然并没有达成明确的共识和确定好改革路径。这是一项艰难繁复的事业，一项我们无法回避和必须完成的事业。

鉴于上述情况，笔者建议党中央以及全国人大常委会审慎研究实施宪法监督的步骤和时间表。

---

① 彭真．论新时期的社会主义民主与法制建设．北京：中央文献出版社，1997：333.

5.2 实施宪法监督和宪法解释可能面临的具体问题

实施宪法监督和宪法解释，开弓没有回头箭。

在全面实施宪法监督和宪法解释之前，无论党中央还是全国人大及其常委会，都应当对可能出现的各种宪法法律问题特别是政治问题，做充分的预设预想。而对于那些长期以来被视为禁区的所谓敏感问题，应当不回避，因为既然实行宪法监督和宪法解释，问题就必然要全部公开，并由宪法监督和宪法解释机关以及全社会直接面对，甚至会以尖锐激烈的方式公开面对。而对于必然要公开面对的重大问题，公开讨论之利，远远大于关门讨论、关门决策之弊。所以，我们认为，对于宪法监督和宪法解释问题，应当在坚持正确政治方向的前提下，充分估计问题，公开讨论问题，全面捕捉社会关切，积极寻求建设性解决问题的良策。

5.2.1 有人可能会对党的领导方式以及领导的法律效力，提出宪法解释和合宪性审查要求

制定 1982 年宪法时，对于党的领导方式以及法律效力等问题，实际存在重大分歧，宪法最终没有对这两个问题做具体规定。几十年来，各方面的理解和做法也很不一致。其实，即使是当时直接参加宪法讨论修改的先贤们，彼此在认识上也很不一致。对于宪法规定不甚明确的内容，按照宪法解释的制度设计，有关的主体就有权对相关内容提出宪法解释的请求。这样，就会形成一种可能，即：有人要求对党的领导方式和法律效力进行宪法解释。而一旦提出这个问题，就可能引起纷争。当然，党的领导方式和法律效力问题，可以由党内法规体系予以规定，实际上，中央有关部门也正在致力于这方面的工作。但是，按照宪法和中央关于制定党内法规的要求，党内法规也不得与宪法和法律相抵触。所以，前提还是要对宪法的相关内容予以解释，并在这个基础上，做好党内法规相关规定与宪法的衔接协调。

实践中，党的组织领导是一种重要领导方式。党管干部的做法与宪法确立的人大依法任免干部的体制，从中央到地方，可能都存在一些不一致之处。一些地方和部门违反宪法关于权力机关任免干部的规定，以党委领导的

名义干预代替权力机关任免干部的情况，还不同程度地存在。如果搞宪法监督，有人很可能就会对党管干部的做法提出合宪性审查要求。

由上述可见，实施宪法监督和宪法解释，必然对我们党不断改善自身的领导制度提出新要求，对各级党组织如何善于通过国家政权机关来实现领导，如何科学适当地保障宪法赋予公民的基本人权，如何落实四中全会决定中“使我国社会在深刻变革中既生机勃勃又井然有序”，实现“政治清明、文化昌盛”的战略目标，提出了前所未有的新挑战。

5.2.2　有人可能会对党中央突破宪法制定路线方针政策的做法，提出合宪性审查要求

几十年来，很多改革都是由党中央先突破宪法规定做出决定，随后修改宪法法律的。比如，十八届三中全会有关实行地方法院、检察院人事权统一管理的内容，四中全会决定中有关建立跨行政区划法院、检察院的内容，以及六中全会公报中有关监察机关的提法，都突破了宪法的规定。搞宪法监督，有人很可能会对党中央的类似做法，提出是否符合宪法的审查要求。

四中全会决定强调，在我们国家，“党的领导是中国特色社会主义最本质的特征，是社会主义法治的最根本的保证”，“必须把党的领导贯彻到全面推进依法治国全过程”。但是，在法治建设中，党的领导不仅是原则抽象的，更是具体操作的。几十年来，我们实际上未能科学解决一个党中央正确的路线方针政策与宪法规定不相符合时该怎么办的问题。当宪法的规定滞后于社会改革发展的需要，全国人大没有修改宪法，但是，党的中央全会或者党的领导人审时度势，提出了适应社会发展需要的改革路线方针政策或者构想，而这个路线方针政策或者构想又明显不符合宪法的规定，在这种情况下，我们的实际做法是，修改宪法，或者不修改宪法，先进行试点探索实践，以贯彻党的路线方针政策。这样做，固然体现了党的领导，但同时，也向我们提出了一个如何看待宪法权威的问题，有人可能就会以此为证明，说宪法的权威没有党的路线方针政策权威高。理论上，多年前有学者用了一个称为“良性违宪”的提法，对这个问题进行探讨，但并没有达成共识。实践方面，这种“良性违宪”的做法也没有改变。

如果实施宪法监督，就意味着我们必须真实地面对所谓“良性违宪”问题了。进一步说，就是我们必须既要保证党永远站在改革开放和各项建设事业的时代前沿，有效地实施路线方针政策的领导，又要使党的这种领导与维护宪法的权威相辅相成，相得益彰，而不能让宪法监督成为实现党的领导的障碍。如何在两者之间寻找一个科学的衔接平衡点，是需要深入思考的重要课题。

5.2.3　有人可能会对党的领导人的讲话、批示和其他行为，以及国务院、全国政协和“两高”的行为，是否符合宪法，提出审查要求

长期以来，我们似乎形成了一种固有的认识或者观念习惯，即：党的最高机关及其领导人、国家的最高政权机关及其领导人，是不会违宪的，即使出现了个别违宪的情况，社会上也是为尊者讳，媒体通常不予报道。多年前，一些法学专家“上书”要求对国务院的收容遣送条例进行违宪审查，前几年，专家们又“上书”要求对国务院的拆迁条例进行违宪审查。但是，处理这两个专家“上书”的案例，全国人大及其常委会都没有公开启动对国务院的违宪审查，而是由国务院自己废止或者修改了相关法规。用这一方法解决违宪审查诉求，不管背后出于什么样的考虑，有一点是可以肯定的，那就是，从政治伦理上说，无论是全国人大及其常委会还是国务院，都不愿意在全社会面前公开进行这种正面冲突的宪法监督。这一情况实际与中国政治上的传统文化特别是政治伦理有密切关系，即：国家政权机关之间也要“和为贵”，倾向于用沟通协商而非正面冲突来解决问题。

但是，实施全面的宪法监督，这一政治伦理必然会遇到巨大冲击，党和国家领导人以及各类最高党政机关很可能首当其冲成为宪法监督的对象，而且监督将不可避免地要向社会公开。具体地说，党和国家领导人的讲话、批示和其他行为，有可能被提出合宪性审查要求；而中共中央及其部门、国务院及其部门、全国政协、最高人民法院和最高人民检察院，乃至全国人大常委会、国家主席、中央军事委员会等国家机关都有可能面临合宪性审查的诉求。

将如何应对上述情况？笔者认为，既要未雨绸缪，严肃看待，又不必因

各种顾虑而拒绝宪法监督。为此，树立以下观念十分必要。

第一，要注意到，所谓宪法监督，从根子上说，就是要监督党中央、国务院，监督国家的最高党政机关及其领导人。

第二，对国家的党政最高层实施宪法监督，本身就是习近平总书记提出的“打铁还须自身硬”的要求，有利于党和国家的最高层对宪法常生敬畏之心，时刻用宪法来检查对照自己的言行，切实保证自身在宪法和法律的范围内活动。

第三，国家的党政最高层勇于和敢于面对宪法监督，不仅有利于树立宪法权威，也十分有利于树立自身的权威，对全社会宪法意识和宪法观念的形成，具有极大示范意义，对于全面推进依法治国的积极意义，更是怎么强调都不为过。

第四，对党政最高层实施宪法监督，开始可能不适应、不习惯，但是，一旦形成监督的常态化，各方面都会习惯接受的。万事开头难。

可以预见，只要开启了对国家党政最高层的宪法监督，依法治国的政治生态必将面貌为之一新，敬畏宪法、尊重宪法，必将蔚成风气。

5.2.4 可能会引起关于党大还是宪法大的纷争

四中全会决定在强调依法治国要坚持党的领导的同时，又深刻阐述了党的领导与依法治国的辩证关系：“党的领导和社会主义法治是一致的，社会主义法治必须坚持党的领导，党的领导必须依靠社会主义法治”。“只有在党的领导下依法治国，厉行法治，人民当家作主才能充分实现，国家和社会生活法治化才能有序推进”。习近平总书记在所作关于四中全会决定的说明中还专门就党的领导与依法治国的关系做了高屋建瓴的阐述。四中全会决定的这些论断是相当深刻的。但不可否认，实际上有些人的思想认识还是没有到位，总觉得党的领导与依法治国并不完全一致，甚至是存在矛盾冲突的。如果搞宪法监督，党自身就必须接受合宪性审查。这带来的问题是，党既要领导依法治国，自身又要接受宪法监督，如果在理论和实践中处理不好，就容易引起究竟是党大还是宪法大的纷争。

这是一个必须面对的重大问题。一旦实施宪法监督，对党的领导与依法治国的关系的理解，如果没有立足应有的高度，没有到达应有的深度，是很容易产生党大还是宪法大的疑问的。习近平总书记指出："'党大还是法大'是一个政治陷阱，是一个伪命题。对这个问题，我们不能含糊其辞、语焉不详，要明确予以回答。"[①] 但是，要深刻理解和认识总书记的这一重要论述，并不容易。理论和实践中，不要说普通人，即使在训练有素的法学专家中，出现将党的领导和宪法权威对立起来的疑问或者看法，也是不奇怪的。对于产生这种疑问困惑的人，我们不能简单地斥之为政治上的糊涂或者别有用心，而应当像习近平总书记要求的那样，要明确予以回答。所以，我们要花相当的力量，深入研究党的领导与宪法权威的关系，用中国法治体系的宪法理论和党建理论，用党处理自身与宪法关系的实践，来回应可能引起的关于党大还是宪法大的纷争，以理服人，以实服人。

5.2.5 可能会影响党在国家政治生活和人民心目中的地位

在传统政治文化中，党的地位是最高的。但是，如果对党的机关和领导人进行宪法监督，特别是一个宪法监督机关有权对党进行监督，带来的必然结果就是，把党置于行使宪法监督权的机关之下了。这对党在人们心中的政治地位和权威可能造成冲击。这也是必须预见和面对的一个重大问题，它与前面有关党大还是宪法大的问题是紧密相连的。

需要进一步提出的是，作为领导党和执政党的中国共产党，领导人民制定宪法，又领导人民遵守宪法，自身又自觉在宪法的范围活动，发生了违宪的情况即被宪法监督机关纠正，这必然会影响党在国家政治生活和人民心目中的地位吗？笔者认为，未必。如果没有宪法监督，党自身出现违宪行为难以得到或者得不到追究和纠正，长此以往，容易给人一种印象：党是凌驾于宪法之上的，党违宪了可以不受追究。应当说，党由此而形成的高于宪法的地位是脆弱的、不正常的，甚至是虚幻的。这种情况下，搞宪法监督，可能出现以下两种情况。

一种情况是党在人们心目中的地位和权威受到冲击。这时候，人们可能会认为，党没有什么权威了，最有权威的是宪法监督机关，加上长期以来对党内存在的个别消极腐败现象的不满，有的人甚至会对党的地位产生误解。这是

① 中共中央文献研究室．习近平关于全面依法治国论述摘编．北京：中央文献出版社，2015：34.

不能回避的风险所在。这时候，如果党自身不能充分展示自己各方面的先进性，赢得人民拥护，危机真的就可能发生。这是值得全党高度重视的问题。

另一种情况是，由于接受宪法监督机关的监督，暂时留给社会的印象是，党已经不是最权威的机关和组织了。但是，党以接受宪法监督为契机，进一步以宪法为活动准则，从严治党，不断提高自身的凝聚力、战斗力，不断提高自身的先进性，自觉做遵守宪法的典范，深入贯彻群众路线，发挥党员的先锋模范作用，通过制定正确的路线方针政策，引领和推动国家的各项事业不断前进。可以说，我们党自身能够实现这样的转变，党在全体人民心中的政治地位和权威，就会在经过宪法监督的洗礼后重新树立起来。这样，宪法监督非但不会削弱和损害党的地位和权威，相反会进一步巩固党的领导执政地位和在人民心中的权威。而这样的地位和权威，是最有生命力的。从这个角度说，宪法监督能保证中国共产党在人民心目中获得真正的地位和权威，永远立于不败之地。

如何看待和应对宪法监督对党的地位和权威带来的影响冲击，是值得全党深长思考的重大问题。建议有关方面对上述问题以及其他可能遇到的问题，进行统筹考虑，研究准备相关预案，特别是要对宪法监督制度进一步健全和完善，以避免实施宪法监督可能对党的领导带来的一些不必要的负面影响。

5.3　妥善处理学术舆论与政治决策的关系

习近平总书记在对四中全会决定所做的说明中特别强调，这个决定“有针对性地回应了人民群众呼声和社会关切”。应当说，有关宪法监督和宪法解释的内容，就是一个重要的回应。长期以来，学术讨论和舆论报道中加强宪法监督、宪法解释的呼声很强烈，不可避免地会对政治决策形成影响和压力。

但是，检索几十年来学术舆论对宪法监督和宪法解释的讨论即可发现，各方面在不断呼吁加强宪法监督和宪法解释的同时，对两者必然牵涉的一系列重大问题，却罕见关注讨论。学术舆论对宪法监督和宪法解释的讨论，基本限于以下几个内容：一是呼吁加强宪法监督；二是介绍国外的宪法监督制度；三是设想我国应当建立什么样的宪法监督制度，特别是建议改变宪法确立的监督主体，比如要求法院来适用宪法；四是对宪法解释的程序进行具体设计。但是，对在我国国情下如何开展宪法监督和宪法解释，所进行的针对性研究，特别是对监督对象以及监督可能面临的问题，以及带来的各种结果影响的研究很不充分。这是一个很有意思也很值得思考的现象。学术舆论不懈地呼吁加强宪法监督和宪法解释，初衷是为了树立宪法权威，当然，也不可避免地有其他复杂原因。无论如何，对这种强烈的社会关切，应当予以充分肯定。

但是，面对呼吁，需要谨慎思考的是，如何妥善处理学术舆论与政治决策的关系。这个问题长期以来没有受到足够的讨论关注。而法学又是一个天然和政治有着千丝万缕联系的科学。在我国的法治建设领域，一直以来就存在以学术影响政治的强烈倾向。特别是这些年，通过学术舆论推动中国法治进步的新闻事件时有发生。不少法学专家通过思想舆论影响参与政治决策和立法活动，对推进法治建设包括其中的宪法监督，都起到了积极作用，值得充分肯定。

但是，也不能不注意学术舆论对政治决策可能带来的负面影响。20 世纪 80 年代中期，曾出现过法学专家利用舆论干预党中央决策和全国人大常委会立法的情况。那时候，彭真同志采取措施，避免了学术对政治的不适当干预，保证了国家立法活动的依法进行。

理论家的使命是认识世界，政治家的使命是改造世界。认识世界是允许犯错误，也很可能犯错误的。但改造世界，尤其是在我们这样一个情况十分复杂的大国，要实行依法治国这一改造世界的伟大事业，是经不起犯错误的。中央进行宪法监督和宪法解释这样的重大决策时，妥善处理学术舆论与政治决策的关系，对于保证最终决策的稳健正确，至关重要。

5.4 以理性务实态度看待宪法监督的进程

对于中国的宪法监督问题，应当用历史的眼光看待，因为只有看到历史，才能理性务实地看到现在和将来。新中国成立之初，处于历史的大转折时期，共产党领导制定起临时宪法作用的共同纲领时，基本没有宪法监督方面的经验，基本没有设计相关的制度。制定 1954 年宪法时，宪法监督问题也没有受到足够重视。后来，国家很快发生了一系列政治运动，直到“文化大革命”中，宪法被抛到一边去了。那么，是不是有一个宪法监督机构，就能保证类似“文化大革命”这样的事情不会发生呢？对这个问题，彭真在制定 1982 年宪法时就说，在“文化大革命”中，无论搞一个什么样的宪法监督机构，都不见得能解决问题。从制定 1982 年宪法的过程看，对于宪法监督的重要性，立宪者们已经有了充分的认识，大体建立了以全国人大及其常委会为主体的监督制度，比较粗放，但历史条件决定了，也只能设计到这一步。三十多年了，要求健全完善这个制度的呼吁从未间断，有关方面甚至国家政权的高层，对解决这个问题的考虑和努力，也是不懈的。为什么没有特别的进展呢？笔者认为，只能承认：条件决定制度。制度没有进展，是条件不成熟。

现在，学术舆论中有一种观点认为，现行宪法的宪法监督制度完全是虚置的，没有发挥作用。甚至有人说，三十多年来，我们没有搞宪法监督。这种看法并不全面客观。现行宪法监督制度的确没有完全用起来，但是，三十多年来，全国人大特别是它的常委会并非没有履行过宪法监督的职权。实践中，全国人大常委会以不同的方式开展过一定数量的宪法监督，甚至进行过一些重要的宪法监督，只不过这些监督没有完全被公开报道罢了。

十八届四中全会强调要树立宪法权威。为此，决定确立了四个办法，一是健全完善宪法监督制度和宪法解释程序机制；二是设立国家宪法日；三是加强规范性文件的备案审查制度和能力建设；四是建立国家工作人员的宪法宣誓制度。仔细分析可以发现，四个办法中，后三个是具体的，其中规范性文件的备案审查可以说是宪法监督的具体事项。而对完善宪法监督制度包括宪法解释程序的其他具体措施，如社会上热议的宪法委员会等内容，决定并未涉及。可以说，中央全会对宪法监督和宪法解释问题所持的态度，是理性、稳健、持重和务实的。由此也可以说，在中国，要实行充分的宪法监督，不是一蹴而就之事，需要一个过程。这是不以人的意志为转移的。

但是，需要一个过程不等于停滞不前。习近平总书记在四中全会决定的说明中说了这样一句话：“法治权威能不能树立起来，首先要看宪法有没有权威”，“必须把宣传和树立宪法权威作为全面推进依法治国的重大事项抓紧抓好，切实在宪法实施和宪法监督上下功夫”。从习近平总书记的这番话，可以清晰地体味到他急切地通过宪法监督来树立宪法权威的殷忧之情。联系前面所述，诚可谓蹄疾而步稳矣。

我们相信，以习近平为总书记的党中央，会以卓越的政治智慧、法律水平和理论勇气，以坚韧不拔、维新图强的意志精神，做好宪法监督和宪法解释工作，将依宪治国、依宪执政的伟大事业推向一个历史的新高度。

5.5　解决违宪问题的综合思路

以上所提问题给我们的思考是沉重的。其实，问题还远不止于此。这给我们的提醒是，要建立比较完备的宪法监督制度，全面实施宪法监督，还需要一个过程。为此，笔者提出以下倾向性观点。

1. 花主要精力解决违法问题。这是解决违宪问题的必经之路。现在法制建设中最致命的问题是违法问题。违法问题得到有效解决，违宪问题不仅会明显减少，也会得到顺利解决。实践中，违宪问题毕竟是少数，绝大多数被视为违宪的问题实际都是违法问题，可以在法律法规的范围内解决。

2. 由党中央和全国人大常委会尽快联合出台文件，要求中央到地方的各级党政机关在一定的时间内自查自纠各类违宪行为和现象。彭真同志在复出后主持全国人大常委会工作之初，就曾提出这一要求，效果很好。上世纪80年代，中央也曾专门发文要求各级党委在干部任免中要充分尊重人大及其常委会行使法定职权，坚决纠正违宪现象，效果也很好。

3. 由党中央和全国人大常委会联合出台文件，对各级领导干部尊重宪法权威，纠正违宪行为提出若干具体要求，做出严格的规定，并一以贯之地督促执行。

4. 由党中央尽快设立一个综合性的宪法监督委员会，统一领导协调宪法监督工作，为尽快健全宪法监督制度做准备。全国人大及其常委会是宪法确立的宪法监督机关，这从法律制度上说，没有问题。但必须考虑到，宪法监督不仅是宪法问题，更是重大的政治问题。如前所述，最初起草监督法草案的时候，就有设想，由全国人大常委会对党中央的文件进行合宪性审查，后来由于牵涉政治格局，没有成功。在现在的政治格局下，由全国人大及其常委会对党中央进行宪法监督，不具备条件，由党中央来统揽宪法监督的全局，才是上策。中央设立的宪法监督委员会是综合的、政治上的，全国人大及其常委会作为宪法监督机关是法律上的，两者协调一致地工作，会相辅相成，具有很高的权威。

5. 在全国人大常委会这一层面，先将宪法监督的重点放在规范性文件的备案审查上，以此为抓手，逐步积累经验，为扩大监督的范围做准备。但是，在适当范围和条件下，应当开启全国人大及其常委会对国务院的宪法监督，特别是对国务院的一些部门进行宪法监督，也可以开启对最高人民法院、最高人民检察院的宪法监督，在国家监察委员会设立后，还可以开启对国家监察委员会的宪法监督。对这些机关的宪法监督，既可以针对抽象的文件，也可以针对机关和领导人、负责人个人的具体行为。这是有条件的，也有充分的宪法基础，出现政治震荡的可能性较小。

6. 在地方人大及其常委会这一层面，开展全面的宪法监督。监督的范围既包括规范性文件的备案审查，也包括地方党政机关及其负责人的具体行为，但监督过程中遇到重大问题时，须与全国人大常委会直至党中央进行协调沟通。

这里主要有两个问题。

第一个问题是，应当把宪法监督的重点放在地方，特别是地方人大。现在，由全国人大及其常委会开展全面的宪法监督，条件尚不成熟，但地方是一个很大的监督舞台。地方人大及其常委会在本行政区域内有保证宪法遵守执行的职责。这是宪法和地方组织法赋予地方人大及其常委会的重要职权。20 世纪 80 年代，地方人大的宪法监督十分活跃，积累了丰富经验。可以说，宪法监督的起点在地方，发力点也在地方，但这些年来，这个职权地方没有充分运用起来，相比于 20 世纪 80 年代，大大弱化了。现在，有立法权的地方，好像也把热情和功夫放在立法上。实际上，宪法监督应当从地方做起，地方把监督工作做实做全，全国性的宪法监督就有了坚实基础，应当鼓励地方开展全面的宪法监督，积累成效和经验。

第二个是备案审查问题。四中全会决定提出，要加强备案审查制度和能力建设，把所有规范性文件纳入备案审查范围，依法撤销和纠正违宪违法的规范性文件。从现在的情况看，要开展全面的宪法监督，条件尚不具备，但是，将备案审查作为宪法监督的一个重要内容来进行，是很必要的，可以为进一步的宪法监督积累经验。但理论和实践中，备案审查（这里主要是指人大常委会的备案审查）面临一系列需要研究解决的问题，包括备案审查的主体、范围、标准、责任分担等问题，这些将在本书的最后一部分继续论述。

7. 采取适当措施，在不损害人民代表大会制度的前提下，授予最高人民法院和省一级高级人民法院一定范围的宪法监督职权，使之通过具体案件的处理，探索积累宪法监督的经验。对于宪法中一些涉及公民基本权利、政治性不强的条款，在缺乏法律法规规定的情况下，可以允许法院直接依据宪法的规定审理案件。但是，如果因此发生法院判决是否合宪的争议，全国人大常委会可以对该宪法条款进行解释，法院必须依照全国人大常委会的解释作出裁判。同时，各级法院在审理案件中，也有权对宪法的相关内容作出主观理解，如果发现法律以下的规范与宪法相抵触，可以由最高人民法院向全国人大常委会提出审查要求。

8. 在适当范围内启动宪法解释程序，由全国人大常委会对宪法的某些内容作出解释，以在一定程度上发挥宪法监督的作用，并为宪法监督打下基础。

9. 党中央和全国人大常委会在每年 12 月 4 日这一宪法日，专门就宪法实施发出文件或者公告，号召全党和各级国家机关及其工作人员严格遵守宪法。

10. 党中央和全国人大常委会分别建立起违宪行为的通报制度。中共中央每年可就党内的违宪情况和处理结果予以通报；全国人大常委会每年也对国家机关及其领导人、负责人的违宪情况予以通报。这些通报既可以是定期的，也可以是不定期的。

笔者认为，经过上述努力后，宪法监督的制度健全和全面实施就会水到渠成。

5.6 未来立法中的具体建议

根据十八届三中全会、四中全会健全宪法监督制度的要求以及习近平总书记的讲话精神，应当加快健全宪法监督制度的立法进程。只有法律制度建立健全了，宪法监督才能切实有效地开展起来。当然，健全这个制度需要一个过程，但是，我们应当以紧迫感和责任感加快这个进程。

健全制度的总体原则是：坚持党对宪法监督的领导；保证全国人大及其常委会在国家机关体系的宪法监督中处于核心地位；充分发挥各方面在宪法监督中的积极性和作用。为此，笔者指出以下具体建议。

1. 建议由全国人民代表大会制定统一的宪法监督法。

这个法的名称可以定为“宪法监督法”，对宪法监督各类主体的具体职权和程序做出规定。

2. 建议在宪法监督法中明确党的中央宪法监督委员会在宪法监督中的法律地位、职能，以及与全国人大及其常委会在宪法监督中的关系。

3. 建议对中国共产党的组织及其领导人的违宪问题作出专门规定。

（1）凡中国共产党的中央一级组织及其领导人和负责人的违宪案件，先由中央宪法监督委员会处理；地方省一级党委及其负责人的严重违宪案件以及其他党委及其负责人的特别严重的违宪案件，也先由中央宪法监督委员会处理。对这类违宪行为的具体处理程序，可以由中央宪法监督委员会做出专门规定。

地方党委及其负责人的一般违宪案件，可以由地方同级人大常委会处理，以突出地方权力机关在保证宪法实施中的作用，并为中央一级的宪法监督积累经验。

（2）中央宪法监督委员会按照党章和其他党内法规处理违宪案件。因为违宪行为首先是违反党章和党内法规的行为，党纪严于国家法律，应当先用党纪处理。在中央宪法监督委员会按照党内法规处理后，如果党的领导人还担任国家机关或者其他组织职务的，还可由全国人大及其常委会处理。

（3）中央宪法监督委员会处理上述违宪案件时，须征询并尊重全国人大常委会的意见。

（4）中央宪法监督委员会处理违宪案件，如需要进行宪法解释的，由全国人大常委会作出宪法解释，宪法解释是中央宪法监督委员会处理案件的依据。

做以上制度设计，有几个基本考虑：一是中国共产党是领导党和执政党，党中央的实际政治地位高于全国人大及其常委会，由全国人大及其常委会对党的中央组织及其领导人进行宪法监督，容易引起政治上的冲突，将党内中央一级组织及其领导人和负责人的违宪案件以及地方严重的违宪案件，交由中央宪法监督委员会处理，可以避免这种冲突，保持高层政治的和谐，维护党中央权威；二是要体现党的领导与全国人大及其常委会监督宪法实施的一致性，中央宪法监督委员会进行宪法监督时，须征询并尊重全国人大常委会的意见，并在必要时，以全国人大常委会的宪法解释为处理案件的依据；三是地方党委并非国家政治的中枢机构，为突出人民主体地位，保证地方人民当家作主，要着力发挥地方人大及其常委会在宪法监督中的作用，除了省一级党的组织及其负责人的严重违宪案件外，一般地方党委及其负责人的违宪案件，均可交由同级人大常委会处理。

4. 在立法中明确全国人大及其常委会的监督对象。

宪法虽然规定，全国人大及其常委会监督宪法的实施，但是，一旦发生违宪，全国人大及其常委会有权对哪些主体进行监督？这是立法没有解决、现有体制也难以给予明确回答的问题，理论中对这一问题也未有深入研究。但是，人类法治文明的规律告诉我们，制度可以先行，实践催生理论。从长远看，是否可以明确规定：（1）全国政协、各民主党派、重要的全国性社会团体以及它们的领导人、负责人的违宪案件，国务院下属的非全国人大及其常委会产生的组织及其负责人的违宪案件，可以全部交由全国人大常委会处理。（2）中央一级大型国有企业的违宪案件由全国人大常委会处理。（3）高等院校、科研院所的违宪案件，原则上也由全国人大常委会处理。这样，全国人大常委会就相当于一个宪法法院，处理各类级别或者重要性与之相对应的违宪案件，以维护宪法的统一实施。

5. 全国人大可以设立一个专门委员会性质的宪法监督机构。

这个机构可以叫全国人大宪法委员会或者宪法监督委员会。这个委员会是全国人大的工作机构，而不是与全国人大常委会平行的机构，在全国人大闭会期间，它受全国人大常委会领导，专门协助全国人大及其常委会开展宪法监督。[①]

6. 全国人大可以在统一的宪法监督立法中授权最高人民法院以及省一级高级人民法院在一定范围内行使部分宪法监督的职权。

7. 建议在宪法法律已有规定的基础上，进一步明确全国人大和它的常委会在宪法监督方面的具体分工。

全国人大组成人员过多，会期短，经常性地开展宪法监督并不现实。全国人大监督的重点主要是人，而且，它对人的监督应当有全国人大常委会预先做铺垫准备工作，也不能轻易启动这一程序。所以，全国人大的宪法监督主要是一种震慑，是万不得已才采取的措施，是结果性监督，经常性的宪法监督职权应当由全国人大常委会行使，它的监督主要应当是过程性的监督。常委会采取过程性监督纠正了违宪行为就好，过程性监督还不能解决问题，就可由代表大会进行人事表决为主的结果性监督。

8. 应当明确全国人大及其常委会宪法监督的具体程序和方式。

现在，全国人大及其常委会主要以会议形式行使职权，而宪法监督实际是对具体案件的处理，能否也一概地用会议的方式处理违宪问题？宪法和法律虽然规定了专项工作报告、执法检查、询问质询、特定问题调查以及撤销罢免等具体的监督方式，但这些方式是否完全契合宪法监督的特点和需要？这些都是需要深入研究的问题。应当承认，对违宪问题的处理，主要还是类似于具体案件的处理，但又不同于法院对一般案件的处理，全国人大及其常委会处理违宪问题应当有特殊的程序，这个程序既要有人大及其常委会行使职权的特点，也要有法院裁判案件的特点，如此才是适宜的。

9. 地方人大及其常委会的宪法监督事项，可以由全国人大在统一的宪法监督法中解决，也可以由地方人大及其常委会予以规定。

如果统一的宪法监督法短时间内难以制定出来，可以由各地先制定地方性法规，以便在地方将宪法监督具体开展起来，为日后制定全国统一的宪法监督法积累经验。但是，即使将来全国人大制定了统一的宪法监督法，对于地方的宪法监督职权与程序，这部法律在做一些原则性的规定后，还是由地

① 此为2018年宪法修改前笔者的设想。2018年修改宪法，将原来的法律委员会改为宪法和法律委员会，就是一个专门委员会性质的宪法监督机构，行使了部分宪法监督的职权。当然，它同时仍然是一个进行法律监督的机构，行使着原来法律委员会对法律进行监督的职权。

方人大及其常委会做出具体规定为好。地方在宪法监督的相关立法中，应当借鉴中央立法的经验，学习中央又不完全照搬中央做法，发扬首创精神，对地方人大及其常委会进行宪法监督的各类具体事项，做出符合本行政区域实际情况和需要的有特色的规定。

六

宪法修改后备案审查、合宪性审查和宪法监督需要研究解决的若干重要问题

党的十八届四中全会提出，要加强备案审查制度和能力建设，把所有规范性文件纳入备案审查范围，依法撤销和纠正违宪违法的规范性文件。十九大报告进一步提出，要加强宪法监督，推进合宪性审查工作。2018 年修改宪法将原来的全国人大法律委员会改成宪法和法律委员会，前不久全国人大常委会通过的关于宪法和法律委员会职责问题的决定，又明确规定这个专门委员会负有推进合宪性审查、加强宪法监督的职责。十八届四中全会以来党中央、全国人大及其常委会的这一系列新提法、新做法，使备案审查、合宪性审查和宪法监督发生了紧密关系，也引起了各方面对如何做好这三项工作的热烈讨论，特别是对几十年来广为关注的宪法监督问题产生了分外的遐想。

2018 年修改宪法，具有重大现实意义和深远历史意义。

这次修改宪法，一个十分重要的内容，就是在宪法总纲的第 1 条明确规定，中国共产党领导是中国特色社会主义最本质的特征。1982 年宪法制定的时候，对于要不要写党的领导以及如何写党的领导，曾经有过激烈争议，最终在邓小平的拍板下，并经彭真的反复考虑，党的领导被以一种很策略的方式写进了宪法序言。[①] 但是，对于宪法序言的整体以及其中的各种表述是

① 刘松山．党的领导写入 1982 年宪法的历史回顾与新期待．河南财经政法大学学报，2014（3）．

否有规范性和法律效力，以及有什么样的法律效力，在认识中一直是有不同意见的。这就导致党的领导虽然写在序言中，但其强制性的法律效力并不十分明确。

这次修改宪法，将党的领导直接写入总纲并列为宪法正文第1条，就很清楚地表明，党的领导不仅具有规范性和法律效力，而且具有最高的法律效力。这个修改，再加上现在特别强调的党政军民学、东西南北中，党是领导一切的，中国共产党是国家的最高政治领导力量，坚决维护党中央权威和集中统一领导，以及必须坚持和加强党对一切工作的领导等重大提法，还有不久前党中央作出的关于党和国家机构改革的一系列重大决定，都是十分不同寻常的，对党和国家领导体制带来的影响和变革，将是深刻的、全方位的、历史性的。由此延伸，它对宪法监督特别是传统意义上我们对宪法监督的认识，明确了一系列模糊而又重大的问题，也提出了一系列重大问题，需要认真学习，深入研究并加以解决。

从现在的情况看，要全面开展宪法监督，条件恐怕还不具备，以备案审查和合宪性审查为抓手来逐步推进宪法监督，是很必要的，可以为进一步的宪法监督积累经验。但理论和实践中，备案审查、合宪性审查和宪法监督面临一系列需要研究解决的重要问题。

6.1 备案审查的主体需要研究

现在，除了有关专门委员会外，从全国人大常委会到地方人大常委会的法制工作机构都设置了专门进行备案审查的业务部门。比如，全国人大常委会法工委就设立了法规备案审查室，省一级地方人大常委会在法制工作机构下都设立了备案审查处。备案审查工作主要是由这些机构以及人大的相关专门委员会承担的。但是，类似法工委法规备案审查室乃至法制工作委员会、专门委员会这样的机构，在备案审查中应当扮演什么样的角色，其审查的权限、程序、审查行为的性质及法律效力等问题，在理论实践中就遇到了一些质疑，应当研究回答。

按照立法法的规定，全国人大的专门委员会、常委会工作机构发现规范性文件违宪违法时，可以向制定机关提出书面审查意见和研究意见，制定机关纠正的，审查就终止，否则委员长会议就可以提请常委会审议决定。

一般说来，制定机关都会接受专门委员会和常委会工作机构的审查意见，而且，专门委员会、常委会工作机构的审查意见也应当代表了对法律的准确理解。这方面，没有出现大的问题。但没有出现大的问题，不等于没有问题甚至是没有大的问题。比如，一旦专门委员会、常委会工作机构对宪法法律的理解发生了错误，而规范性文件制定主体又接受了这种错误理解，对规范性文件做了修改和废止，怎么办？再比如，规范性文件制定主体虽然不愿与专门委员会、常委会工作机构公开矛盾，对它们提出的审查意见通常照单全收，但它们一旦较起劲来，提出专门委员会、常委会工作机构能否代表全国人大常委会这个问题，怎么办？

备案审查要解决的问题，看上去是一个在内容上对规范性文件和宪法法律作出理解判断的专业问题，但实际上不是，它真正要解决的是一个谁要有权对宪法法律以及规范性文件作出判断的问题，是一个判断的主体资格问题，而不是两者内容上的谁是谁非问题，因为在人民代表大会制度的体制下（实际上不仅是在我们的政治制度下，在任何一种政治制度下，总要有一个最后说了算的法的规范和主体），能够对宪法法律说了算的主体，只能是各级人大及其常委会，最终的主体是全国人大及其常委会，而非它们内部的工作机构或者其他组织。

专门委员会、常委会工作机构对宪法法律的理解判断可能很准确，常委会对宪法法律的理解判断可能不准确甚至是错误的，出现这种情况时应当服从谁？当然是服从常委会了。所以，现在常委会将对规范性文件审查纠正的职权，基本交给专门委员会和常委会工作机构，在宪法体制上是否站得住，恐怕是很值得重视讨论的。

有的观点可能会提出，由常委会工作机构将备案审查的情况向常委会作工作报告，不就说明专门委员会、常委会工作机构的审查程序和结果代表了常委会的意志吗？

恐怕不宜这么理解，因为每一个规范性文件的审查都是很具体的，就类似法院对个案的审理。法院能够将自己日常审理具体案件的职权，交给它的参谋助手性质的组织机构（比如研究室、审管办），过一段时间，再让参谋助手向它概括性地报告审理案件的总体情况吗？

除了专门委员会和法制工作机构在备案审查中发挥作用外，还有一个值得重视的问题是，备案审查机构发现被审查的规范性文件有违宪违法问题时，往往还通过人大常委会的主任、副主任、委员长、副委员长或者秘书长的批示指示，向文件制定机关提出意见，要求其纠正违宪违法问题。这里要提出的是，如何看待人大常委会的主任、副主任、委员长、副委员长或者秘书长的批示指示在审查监督中的法律效力？人大常委会是合议机构，其组成人员实行一人一票，从宪法法律上看，常委会的委员长、主任等领导人、负责人个人通过做出批示指示来纠正违宪违法现象的做法，缺乏必要的宪法法律依据，他们的意见也并不等同于常委会的意志，其法律效力并不明确。建议有关方面从我国宪法法律体制出发，对常委会领导人、负责人作出批示指示纠正规范性文件这一做法的性质与法律效力，进行专门研究。

6.2　备案审查的范围需要研究

十八届四中全会决定在提出完善全国人大及其常委会宪法监督制度后，强调要加强备案审查制度和能力建设，“把所有规范性文件纳入备案审查范围”。这里，四中全会决定没有明确说由谁来进行备案审查，但从决定表述的整体语境以及此后各方面对四中全会精神的解读来看，这个备案审查的主体主要的恐怕还应当是各级人大常委会。但是，按照有关法律和地方性法规的规定，全国人大常委会备案审查的范围，实际就是法规和司法解释，地方人大常委会备案审查的范围主要是行政规范性文件以及下级人大及其常委会的决议决定，而这些范围只是“所有规范性文件”中的很小一部分。

如果强调要把所有规范性文件纳入备案审查范围，就涉及以下三个重要问题。

1. 什么样的文件才可以叫规范性文件

实践中，通常有一个所谓“三要素”的标准，即一个文件涉及公民、法人或者其他组织权利义务，具有普遍约束力，在一定期限内可以反复适用，就称为规范性文件。前不久，国务院办公厅发布的关于加强规范性文件制定和监督管理工作的通知，对行政规范性文件的界定，强调的就是这“三要素”①。但是，这个“三要素”的传统标准在实践和认识中已经越来越不能反映规范性文件的全部，不断受到质疑。因为：除了行政规范性文件之外的其他规范性文件，是否也适用这“三要素”的标准，并不清楚；很多国家机关的内部文件也涉及公民、法人或者其他组织的权利义务，甚至涉及的程度和范围都超过了向社会公开发布的规范性文件；有的文件表面具有普遍约束力，但实际针对的对象则是很具体的，没有什么普遍性；有的指导性、政策性的文件虽然规范性、约束力不强，但对公民、法人或者其他组织的权利义务有很大影响；有的文件虽然只是一次或者几次适用，但对权利义务的影响也很大。总体上看，什么叫规范性文件，规范性文件与法律法规的区别究竟是什么，理论和实践中没有回答清楚。将所有规范性文件纳入备案审查的范围，初衷是防止不适当地克减权利、增加义务的各类文件出台，一旦出台了就要加以纠正，但如果仅以“三要素”作为衡量规范性文件的标准，实际上就会使很多涉及权利义务的文件难以被纳入备案审查和监督管理的范围。

2. 哪一类主体制定的规范性文件应当纳入备案审查范围

从上述相关法律的规定看，被纳入备案审查范围的规范性文件，仅限于单纯由行政机关制定的行政规范性文件、最高人民法院和最高人民检察院制定的司法解释以及地方人大及其常委会作出的决议决定。但是，实践中的规范性文件恐怕远远不止这几类。比如，一些党政机关联合发布的规范性文件，党的机关单独发布的规范性文件，企业事业单位以及社会团体发布的规范性文件等，都不可避免地会存在违宪违法的因素，这些文件能否被纳入备案审查的范围？这里面有不少问题恐怕需要谨慎研究。

仅拿行政规范性文件的范围来看，就很复杂。前述国务院办公厅关于加强行政规范性文件制定和管理工作的通知，明确将法律、法规授权的具有管理公共事务职能的组织制定的规范性文件，纳入备案审查的范围。但是，如何理解“法律、法规授权”的准确含义？“具有公共事务管理职能的组织”，具体都包括哪些组织？“公共事务管理职能”的具体指向和范围是什么？这些司空见惯的说法稍加推敲就会发现有不少问题，而长期以来，各方面对这

① 国务院办公厅关于加强行政规范性文件制定和管理工作的通知，2018－05－30.

些问题似乎并没有形成统一权威的说法和规范。

再拿司法文件的备案来说，按照宪法、地方组织法以及全国人大常委会1981年关于法律解释问题的决议，特别是监督法和修改后立法法的规定，只有最高人民法院和最高人民检察院才能作出具体应用法律的解释，并且要交全国人大常委会备案，地方各级法院、检察院不得作出具体应用法律的解释。但实践中，什么叫“具体应用法律的解释”？理解并不统一。不少地方法院、检察院制定的司法文件具有很强的规范性，也很难与法律解释作出明确的区分，却不能纳入备案审查的范围。比如，前不久，上海市高级人民法院就连发了两个司法政策文件，一个叫“关于服务保障中国国际进口博览会的若干意见”，另一个叫“关于进一步完善行政争议实质性解决机制的实施意见”。其中，第二个“意见”明确规定了20个条文，与规范性文件甚至法律法规的格式内容基本没有差异，但是，这样一个对如何理解法律以及具体案件审理有重要影响的司法文件，却不能纳入备案审查的范围，一旦它违背了法律，怎么办？

3. 人大常委会能够监督的规范性文件有哪些

把所有规范性文件都纳入备案审查范围，那么，谁来备案审查？从宪法法律的相关规定以及国务院的有关文件看，备案审查的主体包括人大常委会以及政府及其部门。当然，党内规范性文件也有一个报送备案的问题。但从宪法体制上看，具有法律效力的备案审查主体还是人大常委会，而且宪法也规定，全国人大常委会监督宪法法律实施，地方人大常委会在本行政区域内有保证宪法法律实施的职责，也就是说，所有的规范性文件是不是和宪法法律相抵触或者是不是适当，最后应当由人大常委会说了算，而不是其他的党政机关说了算。这样，就需要清楚地回答几个问题。

一是四中全会决定中说的把所有规范性文件纳入备案审查范围，究竟是指纳入哪类主体的备案审查范围？

二是如果由人大常委会以外的各类主体进行备案审查，而这些主体审查能力不够或者即使发现问题也不予纠正，人大常委会又不知道，怎么办？

三是对于一些特殊主体比如政协会议、高等院校、科研院所或者社会团体制定的规范性文件，要不要进行审查？如果要，又应当交由哪类主体审查，道理是什么？

四是能否将各类主体制定的所有规范性文件都报送人大常委会备案审查？

从根子上说，上述问题要回答的就是人大常委会究竟能对哪些规范性文件进行备案和审查监督。从宪法体制的大方面看，由于各级人大常委会行使法律监督职权，所有规范性文件最终都由人大常委会进行审查监督，恐怕才是合适的，但这方面的制度设计和论证十分欠缺。

6.3　审查的标准应当谨慎界定

对规范性文件进行审查应当持有什么样的标准，是长期以来没有得到充分研究和达成共识的问题，这就给备案审查带来难度以及很大程度的随意性甚至混乱。这里所说的审查标准主要是针对人大常委会而言的。

1. 抵触的标准是什么

按照宪法和立法法等法律的规定，全国人大常委会对国务院的行政法规、决定和命令，对地方权力机关的地方性法规和决议，地方人大常委会对同级政府以及下级权力机关的决定命令，审查的一条重要标准是，是否与宪法法律相抵触。但是，什么叫相抵触？抵触的标准是什么？抵触与不一致的区别是什么？这个问题一直未能回答清楚，这不仅给审查机构的判断带来不确定性，也给文件制定机关在实践中如何把握带来困惑。

2. 宪法能否成为审查标准

按照立法法的规定，专门委员会、常委会工作机构可以对规范性文件是否符合宪法进行审查。那么，宪法能否成为它们审查的标准，道理是什么？如果可以，它们对宪法的理解判断出现重大误差，而文件制定机关又听取了它们的意见，做了修改和废止，怎么办？按照这次全国人大常委会关于宪法和法律委员会职责问题的决定，宪法和法律委员会具有推进合宪性审查的职责，如果这个专门委员会在审查中对宪法的理解发生了错误，而规范性文件的制定机关又接受了该委员会的意见，怎么办？

3. 能否对规范性文件的适当性进行审查

按照宪法第 67 条的规定，全国人大常委会有权撤销省级权力机关制定的同宪法法律相抵触的地方性法规和决议，立法法也规定，全国人大有关专门委员会和常委会工作机构发现地方性法规同宪法法律相抵触的，可以提出审查和研究意见。但前不久，在一些媒体对全国人大常委会法工委法规备案室审查部分地方计划生育条例所做的报道中，法规备案审查室负责人提出，该室不仅对法规的合法性进行审查，还对法规的适当性进行审查，并明确说，对一些地方计划生育条例的审查就属于适当性的审查。[①]

这可是个大问题。宪法和立法法的明确规定是，全国人大常委会有权撤销的是与宪法和法律相抵触的地方性法规和决议，而没有规定可以撤销不适当的地方性法规和决议。但是，《各级人民代表大会常务委员会监督法》（以下简称“监督法”）第 29 条、第 30 条规定，县以上的地方各级人大常委会有权审查撤销下级人大及其常委会作出的不适当的决议决定。也就是说，全国人大常委会对省级人大及其常委会地方性法规和决议的审查撤销，仅限于“抵触”的情形，但地方的上级人大常委会对下级人大及其常委会决议决定的审查撤销，不仅包括“抵触”的情形，还包括“不适当”的情形。这样的规定，其实应当包含很深的考虑：如果全国人大常委会对每个省级权力机关的法规决议的适当性都有权审查撤销，恐怕既办不到，也容易出问题。但在一个地方行政区划内，为了保证政令畅通，实现该行政区域的有效治理，上级人大常委会对下级人大及其常委会的规范性文件是否适当进行审查，是应当的，也可以做到。

宪法只规定，全国人大有权改变或者撤销全国人大常委会不适当的决定，这是因为常委会是代表大会的常设机关，在代表大会闭会期间行使代表大会的职权，受代表大会监督，所以，代表大会有权撤销常委会的不适当的决定。按照宪法的规定，全国人大常委会撤销国务院的行政法规、决定和命令，也仅限于出现“同宪法、法律相抵触”的情形，而不包括“不适当”的情形，这说明，全国人大常委会对国务院的监督和干预是十分谨慎和克制的。全国人大常委会对国务院行政法规、决定和命令“不适当”的情形都不干预，对地方性法规的不适当情形能够随意干预和审查监督吗？

这个问题涉及全国人大与地方人大的关系。按照宪法的体制和精神，全国人大与地方人大的关系是法律监督关系，而不能是领导关系，如果可以对

① 邢丙银．全国人大常委会审查地方计生条例：建议修改超生就辞退规定．[2017－10－27]．澎湃新闻网．

省级地方性法规的适当性进行审查，就使这种关系变成领导关系了。省级人大地方性法规的内容是否适当，是该级权力机关在本行政区域依法行使职权的问题。宪法和法律赋予地方立法权的重要初衷，就是让省级权力机关可以在本行政区域内充分发挥主动性和积极性，而立法中的适当性，正是发挥主动性和积极性的重要内容，全国人大不能干预。这个问题，20世纪80年代彭真就说得很清楚："从实际工作看，全国人大及其常委会依法行使职权，能不能干预？不能，也不好干预"，"否则就与宪法精神相抵触了，也不符合中央关于权力下放的精神"[①]。但全国人大对省级人大有法律监督的关系，这种法律监督关系的重要表现就是，省级的地方性法规与法律相抵触，全国人大常委会就要行使监督权。用彭真当年的话说，就是："不论省级，还是县级，不管是谁，只要违了法，它就要管。"[②] 彭真的这些话对人大常委会的备案审查具有重要指导意义。

建议有关方面对全国人大常委会能否就地方立法进行适当性审查做慎重研究，以避免出现干预地方权力机关依法行使职权的事情。

4. 党和国家的路线方针政策，能否成为审查的标准

也是在上述地方计划生育条例审查的案例中，全国人大常委会法工委法规备案审查室负责人在谈到可以对地方性法规的不适当性进行审查时说：所谓适当性审查，即被审查对象可能不违反宪法法律，对其审查，不一定作出与法律相抵触的判断，但它与中央的政策精神和决策部署不相符，或与改革方向明显不一致，或现在的情况和立法之初相比发生重大变化，即可作出不适当的判断[③]，而法规备案审查室对上述几省计划生育条例中超生处罚的规定，所进行的正是这种适当性的审查。

这也是一个大问题。它向我们提出：法规备案审查室、全国人大常委会法工委乃至全国人大常委会，能否对党中央、国务院的政策精神和决策部署甚至改革的方向，进行权威的理解判断，并以自己的理解判断为标准，来审查检验地方性法规、司法解释等规范性文件的适当性？如果有这个权力，就意味着全国人大常委会及其工作机构拥有对宪法法律之外的中央文件政策的

① 彭真．论新时期的社会主义民主与法制建设．北京：中央文献出版社，1997：233.

② 同①234.

③ 同①234.

解释权，包括对整个国家改革方向和形势的判断权，并以这个解释权和判断权来审查各类规范性文件的适当性。这是一项很大的权力，直接涉及全国人大常委会与党中央、国务院关系的深层内容，建议有关方面对这个重大问题做慎重研究。

6.4 区分主动审查和被动审查，似乎意义不大

对于主动审查和被动审查问题，2000 年制定立法法的时候做过研究，最后确立的全国人大常委会的备案审查方式，是强调被动审查而非主动审查的，但 2015 年修改后的立法法强调人大专门委员会和常委会工作机构的主动审查。实践中，有关方面则明确提出人大常委会要“有件必备，有备必审，有错必纠”，主动审查被大大加强了。强调主动审查的初衷当然是好的，但可能会引起以下问题。

第一，容易让人觉得，规范性文件需要经过主动审查后才能生效。比如，行政法规、地方性法规一经制定主体通过后，即具有法律效力，报送全国人大常委会备案并不影响它的生效，但法律如果规定主动审查，并在实践中强调“有备必审”，给人的明显感觉就是，规范性文件的制定主体说了不算，其效力至少是不完整的，只有经审查没有发现问题后才能生效。无论你怎么强调备案不影响生效，但法律明确规定要主动审查，并在实践中强调要“有备必审”“有错必纠”，对规范性文件效力的质疑和不信任，是明摆着的。

第二，强调主动审查，在人大这方面，容易让人对全国人大与地方人大的关系产生疑问，感觉损害了地方人大的权威。如前所述，全国人大与地方人大没有领导关系，在处理与地方人大的关系方面，就应当很慎重，很注意尊重地方人大的权威。但按照立法法的规定，全国人大的专门委员会、常委会工作机构可以对一个省级权力机关制定的地方性法规进行主动审查，就显得预设怀疑、咄咄逼人，有领导关系的倾向了。要知道，省级人大是一级独立的国家权力机关，连这个行政区域的全国人大代表都由其选举产生，而全国人大的专门委员会、常委会工作机构则是为全国人大代表服务的参谋助手，换句话说，它的职责是为省级人大选举产生的代表服务。在这种情况下，再明确规定它去主动审查省级人大及其常委会制定的地方性法规，是否

合适？

不仅是对地方人大，如前所述，对国务院的行政法规，全国人大也有一个尊重其权威的问题。如果全国人大强调，对国务院的行政法规要主动审查，“有备必审”，恐怕也不太适宜。

第三，主动审查的队伍和能力压根就跟不上。如果把主动审查的任务主要放在专门委员会和常委会工作机构身上，那么，这实在是它们不能承受之重。现在，全国人大常委会法工委的法规备案审查室，才十几个人，一些省级人大常委会法工委的备案审查处，只有两三人，让这样的队伍去对纷繁复杂的规范性文件进行主动审查，是不可想象的。

第四，主动审查的程序是什么？人大的专门委员会、常委会工作机构对规范性文件进行主动审查，作为一种内部的工作方式，是没有问题的。比如，在报送备案后，人大内部的备案机构就可将规范性文件分送有关专门委员会和常委会工作机构审查一下，看看有没有问题。如果发现违宪违法问题，就联系相关制定主体，向它们提出意见。作为一项内部工作，具有联系沟通性质，是好的。但是，如果要将这项工作上升为法律规定，就很有讲究了，它给人的感觉，就是对规范性文件的制定主体形成了一种威慑。既然这样，文件制定主体就可以提出：主动审查的条件、程序、标准是什么？主动审查是不是应当公开审查的结果？什么叫“可以对报送备案的规范性文件进行主动审查”？“可以”是不是意味着主动审查具有任意性？如果有较真的地方人大提出这些问题，全国人大怎么回应？

第五，如果强调主动审查，是不是要将审查的结果向社会公告？如果不向社会公告审查的结果，公开强调审查的主动性又有何意义？

第六，应当承认，一件规范性文件是否违宪违法，往往是在实践中才能发现的，没有经过实践，不容易发现问题，强调主动审查未必就有利于发现问题和解决问题。

第七，有没有必要刻意区分审查的主动与被动？审查规范性文件的目的是纠正其违宪违法的内容，而不是表明方式上的主动与被动，更不是要展示审查一方的权威与进击。强调主动与被动，凸显的是启动审查的主体，从立法法的规定看，凸显的实际是人大的专门委员会和常委会工作机构。而这两类机构作为参谋和助手，主要应当是在幕后工作的，不适宜以法律规定的形式走上前台，否则容易给人以冲淡全国人大及其常委会地位、反客为主的感觉。

与被动审查相比，主动审查除了意味着专门委员会和常委会工作机构具有优先启动审查程序的优势，其他并没有什么特别值得强调的好处，因为普通公民对一件公开的规范性文件也可以主动审查，发现问题即可以向全国人大常委会提出审查建议，进而启动审查程序。这种情况下，被动审查与主动审查又有什么实质性的区别呢?

实际上，对一件规范性文件的审查，很大程度上恐怕就类似于法院对案件的审理，应当遵循不告不理的原则，在没有原告的情况下，法院就不能主动去找来案件并启动审理程序，而专门委员会、常委会工作机构在文件的审查中就类似法院，在没有收到审查建议的情况下，就主动开始审查，也不太适宜，因为这不仅有对规范性文件违宪违法先入为主的嫌疑，也有由于缺乏对规范性文件具体适用的感受体验，而难以抓到审查重点的问题。

6.5 备案审查的其他几个问题

第一个问题是，备案审查后的责任分担没有受到重视。从立法和相关的实践看，对于报送备案的规范性文件，我们对审查强调得多，但对审查后发现违宪违法，如何苛以文件制定主体的责任，没有予以应有重视。这是一个相当重要的问题。前不久甘肃祁连山生态保护立法中的有关人员被追究违法立法的责任，受到广泛关注，但这个问题长期以来没有多少讨论。十九大报告明确提出要依法立法，其宗旨是维护法制的统一。在一个单一制的大国中，立法主体众多，在充分发挥各类主体立法主动性、积极性的同时，如何维护法制统一已经成为一大难题。一件行政法规、地方性法规、司法解释或者其他各类规范性文件违宪违法了，其制定主体应当承担何种责任？是政治责任还是法律责任？是集体责任还是个人责任？如何进行责任分担？建议有关方面做深入研究。

第二个问题是，加强备案审查的能力建设比较困难。按照四中全会决定的要求和立法法的规定，对规范性文件进行备案审查，是一项相当繁重艰巨的工作，要把这项工作做好，需要加强能力建设，特别是需要一支强有力的专业队伍来承担，其他有关备案审查的专业能力、机制建设等问题，同样应当研究解决，但都是很难解决的问题。

备案审查部门的队伍和能力建设跟不上，实际向我们提出的还是上述老问题：备案审查的主体究竟是专门委员会、法制工作机构还是人大常委会？如果认为法工委的备案审查部门就是主体的话，那么，现在从各地方到全国人大常委会，都应当花几倍甚至十几倍的人力物力来充实备案审查工作，这基本没有可行性，而且必然会导致权力机关内部组织之间的不平衡。但如果把备案审查的主体理解为各级人大常委会，让人大常委会这个权力机关实实在在地去进行审查，所谓工作机构的能力建设就不是大问题。

按照立法法的规定，备案审查是立法程序的重要环节，但长期以来，从中央到地方，在认识和实践中，对“立法”这一用语的理解，基本都局限在立、改、废、释四个方面，纳入立法规划、立法计划以及人大常委会审议的也是这四个内容，而由常委会会议对一件下位法是否符合上位法专门进行审议并作出决议决定的情况几乎闻所未闻。是不是可以作这样一个改变：将各级人大常委会对下位法的审查纳入立法规划计划中，有关专门委员会和常委会工作机构在备案审查中所做的只是初步性、程序性、参谋性、辅助性工作，把对下位法经常性的实质性审查权还给常委会。这样，既可以使常委会的备案审查变得名副其实，又避免了备案审查队伍和能力建设中诸多难以解决的问题。

第三个问题是，备案审查机构的名称是否应当修改。全国人大常委会法工委的法规备案审查室是2004年设立的。备案审查，顾名思义，既包括了备案，也包括了审查，但实际上，备案审查室从设立至今，就没有承担备案的任务，备案工作长期以来是由全国人大常委会办公厅承担的。

从媒体的高强度报道来看，备案审查室的主要工作，显然是审查，而非备案。各地方人大常委会法工委的备案审查机构也有这样一个名实不甚相符的问题。所以，法规备案审查室可否考虑改一下名称，比如叫法规司法解释审查室或者规范性文件审查室之类的？

6.6 合宪性审查大概只能理解为宪法监督

十九大报告提出合宪性审查这一用语后，很快引起各方猜测讨论。不少人提出，合宪性审查与违宪审查、宪法监督等用语，究竟是什么关系？建议有关方面在适当时候对这一用语做出权威解释。

十九大报告的相关表述是，“加强宪法实施和监督，推进合宪性审查工作，维护宪法权威”。这句话的理解可能多种多样，笔者认为可以作以下几层理解：（1）要加强宪法监督，但全面的宪法监督一下子很难开展，可以先将合宪性审查开展起来，以推进合宪性审查为抓手，为宪法监督积累经验；（2）合宪性审查是备案审查的一部分，加强备案审查就是加强合宪性审查，就是为宪法监督打基础；（3）合宪性审查重事前审查，希望把违宪的苗头解决在文件决策通过之前，重审查而不重责任的追究，与宪法监督的刚性提法相比，比较柔和。

但笔者认为，对于宪法监督，是很难换用一个术语就可以减少它的部分内容的，合宪性审查无论从事实还是从法律上看，都很难不被理解为完整意义上的宪法监督。因为宪法监督必须具备三个基本要素：一是对一个行为或者文件等现象是否违宪进行审查；二是得出是否违宪的结论；三是对违宪行为或者文件等现象予以纠正、撤销，并追究相关违宪主体的责任。那么，合宪性审查作为一项重要宪法法律职权，能否回避这三个要素中的一个或者两个呢？恐怕不能。如果能够回避的话，那么，合宪性审查这个行为恐怕就没有法律效力，而对一个没有法律效力的行为，冠以很严肃的法律用语，实在意义不大。

现在有一种认识倾向，认为对一个现象的合宪性审查，可以分为事前的审查和事后的审查。比如，在一个文件、一个行为没有发生法律效力之前，对其合宪性进行审查，就叫事前审查。这个审查旨在把违宪因素发现和纠正于一个文件决策或者行为发生法律效力之前，其优势是可以避免事后监督给有关主体带来的被动。而事后的审查是在一个文件决策或者行为发生法律效力之后的审查，这种审查就比较严肃了，引起的法律后果比较严重。这种审查大概就是通常意义上所说的宪法监督。可能是为了避免宪法监督的敏感性、严重性，合宪性审查这个用语就被提出来了，因为它给人的感觉比较温和，也容易被强调为事前审查，即使被理解为事后审查，也没有宪法监督那样的刚性和凌厉了，似乎还不同于宪法监督的含义。

关于事前的合宪性审查能否与宪法监督截然分开的问题，将放在下一部分进一步阐述。这里要提出的是，对于事后的合宪性审查，能否回避宪法监督以上三个要素中的一个或者两个，甚至被认为不等同于宪法监督？恐怕也不能。原因如下。

第一，只要开展合宪性审查，所有的违宪现象恐怕都应当纳入审查范围，从理论上很难说有一个违宪的现象可以作例外处理。当然，实际操作上，对于审查的范围可以有一个逐步扩大的过程，但合宪性审查本身并不能将任何违宪现象排除在审查之外。

第二，只要审查了，就必须得出是否合宪或者说是否违宪的结论。

第三，只要审查并确认违宪了，就必须对违宪的现象予以纠正撤销直至追究相关违宪主体的责任。现在，强调合宪性审查，就容易被理解为偏重审查，而对发现违宪后的刚性监督做了淡化。比如，全国人大审查国务院的行政法规，发现违宪了，并不撤销，而是让国务院自己废止，也不去追究国务院领导人的责任，也即只审查，不采取宪法法律规定的审查后的刚性监督措施。这种做法偶一为之是可以的，但如果成为习惯做法，大家就会认为，事后的合宪性审查只是审查而已，不重视审查后的刚性监督，那么，长此以往，被审查的违宪主体不听审查主体的建议，怎么办？所以，没有刚性监督做后盾的审查，实际是空的。

总体上看，即使是事后的合宪性审查，大概也只能理解为宪法监督，宪法监督的内容是很难换一个用语就可以稍加减少或者绕开的。

6.7　宪法法律意义上的合宪性审查只能是事后审查

如前所述，提出并强调合宪性审查，大概还有一个初衷，即注重对一些文件决策在出台之前进行事前的合宪性审查。一段时间前，全国人大常委会法工委法规备案审查室主任梁鹰在接受《法制日报》记者采访时，就明确透露了这个信息。他对这个问题的观点是，合宪性审查既有前端事前审查，也有后端事后审查。他还提出要研究建立两种机制，一种是合宪性咨询机制，“能让规范性文件的制定主体在起草制定过程中，可以向有关方面，比如全国人大常委会提出咨询，其正在制定的规范性文件及有关制度设计是否符合宪法，再由有关部门作出答复”；另一种是事前送审机制，即“规范性文件在制定之后颁布实施之前，涉及宪法问题的，需要送有关方面进行审查，征求其意见或者进行事先咨询”①。

梁鹰的这一观点不久前得到权威印证。2018 年 5 月 22 日，全国人大常委会法工委主任沈春耀在北京学习宣传宪法报告会上说：“有关方面拟出台的法规规章、重要政策和重大举措，凡涉及宪法有关规定如何理解、如何适用的，都应当事先经过全国人大常委会合宪性审查，必要时通过适当方式作出合宪性安排，确保与宪法规定、宪法精神相符合。”② 这就明确提出一个事前的合宪性审查问题。当然，沈春耀这里所说的合宪性审查主体是全国人大常委会，而不是宪法和法律委员会或者法工委。但即便如此，这仍是一件涉及国家政权体制的大事，有必要加以重视和讨论。如果可以将合宪性审查理解为事前审查，恐怕会面临以下几个问题。

第一，全国人大常委会，包括全国人大的专门委员会或者常委会工作机构，会不会不适当地干预和代替其他国家机关依照宪法法律行使职权？

按照宪法法律的规定，国务院及其部门制定行政法规规章，规定行政措施，发布行政决定和命令，地方人大及其常委会制定地方性法规，作出决议决定，包括最高人民法院、最高人民检察院对具体应用法律的问题进行解释，都是宪法法律赋予它们的职权。在这些国家机关行使相关职权的过程中，全国人大常委会不适宜对其是否合宪进行预先审查，否则就会有越权的嫌疑，不符合人民代表大会制度之下人大处理与其他国家机关之间关系的基本原则。

全国人大常委会如何处理与横向的“一府两院”的关系？对这个问题，彭真曾经专门强调：“人大常委会要严格依法办事，一不要失职，二不要越权。”“一不要失职，就是要认真履行宪法赋予的职责；二不要越权，就是不要越俎代庖，干扰宪法规定的由政府、法院、检察院分别行使的行政权、审判权、检察权。”他还说，“我们的国家体制的确是各有职权，井井有条的”。在阐述这些重要观点的同时，彭真还明确举例说，“国务院制定的行政法规、

① 朱宁宁．全国人大常委会已开始对合宪性审查进行研究部署．法制日报，2018-01-16.

② 沈春耀．深入学习贯彻习近平总书记宪法重要论述精神，全面加强宪法实施和监督．法制日报，2018-05-23 (2).

决定和命令如果同宪法、法律相抵触了"，"全国人大常委会有权予以撤销"①。值得注意的是，彭真这里所说的撤销，是行政法规、决定和命令生效后的事后撤销而非生效前的监督。

彭真的这些话揭示的是宪法的体制和基本精神。在现行的宪法体制下，政府及其部门制定行政法规和规章，是宪法法律赋予它们的独立固有的职权，这个职权当然包含了对宪法作出独立理解判断的内容，因为如何理解宪法、执行宪法，不仅是全国人大常委会的职权，也是政府及其部门的法定职权。宪法赋予国务院的诸多职权中，第一条就是有权直接根据宪法规定行政措施，制定行政法规，发布行政决定和命令。国务院行使这个职权，当然涉及对宪法的理解和适用，但它没有义务将自己的理解和适用是否符合宪法，事先交全国人大常委会审查。换句话说，国务院根据宪法制定行政法规这个职权，既包含了它正确理解和适用宪法的内容，也包含了它错误地理解和适用宪法的内容，但没有包含它事先送人大常委会审查的内容。人大常委会的职权是，发现它违背宪法了之后才去纠正，如果在行政法规出台之前，人大常委会就介入进来，与国务院一起理解适用宪法，并就宪法问题事先一锤定音，这个行政法规实际上不就是由全国人大常委会和国务院共同制定的吗？这怎么可以？仔细阅读前述国务院办公厅发布的关于加强行政规范性文件制定和监督管理工作的通知，就会发现，这个通知在强调要对规范性文件进行监督的时候，并没有要求各级行政机关事前将规范性文件的草案交同级人大常委会进行合宪合法性审查。这个精神显然与要求将拟出台的法规规章等先交全国人大常委会进行合宪性审查的说法，是不一致的，值得注意。可以说，从宪法体制和宪法的明文规定看，全国人大常委会要求国务院在行政法规或者其他的政策举措出台之前，碰到对宪法理解适用把握不准的问题先交常委会审查，是一厢情愿的。

全国人大在如何处理与地方人大的关系方面，也有这个问题。关于全国人大与地方人大的关系，前文已有述及。这里还是想引用彭真当年的一些重要阐述。按照彭真的思想，全国人大与地方人大不能有领导关系，但可以有某些指导关系。那么，在法律监督方面，全国人大能不能对地方人大有事先

① 彭真．论新时期的社会主义民主与法制建设．北京：中央文献出版社，1997：360.

的指导？彭真认为，“从法律监督这个意义上讲有指导作用”，但他还是认为“说监督关系比较确切”，因为“监督是在事后，违了法，才监督，不违法，就不管”，而“事前领导了，指导了，出了事，就不是事后监督了”[①]。彭真的观点很明确，监督应当在事后，如果事前介入进去，恐怕只能叫领导、指导了。当然，彭真没有完全否认全国人大常委会在法律监督方面对地方人大常委会的事先指导，“说它在某些方面有指导作用也可以”[②]。那么，具体由谁来进行事先指导、在哪些方面进行事先指导呢？从长期的实践看，实际主要是全国人大常委会工作机构（如法工委）对地方人大及其常委会工作机构的事先指导，而不是全国人大常委会对地方人大及其常委会的事先指导，这些指导也主要是在宪法和法律的理解和执行方面，有事前的，也有事后的，但仍然是工作机构之间的指导。所以，现在要求地方人大及其常委会在法规、决议和决定通过之前，碰到合宪性问题，就要交全国人大常委会进行审查，很是值得斟酌的。

第二，事前的合宪性咨询或者送审的做法，可以是咨询机关或者送审机关自愿的行为，而不适宜变为一种约束性、强制性的机制体制。实际上，在长期的法规规章等规范性文件制定包括作出其他决策的过程中，不少国家机关对全国人大是很尊重的，经常请全国人大的专门委员会或者常委会工作机构对宪法法律问题帮助把关，提出意见。比如，国务院法制部门以及一些部委，在起草行政法规草案的过程中，就法规草案向人大常委会法工委咨询，请其对是否符合宪法法律规定提出意见，就是一个传统做法。比如，地方人大常委会向全国人大常委会法工委提出的法律询问中，有不少就是其立法或者作出其他决议决定中遇到是否合宪合法而拿不准的问题，法工委做出的法律询问答复就是很权威的咨询意见。所以，事前的合宪性咨询包括类似送审的做法，本身就是长期以来的工作传统。

但需要注意的是，有关国家机关向人大的专门委员会或者常委会工作机构提出合宪性咨询，是这些机关自愿的行为，是对全国人大的尊重，而不是全国人大的强制性要求。这种做法是有关机关处理与全国人大关系时所遵循的一种政治伦理，是政治伦理包括政治道德领域的东西，不属于法律规定的

---

① 彭真．论新时期的社会主义民主与法制建设．北京：中央文献出版社，1997：234.

② 同①.

范围，如果全国人大常委会硬性要求其他机关对其进行合宪性咨询或者送审，就显然不合适。

第三，如果要进行事前的合宪性咨询或者送审，这种对咨询和审查请示提出意见或者作出答复的权力，也应当属于全国人大常委会，宪法和法律委员会这样的专门委员会、常委会工作机构，它们的意志并不代表常委会的意志，不适宜以很正式的宪法法律姿态，进行事前合宪性审查。现在，全国人大常委会通过的关于宪法和法律委员会职责问题的决定，明确规定宪法和法律委员会负有推进合宪性审查的职责，这个决定的初衷当然是好的，但它容易让人搞不清楚合宪性审查的主体究竟是宪法和法律委员会，还是人大常委会。有的观点可能会认为，全国人大常委会可以授权宪法和法律委员会进行合宪性审查，现在的决定就类似一种授权。如果就某一个案进行授权，也未尝不可，但如果常委会以作出决定的方式，授予宪法和法律委员会一般性的合宪性审查职权，恐怕就有不小的问题了，因为这实际上类似于把宪法和法律委员会放在和常委会平起平坐的位置上了。现在的决定就可能被认为有此倾向。

如果认可宪法和法律委员会对其他国家机关的合宪性咨询和送审文件进行审查，那么这个审查有没有法律效力？如果审查后没有发现违宪问题，并提出肯定意见，或者同意有关制定主体颁布实施文件，而在该文件颁布生效后又被发现有违宪问题了，那么，宪法和法律委员会是否要承担责任？所以，这个专门委员会进行合宪性审查的主体资格、法律效力和可能碰到的其他相关问题，是值得研究的。

第四，如果说合宪性审查主体是全国人大常委会的话，那么，常委会对拟出台的法规规章、重要政策和重大举措，审查之后怎么办？全国人大常委会要不要作出一个是否合宪的决议或者决定？如果不作决议或者决定，常委会的这个审查就没有法律效力，被审查一方完全可以不予理会。如果作出一个决议或者决定，那出台这个法规规章或者政策举措的主体又是谁，是不是就意味着全国人大常委会和国务院及其部门或者地方人大常委会成了共同的主体？这个问题处理不好，可能会引起国家政权机关体系的混乱。还有，如果全国人大常委会事先进行了合宪性审查，消除了可能存在的违宪情况，但被审查的法规规章和政策举措出台后，又被发现了其他违宪问题，怎么办？

这时候人们就会提出：全国人大常委会不是进行了合宪性审查吗，怎么又违宪了？遇到这种情况，恐怕就会大大损害全国人大常委会的权威。这里想提出的是，人大常委会进行事先审查，不仅在是否作出决议、决定方面存在不好处理的问题，在审查的具体内容上也存在挂一漏万的问题，建议有关方面对全国人大常委会进行合宪性审查这个说法和做法是否合适以及容易引发的相关问题做慎重研究。

第五，除了国家机关之外，还有党的机关、企业事业组织、社会团体等文件制定的主体，是不是也有一个向全国人大常委会进行合宪性咨询和送审的问题？而这类问题很复杂，是否适宜对它们也提出合宪性咨询的强制要求，甚至建立起硬性的约束机制？

这里想提出的是，合宪性审查可以从两个方面进行解读。

一个方面，是政治伦理意义上的。这方面，各类文件制定的主体可以自愿甚至积极向全国人大的专门委员会、常委会工作机构提出合宪性咨询或者送审的请求，但不宜硬性约束它们，将咨询送审变为一种义务。在这个意义上，合宪性审查可以有一种事前的咨询或者送审，但专门委员会、常委会工作机构的审查不具有法律效力（当然法律询问答复有一些特殊性）。

另一个方面，是宪法法律意义上的。这方面，不宜将各类文件制定主体的合宪性咨询或者送审请求，以法律或者内部规定的形式确定下来，否则会引发一系列问题。宪法法律意义上的合宪性审查只能是事后审查，也即一个法规或者规范性文件颁布生效后的审查，这种审查就是宪法监督，是完整意义上的宪法监督。

6.8　宪法监督体制已有新的明确内涵

这是十分重大的问题，但尚未受到注意和重视。

随着我们对社会主义宪法认识的不断深化，特别是对西方“宪政”概念的彻底否定，在宪法修改后，宪法监督的体制具有了新的更为明确的内涵。

这需要说得远一点。受张春生先生启发，笔者曾经撰文提出，1982 年宪法是在对社会主义究竟是什么没有完全认识清楚的情况下制定的。对社会主义的认识不清楚，制宪时就埋下了问题和隐患。比如，社会主义国家要不要宪法？如果要宪法，又要一部什么样的宪法？在宪法中又如何确立包括党政关系在内的一系列重大政治、经济和社会制度的事项？社会主义国家要不要“宪政”？要不要实行宪法监督，如果要宪法监督，它与“宪政”是什么关系，又如何进行制度设计？[①] 当年制定宪法的历史以及宪法实施几十年的实践表明，对这些问题的确没有完全认识清楚，有的问题直到现在才认识清楚了，而有的问题恐怕还没有完全认识清楚；有的问题当时认识清楚了，但随着实践的变化，宪法的一些规定又可能遇到新问题。

比如，“中国共产党领导是中国特色社会主义最本质的特征”，这次之所以被写进宪法的条文，就是因为制定1982年宪法时对这个问题的认识受到历史阶段和背景的影响，在宪法设计时没有明确写到正文中，而现在觉得必须写进正文了，所以，对宪法作出了重大修改。

比如，对社会主义国家要不要吸收西方“宪政”的一些理念和制度，制定1982年宪法时，显然也没有在认识上完全和明确地解决这个问题，使得此后几十年各方面对这个问题议论不休，浪费了大量人力物力，特别是浪费了大量学术资源。而党的十八大以来，特别是中国特色社会主义进入新时代后，我们对这个问题很快得出了结论，即西方“宪政”这个用语不适用于中国。习近平总书记对批判西方“宪政”旗帜鲜明，立场坚定，他在2014年省部级主要领导干部学习贯彻十八届三中全会精神全面深化改革专题研讨班上讲话时，就提出：“我们必须搞清楚，我国人民民主与西方所谓的‘宪政’本质上是不同的。中国共产党领导是中国特色社会主义最本质的特征。”[②] 2018年5月22日，全国人大常委会法工委主任沈春耀在北京学习宣传宪法的报告会上更具体地说：“一些人打出宪政牌，就是要通过对‘宪政’这一政治概念进行学术包装，其目的是要拿‘西方宪政’来框住我们，把中国共产党领导的社会主义国家打入另类。总体上说，在当代中国，‘宪政’这个概念是不适用的。”[③] 当然，沈春耀这里没有对西方“宪政”有哪些要件和特点做出具体说明。

---

① 刘松山．1982年宪法的精神、作用与局限．华东政法大学学报，2012（6）．

② 中共中央文献研究室．习近平关于全面依法治国论述摘编．北京：中央文献出版社，2015：21．

③ 沈春耀．深入学习贯彻习近平总书记宪法重要论述精神，全面加强宪法实施和监督．法制日报，2018-05-23（2）．

现在需要进一步思考的问题是，从体制上看，宪法监督和西方“宪政”有没有关系？如果有，又是什么关系？宪法虽然规定了全国人大及其常委会监督宪法实施，但几十年来，宪法监督为什么没有完全开展起来？问题的关键恐怕在于，如何准确理解1982年宪法关于党的领导的表述，以及党与国家机关特别是全国人大常委会之间的关系，尤其是这一关系与西方所谓“宪政”理念的区别和界限。这个问题，长期以来没有得到应有的思考和回答。

按照1982年宪法的设计，党的领导写在序言中，但其法律效力又有争议。并且，宪法同时规定，各政党都必须遵守宪法，一切违反宪法的行为都必须予以追究，全国人大常委会监督宪法实施。这样，要搞宪法监督，就可能产生两种理解：一种理解是，宪法监督必须在党的领导下，特别是全国人大常委会的宪法监督必须在党中央的集中统一领导下进行，贯彻落实党中央的决策部署。另一种理解是，忽视党的领导与全国人大常委会监督宪法实施的统一性、一致性，特别是容易忽视宪法监督必须坚持在党的领导下开展这一重大原则。受这种偏颇认识的影响，有的观点就可能在离开党的领导的前提下，片面地、孤立地强调全国人大常委会可以对作为一个领导和执政的统一整体的党，对其他党政机关，特别是可以对党中央进行宪法监督，甚至将全国人大常委会的宪法监督与党的领导对立起来。如果持有这样的认识，就很容易错误地觉得，党与全国人大常委会的关系，与西方“宪政”中政党与国家机关、与宪法的关系，有相似相通之处了。应当说，宪法监督一直未能充分开展起来，一个重要原因，恐怕就是容易在与西方“宪政”的关系上，产生这种偏颇的认识倾向。或者说，1982年宪法的政治制度设计中，对全国人大常委会进行宪法监督如何与西方“宪政”划清界限，没有专门做出明确的规定，使得实践和认识中产生了一些误区。1982年宪法的规定是基于当时历史条件而作出的，本身没有问题，但随着时间的推移以及立宪原意没有得到充分宣传并深入人心，在认识中就容易产生歧义，建议有关方面对这个重大问题进行深入研究，并以适当的方式作出解释说明，帮助大家理解我国宪法监督体制的精神要义。

在我国，党的领导，有作为一个统一的领导和执政整体的党的领导，也有作为一个具体的组织的党的领导，如果与宪法监督联系起来，核心问题有两个。

一是中国共产党作为一个统一的领导和执政的整体，会不会违宪，全国人大常委会能不能监督。答案是：不会违宪，全国人大常委会不能监督。因为党的领导是中国特色社会主义最本质的特征，而这里所说的党的领导，是指党作为一个统一的领导和执政的整体的领导。由于党的领导和社会主义法治是一致的、统一的，所以，作为一个统一的领导和执政的整体，党已经不存在违宪的问题了，宪法监督已经排除了对整个党进行监督了。也正是在这个意义上，习近平总书记明确强调："我们说不存在'党大还是法大'的问题，是把党作为一个执政整体而言的，是指党的执政地位和领导地位而言的"[①]。由此可以得出的清晰结论是，党作为一个整体，由于它处于领导和执政的地位，所以，就不存在一个所谓"党大还是法大"的问题，因而也不存在一个会不会违宪以及对其进行宪法监督的问题了。

二是全国人大常委会能不能对党中央进行宪法监督。这是一个关系党和国家政治体制命脉的根本性问题，长期以来没有得到正视，但我们无法回避，也无须回避。党作为一个整体会不会违宪的问题解决后，需要研究的就是，党的各级组织和领导干部会不会违宪以及违宪后如何监督的问题了。其中，党中央是首先需要研究的，有必要着重花笔墨阐述这个问题。

2018 年修改宪法，将党的领导写进总纲第 1 条，再加上与之相呼应的强调党的集中统一领导等一系列重大提法，使 1982 年宪法确立的政治制度有了明确的重大内涵，校正了认识中有关党政关系可能产生的误区。按照修改后的宪法以及十九大报告等各类权威表述，全国人大及其常委会不仅是宪法规定的国家权力机关，更是党中央集中统一领导下的重要政治机关和工作机关，其行使职权的一项重大政治原则，按照栗战书委员长 2018 年 7 月 16 日在全国人大常委会党组集体学习会上的要求，就是要"确保以习近平同志为核心的党中央一锤定音、定于一尊的权威"[②]。在这样的政治背景下，理解宪法第 57 条全国人大是最高国家权力机关的规定，必须与宪法第 1 条中国共产党领导是中国特色社会主义最本质的特征结合起来。这个结合在宪法监督上的表现就是，按照修改后的宪法以及一系列相关的重大提法和做法，

① 中共中央文献研究室．习近平关于全面依法治国论述摘编．北京：中央文献出版社，2015：37.

② 王比学．人大常委会党组围绕"历史使命、历史责任和我们的历史担当"进行集体学习．人民日报，2018-07-18 (1).

全国人大常委会的宪法监督必须在党中央的领导下进行，不能离开党中央的领导来谈宪法监督。党中央不仅领导全国人大修改宪法，也领导全国人大及其常委会监督宪法实施，在宪法实施和监督方面，两者的主张和意志也是一致的、统一的。全国人大常委会对其他国家机关的宪法监督，也必须接受党中央的集中统一领导。所以，在宪法监督体制方面，党中央的集中统一领导是根本原则，是前提和首要条件。

如果按照西方“宪政”理念中政党和国家机关之间关系的逻辑，对1982年宪法中党的领导的表述做前述偏颇理解，那么，全国人大常委会是可以对党中央进行宪法监督的。也正是基于这种认识倾向，在监督法的制定过程中，就曾经有一种设想，要求全国人大常委会可以对党中央的文件是否符合宪法进行审查监督，而也正是由于这种设想没有成为共识，2006年通过的监督法就没有规定这一内容。

设想全国人大常委会可以对党中央进行宪法监督，实际是仅仅从法律思维出发考虑问题的，但在一个国家的整体治理秩序中，除了法律思维外，还必须用政治思维来考虑问题、设计制度，而且，在很多情况下，政治思维是必须先于法律思维、优于法律思维的。在中国尤其应当如此，因为中国共产党是国家的最高政治领导力量，人民代表大会制度是在党的领导下建立的，全国人大及其常委会是党中央领导下的重要政治机关和工作机关。单纯从法律上看，全国人大常委会负有保证宪法实施的职责，似乎可以对党中央进行宪法监督。但是，如果从政治上看问题，就会发现，由于政治常常是高于法律的，法律虽然也能规范政治，但它首先又是政治的延续和具体化。而在中国特色社会主义的大背景下，党政军民学，东西南北中，党是领导一切的，全国人大常委会必须坚持党中央的集中统一领导，它保证宪法遵守执行的职责，只有在党的领导下才能开展，这样，它怎么可以离开了党的政治领导，简单地、孤立地从法律上对党中央进行宪法监督呢？

而从另一方面看，全国人大常委会必须维护党中央的权威和集中统一领导，不折不扣地贯彻落实党中央的重大决策部署，维护党中央一锤定音、定于一尊的权威。全国人大常委会与党中央的这一关系也说明，党中央不会存在违宪的情况。需要重视的是，党中央不会违宪，是一个重大的认识论假设，在坚持党中央集中统一领导的前提下，如果认为党中央会违宪，在认识中就会陷入不可知论，因为宪法的内容反映的正是党中央的重大决策部署，是党中央一锤定音的结果，是党中央主张的体现。在这种情况下，怎么可以首先假设党中央会违宪呢？理解这一点，可以与所谓全国人大会不会违宪的问题做一个类比。由于全国人大具有制定和修改宪法的权力，又监督宪法的实施，有的观点就提出：全国人大一旦违宪了怎么办？如果这样提问，就会陷入制度设计的不可知论了。所以，与此类似，在坚持党中央集中统一领导的前提下，在认识论中提出的所谓党中央会违宪的问题，应当是一个伪问题、伪命题。

但是，在认识论中不能首先假设党中央会违宪，并不意味着实践中党中央作出任何决策举措都不需要维护宪法权威，都不可能发生与宪法规定不一致的情况。也正是基于这一情况，我们才反复强调，党领导制定和修改了宪法法律，党自身又必须在宪法法律的范围内活动。从逻辑上讲，党中央领导全国人大制定和修改了宪法，它当然必须在宪法的范围内活动，因为宪法本身就是党中央主张的体现，党中央怎么会将自己的主张上升为宪法后再去违背宪法？但强调党必须在宪法的范围内活动，不是说就可以做一个反向的推理和质疑：党中央一旦违宪了，全国人大常委会如何在事后进行监督？科学的认识是，强调党必须在宪法法律的范围内活动，是党的自觉和自律。对这个问题，习近平总书记在2015年省部级主要领导干部学习贯彻党的十八届四中全会精神全面推进依法治国专题研讨班上讲话时，就明确提出："全党在宪法法律范围内活动，这是我们党的高度自觉，也是坚持党的领导的具体体现，党和法、党的领导和依法治国是高度统一的。"① 习近平总书记的这个讲话清楚地表明，全党在宪法的范围内活动，"是我们党的高度自觉"，这种自觉是政治上的自觉，是全党的一种严肃自律。但实践中，难免有一些党的组织和领导干部没有做到或者做不到这种"高度自觉"，违反宪法了。对于这些违宪的党组织和领导干部，全国人大常委会不可能一概地不管，但应当在法律程序上监督到哪个层级和范围，采取什么措施进行监督，对这些问题我们缺乏深入的研究和明确的可操作性措施，建议有关方面加大这方面的研究力度。

① 中共中央文献研究室．习近平关于全面依法治国论述摘编．北京：中央文献出版社，2015：36.

宪法制定和修改后，党中央也必须在宪法的范围内活动。如何保证党中央在宪法的范围内活动呢？确切的说法和做法恐怕是，党中央在出台决策举措之前，如遇有宪法理解和适用的问题时，全国人大常委会应当为党中央提供合宪性咨询，或者配合党中央以适当方式作出合宪性安排，这就是落实十九大报告，使其成为担负起宪法赋予各项职责的工作机关的要求。党的十九大报告提出要推进合宪性审查，但有关方面对合宪性审查的含义尚未做出权威解释说明，理论中则莫衷一是。笔者认为，如果从比较广泛的意义上理解，全国人大常委会在党中央决策出台之前，为党中央提供合宪性咨询，或者配合党中央做出合宪性安排，可以说就是一种合宪性审查。但这种审查应当是政治意义上的，不能成为硬性的、孤立的法律程序，否则就与全国人大常委会坚持党中央的集中统一领导发生矛盾了。有的观点可能会提出：全国人大常委会能否对党中央的决策举措进行事后的合宪性审查监督？答案显然是否定的，因为这也与全国人大常委会必须坚持党中央的集中统一领导相矛盾了。

这进一步涉及一个如何理解宪法监督含义的问题。长期以来，我们对宪法监督的理解基本是局限于法律意义上的，即强调有权机关严格依照法律程序对一个违宪行为进行撤销纠正直至追究责任。将这个理解用于一般的宪法监督当然是可以的，但是，如果将这个理解予以绝对化，恐怕就会遇到不少困惑和问题。笔者认为，对宪法监督除了要做法律意义上的理解外，恐怕还要做政治意义上的理解，在有些情况下还要将政治和法律上的意义结合起来理解。具体到全国人大常委会与党中央的关系上，恐怕应当做这样的理解，即：全国人大常委会对党中央拟出台的决策举措提供事先的咨询和配合，在政治上讲，是接受党中央的领导；在法律上讲，是用宪法与党中央拟出台决策举措的内容进行对照，然后向党中央提出是否符合宪法的意见建议，而不是说要在法律程序上对党中央进行宪法监督，甚至在事后提出党中央的决策举措违宪并予以撤销追究。从现有的体制看，在对党中央做出的决策举措是否符合宪法的问题上，全国人大常委会的所作所为，恐怕应当只限于此了。在这个意义上，如果对宪法监督做十分广泛意义的理解，全国人大常委会的做法，大概可以说成是一种政治和一定范围的法律相结合的合宪性审查或者宪法监督。

总体上看，宪法监督的用语没有变，但是，如果说1982年宪法关于宪法监督体制的规定，尚有不太明确或者有容易发生歧义之处的话，那么，这次宪法修改则赋予了宪法监督体制十分重大而明确的新内涵了。如果说原来的宪法监督这一用语和制度设计，在理解执行中容易被认为与西方“宪政”的那些东西有相通之处的话，那么，这次修改宪法，则是明确地否定了可能包含的西方“宪政”的因素。但是，这个问题在理论和实践中尚没有受到足够重视，甚至可能被认为是所谓敏感地带和禁区，而拒绝或者不敢碰触讨论。建议有关方面对这个问题慎重研究，并以适当方式做出权威说明，以在理论和实践中达成重大共识。

6.9　是否要研究开展宪法解释，为宪法监督澄清两大问题

党的十八大以来，特别是2018年宪法修改后，宪法实施和监督受到前所未有的重视。沈春耀在前述宪法报告会上，明确提出要深入学习习近平总书记宪法重要论述精神，“全面加强宪法实施和监督”[①]。“全面”这个用语令人振奋，但是，要真正“全面”实施宪法，“全面”开展宪法监督，可能还有一些重要问题需要讨论解决。

宪法监督和宪法实施有十分密切的关联，几十年来，大家对这两项工作似乎有很大的不满足甚至尖锐的批评。宪法制定了，又有了落实宪法的法律体系，但为什么实施不到位、监督不到位呢？主要就是两个关键问题没有在认识、制度设计和实践中真正解决。

一是前面所说的党和人大的关系问题。

这是宪法实施和监督的最核心问题。如前所述，原来宪法在序言中叙述了党的领导，但在正文中又明确规定全国人大是最高国家权力机关，并赋予了全国人大及其常委会十分重要的职权，而序言的法律效力在认识中又一直存在不同意见，除了前面所说的全国人大常委会能否对党中央进行宪法监督之外，实际还有一个如何认识和处理地方各级党委与人大及其常委会的关系

① 沈春耀．深入学习贯彻习近平总书记宪法重要论述精神，全面加强宪法实施和监督．法制日报，2018－05－23（2）．

问题。客观地说，这个问题不解决，各级党委和人大及其常委会之间就必然会存在一种难以言明的却又无处不在的巨大张力。这样，宪法就不可能得到很好实施，全面的宪法监督也不可能真正开展起来。这次修改宪法，旗帜鲜明地将党的领导是中国特色社会主义最本质特征写到了宪法总纲第 1 条，把党的领导地位写明了，这是解决问题的很好办法。结合习近平总书记系列重要讲话精神和十九大报告的表述，由宪法延伸开去，就可以清楚地得出结论：中国共产党是国家的最高政治领导力量，在宪法确立的国家政治体制中处于领导核心地位，人大及其常委会是在党领导下的工作机关。这个关系认识清楚了，对于各级人大及其常委会准确把握自身宪法定位，在党的领导下认真落实宪法法律赋予的职责，开展宪法实施和监督，具有十分重大的意义。

二是宪法第 35 条规定的几项重要的公民自由权利问题。

宪法第 35 条规定，公民有言论、出版和结社的自由。如果强调要全面实施宪法，有的人提出，要自由办报、要取消新闻出版的审查制度，怎么办？国务院有出版方面的管理条例，其他党政部门也有一些新闻出版方面的管理规定，如果有人提出对这些条例和规定进行合宪性审查，怎么办？宪法对言论、出版自由的规定在第 35 条中没有附加条件，但实践中管理又比较多，所以，在宪法实施和监督中就出现了矛盾问题，至今未能解决。

认识和解决这个问题，首先还是要回到 1982 年宪法的立宪原意。在 1982 年宪法制定的过程中，对于如何表述公民的言论、出版和结社自由，是有不同意见的。许多人提出，应当在这些自由的前面加上“依照法律规定”的限制词。但是，宪法最终没有在同一条文中对这些重要的自由做任何限制。为什么没有做限制？没有限制是不是意味着这些自由是绝对的？即使法律都不能加以限制？从立宪原意看，答案是否定的。

对这个问题，1981 年 6 月 15 日，胡乔木在准备向宪法修改委员会做的“关于宪法修改的一些问题的汇报”（三次修改稿）中，有明确的解释。他说，宪法在其他部分规定了“公民在行使各项权利的时候，不得损害国家的、社会的、集体的利益和其他公民的权利”（即现行宪法第 51 条的表述），有了这个表述，就“可以不再加限制词，关键在于要制定一系列具体法规，来保证公民正确行使这些自由，防止滥用”[①]。这是一份极为重要的史料，它说明，1982 年宪法第 35 条关于公民言论、出版和结社自由的规定，并不是绝对的，而是应当与宪法第 51 条的规定结合起来理解，也即，公民在行使这些自由和权利的时候，不得损害国家的、社会的、集体的利益和其他公民的合法的权利和自由。这样，进一步的问题是，如何准确理解宪法第 51 条的规定。从这一条的规定中能否得出这样的理解：即公民的言论、出版自由以及结社自由，不会“损害国家的、社会的、集体的利益和其他公民的合法的权利和自由”？恐怕绝对不会。所以，从这个角度看，按照 1982 年宪法的立宪原意，公民的这三项自由毫无疑问是受到限制的，不是绝对的，与西方“宪政”中的所谓言论自由和结社自由不能画等号。

但是，由于宪法第 35 条在规定公民言论、出版和结社自由时，没有在条文中做出明确限制，立宪的原意长期以来没有得到清晰解释和充分宣传，而对宪法的具体规定又可能产生各种不同的理解，再加上由国务院以行政法规的形式来规范这三方面的公民自由，容易被指为立法层次偏低，在实践中又遇到一些问题，加上其他一些叠加因素，人们在理解这三项自由时就难免会产生认识上的偏颇，即认为：宪法规定的公民言论、出版自由，与西方“宪政”中所谓言论自由和新闻自由，是相似相通的；宪法规定的公民结社自由，没有排除公民的政治结社自由甚至组建政党的自由，与西方“宪政”中的所谓多党制也有相似相通之处。不可否认，这种认识偏颇在理论和实践中是或明或暗地存在的。

如何解决前述党政关系问题以及宪法中公民的上述三大自由问题？开展宪法解释恐怕是较好的办法。全国人大常委会可以专门作出宪法解释，首先说理性地阐明西方“宪政”的几条要害内容，在这个基础上对宪法中一些容易滑向西方“宪政”的模糊性内容作出明确的界定和限制。比如，可以明确宪法中党与人大及其常委会的关系（可以写明各级人大及其常委会是在同级党委领导下的权力机关或者工作机关），明确宪法第 35 条的言论、出版与结社自由是有条件的。同时，对其他一些可能引起与“宪政”相关联的宪法内容也作出限制性解释。在做了宪法解释后，恐怕才有可能全面推开宪法实施

① 《彭真传》相关档案．

和监督。

对西方"宪政"进行批判是很必要的，但只有把西方"宪政"与我国宪法相冲突的东西找出来，以正视听，对宪法规定中一些容易产生偏颇认识的内容加以解释和澄清，才能为全面实施宪法扫去障碍，最终为全面开展宪法监督扫去障碍。

后　记

2014年秋，党的十八届四中全会作出了《关于全面推进依法治国若干重大问题的决定》。这个决定中，有一个重要命题：健全宪法实施和监督制度。随后，国家哲社办将这个命题确立为研究阐释党的十八届四中全会精神国家社科基金重大项目。

很幸运，我申报这个项目成功了。

申报前，我专程去北京请教了老领导张春生先生和许安标先生，他们二位为我的课题设计提出了颇有价值的建议，在此要对他们深致谢意。

课题研究算是顺利，2017年6月，就形成并提交了研究报告。很快，这个研究报告就评审通过了，并获得了评审专家的溢美之词。在这里，要对三位未具名的专家致谢。

研究报告有近30万字，汇集的内容既有我以前发表过的有关宪法实施和监督的相关论文，也有课题研究期间新写的不少东西。

由于宪法实施和监督是十分宏大的命题，如果对这个内容做方方面面的系统论述，上百万字的篇幅恐怕也不够。现在的这些内容看上去有些分散甚而凌乱，但我的初衷即是删繁举要，把着眼点放在宪法实施和监督的若干重大问题上，用这些重大问题以及由此形成的观点做课题的牵引和支架。

形势比人强。在课题研究报告提交评审后，党的十九大、十九届二中全会相继召开，2018年全国人大会议又通过了宪法修正案和监察法，法治形势以令人目不暇接的态势不断变化。

在这样的背景下，课题结项之后，我又对准确把握党在宪法和法律范围内活动的含义问题、人大主导立法问题、人大监督与支持的关系问题、跨行政区划设置法院检察院的必要性问题，以及宪法修改后备案审查、合宪性审查和宪法监督需要研究解决的若干重要问题等，一一做了研究，成果也相继公开发表。这些问题都是健全宪法实施和监督制度不可回避的，所做研究是课题的后续工作。现在，把这些内容一并收入书中，可算是对课题结项成果的充实。

还有一个制定监察法的问题值得注意。课题研究过程中，监察体制改革和监察法的制定引起热烈讨论。此间，我发表了有关监督体制改革的文章。课题结项后，制定监察法的讨论还在继续，我又发表了有关监察法草案与宪法关系的文章。现在，监察法已经通过了，但是，当时关于监察体制改革和监察法制定的几篇文章所提出的问题和观点并没有过时，仍然是今后基本法律的制定和宪法实施关系中需要深加关注与讨论的重要问题，因此，也一并收入书中，作为健全宪法实施制度的一部分。

宪法实施和宪法监督在几十年的法治建设历程中，是令人疲惫的老话题了，但在不同的历史时期，这个老话题稍一激活，又能勾起人们无限的遐想。几度疲惫，几度遐思，犹如经年的芳菲与梦想，花落花开。在这里，对将要出版的这些内容，真的不想再说什么了。

感谢中国法学会资助这个课题的出版。

中国人民大学出版社是优质出版社，愿意为我出书，令我深感荣幸。杜宇峰老师与我未曾谋面，即在两年前短信我，热情地向我发出了出版邀约。很感动。

感谢黄丽娟老师为本书编辑付出的辛苦劳动。

宪法实施有很长的路要走，宪法监督有很长的路要走，依法治国有很长的路要走。漫漫征程中，朝花夕拾，落字为步，勉力而行吧。

刘松山

2019 年元月

图书在版编目（CIP）数据

健全宪法实施和监督制度若干重大问题研究 / 刘松山著．—北京：中国人民大学出版社，2019.8

（中国特色社会主义法学理论体系丛书）

ISBN 978-7-300-27340-2

Ⅰ.①健… Ⅱ.①刘… Ⅲ.①宪法-司法监督-研究-中国 Ⅳ.①D921.04

中国版本图书馆 CIP 数据核字（2019）第 181467 号

"十三五"国家重点出版物出版规划项目

中国特色社会主义法学理论体系丛书

健全宪法实施和监督制度若干重大问题研究

刘松山　著

Jianquan Xianfa Shishi he Jiandu Zhidu Ruogan Zhongda Wenti Yanjiu

出版发行	中国人民大学出版社		
社　　址	北京中关村大街 31 号	**邮政编码**	100080
电　　话	010－62511242（总编室）		010－62511770（质管部）
	010－82501766（邮购部）		010－62514148（门市部）
	010－62515195（发行公司）		010－62515275（盗版举报）
网　　址	http://www.crup.com.cn		
经　　销	新华书店		
印　　刷	北京联兴盛业印刷股份有限公司		
规　　格	170 mm×240 mm　16 开本	**版　　次**	2019 年 8 月第 1 版
印　　张	26.5 插页 3	**印　　次**	2019 年 8 月第 1 次印刷
字　　数	411 000	**定　　价**	96.00 元